武汉大学人文社会科学资深教授文丛

韩德培文集

上

武汉大学出版社

韩德培

中国当代**著名的法学家、教育家、国际私法的一代宗师**。1934年毕业于南京中央大学法律系，1940年起在加拿大多伦多大学法学院研究国际私法，1942年获硕士学位。同年转入美国哈佛大学法学院，研究国际私法、国际公法和法理学。1945年应著名国际法学家、武汉大学校长周鲠生先生邀请，回国担任武汉大学法律系教授，历任武汉大学法律系主任（1946~1957，1979~1985）、武汉大学校务委员会常委兼副秘书长（1949~1951年），武汉大学副教务长（1951~1957），1979年负责重建武汉大学法学系，以后又恢复法学院，1980年和1981年分别创建武汉大学国际法研究所、武汉大学环境法研究所。

曾任国务院学位委员会法学评议组第一、二届成员，第三届特约成员，国务院经济法规研究中心顾问，国家环保总局顾问、国际自然和自然资源保护同盟理事、世界城市与区域规划学会理事等。**1999年获"地球奖"**。**2004年被武汉大学评定为"终身教授"和首批"资深教授"（享受院士待遇）**。

曾到美国、日本、加拿大、荷兰、乌拉圭等国家讲学和参加国际学术会议，美国密苏里州首府堪萨斯市市长曾授予他**"荣誉市民"**称号。

主编全国统编教材《国际私法》，1988年获国家级优秀教材奖。主编法学核心课程教材《国际私法》，2002年获全国高校优秀教材一等奖。

1

3

1 ▸ 1939年报考中英庚款留英公费生时摄
2 ▸ 1939年在重庆结婚时摄
3 ▸ 1944年在已故罗斯福总统故居旁海德公园摄
4 ▸ 1947年长子满一岁时在武汉大学摄
5 ▸ 1953年全家福在武昌黄鹤楼旁摄
6 ▸ 1969年全家福在武昌广阜屯摄

2

5

4

6

1

1 ▸ 1980年在荷兰参加国际法律科学大会第二届会议上发言

2 ▸ 1980年在荷兰中国代表团与大会主持人马穆博士（左三）合影

3 ▸ 1981年在乌拉圭首都参加联合国召开的环境法高级官员与专家会议

4 ▸ 1981年在乌拉圭与出席会议的外国代表合影

2

3

4

1

2

3

1 ▸ 1982年应邀赴美国讲学，与密苏里大学校长罗素博士（左二）及法学院鲍曼院长（左一）、巴尔律师（右二）合影

2 ▸ 与密苏里大学法学院鲍曼院长及夫人合影

3 ▸ 与斯诺基金会主席戴蒙德博士及夫人合影

4 ▸ 在密苏里大学法学院办公室内摄

5 ▸ 1982年被美国密苏里州首府堪萨市市长授予“荣誉市民”称号时与市长合影

4

5

1

2

1 ▸ 韩先生在美国动脑部手术时前往照顾的濮琼教授

2 ▸ 从1982年起在密苏里大学图书馆悬挂的韩先生半身像（中间）

3 ▸ 1982年访问哈佛大学法学院与冯·迈伦教授（左三）等合影

4 ▸ 1982年在武大接待澳大利亚悉尼大学法律系主任爱丽斯·戴教授（左三）时合影

3

4

1

2

3

4

5

1 ▸ 1984年出席第六届全国政协会议时摄

2 ▸ 韩先生夫人殷昭女士　（1988年摄）

3 ▸ 韩先生与夫人殷昭女士　（1990年摄）

4 ▸ 2000年1月8日庆祝韩先生90华诞时摄（从左起，韩铁、韩先生、韩敏、韩健）

5 ▸ 2000年1月8日庆祝韩先生90华诞时与学生黄进（左）、黄丹涵（右）合影

1

1 ▸ 庆祝韩先生95华诞时，校党委书记顾海良教授赠送题词“飞龙在天”

2 ▸ 2006年4月5日韩先生在黄进副校长（右二）、曾令良院长（左一）、肖永平副院长（右一）的陪同下参观新落成的法学院大楼及法学院图书馆，于法学图书馆外文阅览室留影

3 ▸ 2006年6月23日韩先生参加海峡两岸国际私法学术研讨会时与台湾地区“司法院”前大法官、台湾国际私法学会会长马汉宝先生（左一）、中国国际私法学会会长黄进教授(右一)合影

4 ▸ 2006年11月4日韩先生在武汉大学法科80周年暨法学院成立20周年庆典上发言讲话

2

4

3

目　录

第二编 环境法篇

韩德培先生传略

为先生作传，着实不是一件容易的事。虽然早有此想，但是一来先生阅历丰富，必然难以全面述及；二来深恐笔力不能传神，难以再现先生之高尚风范及学术成就，因此总是踌躇而不敢落笔。但是值先生文集将要出版，作为学生，我们有责任也十分愿意回顾一下先生97年来的人生经历以及伟大业绩，作为对先生的微薄献礼。

一、艰难求学

韩德培先生祖籍江苏南京。祖父韩大兴，居于今江宁县秣陵关附近方山脚下，世代务农。清末太平军起义，1853年义军首领洪秀全率太平军进攻南京，占领秣陵关后，韩大兴受义军影响，参加太平军斗争，行军作战，屡立战功，遂擢升至“副将”。后太平军在清军和英、法、美等国洋枪队夹攻下失败，韩大兴亦隐姓埋名，流落苏州，为维持生计，改学织绸。时苏州绸缎业发达，韩大兴乃因此而有所积蓄，遂由苏州迁往如皋，自己开办织绸之“机房”。只是后来“机房”终于无法与使用现代化机器的新兴工厂竞争，便渐渐衰落而至关闭。

先生父亲韩志忠，后改名韩静尘，年轻时因反清排满，而身陷囹圄，后经其父多方营救虽得出狱，而竟一蹶不振，意志消沉。当先生出生之时，韩家已经是入不敷出，家道中落了。

先生出生于1911年，自小聪慧过人，六岁入私塾，读《大学》、《中庸》、《论语》、《孟子》、《幼学》及《千家诗》等，打下了旧学基础。于书法上亦受有严格训练，每至春节，常为四邻乡亲延至各家，题写春联。1921年，先生出私塾，入新学，径至京江小学二年级就读，自此每期成绩名属第一。如皋乃是苏北人文荟萃之地，一代才子冒辟疆之故乡，小学教育其时具有相当水平。先生就读之京江小学为旅居如皋、开设钱庄银行之镇江人所办，受新学思潮之影响，对语文、算术和英语等科殊为重视。先生于小学时代即受英文教育。每日晨起高声诵读不辍，建立了坚实的基础。先生并喜欢以所学之英文，与如皋城一美国传教士打招呼，以用其所学。日后先生每教导其学生，学好外语之关键，在于大声念、敢于讲，乃经验之谈也。先生语文成绩名列前茅，算术亦毫不逊色。后先生就读于浙江大学，其微积分考试分数竟高出数学系的高材生。不仅如此，先生受祖父、舅舅之影响，年少志远，颇不以当时如皋人之贪图安逸，胸无大志为然，唯愿远走他乡、一展宏图。

先生 15 岁小学毕业，家庭经济拮据，无力供其继续求学。先生祖父以实相告，希望孙子去学生意、站柜台，以纾家庭之困。先生志在求学，乃思求有既能读书又不增加家庭负担之法，时江苏省如皋县第二代用师范，招考新生，学制六年，免收学费、餐费、住宿费。先生遂前往投考。报考生有 448 名，拟招学生 40 名，先生竟以第四名之优异成绩获取。先生祖父欣然允其继续求学，从此，先生不仅走上独立生活之道路，还常常给家里以接济，为韩家之一支柱矣。

先生于如皋师范学校就学三年，获益良多，以致奠定其终生之信念。先生不但对各门功课，兴趣极大，所学甚精；并广泛涉猎各种书报杂志，诸如陈独秀主编之《新青年》、杨贤江主编之《学生杂志》、商务印书馆编辑出版之《东方杂志》和《小说月报》、梁启超之《饮冰室文集》、胡适之之《胡适文存》、陈独秀之《独秀文存》，等等。凡此皆于先生眼前洞开一崭新之大千世界：新文化运动、西方民主思想乃至马克思主义，并影响先生未来的信仰与追求。先生出生贫寒，尽管尚未接触马克思主义著作，却极易接受具有社会主义倾向之进步思想。对于西方民主制度的憧憬，亦成为先生日后选学法律的缘由之一，并为先生之社会主义民主法治思想奠定基础。

先生于如皋师范还结识一位好友——同班同学殷宗本，二人俱为同侪中之佼佼者，惟个性迥异，先生开朗乐观、喜爱运动；宗本则常感忧郁、生性好静，然彼此惺惺相惜。先生正以宗本而得识先生夫人殷昭，宗本之妹，并于十四年后成就连理佳话。

先生所读如皋师范，因为免费入学，毕业后按规定须在小学任教几年。但先生志不在此，唯愿继续求学，走向更广阔的世界。其时，有一首小诗广为流传，据说为中国地质学之创始人、家在泰兴的丁文江所作，深为先生喜爱。诗云：

男儿立志出乡关，学不成名誓不还。
埋骨岂须桑梓地，人生何处不青山。

先生于毕业之后，在京江小学和如皋师范的几位老师，特别是他在泰州的三舅的鼓舞和支持下，于1928年投考南通中学。依照规定，先生只能报考高一下学期的插班生，但为了节省时间，先生越级报考了高二下学期的插班生，竟然以第一名成绩入取。南通中学期间，先生受几位老师影响甚大，一为教英语的顾挹乡老师，一为教高等代数的陆颂石老师，一为教国文的徐益脩老师。先生还选读了法语课，这一课程由一位曾留学法国的老师教授。在校期间，先生功课一如既往非常优秀。先生则常说他运气极好，求学期间多遇良师。

1930年夏，先生以第一名成绩毕业于南通中学文科班。他本拟报考中央大学或清华大学外文系，但学校通知，由于他成绩优秀，可免试保送中央大学。万不料考期已过后，学校又忽然通知，本拟保送两名，结果只有一名保送名额，而另一位学生为女性，是理科班的，要优先，因此先生不能保送。先生大为生气，他并不在乎是否保送，因为他本来就准备考试的。麻烦是考期已经耽误了。于是先生赶紧翻看报纸，发现浙江大学继续招考史政和教育等系科的新生。先生喜出望外，赶赴杭州，竟以优异成绩入取浙江大学史政系。如皋师范一位十分赏识先生的老师刘企苏得到喜讯后，曾赋诗相赠。诗云：

已是小成日，行看及大成。
学期徵实用，士耻盗虚声。
努力崇明德，裁诗寄我情。
他年如孔李，佳话纪师生。

先生在浙江大学读书时间不长，却收获很大。因为浙江大学文理学院之学生，不论读文科还是读理科，一律都要修数学、物理、化学等课程。先生数理化成绩同样优秀，常常使理科班同学感到吃惊。自然科学之功底亦使先生日后从事社会科学研究如虎添翼，正由于这些原因，先生对其短暂的浙大生活常怀感念，亦常谆谆告诫其学生，社会科学工作者了解一些自然科学知识是必要的。先生就这样在西子湖畔开始了他漫长的学术之旅。

1931年，国民政府教育部决定将浙江大学史政系合并入中央大学，先生亦随之转入中央大学。进入中央大学后，先生本可以转入历史系或政治系，但他听了法律系教授谢冠生的法理学后，深受影响，从此改学法律。谢冠生时任中央大学法律系主任，兼任国民政府司法行政部秘书长，后任国民政府司法行政部部长。他主讲“法理学”，亦曾开设了“中国法制史”、“罗马法”等课程。谢先生讲课，不带讲稿，只有粉笔一支，讲课深入浅出，条理分明、内容丰富、引人入胜。听他讲课者，不限于法律系之学生，外系旁听学生亦不在少，以至于教室里常常人满为患，更有许多学生立于教室外窗户下聆听，蔚为壮观。据先生讲，谢先生引证法律条文书之黑板，一字不差。正是谢先生精彩的法学课堂对于先生选择法学专业起到决定作用，将先生引入了这个让他遍尝人生百味的学术领域。

在中央大学读书期间，先生还得到了许多名师的指导。诸如教授劳动法的史尚宽，其时尚为中央大学法律系之讲师，后为一代民法大师；教授刑事诉讼法的夏勤教授，时为国民政府最高法院法官。同时，先生更加勤奋学习，广泛阅读各种书籍，成为中大孟芳图书馆的常客。先生当时已经能够阅读英法两种外文原著，还旁听了德文和日文，以扩大自己的阅读范围。先生在这段时间读了许多原著，如英文的有奥本海的《国际法》、戴赛的《英宪精义》、庞德的《法律哲学导论》、《法律与道德》等，法文有狄骥的《公法的变迁》和《私法的变迁》等，打下了坚实的法学基础；良好的多种外语能力则使他后来专攻国际私法驾轻就熟，受益匪浅。除了法学著作外，先生兴趣极为广泛，还涉猎了文学、哲学、历史等方面的书籍，阅读了英文版的《共产党宣言》、《国家与革命》等，尤其于名人传记兴趣浓厚，用心颇深。

先生甫入大学，仍受三舅接济，不意入学不久三舅竟为他人毒杀。从此先生只能自给自足，为此，先生常为报社杂志撰写文章以赚取稿费，先生并用笔名曰“蕾生”。为了节约，先生每日不吃早餐，终致种下日后十二指肠溃疡之病根。所幸先生生性乐观豁达，不仅努力攻读，而且爱好体育，精于乒乓、网球、足球。每年如皋旅外大学生足球比赛，先生司职后卫，为场上健将。先生每念及此，亦颇为自豪。

1934 年，先生从中央大学法律系毕业，获法学学士学位。先生深感中国贫弱，不满列强欺凌，而要实现国富民强，必求诸教育一途。他希望到国外深造，然后为国服务。但出国并不容易，于他而言只有等待时机考取公费。时值中央大学编辑部需要编辑人员，主编学报和校刊。先生遂留校担任编辑。编辑工作使先生有机会充分利用中大图书馆，阅读其丰富藏书。先生见缝插针，阅读学习，几年之内，他的读书笔记积累了高高的一大堆。在先生考取中英庚款研究生出国之前，他还撰写和翻译了一些论文，在校内外刊物上发表。时任中央大学校长的罗家伦先生对先生极为赞赏，他不仅提升先生为“讲师”，兼任一些课程，在得知先生准备庚款考试后，他还对先生说：“不留学我保证你一样当教授。”

1939 年，中英庚款董事会招考留英公费生 24 名，其中有一名专攻国际私法，先生报名应考。英庚款考试，是十分严格的，报名者众而录取者少，文科的名额就更少，一个学科通常仅录取一名，极为不易。先生为准备英庚款考试，极为用功，终于以优异的成绩毫无争议地被录取。若干年后，英庚款考试国际法的阅卷人，中国国际法泰斗周鲠生先生告诉先生，他当时极为惊讶，第一名的答卷写得如此之好，结果公布后始知是中央大学的韩德培。这也许是后来周先生一直格外器重先生的原因之一吧。先生亦为英庚款考试国际私法试卷阅卷人、著名法学家燕树棠先生所重，后来燕先生与先生共事武汉大学结成忘年之交，此亦为一缘由吧。

1939 年，于先生一生中最值纪念者，乃先生与殷昭女士于战乱频仍、颠沛流离中，终于结为秦晋。从他们相识到结婚，其间十三四年，先生不仅要照顾自己的父亲和年幼弟弟，有时也要接济姐姐，经济窘困，自不待言。

1939 年 9 月，先生拿到飞机票，准备乘飞机由重庆飞香港，然后转往英国，赴剑桥大学就读。不料欧战爆发，所有在香港的英国轮船一律征调新加坡，听候使用，留英公费生遂暂停出发。先生只好回到中央大学，一面继续工作，一面等待消息。随后，欧战愈演愈烈，留学英国遂化为泡影。先生在重庆等待将近一年，中英庚款董事会终于决定，所有考取的24名公费留学生一律改赴加拿大学习。1940年7月底，先生和在重庆被录取者及家属一道，分乘两架飞机从重庆飞往香港，办好出国手续后又乘船转往上海，办理治装等事宜。8月，24人在上海集中后，同乘加拿大的“俄国皇后号”轮自上海启程，经过日本前往加拿大。

先生到加拿大后进入安大略省的多伦多大学。当时，与他一道考取英庚款公费留学生并一同进入多伦多大学的还有钱伟长、张龙翔、段学复、林家翘、李春芬、沈昭文、靳文翰等人。多伦多大学是加拿大最大的一所大学，著名的白求恩大夫就是从这所大学的医学院毕业的。先生进入多伦多大学后，师从著名学者汉考克（Moffatt Hancock）教授，他是法学院最年轻的教授，待人诚挚。他对国际私法有比较新的见解，对于涉外案件的法律适用问题，不赞成采取传统的“既得权”学说，而主张从政策的角度去考虑和决定应适用的准据法。汉考克教授可以说是国际私法学界的一位新秀。若干年后他转往美国加利福尼亚大学、斯坦福大学任教，成为名噪一时的最出色的国标私法学者之一。它所发表的一些论文的观点，对现代美国最新的国际私法学说的形成具有重要作用。

先生在多伦多大学攻读两年，第一年所读课程，除国际私法外，还有契约法、财产法、侵权法和刑法。这些课程主要由任课老师预先布置很多阅读材料，然后定期面谈。到一定时候，则须按照老师的要求写出论文，由教师定期评议。第二年是在汉考克教授指导下撰写硕士论文。先生所写论文题为《Substance and Procedure in Anglo-American Conflict of Laws》（《英美国际私法中的实质与程序问题》）。他收集和引用了大量的英美和加拿大的判例，结合英美加一些学者的观点进行了分析，并且提出了自己的见解。汉考克教授审阅过论文后，很高兴地评价道：“你写的论文很好，我简直用不着改一个字。”这样，他很顺利地通过硕士论文答辩，获得硕士学位。这是当时该法学院所能授予的最高学位。先生在多伦多大学读书期间，还常到该市的奥斯古得大厦法学院（Osgood Hall Law School）拜访该院院长福尔肯布里奇（Falconbridge）教授，这位教授是国际上早已知名的国际私法学者，他十分欣赏这位好学而多才的中国青年，而先生也从他那里获得了不少教益。

1942 年，先生获得硕士学位后，即由加拿大转往美国，以特别研究生的身份在哈佛大学法学院继续进行研究。在多伦多大学读书时，先生对一些留学生仅为取得学位而不认真读书的做法就提出过批评，他认为“只要认认真真地在有名学者的指导下进行研究，取得很好的成绩，比写一篇不痛不痒并无真正价值的学位论文更有意义”，并以此致函过中英庚款董事会。因此，他 1942 年到哈佛大学法学院后，遂决定不再攻读学位，而是利用那世界上最好的法学图书馆所收藏的极为丰富的书刊，进一步进行有计划、有步骤、有重点地研究。他把主要精力集中于阅读国际私法、国际公法和法理学三方面书刊，并尽力收集有关资料。特别是在国际私法方面，他花了较多的时间，尽量收集资料，广泛阅读并做了大量详细的笔记。此外，他还选听了当时几位有名学者的课程，如格里斯沃尔德（Erwin N. Grisworld）的国际私法、赫德森（Manley O. Hudson）的国际公法和庞德（RoscoePound）的法理学，收益颇深。哈佛求学期间，先生在广泛阅读之余，也撰写了一些国际私法新著的书评及评价当时著名法学家学说的文章，发表在国内深具影响的重要学术刊物上。主要有 1942 年在西南联大《人文科学学报》第 1 卷第 1 期上发表的书评《Characterization in the Conflict of Laws，By A. H. Robertson》，1943 年在浙江大学出版的《思想与时代》上先后发表的《庞德之法学近著三种》、《努斯堡教授著国际私法原理》、《格鲁著：‘驻日十年记’》等。

先生在美国时，常惦念家国之事，本拟于抗战结束后，即回国效力。孰料抗日之战尚未结束，太平洋战争则接踵爆发，先生乃不得不继续停滞美国，继续研究工作。直到 1945 年抗战胜利，二战结束，时逢国际法之名家，武汉大学之校长周鲠生先生在美遴选教师，以盛情相邀，先生在出国之前，即常常拜读周鲠生先生著作以及《武汉大学社会科学学报》上所发表之国际法论文，对武汉大学之国际法心甚折服，获周先生之邀，先生遂欣然接受，后虽浙江大学在浙江大学文学院院长张其昀力荐之下，亦盛邀先生加盟并许以法学院院长之职，先生乃以有约在先辞谢，而终归珞珈山矣。

回国之前，先生在纽约小住，曾在哥伦比亚大学跟随一位白俄老太，俄宫廷贵族遗老，学习俄文。

二、革命起步

中央大学期间，先生已经开始接触进步思想。在宿舍里和他同住一个房间的，有一位叫窦昌熙（又名窦止敬）的同学，也是如皋人。它是大革命时代的中共党员，蒋介石背叛革命后，他在上海被捕，从此与党失去联系。他出狱后，在中央大学念中文系，常常介绍一些进步书刊给先生看，因而使先生对马列主义发生兴趣。先生在南京国民党政权的眼皮底下，看了不少进步书刊，如英文的《共产党宣言》、列宁的《国家与革命》、马克思的《资本论》第一卷。先生对《共产党宣言》发生浓厚的兴趣，并把英文本全部抄录下来。谈到这个时期的经历，先生常说："记得英国有一位社会主义学者，名叫比尔，在他所著的《英国社会主义》一书中曾说：'读了资本论，会使人精神为之一振'。我看过《资本论》第一卷和《共产党宣言》后，就有这种感觉。这些著作使我认识到人类社会的发展前途，当然是由资本主义走向社会主义，最后实现共产主义。这个认识使我对中国共产党十分崇敬和爱戴，也使我很容易接受中国共产党结合中国当时的实际情况所提出的停止内战一致抗日的主张。这个认识还使我理解到，要真正弄清楚法律的来龙去脉，不能只从法律本身去寻求，更不能从神的意志和人的主观愿望去寻求，而应从社会的经济基础去寻求。这对我以后的法学研究工作第一次指出了一个新的方向，使我感到如拨云雾而见青天。"

在中大毕业并留校工作期间，由于先生已经接触到马列主义的进步思想，又看到当时中国在日本帝国主义疯狂侵略和进攻下，正处于生死存亡的关头，所以他积极参加了党所领导的抗日救亡活动。他和中大毕业的几位同学蒋孟引、邓启东、郑安寰、李昌董等组织了"现实社"，并且自己出资创办了刊物——《现实》，运用马列主义的观点分析和评论时事及其他问题。这一举动得到了地下党员狄超白同志的积极支持。同时，先生还与南京各界人士密切联系，进行抗日救亡活动。他常和孙晓村、王昆仑、曹孟君、陈勇进等同志秘密开会，交流各方面情况，并积极推动组织南京各界救国会，以扩大抗日救亡的力量和声势。另一方面，他还常和进步学生薛宝鼎、后文翰等联络，以加强学生中的抗日救亡组织。他曾和南京各界的民主人士一起，在清凉山接待从上海来的著名的民主人士史良、沙千里、陈传纲等，并和他们一道拜访冯玉祥将军和他的夫人李德全同志，受到冯玉祥将军的热情接待。他们的爱国热情得到了冯将军及夫人的赞赏。

后来，在日军大举轰炸南京的时候，孙晓村和曹孟君两同志被捕，先生随中大迁往重庆，原来在一起活动的同志都分散了。先生在重庆除继续从事教学和编辑工作外，仍和中大的进步学生保持联系，进行秘密的民主活动。

1942年，先生到达美国。当时在美国哈佛大学的中国留学生相当多，其中也有一些思想比较进步的。在浦氏三兄弟（即浦寿海、浦寿昌、浦山）和丁忱的倡议下，先生与他们一起成立了“明志社”，常常座谈一些有关中国和国际的重大问题。他们还曾就毛泽东同志发表的《新民主主义论》（英译本）进行座谈，交流体会。

1945年，我国老一辈无产阶级革命家董必武同志到美国旧金山参加联合国的筹备会议，后来又到纽约，应“华美协进社”的邀请作了一次演讲。在讲演过程中，有一些受国民党唆使的中国留学生在会场捣乱，向董老提出种种无理取闹的问题。先生从华文报纸上看到此事后，就写信给董老，一方面说明这些留学生只是在美中国留学生中的少数，他们不能代表绝大多数的中国留学生，其行为是应该受到谴责的。另一方面，先生还向他请教，如何进行法学研究才能最有利于未来的中国。作为中共的重要领导人之一，董老毫无架子，很快就亲笔回信给先生，谈了他对这些问题的看法，并且指出法学研究一定要联系实际，尤其是中国的实际。董老早年在日本学习政法，后来又在解放区主管政法工作，是法学界的老前辈了。解放后，先生还多次就新中国的法学教育问题向董老请教，并一直相互通信，董老到武汉时，还派人接先生去面谈。董老认为我国将来必须建立社会主义法制，他的这种高瞻远瞩的见解和平易近人的态度，给先生留下了深刻的印象。

先生到武汉大学后，国共之间的战争逐步升级，国民党统治区物价飞涨，法币急剧贬值，人民生活困苦不堪。学生运动接连不断，国民党对内采取高压手段，对外尤其对美则卑躬屈膝，甚至于不惜丧权辱国，卖国求荣。先生对此义愤填膺，他为当时最为著名的杂志

《观察》写下了许多鞭辟入里、脍炙人口的文章，诸如《我们所需要的法治》、《评中美商约中的移民规定》、《评（出版法修正草案）》及《论征用豪门富室在国外的资产及征用的技术问题》、《人身自由的保障问题》等文章，对国民党“假民主、真专制”，出卖民族利益、掠夺人民财产的反动本质进行揭露。傅斯年在看了他的《论征用豪门富室在国外的资产及征用的技术问题》的文章后也赞誉有加。

1947 年，国民党出动大批军警，在各地镇压学生运动，先生撰写了《我们对于学潮的意见》一文，对学生运动表示同情和支持。在征得武汉大学张培刚、金克木、邓启东等几位教授同意联合签名后，印制 200 多份，在武汉三镇广为散发、张贴，引起了武汉军警的恐慌不安。不久，武汉特种刑事法庭又传讯武汉大学进步学生，意图加以迫害，先生以武大教授会代表的名义，出面进行营救，并且发动法律系教师，准备出庭为他们辩护。特种刑事法庭慑于正义的进步力量，最终被迫将全部传讯学生释放回校。同年，武大“六一惨案”发生，武汉警备司令部于六月一日清晨派遣军警数千人进攻武大，包围学校，枪杀三名学生，逮捕师生多人，在全国引起极大震动。武大教授会开会决定罢教，推举先生与曾炳均教授起草《武大教授会罢教宣言》，对国民党的暴行提出强烈抗议。先生还和武大多位教授一起，到“武汉行辕”进行交涉，要求严惩凶手，并保证以后不再发生类似事件。武汉解放前夕，他还参加了地下党领导的“新民主主义教育协会”，暗中进行护校保产活动，以迎接武汉解放。

先生早在 1956 年就曾向党组织递交过入党申请书，但却石沉大海，没有音信。而接踵而来的“反右”和“文革”却把他说成是反党反社会主义的“山中宰相”，更勿论入党。直至十一届三中全会以后，经过拨乱反正，先生重返工作岗位，才于 1984 年光荣加入中国共产党，实现了他多年的愿望。至今，他已多次被评为中共优秀党员。

三、教育事业

1945 年 8 月，第二次世界大战结束，先生与经济系的张培刚、历史系的吴于廑三人应时任武汉大学校长的周鲠生先生之邀，担任武汉大学教授，他们三人被哈佛的中国同学戏称为“哈佛三剑客”。回国之前，先生担心国内法学图书缺乏，乃花费不少金钱与精力，认真挑选购买了几箱图书运回国内。到了武大后，才发现武大图书馆的法学藏书非常丰富，外文书刊除新近出版的以外，几乎应有尽有。所以，他认为自己来到了一个能做学问的地方。从此，先生就在这松柏苍翠、草长莺飞的珞珈山，至今已是六十余年了。其间，北京大学曾多次希望调先生前去任教，但因为先生在中国法学界的巨大影响和崇高威望，武大校方不能同意，历次调动都没有成功。而先生也因此为武汉大学及其法学院、法学学科，作出了举世公认的杰出贡献，被誉为珞珈山的“镇山之石”。

先生到武汉大学以后，担任了法律系教授。1947 年起，先生又兼任法律系主任。他以三十多岁的年轻教授，还被推选为武大教授会主席，这是武大过去从不曾有过的。先生所讲授的课程，主要有国际私法、国际公法、外国法律思想史等。他的授课语言流利生动、深入浅出、层次清楚、条理分明、内容丰富、逻辑性强，深受学生们的欢迎和喜爱。1949 年武汉解放后，先生仍然担任武汉大学法律系教授兼系主任。随后，武汉大学成立了校务委员会，党派徐懋庸同志来武大负责党的领导工作，他在行政上的名义是“秘书长”（当时不设校长）。不久，先生除担任法律系教授和系主任外，又被任命为副秘书长，协助徐懋庸同志和校委会掌管全校的日常工作。在他担任副秘书长期间，全校性的大报告除由徐懋庸同志亲自做外，往往都是由先生去做。解放初期，苏联和其他东欧国家到武大参观访问的外宾特别多，都是由先生出面接待，并向他们介绍学校的情况，他将外事工作做得有声有色，深受外宾的好评，给他们留下了十分深刻的印象。

从 1951 年起，先生又改任副教务长。当时的教务长是何定杰老教授，因为他身体不大好，很少到办公室去办公。这样，教务处的重担都落到了先生身上。他在继续负责法律系的工作和主讲“国际私法”课程的同时，又紧张而有条理的主管了学校的教务工作。他严格教学纪律，赏罚分明，并根据政府的教改方针，进行了各种必要的改革。他对老教授尊重、照顾；对年轻教师鼓励、提拔；对学生则关心、爱护；因此，他深受师生们的爱戴。每年新生入学时，他都要亲自对全体学生作报告，指导他们如何做一个合格的大学生。

1952年，我国进行高校院系调整，先生作为武大的代表，常常出席中南高教部召开的会议，参加制定中南区高校院系调整规划。该规划确定以后，还由他向武大全体教职员工报告传达，并布置如何具体着手进行调整。从开始实行高校统一招生以来，他就参加主持中南区六省（指湖北、湖南、江西、河南、广东、广西，后来去掉河南，遂为五省）的高校招生工作。每年暑假先生不但不能休息，反而比平时更加忙碌和紧张。有一年夏天，他因劳累过度，十二指肠溃疡出血，不得不住院治疗。但他仍然关心高校招生及学校工作，不时地询问并提出建议。由于他在教学和教育改革中认真负责地做了大量工作，因而被推选为武汉市教育工作者劳动模范。

在主持全校性工作的同时，先生仍然没有忘记他所掌管的法律系，相反，在法律系他也做出了卓有成效的工作。

先生在担任法律系主任期间，对教学和科研两方面工作都抓得很紧。他特别注意有步骤地加强师资队伍建设，以提高教育质量。他有选择地从湖南大学、中山大学、厦门大学吸收了一大批教师，另外还从中国人民大学调过来一批刚毕业的研究生，壮大了教师队伍。他认为大学首先是一个教书育人的地方。这方面的工作能否做得好，关键在教师。教师为人师表，必须严格要求自己，不管在品格方面，还是在学识方面，教师都应是一种典范、一种楷模。教师以身作则，才能引导学生一道前进，起到不但教书而且育人的作用。

先生非常重视教学质量，那时教师都是自己写教材，然后在教研组讨论，作为法律系主任，先生每个月都要听取教研室主任的汇报一次。对于新任的没有教学经验的老师，他要求先进行试讲。能够胜任的可以安排教学任务，否则，就需要进行一段时间的准备方可登上讲台。在这点上，他主张由年长的富有教学经验的教师进行“传帮带”，还要尽可能的请他们担任基础课的教学工作。无论在法律系还是在教务处，除了在工作上对老师进行鼓励、督促外，他还从生活上予以关怀。他经常深入到教师中间去，倾听他们的呼声，听取他们对学校和法律系工作的意见和建议。对其中有建设性的、可行的予以积极采纳，对他们思想上有些想不通的问题予以开导疏通，帮助他们解决实际的困难。如果遇有提升职称的机会，先生总是竭力促成其事，为他们创造有利于工作的条件。因此，先生在全校教师中赢得了极高的声望。而法律系在他的领导下也成为一个精诚团结、开拓进取的集体。

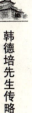

先生不但对全校学生作报告，并且也经常亲自对法律系的学生进行面对面的教育。他指出，大学生作为高层次的专门人才，知识面不宜过窄。大家应该多看点书，即所谓“博览群书”，而且读书不仅限于自己的专业，还可以广泛的涉猎其他专业的书籍，读社会科学的学生也需要了解一些自然科学的知识，读自然科学的学生也应该具备一定的社会科学的知识。这也是他担任武汉大学副教务长期间对全校学生的一贯主张。基于此，他提倡各系的学生可以不受系别限制到其他系进行选修，从而不断地扩大知识面。他也经常去访学生宿舍，和同学们谈心，问寒问暖，对他们进行各方面的教育。因此，他也深受广大同学的尊敬和爱戴。

先生认为，大学一方面是一个教书育人的地方，同时也应该是一个科研中心。为了提高教学质量，必须进行科研；为了促进国家建设事业的发展，提高整个国家的科学水平，也需要进行科研。在大学里，有较先进的设施、优越的环境、得力的人才，整个大学是十分有利于进行科研工作的。所以，大学教师除了教书之外，还要进行一定的科研工作。科研水平也代表着一个院系、一个学校在全国乃至在世界范围内的地位。为此，他积极倡导制定一系列措施，督促、鼓励教师从事科研工作。在担任学校领导时，他就把这种主张贯彻到他的工作方针中去。在担任法律系主任期间，也同样是如此。

然而，不幸的是，从1957年开始，在“反右”和“文革”两大劫难中，先生以无辜之身却受到了意想不到的打击，整整蒙受了二十年的不白之冤。他在那种极端混乱的情况下，忍辱负重地度过了一生中最可宝贵的这段大好时光。其实，受损害的不仅是他个人，也有法律系。自然，武大法律系办不下去了，只好合并于湖北大学法律系，后又改属中南政法学院。但是，他并没有消沉，并没有因此却步，他认为党总有一天会纠正这种极不正常的现象，他坚信自己是“问心无愧”的。正是在这种思想的支配下，他坚强地支撑了二十年艰辛的岁月。并且，他还不断地利用劳动间隙阅读革命导师著作的英文本。他还认真地教育自己的子女，教给他们做人的道理以及学习的方法。所以，他们虽然受到连累，不能顺利地升学，在农村劳动多年，但还是顽强地走过来了，并且都很有作为。“四人帮”垮台后，先生的长子以高中毕业生的身份、以同等学力直接考取研究生，并成为国内研究美国史的著名学者，还获得美国威斯康星大学博士学位，目前在加拿大大学任教，并任南开大学历史系教授、博士生导师。其次子则完全靠自学，初中毕业后就下放农村，以后直接考入大学，后来又攻读硕士学位和博士学位，现在是我国国际经贸仲裁方面的专家。女儿在农村多年后，曾在京山一中教语文，是县“模范教师”，调到武大工作后，又以优异的成绩毕业于武大图书馆情报学院，曾任武大图书馆编目部主任，副研究馆员，是图书馆的重要骨干。先生不仅在学校里是一位出色的教育家，在家里也是一位善于教育子女、十分难得的家长。在这方面，先生的夫人殷昭女士也是有着不可磨灭的功绩的。她十分贤惠和明智。特别在先生最艰苦的岁月里，她一方面尽心竭力地和先生一道教育好自己的子女，同时另一方面还始终坚忍不拔地克服种种困难，照顾好先生的生活，使先生能安然度过难关，甚至连她自己的一只眼睛已完全失明都没有察觉。可以说，先生及其子女所取得的每一点成绩，无不凝聚着她的心血。1995 年，这位在那黑云压顶、风雨满楼的艰难岁月支撑先生和家庭的韩夫人，耗尽了她全部的心力，溘然长逝，留给先生，也留给先生的子女们巨大的悲痛和绵绵的思念。

“文革”之后，百废待兴。十一届三中全会提出要加强社会主义法制建设，先生虽在“反右”和“文革”中历尽磨难，但他不计个人得失，毅然受命于危难之际，担负起重建武汉大学法律系的重任。当时的武大法律系早已荡然无存，很多老师被下放劳动，或被调任其他工作，先生自己也不例外。他被下放后，曾有一段时间被调回武大外语系担任英语教师。他讲授的英语课非常出色，而从一年级的专业英语一直教到四年级的专业英语。他当时教过的学生，今天有的当了英语教授，有的做了外语学院的领导，有不少已经是研究生导师了。

为了重建法律系，他再次投入到忘我的工作中去。作为系主任，他通过各种途径争取将法律系以前的教师调回任教，并从社会各方面聘请有法律专长的人前来任教。经过不到一年的紧张筹备，法律系就开始招收本科新生，还同时招收了国际法研究生。最初只建立了法律专业，后来又增加了国际法专业和经济法专业。武大法律系从此又走上了蓬勃发展的道路。

党的十一届三中全会确定了改革开放的大政方针，全国全党的工作重点转移到以经济建设为中心的“四化”建设上来。面临新的形势，先生认识到培养开放型人才对于扩大我国对外交流、提高我国在国际舞台上的地位是非常必要和急需的。为了适应国家建设的需要，他在有关部门的支持下，建立了一个以国际法（包含国际公法、国际私法、国际经济法）教师为主体的专门的研究机构，同时向校外、国外延揽人才。这个研究机构不但要承担科研任务，承担国家有关部门的科研课题、咨询项目，促进我国国际法研究的发展，并且还要同时承担教学任务，担任本科生和研究生课程的教学工作。这个机构就是如今的武汉大学国际法研究所。该所是新中国建立以后我国综合性大学中第一个成立的国际法研究机构，先生兼任第一任所长。1992年，国家首次在社会科学方面设立博士后流动站，武汉大学法学院是全国法学方面仅有的三个流动站之一，国际法研究所的三个专业都成为建站专业，这也是当时全国范围惟一可以吸收国际法博士后研究人员的流动站。1998 年国际法研究所的三个专业联合成为国家级重点学科，2000 年国际法研究所成为教育部人文社会科学重点研究基地，2004 年，国际法研究所成为教育部 985 创新基地。2005 年武汉大学国际法研究所成立 25 周年，国际法研究所举行了庆祝活动，先生为国际法研究所题写贺辞：“厚德博学、敬业乐群。”充分体现了先生一以贯之的教育思想和对国际法研究所的殷切希望。目前国际法研究所已经成了国内一流、国际知名的中国国际法的人才培养、科学研究、信息资料和决策咨询中心，在国家的经济发展和法治建设中发挥着重要作用。

随着经济的发展，环境保护已经成为人们共同关注的一个重要问题。如果只顾经济建设，而不同时注意环境保护，后果将不堪设想。先生很早就预见到了这一点，他主张必须通过法律途径对环境污染进行控制，并对自然资源和生态平衡进行保护。因此，他在国务院学位委员会法学评议组开会时，提出建议，要将“环境法”作为我国法学中一个专门学科，评议组一致通过，经上报教育部，也获批准，从此环境法才在我国成为一个专门学科，不但如此，他还提议筹建环境法研究所，以促进我国环境法制的建立和发展，并培养高层次的环境法人才。这一提议受到中央和武大领导的重视。1981年6月，由国家城乡建设环境保护部所属的环境科学研究院与武汉大学合办的环境法研究所在武汉大学正式成立。先生兼任第一任所长。环境法研究所在成立后很长一段时间里，一直是我国乃至亚洲地区惟一的一个专门以环境法为研究对象的科研机构，它与联合国环境规划署等国际组织有着密切的联系。自成立以来，该所的科研成果有很多已出版问世，还为中央和地方的环境立法提供建议，做了大量的工作，并为国家培训了好几期环境法干部。此外，该所在我国最早建立了环境法硕士点，为国家培养了不少环境法方面的高级人才。1998年，环境法博士点获得批准，1999年环境法研究所也被教育部首批确定为人文社科重点研究基地之一。

在法律系和研究所逐步发展的基础上，成立法学院的条件渐渐成熟。在学校领导的重视和支持下，通过先生的努力，1986年武汉大学法学院正式成立，内设两个系即法律系和国际法系，三个专业即法律专业、经济法专业和国际法专业，三个研究所即国际法研究所、环境法研究所和港台法研究所，并且创办了学术刊物——《法学评论》。

法学院成立后，先生任名誉院长。尽管这是一个荣誉职务，但对先生来说并不仅是一种荣誉，他把这当作是一种责任、一种义务，所以，对于法学院的很多事情，他仍然根据多年来的工作经验提供一些必要的建设性意见，以供参考。尤其值得提出的，是先生关于法学大楼建设所提的意见。

建一座现代化的法学大楼，一直是先生心中不解的情结。古朴典雅的大楼，松柏成荫的校园成了他对北美法学院美好的回忆。改革开放以后，先生出国访问，重游故地，还参观了许多其他的法学院，无一不具有相当规模的图书馆和教学楼。而武汉大学法学院经过重建后十几年的发展，学生教师人数大大增加，图书数量也有了一定的增长，局促的图书资料室，星散于珞珈山四维的学校公共教室，使得学生老师们在上课、去图书馆时往往要长途跋涉，许多时间精力浪费在那蜿蜒有致的山路上了。可是国家每年的教育经费有限，学校的财力窘困，建法学大楼需要大量资金，谈何容易！为此，先生很动了一番脑筋。在大学刚刚开始办社会教育不久，由于法学院的成人教育成绩不错，法学院每年要向学校上缴一定的成人教育收入，韩先生就向学校建议，应该允许法学院将上缴收入的一部分专门用作法学大楼的建设资金。后来在学校财政状况有所好转时，先生又几次三番写信给学校领导，请他们关注、重视法学大楼的建设。2001 年，学校新上任的党委书记顾海良教授第一次和韩先生见面，韩先生又一次郑重的提起了法学大楼的建设问题，这一次，顾书记当下就拍板答应说：法学大楼不但要盖，而且要盖好。

在学校领导的支持关心下，法学大楼的建设很快提上了议事日程，选址、论证、设计，法学大楼于 2002 年 7 月破土动工。这一次要建设的不仅是法学大楼，而是包括法学院大楼、商学院大楼和外语学院大楼在内的文科楼群。动工之前，举行了奠基典礼，先生应邀参加，还发表了热情洋溢的讲话；一年过去了，文科楼群拔地而起，大楼主体工程封顶，举行了庆祝仪式，先生又应邀参加并发表了感言；再过一年，大楼内外装饰一新，一座现代化的大楼赫然出现在眼前。2005 年 7 月，法学院搬进了建筑面积 3000 平米，集教学楼、办公室、会议室、图书馆、模拟法庭于一体，并配备有电梯、中央空调和大型地下车库的现代化法学大楼。先生以耄耋高龄，在法学院、国际法所领导的陪同下，参观了整座法学大楼，尤其是看到宽敞明亮的图书馆里有近千张供老师与同学就馆阅览的座位后，他兴致盎然地在图书馆与大家合影留念，并高兴地说："我们的法学大楼就是和世界著名法学院的大楼相比，也毫不逊色。"他还强调："现在我们一定要加强管理，要制定一些规章制度来保护它，我们要非常爱惜这座大楼。"

先生有时说：法学大楼能有今天这样的规模和格局，真是让他想不到。确实如此，法学大楼的建设，可以说是先生复出重建法学院以来的一个夙愿，为了它，先生殚精竭虑，是很花了一番心思的。但是在建设法学大楼计划甫一确定，却发生了一件让先生意想不到的事情。

学校确定了建设法学大楼的计划后，很快先生就收到学校送来的法学大楼的大型效果图，非常漂亮，先生把它就放在家里的会客室，每有客人来访，先生便高兴地向人介绍未来的法学大楼。不久，顾书记有一次看望韩先生时，告诉他法学大楼的设计图已经出来，问他看到没有，并要他看看。先生请人把设计图送给他看，不看则已，一看之下，先生竟是大为惊诧，他马上分别给院领导打电话，要求和院领导以及工程设计人员见面，说有意见要提。原来，最初设计的法学院大楼里面，根本就没有学生上课的教室，有的只是大大小小的办公室和会议室。先生批评了设计人员，他说："法学大楼里没有学生上课的教室，学生老师上课还要跑到分散各处的教学楼去，这法学大楼岂不是变成了'衙门'？在国外的法学院，所有法学院的课程都在法学大楼里面上，下课以后，学生可以直接到图书馆查阅图书资料，而老师则可以在各自的办公室接待学生，解答他们的问题。我们要建的法学大楼，不仅要有办公室、会议室，更应该有教室，还要有模拟法庭，应该是一座现代化的，能够使用上百年的大楼！"工程设计人员非常虚心，马上接受了先生的意见，表示要立即对设计图进行修改。后来才知道，不仅法学大楼的设计里面没有教室，其他两座文科大楼里面也没有教室，他们听说法学院大楼的设计图改了，也都跟着改了。现在，文科建筑群里，教室不仅足敷各学院自己上课自用，间或还能提供其他学院上课或学校召开大型会议使用，已经成为真正的教学科研工作的中心，同时还为缓解学校教室使用的紧张状况起到了积极的作用。

现在先生已经97岁了，他仍然时时关心法学院的情况，希望它不断发展、开拓前进。

先生不仅能卓有成效地从事教育行政工作，而且他本人还是一位十分优秀的教师。在担任繁重行政工作的同时，仍然继续授课。解放前，法律系教授每人需讲授三门课，他因为兼任法律系主任，可以减少一门，因此他仍须讲授两门课。1979年法律系重建后，他就开始招收研究生。1982年我国学位制度建立后，他被选为新中国第一批博士研究生导师。起初，他不仅指导攻读国际私法的博士研究生，同时也指导攻读国际公法的博士研究生，他还指导过外国留学生。他所指导的博士研究生至今已有几十人获得博士学位。先生的学生中，有的已经在国家的重要部门担任领导职务，很多已经是知名的法官、律师、仲裁员、学者和法学家，工作都非常出色，可以说是"桃李满天下"。他们在各自的岗位上都为国家做出了和正在做出重要的贡献。先生虽已是97岁高龄了，但他依然精力充沛、思维敏捷。作为武汉大学仅有的7名人文社会科学的"资深教授"之一，他仍然希望多为国家培养人才，仍然指导着博士研究生。除了一些必要的社会活动外，先生把大部分的时间都花在指导博士生上面，每星期都会有博士生到先生家里面谈，先生总是兴致勃勃，从他个人的学习经历到当代国际私法的研究，从一代法学家的崎岖人生历程到国家民主法治建设的现状、未来，先生在春风化雨的谈话中，不仅教导学生以治学的方法和方向，更教导他们以90多年人生历练所凝聚的人生智慧。除了指导研究生外，先生还不时地为本科生作学术报告，特别是给刚进校的新生作报告，鼓励他们努力学习，全面发展，使自己成长为对国家有用的“既专且多能”人才。

四、法学巨擘

翻开《中国大百科全书法学卷》，在为数不多的“当代中国法学人物”专栏中，很容易发现一个听来熟悉的名字——韩德培，先生作为著名法学家被选进《中国大百科全书》并以专条加以介绍，是当之无愧的。

早在大学毕业前，先生就已经撰写了一些法学方面的文章。不过，先生真正成名还是出国以后的事情。他通晓多种外语，治学勤奋严谨，思维敏捷，知识渊博，常有独到见解，在国内外法学界都享有盛誉。先生的学术活动范围涉及国际私法、国际公法、环境法、法理学以及法学教育等诸多领域。在国际私法方面，先生创造性地提出了“一机两翼”的大国际私法理论，构建了新中国国际私法的理论体系和立法体系；在环境法领域，先生是中国环境法理论的开拓者、环境法学研究和教育的奠基人；在其他所涉足的领域内，先生均卓有建树，展现了一代法学家的学术风范。

先生长期研究国际私法，学术造诣深厚，是公认的中国国际私法的一代宗师。他早年撰写的英文论文《英美国际私法中的实质与程序问题》，受到他的导师、加拿大著名法学教授汉考克先生的高度赞赏。他在哈佛大学研究时，广泛阅读英法德日等几种文字的国际私法著作，做了大量的读书笔记，并就其中一些具有代表性的著作写出了书评，在国内发表。如发表在西南联大的《人文科学学报》的《Characterization in the Conflict of Laws，By A. H. Robertson》，发表在浙江大学的《思想与时代》上的《努斯堡教授著国际私法原理》等。自北美回国后直到武汉解放，先生本想出版一本较有分量的国际私法专著，由于他已经在国外收集了丰富的资料，又有了近四十万字的初稿，原是没有多大困难的，但因连年公务缠身，后又参加政治活动，时间和精力都来不及，结果笔记、稿件在“文革”中被抄走，最终未能实现写书的愿望，他总感到是一件憾事。不过在国际私法方面，他还是挤出时间发表了一篇长篇论文《国际私法上的反致问题》，受到了国内外学者的赞赏和重视，而这篇文章即使在时隔半个多世纪的今天看来依然是极有参考价值的。

中华人民共和国成立初期，先生没有时间专注于他所钟爱的法学研究。而随后到来的政治运动又白白浪费了他20年的光阴。党的十一届三中全会以后，先生在主持繁忙的工作之余，以重新焕发的青春和惊人的毅力继续进行学术研究。适应改革开放和经济建设的需要，先生主持编写了我国高等院校第一本《国际私法》统编教材。他为这本书倾注了大量的心血，从头至尾，从宏观到微观，他都认真地进行了审改和定稿工作。该书后来荣获国家级优秀教材奖和第一届全国图书提名奖（是湖北省获得该奖项的仅有的五种图书之一）。在这本书里，先生主张扩大国际私法学的研究范围，国际私法应以涉外民事关系为调整对象，其研究不能仅限于冲突法领域，应当扩大到涉外民事关系的实体法领域。后来先生又将这一主张扩大到涉外商事领域。先生的主张引起了国内众多学者的争论，在与不同学者论战中，先生提出了著名的“一机两翼”说。他认为要用发展的眼光，结合国际民商事关系的实际来研究国际私法，他做了一个非常生动形象的比喻：“国际私法就好比是一架飞机，其内涵是飞机的机身，其外延则是飞机的两翼。具体到国际私法上，这内涵包括冲突法，也包括统一实体法，甚至还包括国家直接适用于涉外民商事关系的法律。而两翼之一则是国籍及外国人法律地位问题，这是处理涉外民商事关系的前提；另一翼则是在发生纠纷时解决纠纷的国际民事诉讼法及仲裁法，这包括管辖权、司法协助、外国判决和仲裁裁决的承认与执行。”

后来结合国际私法的新发展，先生又分别于1995年主编了普通高等教育“九五”国家级重点教材《国际私法新论》，于2000年主编了面向21世纪课程教材《国际私法》，先生基于他的“大国际私法理论”，结合了国内外国际私法研究的新问题、新理论，把整个国际私法的内容分为总论、冲突法、统一实体法、国际民事诉讼法、国际商事仲裁法五大部分，以严密的逻辑性和大胆的超前性，科学、系统地建立起了中国国际私法的新体系。

先生虽然主张“大国际私法”，却并不轻视冲突法，相反他一贯主张要重视对冲突法的研究。1983 年，先生与李双元教授合作撰写了《应该重视对冲突法研究》，对 80 年代初以来我国学者中存在的低估冲突法作用的倾向进行了纠正，并且预见性地提出了我国未来的区际法律冲突问题，对此表示关注。

1988 年，先生在中国国际法学会北京年会上就中国的区际法律冲突问题作了专题报告，题为《我国的区际法律冲突问题——我国国际私法研究中的一个新课题》，首次明确提出了“一国两制四法”的区际冲突法问题，并对解决方案提出了一些初步的设想。1989 年，先生与黄进教授合作在《中国社会科学》上发表长篇论文《中国区际法律冲突问题研究》，详细讨论了中国区际法律冲突的产生和特点、解决途径和步骤，并对中国的区际冲突法作了一些设计；这篇论文引起了港澳台和国际上的广泛重视。英国著名作家韩素音在拜读大作后，专程到武大与作者见面，交换意见。1991 年，先生与黄进教授在广泛参考和比较中外国际私法与区际冲突法的基础上，草拟了《大陆地区与台湾、香港、澳门地区民事法律适用示范条例》，发表后亦受广泛关注，并为各地媒体大量报道。

针对国际私法学说和立法在 20 世纪 80 年代以后的新发展，先生先后于 1988 年和 2000 年分别发表了《国际私法的晚近发展趋势》和《晚近国际私法立法的新发展》，对第二次世界大战以后国际私法学说和国际私法立法的现状进行了深入的理论探讨，并对其发展趋势作了科学的预测。1993 年先生与肖永平博士合作发表了《市场经济的建立与中国国际私法立法的重构》，阐述了他对中国国际私法立法体系的基本观点，倡导建立中国特色的国际私法立法体系。

20 世纪 90 年代初，先生提出要组织力量对不同国家的国际私法进行系统、深入的研究，开展国际私法的比较研究，为我国国际私法理论发展和立法完善做充分的准备。先生身体力行，先后对海牙国际私法会议、美国冲突法、欧盟国际私法等进行了深入的比较研究。

1993年，先生在海牙国际私法会议成立100周年之际，发表了《海牙国际私法会议与中国》，回顾了海牙国际私法会议的历史发展和主要成就，并阐述了我国加入该组织的重要意义。1994年，先生与韩健博士合作出版了《美国国际私法（冲突法）导论》，为我国首次全面系统介绍美国冲突法之专著。此外，先生也对具有特殊的、区域国际法性质的欧盟国际私法高度关注，于1999年与刘卫翔博士合作发表了《欧洲联盟国际私法的特征和发展前景》。

先生是一位具有国际影响的环境法专家，他在主要从事国际私法研究之外，在环境法方面也倾注了大量心血，为中国的环境法学作出了开拓性的工作，奠定了我国环境法教育和研究的基础。

环境法这个新型学科，如前所述，是在国务院学位委员会法学评议组讨论开会的时候，由先生提出来增加的。先生很早就意识到，我们国家搞经济建设，同时也应该解决环保问题，如果解决不好，还会给经济建设拖后腿。而要搞好环保，一定要加强法制。西方行之有效的经验就是运用法律手段进行环境保护，中国也应该如此。因此，一定要有环境法这个学科。后来不仅大学有了环境法课程，先生还负责主编了《环境保护法教程》。

先生主编的这本我国第一本《环境保护法教程》，迄今仍是全国高等院校通用的环境法教材，该书于1986年出版后，于1991年再版，共印刷5次。1998年出版了第3版，2003年出版到第4版。先生曾主编《中国环境法的理论与实践》，是国家社会科学基金“六五”法学重点项目的主要成果，对中国环境法的主要领域、基本原则和法律制度作了系统的论述，被全国社会科学基金规划与总结会议誉为“开拓性理论专著”。除了主编教材，先生还多次出席环境法国际会议，并发表了许多有影响的论文，如“The Environmental Problems and Legislation in China”、“Some Reflections on the Concept of ‘Common Concern of Mankind’”等。

先生在他的著述中，对环境法提出自己独特的认识，这构成了他关于环境法的一些基本理念，主要包括：环境问题是人与自然的关系问题；环境问题具有跨国性；要保护和改善环境，实现人与自然的和谐相处，必须要大力提高人们、特别是领导干部和高级知识分子的环境保护意识和环境法制观念；要重视和加强环境法学的国际合作，因为环境保护是全人类的共同问题。

先生是一位广义的国际法学家，他的研究领域不限于国际私法。在北美期间，他就把国际公法也作为一个重要的研究方向，阅读了大量书籍。在我国学位制度建立之初，先生作为博士生导师，不仅招收国际私法的博士生，也招收国际公法的博士生。他在国际公法和国际经济法方面，也是很有成就的，这一点我们从他的部分科研成果中是不难看出的。

(1)《现代国际法》(主编)

(2)《中国人权理论与实践》(主编)

(3)《评中美商约中的移民规定》

(4)《征用豪门富室在外国的资产及征用的技术问题》

(5)《对外开放法制环境的调查与研究》

(6)《论改革与加强 GATT 多边贸易体系》

(7)《关于湖北省引进外资若干问题研究》

(8)《海洋法公约与条约制度的新发展》

(9)《关贸总协定及其原则与规则》

(10)《关贸总协定与中国》

(11)《评“台湾前途自决”论》

《评“台湾前途自决”论》一文，是针对一小撮“台独”分子叫嚷台湾独立分裂祖国的阴谋而写的。他从历史、政治和国际法的角度，分别论证了台湾必须回归祖国，以及实行“一国两制”和平解决祖国统一问题的可行性，尖锐地批驳了“台独”分子的观点，维护了中华民族的尊严和祖国的统一。这篇文章在《瞭望》周刊海外版发表后，受到有关部门和海外读者的一致好评。

不仅如此，先生对于法理学，也是甚感兴趣的。他在大学阶段就阅读了不少法理学方面的外文原著，并写出了评介法国法学家狄骥之“社会连带关系学说”的文章，哈佛大学时期先生对法理学也进行了重点研究，写出了“庞德之法学近著三种”，回国以后，又先后写出了评价汉斯·凯尔森法理学的《凯尔森与纯粹法学》、《凯尔森的“法与国家的一般理论”》(书评)，先生还针对当时的国民党政府时期的宪政建设，写下了《我们所需要的“法治”》、《人身自由的保障问题》等；改革开放以后，先生痛感于法治观念欠缺、人治传统不解决，带给了国家和人民的多少灾难，他发表了许多文章，强调法律在我国社会主义现代化建设中重要作用，法制建设是社会主义现代化建设不可或缺的一部分。这些都充分体现了先生在法理学方面同样具有精深的造诣。

先生在繁忙的工作之余，还将我国著名的马克思主义理论家、中国共产党的创始人之一李达同志的遗著《法理学大纲》整理出版，并为该书写了序言。李达同志是我国最早运用马列主义观点研究法学的一位带路人，他的这本著作是我国法学界的一份十分可贵的遗产，将其整理出版是十分有意义的。在担任学校领导工作期间，先生还曾抽出时间将《苏联的法院和资本主义国家的法院》一书从俄文译成中文，由湖北人民出版社出版。

先生对法学学科建设非常重视，尽管年事已高，他还是非常关心这方面的发展。1996 年国务院学位办公室为了发展哲学社会科学的需要，决定要对文科专业和博士点的设立进行调整，经过一批教授所组成的专家组的设计和赞同，学位办在 1996 年颁布了一个关于调整文科专业和博士点的通知征求意见稿。在《通知》里，法学作为一级学科，不仅包括了法学，还将政治学、民族学、社会学等包括其中。并且要将国际公法、国际私法、国际经济法合并为一个二级学科即国际法。环境法被取消，要合并到经济法学中。这种调整，在我们今天看来是不符合学科发展规律的，甚至是荒谬的，不过在《通知》发出之时，一方面因为是经过一部分专家们建议认可的，另一方面因为学位办是以国务院学位委员会的名义颁布通知的，举国学术界竟然没有一位文科的教授公开质疑通知对学科所作的这种不适当的调整。先生曾经担任国务院学位委员会法学评议组第一、二届成员，还是第三届名誉成员。对于这种既不顾学科特点，又不广泛征求专家意见，仅凭某些人的见解就在重大问题上轻举妄动的作法，先生是深为反对的。先生在看到通知内容以后，马上写信给国务院学位办，表示了自己的不同意见，接着又专门写了两篇文章，对《通知》不尽科学合理之处一一提出具有说服力的批评。

先生认为法学与政治学、社会学、民族学等学科门类具有完全不同的内容，这几个学科不应该包括在法学里面，而是应该和法学并列起来，作为独立的学科。对于将“国际公法”、“国际私法”和“国际经济法”等学科合并成一个二级学科即“国际法”，先生认为十分不妥的，这三个学科各有自己的科学体系，内容都很丰富，不能混为一谈。而近几十年来，它们的内容都正在发展和扩大。如国际公法除原有的内容外，还有新的“空间法”和“海洋法”；国际私法除原有的内容外，就有新的“国际统一实体法”和“直接适用的实体法”等；国际经济法作为一门新兴学科，包括了国际投资法、国际金融法、国际税法、国际经济组织法等，还有人主张增加“国际海事法”、“国际技术转让法”等。世界上恐怕还没有哪一位学者能够写出一本包括这三个学科的专著。三个学科合并不仅不利于国际交流，与我国对外开放的实践不相符合，也不利于教学与科研安排，以及研究生的培养，同时更不利于三个学科的发展。对于将环境法学合并到经济法学的观点，先生认为，经济法学作为一门独立的学科，其内容已相当广泛；而环境法学作为一门新兴学科，它是从法律上研究如何保护和改善环境，如何防治各种环境污染和如何保护自然资源和生态平衡的。经济法学与环境法学的关系并不密切。不能够将二者拼凑到一起。对于法学的其他二级学科如法律史等的名称以及相关学科的独立与合并问题，先生也提出了自己的意见，不仅有力地批评了在法学学科方面的错误观点，还系统科学地表明了自己对法学学科所持的见解。

先生的文章在法学界引起了很大影响，也受到了相关部门的重视。时任学位办副主任的顾海良教授在到武汉大学征求意见时，韩先生当面对这种调整提出了严厉的批评；后来转任武汉大学校党委书记的顾海良教授在到武汉大学任职之后的第一次见面会上，又回忆起了这段往事，并且非常诚恳地对韩先生说，韩先生的意见是正确的，环境法不应该取消，那三个学科不应该合并。

事实上先生的意见在实践中也得到了体现，教育部确定的法学教育的十四门核心课程里面，国际法学依然是分成国际公法、国际私法和国际经济法分别撰写教材；环境法学依然是一个独立的分支学科。只是改称“环境与资源保护法”。随着中国共产党提出贯彻科学发展观、建设社会主义和谐社会的政策纲领后，环境法的重要地位更是得到强调，武汉大学的环境法学科，作为国家级的重点学科，在国家的经济社会发展中也发挥着越来越重要的作用。

先生在进行法学理论研究的同时，还非常重视理论联系实际，主张学以致用。他积极为政府有关部门提供咨询意见，并取得突出成绩。1981 年我国一些重点工程因故下马，外商以我方片面终止合同为由，向我方索赔若干亿美元。先生受国务院有关部门的邀请，从法律角度对合同进行详细审查，提出了具体建议，受到有关部门的重视，也为外商所接受，从而使国家避免了巨额经济损失，先生被我教育部的某位领导同志称为“国宝”，受到了高度的赞扬。1988 年，我国某海运局的船舶因为与外轮发生纠纷，正在我国法院审理，外方当事人却申请意大利法院扣押我国另一船舶，造成了轰动一时的“金鹰一号”案。对于这一案件，其焦点集中在我国法院以及意大利法院的管辖权问题上，有人认为，我国法院对船舶碰撞具有管辖权，但对于扣船有关的诉讼没有管辖权。这样势必会影响我国当事人的合法权益。对此，先生以深厚的法学理论知识，多层次、多侧面地进行了分析，指出中国法院不仅对于船舶碰撞具有管辖权，而且对于有关扣船的诉讼也具有无可争辩的管辖权，相反意大利法院则不具有管辖权，从而为我国法院处理此类案件提供了重要的参考依据。

五、社会活动家

先生作为著名的法学家，热心社会事业，不仅在法学界，而且在其他领域都积极投身社会实践，其嘉言懿行、道德风骨堪称楷模。早在中央大学读书期间，他就与其他进步同学一道，组织社团，创办刊物，宣传进步思想。在哈佛大学期间，他积极参加留学生中间的进步社团，讨论国内外大事。到武汉大学后，他除了教书育人外，还兼任过校务委员会副秘书长、副教务长等主要领导职务以及武汉大学教授会主席、他长期兼任法律系主任，并在创办国际法研究所和环境法研究所后兼任两个研究所的首任所长。现在他依然是武汉大学法学院的名誉院长、国际法研究所和环境法研究所的名誉所长。

先生在国内曾经或者现在担任的社会兼职有：国务院学位委员会法学评议组第一、二届成员和第三届特约成员、中国社会科学院政治学、法学规划领导小组成员、国务院经济法规研究中心顾问、国家环境保护局顾问、中国法学会顾问、中国经济法研究会顾问、中国国际经济贸易仲裁委员会顾问、九三学社中央委员会顾问、第六、七届全国政协委员、中国国际法学会名誉会长、中国国际私法学会名誉会长、中国环境与资源法研究会名誉会长、湖北省法学会名誉会长、北京大学兼职教授、《中国大百科全书法学卷》编辑委员会委员以及多种学术刊物及法律服务机构的顾问。

先生不仅在国内广泛参加社会活动，在国际上也同样如此，他在国际学术界的兼职有：国际资源和自然保护同盟理事、环境政策与环境法研究中心理事、世界城市与区域规划学会理事、美国埃德加斯诺基金会委员等。

改革开放之后，先生曾多次受邀请参加国际学术会议和访问，虽然在很多情况下因条件限制未能成行，但他还是利用有限的出国机会，宣传中国的社会主义法制建设，考察国外法学教育和法制建设的成功经验。

1980年，他率领我国法学家代表团，第一次参加了在荷兰召开的国际法律科学大会第二届会议，作了《中国正在加强社会主义法制》的学术报告。会上台湾一位“部长”级代表宣称他是代表“中华民国”而来。先生马上要求会议主席允许他在台湾代表讲完话后发言。他上台后首先指出，这个会议是一个学术会议，不要让有些人蓄意政治化。接着先生阐述了他关于两岸关系的看法，指出这位台湾代表所说的“中华民国”在国际上只有很少的国家加以承认，批评其论据犹如空中楼阁。先生流利的英文发言博得了全场热烈的掌声回应。后来，高教部和外交部都对先生给予了高度评价。

1982年3月，先生应美国埃德加斯诺基金会特邀，以埃德加斯诺法学客座教授和富布赖特基金会亚洲驻留学者的身份，前往美国堪萨斯市密苏里大学讲学，并先后应邀赴11个州，19所大学的法学院和法学团体访问和讲学，受到热烈欢迎和高度评价。密苏里州首府堪萨斯市市长邀请各界文化名人数百位，特意为他举行了盛大宴会，感谢他为中美文化交流做出的贡献，授予他堪萨斯市“荣誉市民”的称号。他的两篇英文讲稿，由美国西北大学法学院院长肯特教授加入评介和附注，以《中国的法律教育》为题，发表在著名的《美国比较法杂志》上。在这段时间，先生在纽约接触了负责联系与中国进行法学交流的美国福特基金代表、哥伦比亚大学教授埃德华，为其后福特基金会大量资助中国法学教研人员访美进修铺设了道路。1993年9～11月，先生又应邀赴美国的几所大学访问，了解美国教育的最近情况。1990年，先生应邀赴加拿大蒙特利尔市参加第十三届国际比较法大学，提交了《中国的法人制度》的英文论文，并在大会上发言。可以说，先生为中外文化交流特别是法学交流是做出了重要贡献的。

先生还代表我国多次参加环境法国际会议，宣传我国在环境保护法制方面的努力和成就。1981年9月先生赴南美乌拉圭首都蒙得维的亚，出席联合国环境规划署召开的“环境法高级专家与官员会议”，与不少国家的环境法专家建立联系。1984年，先生赴东京参加联合国亚太经社理事会召开的“环境与发展（相结合）的立法与制度会议”，除了向大会提交两篇有关我国环境状况和环境立法的英文论文外，还在大会上介绍了我国当时对环境保护所采取的种种重要措施，帮助与会各国代表进一步了解我国在环境保护方面的所做的努力。1985年6～7月，先生又赴美国底特律参加美国大气污染控制协会召开的学术讨论会，提交了《中国大气污染与法律控制》的论文。鉴于先生对于我国环境法学所作的杰出贡献，1999年先生在北京荣获“地球奖”。同年，他还被推举为中国法学会环境资源法学研究会的首任会长，这是中国法学会16个专业研究会中，惟一一个秘书处设在北京以外地区的研究会。

为了促进我国国际私法理论与实践水平的不断提高，便于国际私法理论与实践工作者的相互交流，共同进步，早在1985年，在先生的提议和主持下，就在贵阳市召开了新中国成立以后的第一次全国性的国际私法学术讨论会。这次会议聚集了我国国际私法教学、科研和实际工作的主要骨干力量，是我国国际私法学界的一次空前的盛会。在这次会议上，与会代表开始酝酿成立全国性的国际私法学术团体。1987年，在有关部门的主持下，武汉大学国际法研究所发起并在武汉大学召开了全国国际私法教学研讨会。在这次会议上，经与会代表民主协商，成立了全国性的国际私法民间学术团体——中国国际私法研究会（后更名为现在的“中国国际私法学会”）。先生以他在法学界的崇高威望和在国际私法方面的杰出贡献和精深造诣，当选为会长。先生的会长职务连任四届，一当就是16年，直到2003年的中国国际私法学会的年会上，他才光荣卸任，并成为学会的名誉会长。

这么长时间担任国际私法学会会长，其实并非出于先生自己所愿，而实在是应学会会员和理事会所请，勉力为之的。因为先生在担任第二届会长之后，就已经进入耄耋之年，先生多次在年会上表示他年事已高不宜担任会长职务，而且很多年轻有为的国际私法学者已经成长起来，他们完全可以很好的将国际私法学会工作承担起来，并向前推进。但是，学会的理事会和广大会员鉴于先生的身体还非常健康，尤其是先生的崇高威望，坚持请他再担任一届会长。2003 年，先生在担任了学会四届会长以后，终于以年事已高，力辞了会长职务，并力荐我国杰出的中青年法学家黄进教授担任国际私法学会的第二任会长，实现了学会领导的新老交替。

在先生的组织与领导下，研究会每年都要召开一次年会，讨论国际私法的基本问题以及司法实践中与国际私法密切相关的问题。与会人员既有全国各高等院校和科研院所从事国际私法教学研究人员，还有来自政府机关、司法部门的实务工作者，更有来自港澳台地区和外国的国际私法同行们，先生既是年会的主持人，也是积极的参与者。在担任会长的 16 年里，他每年都出席年会并致开幕词、闭幕词，并不顾年事已高尽可能参与年会的大会讨论。他主张充分发扬民主，鼓励与会代表本着“双百”方针，各抒己见，畅所欲言，相互既有争论而又不伤和气，给与会代表留下了深刻印象，这种开会的方式经过多年的实行已经成为了国际私法学会的优良传统，这对团结全国的国际私法力量解决国际私法方面的一些重大问题起到了很好的促进作用。在先生的精心筹划和有关单位的支持下，研究会每届年会都要出版一本论文集，把与会代表所提交的论文予以发表。从 1998 年起，中国国际私法学会创办了《中国国际私法与比较法年刊》从每年提交年会的论文中选择有代表性的优秀论文结集出版，至今年刊已经出版到第 7 卷，并且被南京大学的社会科学评价中心收入为来源刊物。对于年刊的工作，韩先生非常重视，经常询问年刊的采稿、编辑、出版的事宜，对每一期年刊的内容先生都会在交付出版以前加以过目。

中国国际私法学会的优良作风和成功经验受到了其他学术团体的好评。中国国际经济法研究会会长、厦门大学陈安教授在国际私法研究会 94 年年会发言时，高度称赞了这种做法。他认为国际私法研究会办得十分成功，并且谦虚地指出，“敝会应多向贵会学习，学习贵会长期一贯地坚持举办学术会议，坚持联系实际进行讨论，坚持出版讨论成果；学习贵会百家争鸣的‘群言堂’作风。”

中国国际私法学会不仅为探讨解决国际私法的理论和实践问题提供了一个平台，在世纪之交，还为中国国际私法的立法做出了杰出的贡献。早在1993年秋，在先生的主持下，国际私法研究会就成立一个专家小组，由先生任组长，起草《中国国际私法示范法》，以供立法、司法实践部门以及教学、科研工作者参考。起草小组的成员都是我国国际私法理论和实践方面的学者和专家。《示范法》从第一稿开始，六易其稿，2001年经法律出版社公开出版发行，开我国民间立法之先河，并在国际上产生了重要影响。其英文版、日文版也相继在国外发行，海牙国际私法会议秘书长来华访问时对《示范法》大加赞赏，认为这是中国国际私法学界对国际私法的一大贡献。目前已经列入国家立法计划的《涉外民事法律关系适用法》也对《示范法》的内容多所借鉴。中国国际私法学会能够取得如此巨大的成就，与先生在法学界崇高的威望、渊博的学识、高尚的品德和一心为公的精神是分不开的。

六、扶持后进　守志善道

先生是具有国际声望的法学家，却非常平易近人，从来不因对方的身份不同而区别对待，他待人总是和蔼可亲的。不管是找他办事，或者转告什么通知，或者向他请教，他都一样热情接待。1993年，湖北某县一位初中的外语教师想报考武大国际私法专业的研究生，因慕先生之名，就写信过来求教。先生没有因为它是初中教师，亦非法律专业毕业生而不予理睬，相反先生为这个年轻人的上进心所感动，并且亲笔回信给他，向他介绍学习方法，推荐国际私法教材，还在信中给予那个年轻人极大的鼓励。那位年轻人后来考取了中南政法学院的硕士研究生，后来还在武大取得了法学博士学位。

对待年轻人和后进者，先生总是尽力扶持，尽量为他们创造条件和机会，让他们奋发上进。当年法律系恢复时，许多人都得到破格提拔。在学校的学位评审委员会上，先生说明了法律系的特殊情况，因为许多人包括先生本人，由于历史原因都无法进行研究。先生并说，这些人只要给他们机会，他们很快就会有成果出来。应该创造条件，鼓励他们、鞭策他们。所以应把他们先提上来再说。先生的意见得到了大家的理解，很快有一批人被提拔起来，并在全国成为各个学科的知名学者。法学院的博士点也得以很快建立，直到今天第四代博导，先生还是大力推荐。1992 年，先生考虑到自己年事已高，即使是学术性的行政职务也不宜担任，因而主动辞掉了国际法研究所和环境法研究所两个所长职务，而全部以年轻人接替。他从不计较个人得失、私人恩怨，一切从大局出发，一心为整个教育事业着想，其宽广胸怀由此可见一斑。可以说，法学院的大力发展，中青年骨干较多，教师队伍整齐，先生是做了很多工作的。

先生对于别人总是非常和善，但对自己却严格要求，一向都是严于律己，宽以待人。他从不向组织提什么过分的要求，从不愿意麻烦别人。即使是处在最困难的时期，也不轻易向别人求援。在 90 多岁的年纪，他自己能做的事情都坚持自己去做，除非体力不能胜任的，他才会非常客气地请别人去做。他有时因工作需要到外地去，即使对方接待工作不太理想，他也从无半句怨言，相反却表示理解和感激。这种作风他在任何地方都是一贯坚持的。因此，他所到之处，都有着很高的威望。美国福特基金会的一位专家曾评论说，先生在武汉大学法学院以及中国法学界的崇高威望，是他多年来在中国其他地方所罕见的。

先生立身处世，光明磊落，不以权谋私，不拉帮结派，也不为任何权势所动摇。他在主持中南区高校招生工作时，有一位中央高干托人说情，希望对他的亲属能通融照顾，结果先生坚持按原则处理，得到领导部门和同事们的高度赞扬。解放前，曾有一些朋友欣赏先生的才华，邀请他为国民党做事，甚至许以到台湾担任要职，先生都淡然处之，婉辞拒绝了。他在进步思想的影响下，一心要为中国的解放出力，为新中国法治建设添砖，要留在这块热土上从事他所钟爱的教育事业，为全民族的素质提高和新中国的繁荣富强而鞠躬尽瘁。

先生已经九十有七了，耄耋高龄的他，依然在主持统编教材《国际私法》的修订工作，依然汲汲于吸收新知，依然耽于他所钟爱的教育事业，依然以“终身教授”身份指导着博士研究生，依然关注着中国法学的发展，关切中国法治建设的进程。2003 年，武汉大学按照教育部的规定，将他作为第一批的“资深教授”，享受与“院士”同等待遇。2006年出版的《中国大百科全书（法学卷）》（修订版）在《历代政治家、思想家、法学家》栏目内，将先生也列入其中。在目前在世的法学家中，列入其中的只有两人，即先生与史久镛先生，并有专条加以介绍。

肖永平　刘卫翔　甘　勇

上卷

第一编 韩…德…培…文…集

国际私法与国际法篇

国际私法上的反致问题*

一

依内国国际私法的规定，关于某一涉外事件，应适用某一外国的法律时，倘依该外国国际私法的规定，却应适用内国的法律，内国法院究应适用该外国的实体规则（Sachnorm，règle materielle，internal law），抑应根据该外国的国际私法而适用内国的实体规则？换言之，即当内国的国际私法指定适用某一外国的法律时，它所指定的法律，究仅限于该外国的实体规则，不包括该外国的国际私法规则（Kollisionsnorm，règle de conflit，conflict rule）在内，抑系指该外国的全部法律，包括国际私法规则在内？如系前者，便仅是德文所谓“实体规则的引致”（Sachnormverweisung），自不发生所谓反致（Renvoi）问题。如系后者，便是德文所谓“全部引致（Gesamtverweisung）”,[(1)] 便可能发生一个反致问题了。

本来依全部引致，可以有以下三种情形发生：

（一）依内国的国际私法，应适用甲外国的法律时，而依甲外国的国际私法，也应适用该外国自身的法律。

（二）依内国的国际私法，应适用甲外国的法律时，而依甲外国

* 本文是作者五十多年前写的，是我国学者对反致问题阐述得最详尽的一篇论文。五十多年来，各国在国际私法方面的立法、判例和学说，总的说来，都已有不同的变化和发展。但作者在本文中对反致问题所作的论述和所持的观点，就是现在，还是可供参考的。

本文原载《国立武汉大学学报（社会科学季刊）》，1948 年第九卷，第一号。

的国际私法，却应适用内国的法律。

（三）依内国的国际私法，应适用甲外国的法律时，而依甲外国的国际私法，却应适用乙外国的法律。

在上述第一种情形之下，内国法院自应适用甲外国的实体规则，尚不发生反致问题。例如关于一德国人的结婚能力问题，依我国的国际私法，应依其本国法即德国法决定，而依德国的国际私法，也应依其本国法即德国法决定。我国国际私法与德国国际私法，关于此点的规定，既彼此一致，毫无冲突，故我国法院自应适用德国的实体规则即德国民法中关于结婚能力的规定，因此便无反致问题发生。但在第二与第三两种情形之下，却都有反致问题发生。在第二种情形之下，不妨说系争的涉外事件，系由甲外国的法律反送至内国的法律。这可称狭义的或单纯的反致，德文称 Rückverweisung，法文称 Renvoi au premiere degré，英文称 Remission。例如关于一英国人的结婚能力问题，依我国的国际私法，应依其本国法即英国法决定，而依英国的国际私法，(2)却应依其住所地法决定，假定其住所在中国，即应依中国法决定；故此一涉外事件便可说由英国的法律反送至我国的法律。倘我国法院因此而适用我国的实体规则即我国民法中关于结婚能力的规定，便系接受此种反致。在第三种情形之下，系争的涉外事件系由甲外国的法律转送至乙外国的法律。这可称转致，德文称 Weiterverweisung，法文称 Renvoi au second degré，英文称 Transmission。例如有一丹麦人，在法国有住所，关于此人死后所遗动产的继承问题，依我国的国际私法，应依其本国法即丹麦法决定，而依丹麦的国际私法，却应依其住所地法即法国法决定；因之此一涉外事件便可说由丹麦的法律转送至法国的法律。本文讨论的反致问题，是兼指上述单纯的反致与转致而言。(3)

二

反致问题之所以发生，其根本原因乃在各国的国际私法规则，彼此颇多歧异，未能趋于一致。例如关于同一结婚能力问题，依有些国家的国际私法规则，应依当事人的本国法决定，而依另一些国家的国际私法规则，却应依其住所地法决定。故倘有甲国国民，在乙国有住所，关于其结婚能力问题，往往依甲国的国际私法规则，应依其住所地法即乙国法决定，而依乙国的国际私法规则，却应依其本国法即甲国法决定，因此便发生国际私法规则本身之冲突。国际私法规则本身既互有冲突，于是同一涉外事件，往往即可因审判国家之不同，而获得不同之判决。在法律或学理上，承认或赞成反致的主要目的，如后所述，即在希冀由一国的法院利用内国国际私法的规定，而自动调和国际私法规则本身之冲突，以避免此种冲突所可招致之不良结果。

在法律上认许反致，系始于列国的判例。其最著名者，为1878年法国最高法院对“傅果案件”（Affaire Forgo）的判决。[4]按傅果系一非婚生子，为巴维利亚（Bavaria，Baviere，Bayern）人。他于五岁时被他的母亲带往法国，自此即住于法国，以至殁世。他殁世以后所遗留的动产，依法国的国际私法，应依其“原始住所”（domicile d'origine）地的法律即巴维利亚的法律解决；而依巴维利亚的法律，该动产即应归其旁系亲属继承。但依巴维利亚的国际私法，该动产却应依其“事实住所”（domicile de fait，domicile effectif）地的法律即法国法解决；而依法国法，该动产即应归入法国国库。法国最高法院终于接受巴维利亚的国际私法的反致，而将该动产判归法国国库承受。[5]自此以后，反致的原则便在法国判例中宣告确定。至于在其他国家如英、德两国，也有不少判例对反致作明确的承认。这里值得注意的是：就法国的判例言，其所采取的反致，系限于单纯的反致，即由某一外国的国际私法反送至法国的法律；而对转致尚未予承认。[6]但就德国的判例言，其所采取的反致，却兼具单纯的反致与转致两种，换言之，不但承认由某一外国的国际私法反送至德国的法律，并且承认由某一外国的国际私法转送至另一外国即第三国的法律。[7]再就英国的判例言，英国又另有一种制度。英国法院在若干判例中，均曾认定英国法官依英国的国际私法而适用外国法时，应与该外国的法官自行适用其法律相同，就是说英国法官应将自己视为在外国审判，再依该外国的法官对反致所抱的态度，而定其最后所应适用的法律。[8]所以法、德、英三国的判例，如上所述，虽都承认反致，但却为三种不同程度或不同方式的承认。此外在判例中承认反致者，尚有阿根廷、比利时、巴西、保加利亚、卢森堡、挪威、葡萄牙、西班牙、罗马尼亚及委内瑞拉等国家。[9]至于在判例中对反致尚未明确承认的国家，主要者有美、意、荷三国。[10]

在近代列国的重要法典中，首先规定承认反致者，为1896年颁布的《德国民法施行法》。依该法第27条的规定，关于行为能力、婚姻、夫妻财产制、离婚及继承，依德国的国际私法，原应适用某一外国的法律者，如依该外国的法律却应适用德国法时，即依德国法决定之。该条的规定，究为一广泛原则的例示规定，抑为一具有限制性质的列举规定，在德国学者间，颇有争执。[11]但据德国最高法院的判例，该条的规定，却被解释为一广泛原则的宣示，即凡德国法院适用外国法时，该外国法应包括国际私法规则在内。[12]他如1898年日本的法例，1918年（民国七年）我国的"法律适用条例"，1926年波兰的国际私法典以及晚近暹罗的国际私法典等，也都对反致有明白承认的规定。[13]惟近年有少数国家新制定的法典，系规定拒绝反致者。[14]

在国际公约中，规定承认反致者，有1902年关于婚姻问题的海牙公约，以及1930年与1931年关于汇票、本票、支票的法律冲突的日内瓦公约。前述海牙公约第一条系规定：缔结婚姻之权利，依未来配偶各方之本国法，但其本国法明定应依其他法律者，不在此限。[15]前述两种日内瓦公约系规定：关于作成汇票、本票，支票之能力，依作者之本国法决定，但本国法规定依其他法律者，依其他法律决定之。[16]

三

在判例或立法例中，多数国家虽已对反致作一部或全部的承认，但在学说上，列国学者对于此一问题，却议论纷纭，争执甚烈。[17]有些学者主张承认反致；他们的理由最重要者有以下三种：

（甲）外国国际私法规则与实体规则的不可分性——主张承认反致者以为一国的国际私法规则与其实体规则系连为一体，不可划分。例如法国民法第388条（实体规则）规定21岁为成年年龄。但依同法第3条第3项（国际私法规则）的规定，此种成年年龄仅适用于法国人，而不适用于非法国人。可见后者（国际私法规则）的规定，不啻系对前者（实体规则）的适用加以限制。故他国法院于适用法国法时，便不应只适用其实体规则，而不顾及其国际私法规则。因此内国法院因适用外国法而承认其反致，乃是一种应有的结果。[18]

（乙）各国法院对于同一事件判决的一致——主张承认反致者以为承认反致足以使各国法院对于同一事件，均将作同一的判决。换言之，就是对于同一事件，将不致因诉讼地点在不同的国家便会有不同的判决。假设有一阿根廷人，在法国有住所，关于他的行为能力问题，法国法院依法国的国际私法规则，应适用其本国法即阿根廷法，但依阿根廷的国际私法规则，却应适用其住所地法即法国法。倘法国法院接受阿国国际私法的反致，而适用法国的实体规则，则此同一事件，无论由法国法院审理，抑由阿国法院审理，当可获得同一的判决。此系就单纯的反致而言。再就转致言，也可使各国法院对于同一事件作同一的判决。德国学者 Raape 氏曾举一例如下：假设有瑞士男女二人，男为舅父，女为甥女，在苏联有住所，并在苏联结为夫妇。此项婚姻依苏联的法律为有效，依瑞士的民法为无效，但依瑞士的国际私法，却应适用苏联的法律而认为有效。若二人前往德国，男方根据瑞士的民法诉请德国法院确定该婚姻为无效，德国法院依德国的国际私法，便应适用当事人的本国法即瑞士法。德国法院如适用瑞士的民法宣布该婚姻为无效，结果便是同一婚姻，在苏联和瑞士都被认为有效，而在德国却被认为无效。为避免产生此种不良的结果起见，德国法院就应当承认瑞士国际私法的转致，适用苏联的法律，而亦认该婚姻为有效。[19]如此便可使此一事件，无论由苏联、瑞士、德国三国中任何一国的法院审理，都将获得一个相同的判决，[20]而因各国国际私法规则本身的冲突所易招致的流弊，便可因此而免除。

（丙）对外国主权的尊重——这一点和前述第一种理由有连带关系。如前所述，外国国际私法规则系规定其实体规则的适用范围，二者系密切联系，不可划分。倘某一外国的国际私法规则，规定对某种事件，其实体规则不能适用，就不啻外国立法者放弃其对该事件的管辖权。在此情形之下，内国法院为尊重外国的主权起见，便应当顾及外国立法者的意志，而不为其所不愿为之事。假设一外国人在内国有住所，关于他死后所遗动产的继承问题，内国法院依内国国际私法的规定，适用其本国法时，倘其本国的国际私法却规定应适用住所地法即内国法，不啻即该外国表示该国对于此人所遗动产的继承问题，并无可以适用的实体规则，故内国法院便应依从外国立法者的意志，而适用住所地法即内国法，[21]否则为违反外国立法者的意志，亦即违反外国的主权。

以上是主张承认反致者的理由。但另有很多学者却主张拒绝反致，反对反致。他们反对的理由，可归纳为以下三种：

（甲）对主张反致的理由的驳复——可就以上所举的三种理由逐一述之：

（A）关于外国法的不可分性问题——反对反致者以为外国法的不可分性一点根本即不能成立。第一，就国际私法本身的性质言，主张外国法为不可分者，以为一国的国际私法规则，系规定其实体规则的适用范围；由此言之，此种国际私法规则，当必属于所谓“单方的冲突规则”（einseitige Kollisionsnormen），即专系规定在如何情形之下，内国法院应适用内国的法律，至于外国法在如何情形之下应予适用，则不加过问。例如前述法国民法第3条第3项规定：“法国人的身份能力依法国法定之，其住于外国者亦同；”此种规定，便属于“单方的冲突规则”。假如国际私法规则尽都是这种“单方的冲突规则”，然后才说得上一国的国际私法规则系规定该国实体规则的适用范围。然而事实上，许多国家的国际私法规则中，不仅有“单方的冲突规则”，并且还有所谓“双方的冲突规则”（zweiseitige Kollisionsnormen），就是就内国法与外国法为一种普遍的规定，也就是规定，在某种情形之下应适用的法律，固可能是内国法，也可能是外国法。例如德国民法施行法第7条第1项规定：“人之行为能力，依其本国法定之”；此种规定便属于“双方的冲突规则”。此种规则不仅规定内国实体规则的适用范围，也可说规定外国实体规则的适用范围，所以若说它和德国民法中有关行为能力的规定完全不可划分，即非正确。诚然就法国法而论，法国的国际私法规则与实体规则系合并规定于同一民法典内，但决不能因此便说二者形成一体，彼此不能分离。一国的国际私法规则与其实体规则，关系固甚密切，但国际私法规则却仍具有其自身的独立性。[22]第二，就不可分性说的实际应用言，纵使承认外国法的不可分性在理论上为正确，其在实际上应用的结果，亦殊难令人满意。既认外国法为不可分，则内国法自亦应认为不可分。若就上述“傅果案件”而论，法国法院依巴维利亚法而适用法国法时，此所谓“法国法”自亦应包括法国的国际私法规则在内。于是法国法院依法国的国际私法规则，又须再适用巴维利亚法；而所谓“巴维利亚法”自仍应包括巴维利亚的国际私法规则在内。如此互相推送，往返不已，便成为一种所谓“国际网球戏”（raquette internationale）[23]或所谓“逻辑上的镜壁之室”（ein logisches Spiegelkabinett）。[24]这是就单纯的反致而言。至于就转致言，其结果也往往足以形成一种“不可解脱的循环”（circulus inextricabilis）。假设有一英国人，在美国纽约州有住所，于比利时为某种法律行为。倘德国法院要决定此人有无行为能力，自应依德国的国际私法，适用其本国法即英国法。而依英国的国际私法，却应适用其住所地法即美国纽约州法。再依美国纽约州的国际私法，又应适用法律行为地法即比利时法。复次，依比利时的国际私法，又应适用其本国法即英国法。故如应用不可分性的理论，即将如此周而复始循环不已，终难得一圆满的解决方法。[25]

（B）关于各国法院判决的一致问题——主张承认反致者以为承认反致将可使各国法院对于同一事件作同一的判决。但反对反致者却谓纵然承认反致，各国法院往往对于同一事件仍可作不同的判决。试仍以“傅果案件”为例，该案由法国法院审理时，法国法院系承认巴维利亚国际私法的反致，而适用法国的实体规则。倘该案改由巴维利亚的法院审理，而巴维利亚的法院，也仿效法国法院，承认法国国际私法的反致，则其结果必将为适用巴维利亚的实体规则。由此可见同一事件，如由两国的法院分别审理，而该两国法院又同样承认反致，则两国法院的判决，未必即能归于一致。因为甲国承认反致的结果，将适用甲国的实体规则；而乙国同样承认反致的结果，却适用乙国的实体规则，自无一致的判决可言。[26]论者或谓倘依英国法官所采取的方法，即英国法官适用外国法时，将与该外国法官适用其自身的法律相同，其结果英国法院与该外国法院的判决，必可归于一致。例如一英国人于死亡时在法国有住所，关于其所遗动产的继承问题，英国法官依英国的国际私法，应适用其住所地法即法国法，而依法国的国际私法，却应适用其本国法即英国法。但如法国法官审理此一事件时，依法国的国际私法固应适用英国法，但英国法反致于法国时，法国法即应接受而适用法国的实体规则。故英国法官自比于法国法官，便依法国法官之所应为，而适用法国的实体规则。[27]因此此一事件，无论由英国法院或法国法院审理，其判决必属相同。但反对者却谓在上述一例中，倘法国法官也与英国法官采取相同的态度，即法国法官适用英国法时，也将与英国法官适用其自身的法律相同，于是法国法官要模仿英国法官，英国法官又要模仿法国法官，必致两国法官均不知应如何判决，而复陷于无法自脱的僵境。[28]

（C）关于尊重外国的主权问题——反对反致者关于此点的驳复，可分两部分言之。第一，内国法院如不顾外国立法者的意志而适用外国法，是否即违反外国的主权？德国学者 von Bar 原为倡言尊重外国主权的主要代表；依他的主张，关于某种法律关系，内国法院依内国的国际私法应适用外国法，而依外国的国际私法，该外国的法律却不能适用时——即发生国际私法规则本身之消极冲突时，内国法院便应顾及外国立法者的意志，不适用该外国的法律。[29]然在另一方面，如关于某种法律关系，内国法院依内国的国际私法认为应适用内国法，而依外国的国际私法又应适用该外国法时——即发生国际私法规则本身之积极冲突时，[30]他却承认内国法院可不顾外国立法者的意志，而径行适用内国法。在后一场合，内国法院不顾外国立法者的意志而适用内国法，既非违反外国的主权，何以在前一场合，内国法院如不顾外国立法者的意志而适用外国法，即为违反外国的主权？倘在后一场合，无违反外国主权之可言，则在前一场合，自亦不能谓有违反外国主权之嫌疑。[31]再进一步说，如因尊重外国的主权而必须顾及外国立法者的意志，则依外国国际私法的规定而生的一切反致（包括单纯的反致与转致）便应一律重视，无分轩轾。然而抱有尊重外国主权的观念的人，往往仅许在某种特殊情形之下，始予以承认，[32]或仅承认单纯的反致，而对转致却不予承认。[33]可见内国法院适用外国法，纵不顾及外国立法者的意志，亦不为违反外国的主权。第二，内国法院适用外国法时，是否应顾及外国立法者的意志？内国国际私法的规定，在现状之下，仍系内国立法者根据内国的政策，对于某种涉外事件所定最妥善的解决法则，决不能视外国立法者的意志而转移。[34]内国法院仅有尊重内国立法者的意志的必要，而无顾及外国立法者的意志的义务。内国法院为执行内国的立法政策，有时纵须对外国国际私法的规定加以注意，但此仍基于内国立法政策之需要，而非对外国立法者的意志有所迁就或让步。

（乙）适用外国国际私法的不便——反对反致者以为承认反致在实际上尚有种种不便。第一，内国法院要将外国国际私法的内容考查清楚，就非一件轻而易举的事。要考查清楚外国的实体规则，已属不易；而要考查清楚外国的国际私法规则，尤属困难。除一部分国家的国际私法系以明文规定者外，另一部分国家如英美的国际私法，则系建立于法院的判例之上，其内容之纷繁错杂，不难想象而知。即以有明文规定的国家而论，其规定大都非常简单，仍有赖于法院判例的补充。故仅仅认识其明文规定，尚嫌不足，必须再进而分析其法院的判例，始获窥其全豹，明其底蕴。加以列国国际私法中的种种法则，目前仍在蜕变发展之中，尚未臻于比较确定的阶段，而列国学者所持的见解，往往彼此又相去甚远，难于统一。故要希冀内国法院对于外国国际私法的内容尽行了解，虽非绝不可能，必感极大困难。[35]其次，内国法院因适用外国国际私法规则而牵及涉外事件法律性质的“品定”，（Qualification，Classification，Characterization），“联系因素”（Anknüpfungspunkt，point de rattachement，Point of contact or Connecting factor）的确定，以及“公序”（l'ordre public，Pubic policy）问题的解决等等，其遭遇的困难，当更属不易应付。[36]毋怪内国法院适用外国国际私法规则时，常不免发生错误。[37]

（丙）保持内国政策的自主性——在今日国际社会，尚无一共同最高的立法机关，可以统一各国国际私法的规则，故各国悉凭其本身所认为适当的政策，而指定其解决国际私法问题时所应适用的法律。换言之，目前各国对于国际私法上准据法的适用问题，均须依其自身所采的政策，而作最后的决定。[38]假如采取反致而将此种最后决定之权，无形移转于他国立法者之手，则将等于放弃其自身的政策，放弃其内国立法政策的自主性。所以国际私法学者中有认承认反致为自损内国之主权者，[39]有认承认反致为与国际私法本身的性质不能相容者。[40]要之，反对反致者认为内国国际私法如规定应适用外国法时，此所谓外国法乃指外国的实体规则而言，并不包括其国际私法规则在内。

从以上正反两方面所提出的种种理由看来，似乎可说在理论上，反对派要算占有优势。毋怪就反致问题而言，在学者中间，历来持反对论或否定论者是占多数，而持肯定论或赞成论者却是少数。[41]不过，令人感觉奇异的是，尽管在理论上反对派占有优势，但在实际上，多数国家的判例或立法例却仍系承认反致，虽然它们承认的程度彼此不尽相同。这种实际与理论的距离悬远，分道扬镳，究竟是出于偶然呢？还是另有其潜在的根本原因？

四

国际私法的主要目的——若非其惟一的目的——便是要使同一事件，无论由哪一个国家[42]的法院审理，都将依同一的实体规则去解决，而取得同一的判决；换言之，就是对于同一事件将不致因为诉讼地系偶然在不同的国家便会适用不同的实体规则，而有不同的判决结果。[43]否则不特对当事人为不公平，亦且足以妨害国际生活的协调与和谐。所以企求判决的一致，乃为国际私法的主要目的所在。[44]

假如各国对于如何决定国际私法上的准据法——即决定对于某种事件应适用某地的法律，系采取同一标准或同一规定，换言之，就是假如各国的国际私法规则彼此系完全一致，则此种目的，纵在事实上因有若干困难尚不容绝对保证必可达到，[45]但必已易于达到，殆可断言。无如各国的国际私法规则，除受条约的限制或习惯的影响外，彼此仍多歧异。因此同一事件，如由不同国家的法院审理，设不采取反致便往往因之而取得不同的判决。例如就结婚能力问题说，中国和法国系主依当事人的本国法决定，英国系主依当事人的住所地法决定。假设有英国男女二人，在法国有住所，并在法国结为夫妇。以后二人来至中国，因婚姻纠葛在中国法院涉讼。中国法院要决定他们二人的结婚能力问题，依中国的国际私法，就应适用他们的本国法即英国法。假定中国法院不采取反致，中国法院就应适用英国关于结婚能力的实体规则；假定依该实体规则，他们二人无结婚能力，中国法院就应判定他们无结婚能力。但假设他们是在英国法院涉讼，英国法院要决定他们有无结婚能力，依英国的国际私法，就应适用他们的住所地法即法国法。假定英国法院也不采取反致，英国法院就应适用法国关于结婚能力的实体规则；再假定依该实体规则，他们二人有结婚能力，英国法院就应判定他们有结婚能力。可见关于这两个英国人的结婚能力问题，如由中英两个不同国家的法院审理，倘不采取反致，结果就会适用不同的实体规则而产生不同的判决结果。反之，如果中国法院采取反致，则中国法院就应适用英国的国家国际私法；而鉴于英国法院依英国的国际私法，应采取反致，将适用法国的国际私法，并且英国法院鉴于法国法院依法国的国际私法应采取单纯的反致，将适用法国自身的实体规则，亦将适用法国的实体规则，于是中国法院就也适用法国的实体规则。由此又可见关于这两个英国人的结婚能力问题，无论由中英两国或中英法三国中任何一国的法院审理，假如采取反致，便都将适用法国的实体规则，而产生相同的判决结果。所以承认或采取反致，就是要在列国不同的国际私法规定之下，企图对于同一事件，能利用反致适用同一的实体规则，而使该事件无论由哪一个国家的法院审理，都将因之而取得一致的判决结果。因此一国法院对于涉外事件适用某一外国法时，必须想想该外国法院如审理此一事件，将适用哪一个国家的法律，也就是说它必须看看该外国的全部法律——包括该外国的国际私法规则在内，而适用该外国法院解决此一事件时所将适用的法律。当年法国最高法院对傅果案件的判决，虽然不能保证说它完全不是出于对内国法的一种偏爱，或甚至出于一种自私的动机，因为法国具有物质上的利害关系；但从法国傅果案件以后，反致之所以被多数国家的判例或立法例以不同的程度予以承认，实在不能完全用这种偏私的心理去解释，而不能不说是多少代表一个理想的追求，就是要使同一事件，不致因诉讼地系偶然在不同的国家，便随之而有不同的判决结果。前述英国法院所采取的反致比较最能符合这种理想，最能满足这种要求。

反对反致的种种理由中，最有力的一个理由，要算是前面所提到的所谓“国际网球戏”或“不可解脱的循环”——可简单叫做“恶性循环”。但如细加分析，这种恶性循环的说法，实未免过甚其词，近于夸张。主张采取反致的人，并非坚持世界上所有的国家，都一起采取反致，更非坚持它们一齐采取相同的反致，而只是认为在国际私法的现状之下，必须有一部分国家承认反致，才能对于国际私法事件，企求达到前面所说取得一致的判决的目的。只要各国的国际私法规则，彼此尚有歧异，或尚有国家并不承认反致，便需要有一个调和的办法，折冲其间，以求对于同一事件，无论由哪一个国家的法院受理，都将适用同一的实体规则，而得到同一的判决结果。承认反致，便是一个最好的调和办法。目前事实上，既然尚有一部分国家并不承认反致，而在承认反致的国家中，彼此承认的程度又不尽相同，则所谓恶性循环的情形，便自然不易发生。下面拟设数例，藉示梗概：

（一）单纯的反致

例一：丹麦人死亡时在中国有住所，在中国遗有动产。关于该动产的继承问题，依中国的国际私法，应适用被继承人的本国法即丹麦法。但依丹麦的国际私法，却应适用他的住所地法即中国法，而且因为不承认反致，应即适用中国的实体规则。倘中国法院审理该动产的继承问题而采取反致时，便也应适用中国的实体规则。

例二：法国人在中国置有不动产。他死亡以后，关于该不动产的继承问题，依中国的国际私法，应适用被继承人的本国法即法国法。但依法国的国际私法，却应适用不动产所在地法即中国法；不过因为依中国的国际私法既应适用法国法，即应适用法国的实体规则。倘中国法院审理该不动产的继承问题而采取反致时，便也应适用法国的实体规则。

（二）转致

例一：阿根廷人死亡时在巴西有住所，在中国遗有动产。关于该动产的继承问题，依中国的国际私法，应适用被继承人的本国法即阿根廷法。但依阿根廷的国际私法，却应适用他的住所地法即巴西法。而依巴西的国际私法，也应适用住所地法即巴西自身的实体规则。[46]倘中国法院审理该动产的继承问题而采取反致时，便也应适用巴西的实体规则。

例二：美国纽约州人死亡时在日本有住所，在中国遗有动产。关于该动产的继承问题，依中国的国际私法，应适用被继承人的本国法即美国法或云纽约州法。但依美国或纽约州的国际私法，却应适用他死亡时的住所地法即日本法，而且因为不承认反致，应适用日本的实体规则。倘中国法院审理该动产的继承问题而采取反致时，便也应适用日本的实体规则。

例三：阿根廷人死亡时在意大利有住所，在中国遗有动产。关于该动产的继承问题，依中国的国际私法，应适用被继承人的本国法即阿根廷法。但依阿根廷的国际私法，却应适用他的住所地法即意大利法。而依意大利的国际私法，又应适用他的本国法即阿根廷法，不过因为意大利不承认反致，其所适用的阿根廷法，乃指阿根廷的实体规则而言。倘中国法院审理该动产的继承问题而采取反致时，便也应适用阿根廷的实体规则。

例四：英国人死亡时在法国有住所，在中国遗有动产。关于该动产的继承问题，依中国的国际私法，应适用被继承人的本国法即英国法。但依英国的国际私法，却应适用他的住所地法即法国法。而依法国的国际私法，本应适用他的本国法即英国法，不过因为依英国的国际私法既应适用法国法，即应适用法国自身的实体规则。倘中国法院审理该动产的继承问题而采取反致时，便也应适用法国的实体规则。

例五：丹麦人死亡时在意大利有住所，在中国遗有动产。关于该动产的继承问题，依中国的国际私法，应适用被继承人的本国法即丹麦法。但依丹麦的国际私法，却应适用他的住所地法即意大利法，而且因为丹麦不承认反致，应适用意大利的实体规则。倘中国法院审理该动产的继承问题而采取反致时，便也应适用意大利的实体规则。

就单纯的反致言，例一说明两国中如另一国（丹麦）不承认反致，我国采取反致，即不致于发生恶性循环。例二说明两国中如另一国（法国）承认单纯的反致，我国采取反致也不致于发生恶性循环。就转致言，例一说明三国中如第三国（巴西）不承认反致而适用自身的实体规则，我国采取反致即不致于发生恶性循环。例二说明三国中如相对国（美国或纽约州）不承认反致而适用第三国（日本）的实体规则，我国采取反致也不致于发生恶性循环。例三说明三国中如第三国（意大利）不承认反致而适用相对国（阿根廷）的实体规则，我国采取反致也不致于发生恶性循环。例四说明三国中如另两国（英国与法国）都承认反致，但第三国系承认单纯的反致，我国采取反致也不致于发生恶性循环。以上四例都是另两国对于应适用的实体规则彼此意见一致时的情形。[47]至于例五却是另两国（丹麦与意大利）对于应适用的实体规则彼此意见不同时的一种情形。[48]然而无论如何，这些例子都显示在通常情形之下，恶性循环是不易发生的。甚至有关的国家不止三国时，采取反致的结果，也可依此类推。但这并非说恶性循环绝对不会发生，而是说它不容易发生，或说它只在极少的情形之下始会发生。假设甲乙两国彼此都采取反致，而且都毫不加以限制，恶性循环就不免会发生了。例如英国男女二人在中国有住所，关于他们的结婚能力问题，依中国的国际私法，应适用他们的本国法即英国法，但依英国的国际私法，却应适用他们的住所地法即中国法。倘中国法院审理此一问题适用英国法时，应适用英国法院审理此一问题时所应适用的法律，而英国法院如审理此一问题适用中国法时，又应适用中国法院审理此一问题时所应适用的法律，结果因为彼此都采取反致，而且都毫无限制，便不啻两国法院彼此推让不已，终成为一个无法解决的僵局。但是除去此种情形以外，恶性循环在事实上是很少发生的。前面说明反对派的种种理由时，曾举出两个例子，[49]以示恶性循环之如何易于发生。但从实际上着眼，那两个例子中的恶性循环都是不会发生的。就单纯的反致的一例言，那傅果案件由法国法院审理时，倘法国法院所适用的“巴维利亚法”，应包括其国际私法规则在内，而依该国际私法规则所应适用的“法国法”，纵然也应包括其国际私法规则在内，但实际由于法国法院系采取单纯的反致，即将适用法国的实体规则，故并无恶性循环之可言。就转致的一例言，当转到美国纽约州法时，依该州的国际私法所应适用的法律行为地法即比利时法，实际乃指比利时的实体规则而言，因此便不会再转到英国法去了，故也无恶性循环之足云。所以就我们中国的立场说，假如我们也采取反致——采取和前述英国法院相似的反致，恶性循环是很少有发生的可能的。

退一步说，假定中国采取反致而事实上发生恶性循环时，中国法院也非无适当的办法予以解决，那就是在这种场合，中国法院可以并且应该适用中国自身的实体规则。撇开别的不说，下面两点理由是可以作为根据的：第一，在此场合，无异中国法院依中国的国际私法适用外国法时，该外国法并未提供一适当的解决办法。中国法院在此场合，就不得不直截了当地适用中国自身的实体规则。这和外国法无从证明或调查时应适用法院地法的理由，正属相似。[50]第二，中国法院自觉对于内国法，究属比较熟悉。为适用的便利着想，在此场合，也以适用中国自身的实体规则为比较适宜。[51]

如果认为国际私法的主要目的，是在企图对于同一事件，无论由哪一个国家的法院审理，都将适用同一的实体规则，而使其取得同一的判决，并且认为要达到这个目的必须于适用外国法时，适用该外国法院审理同一事件时所将适用的法律，则主张采取反致，实已具有充分的理由，毋庸再举其他任何理由了。所谓外国法的不可分性以及对外国主权的尊重等等说法，都多少有画蛇添足之嫌，都属多余的空论。由此言之，反对派针对这些空论所提出的一些驳复，也就无足重视，不必深论了。至于反对派另行提出的两点反对的理由，也不难予以适当的答复。第一，关于适用外国国际私法规则的不便问题，我们可以这样说：不适用外国法则已，如要适用外国法，则不论其为实体规则，抑为国际私法规则，都是比较不便的事。假如对于适用外国的实体规则可以容忍，则对于适用外国的国际私法规则，也实在没有什么不可容忍的重大理由。假如事实上某外国的国际私法规则确系无法查明时，内国法院当然可以而且应该适用内国自身的实体规则，[52]决无必须将所有外国的国际私法规则都置之不理之理。第二，关于保持内国政策的自主性问题，我们可以这样说：内国法院适用外国法时，应否采取反致，其本身就是一个内国的政策问题。如果内国国际私法上规定采取反致，则内国法院适用外国法时将适用其全部法律，或说将与外国法院对于同一事件适用其法律相同，也便是忠实执行内国的立法政策，对于内国政策的自主性，实在并无任何妨害。[53]

总而言之，从国际私法的主要目的着眼，采取反致乃是使各国法院对于同一事件作同一判决的一个最好的方法。反致的功能，简单说，就是促进判决的一致。列国采取反致的根本原因，就在企图利用反致而自动调和各国国际私法规则的彼此冲突，以取得一致的判决。所以内国法院适用外国法时，必须看看外国法院对于同一事件将适用哪一个国家的法律而据以作最后的决定。只要在极少数情形之下发生所谓恶性循环时适用内国自身的实体规则，采取反致确可达到取得一致判决的这个目的。主张采取反致者所提出的种种理由，虽不无可以非议之处，予反对派以攻击的口实，但是我们决不应因此便完全忘记了反致的重要功能，认为反致已无足采的价值。反对派的理论，实在过分重视了理论及实际上若干次要的问题或不成问题的问题，以致对于反致所具有的重要功能，反似不甚措意；他们未免犯了所谓“见木而不见林”或“明能察秋毫之末而不见舆薪”的毛病。我们如果从国际私法的主要目的着眼，认为采取反致在事实上确是达到这种目的的一个最好的方法，那么我们就大可不必因为在理论上主张反致者是占少数而反对反致者是占多数，便认为反致决不应采取，而应予放弃。1932 年国际法学会（L'Institut de Droit International）在奥斯陆（Oslo）举行会议，曾一反其历来反对反致的立场，而决议关于能力问题应承认反致。(54) 1934 年美国法学会（American Law Institute）所主持的“冲突法重述”（Restatement of the Law of Conflict of Laws）虽在原则上反对反致，但认为在例外情形之下仍应予以承认。(55) 甚至反对反致的学者，也往往认为在特殊情形之下仍应予以容许。(56) 这都是很可注意的事实。不过，根据本文的分析，笔者觉得承认反致不仅应限于极少数的例外情形，而实应扩大为国际私法上的一个原则，只有在少数情形下不便适用时才应予以适当的限制。(57) 本文的目的就在指出：关于国际私法上的反致问题，多数派的主张并不一定可取，而少数派的主张却仍值得我们重加考虑，不应轻率地予以摈弃。

注　　释：

（1）Raape，Deutsches internationales Privatrecht，1（1938），42.

（2）关于英国人的本国法问题，严格言之，英国只有英格兰法，苏格兰法等法，并无泛指英帝国全国的所谓英国法。此处所谓英国法可假设为指英格兰法而言。参阅 Falconbridge，Renvoi and the Law of the Domicil，19 Canadian Bar Rev.（1941）311，320-321；Cook，The Logical and Legal Bases of the Conflict of Laws（1942）241.

（3）日本国际私法学者中，有称单纯的反致为反致，称转致为再致或复反致者。参阅山田三良，国际私法，第二分册（昭和七年九月）第 425 页；河边九雄，改订国际私法论，第六版（昭和九年四月）第 210 页。

（4）在傅果案件发生以前，英德诸国的法院，虽对反致问题亦曾作大体相似的判决，如英国法院于 1841 年 8 月 2 日对 Collier v. Rivaz，2 Curteis 855，863（Ecc. Ct. 1841）一案的判决，See Dicey，A Digest of the Law of England with Reference to the Conflict of Laws（5th ed. by Keith，1932）62，n. r；德国 Lübeck 高等法院于 1861 年 3 月 21 日的判决，见 Kahn，Abhanglungen zum internationalen Privatrecht，I（1928），13-14，但将反致问题明白提出并引起以后学者对此问题之热切注意与讨论者，实以傅果案件为嚆矢。

（5）该案判词载 Dalloz Périodique（1879）1，56. 可参阅 Niboyet，Manuel de droit international privé（2d éd. 1928）477.

（6）Niboyet，op. cit. 480.

（7）Lewald，Das deutsche internationale Privatrecht（1931）16-17.

（8）除上面注（4）所提及的 Collier v. Rivaz 一案外，可看 In re Annesley（1926）Ch. 692；In re Ross〔1932〕1 Ch. 377；In re Askew〔1932〕2 Ch. 259. 关于英国判例的讨论，参阅 Cheshire，Private International Law（2nd ed 1933）51 ff；M. Wolff，Private International Law（1945）193 ff；Falconbridge，Renvoi and Succession to Movables，46 L. Q. R.（1930）46，465；Mendelssohn Bartholdy，Renvoi in Modern English Law（1937）.

（9）Melchior，Die Grundlagen des deutschen internationlen Privatrechts（1932）197-199；E. Rabel，The Conflict of Laws：A Comparative Study，I（1945），81，n. 50.

（10）晚近美国的判例中，亦有似对反致表示承认者，如 University of Chicago v. Dater（1936）277 Mich. 658，270 N. W. 175 一案是。但该案判词中对反致问题，并无比较详明的讨论。关于意大利的判例，See Lewald，Règles Générales des Conflits de Lois（Basel，1941）51，n. 8；关于荷兰的判例，参阅 Melchior，op. cit. 198，n. 15。

（11）Lewald，Das deutsches internationale Privatrecht（1931）15-22.

（12）参阅注（7）及 Lewald，Règles Générales des Conflits de Lois（Basel，1941）52。

（13）日本法例第 29 条规定："应依当事人之本国法时，如其国之法律，以为应依日本之法律时，依日本之法律"。我国法律适用条例第 4 条之规定仿之。故我国与日本都仅承认单纯的反致。波兰国际私法典第 36 条所采取的反致，包括转致在内，故其范围较我国与日本的规定为广。至于暹罗的规定，亦仅限于单纯的反致。关于后两者，See Lewald，Règles Généralesdes des Conflits de Lois（Basel，1941）52.

（14）如意大利于 1938 年，希腊于 1940 年，巴西于 1942 年所制定的法典是。See M. Wolff，Private International Law（1945）192，n. 2；E. Rabel，The Conflict of Laws：A Comparative Study，I（1945），81-82.

（15）Niboyet et Goulé，Recueil de Textes Usuels de Droit International，II（1929），143.

（16）均见第 2 条第 1 项。See Hudson，International Legislation，V（1929—1931），552，917-918.

（17）历年为讨论反致问题而发表的论著，在数量上已颇有可观。其比较重要者为：Kahn，Abhandlungen zum internationalen Privatrecht，I（1928），lff，124ff；Bartin，Etudes de droit international privé（1899）83ff；Potu，La Question du Renvoi en droit international privé（1913）；Philonenko，La théorie du renvoi en droit comparé（1935）；Eckstein，Die Frage des anzuwendenen Kollisionsrechts，8 Zeitschrift für auslandisches und internationales Privatrecht（1934）121；Lewald，La Théorie du Renvoi，29 Recueil des Cours de l'Académie de droit international（1929）519；Meijers，La Question du Renvoi，38 Bulletin de l'Institut juridique international（1938）191；Lorenzen，The Renvoi Theory and the Application of Foreign Law，10 Col. L. Rev.（1910）190，327；Lorenzen，The Renvoi Doctrine in The Conflict of Laws-meaning of the "Law of a Country"，27 Yale L. J.（1918）509；Falconbridge，Renvoi and Succeseon to Movables，46 L. Q. R.（1930）485；47 ibid.（1931）271；Falconbridge，Renvoi，Characterization and Acquired Rights，17 Canadian Bar Rev.（1939）369；Falconbridge，Renvoi and the Law of the Domicile，19 Canadian Bar Rev.（1941）311；Griswold，Renvoi Revisited，51 Harv. L. Rev.（1938）1165；Cormack，Renvoi，Characterization，Localization and Preliminary Question in the Conflict of Laws，14 Southern Calif. L. Rev.（1941）221.

（18）S. Rundstein，La Structure du droit international Privé et ses rapports avec le droit des gens，17 Revue de droit international et de 1égislation compareé（1936）314，512，521 ff.

（19）Raape，Deutsches internationales privatrecht，I（1938），44-45；Raape，Einführungsgesetz Art. 7-31（Staudinger's Kommentar zum BGB.，Vl，2，1931）25.

（20）实际上，德国最高法院即持此种见解。See Lewald，Das deutsches internationale Privatrecht（1931）16.

（21）德国 von Bar 与英国 Westlake 虽同具此种见解，但 von Bar 认为在一定情形之下，不但可依外国国际私法的规定，而适用内国法，且可依外国国际私法的规定，而适用第三国的法律。Westlake 则主张凡外国国际私法的规定，与内国国际私法的规定不相同时，内国法官只可适用内国的法律。See von Bar，Die Rückverweisung in intornationalen Privatrecht，8（Niemeyer's）Zeitschrift für internationales Privat-und Strafrecht（1898）177，188 及 18 Annuaire de l'Institut de droit international（1900）41，153-157，174-175；Westlake，Private International Law（7th ed. 1925）29-38 及 18 Annuaire de l'Institut de droit international（1900）35-40，164-168. 故二人之出发点虽同，而所得之结论则异。Westlake 的理论，学者有称之为"自弃说"（theorie du désistement）者，盖以在上述场合，外国的实体规则既不能适用，实即外国立法者表示对某一事件不生兴趣（désintéressé）而不愿加以过问，故不得不适用内国法，以弥补此缺陷。See Potu，op，cit，

206-297.

（22）Lorenzen，The Renvoi Theory and the Application of Foreign Law，10 Col. L. Rev.（1910）190，202-204；Lorenzen，The Renvoi Doctrine in the Conflict of Laws-Meaning of the "Law of a Country"，27 Yale L. J.（1918）509，517-518.

（23）Niboyet，Manuel de droit international privé（2é ed. 1928）483.

（24）Kahn，op. cit. I（1928），20.

（25）See Bartin，Principes de droit international privé，I（1930），205；Cook，The Logical and Legal Bases of the Conflict of Laws（1942）247.

（26）Niboyot，op，cit. 486-487.

（27）参照注（8）。

（28）Cheshire，op. cit. 61；Nussbaum，Deutsches internationales Privatrecht（1932）54-55；Lewald，La Théorie du Renvoi，29 Recueil des Cours de 1'Académie de droit international（1929）519，595-596.

（29）参照前第18页。

（30）实际上所谓国际私法规则之积极的冲突，根本即不致发生，盖一国法官如依其国际私法的规定而应适用内国法时，自可径行适用其内国的实体规则，无须顾及他国国际私法的规定，故终无积极冲突发生之可能。此所谓积极冲突，乃是规定上的冲突，而非适用上的冲突，也可说是想象中的冲突，而非实际上的冲突。

（31）Lewald，op. cit. 601-602.

（32）如 von Bar 是。他所提出的特殊情形为：（一）外国人的本国法，对于该国旅外人民的属人法问题，不欲过问，而愿由住所地法或行为发生地的法律规定；（二）两个或两个以上外国的法律，同意某项问题应由某国法律决定，而该两个或两个以上外国中之一国，确系具有管辖权者。See 18 Annuaire de l'Institut de droit international（1900）41.

（33）如 Westlake 是。参照注（21）。

（34）See Lewald，op. cit. 519，604-606.

（35）Lorenzen，The Renvoi Doctrine in the Conflict of Laws-Meaning of the "Law of a Country"，27 Yale L. J.（1918）509，527-528.

（36）J. Maury. Règles Générales des Conflits de Lois，57 Recueil des Cours de l'Academie de droit international（1936）329，539-541.

（37）Potu，op. cit. 261-262；Lorenzn，op. cit. 527，n. 36.

（38）关于这种决定，各国虽有自主之权，但仍必须在国际法的许可范围之内，就是对他国人民并无所谓"fundamental denial of justice"。See Borchard，Diplomatic Protection of Citizens Abroad（1915）330ff.

(39) Bartin, Etudes de droit international privé (1899) 170; Pillet, Principes de droit international privé (1903) 165-167.

(40) Cheshire, Private International Law (2nd ed. 1938) 65-66.

(41) 大体上说来，承认反致者，在德有 von Bar, Dernburg, Enneccerus, Keidel, Mommsen, Schnell, Neumann, Staubs, Geiler, Raape; 在法有 Brocher, Martin, Weiss, Demangeat, Isaac, Vareilles-Sommières, Lerebours-Pigeonnière; 在意有 Fiore; 在比有 Rolin, Poullet; 在西班牙有 Campos; 在保加利亚有 Ghenov; 在危地马拉有 Matos; 在英有 Bentwich, Westlake, Dicey, Keith; 在美有 Griswold, Cowan。反对反致者在德有 Gebhard, Kahn, Zitelmann, Niedner, Kuhlenbeck, Niemeyer, Levis, Habicht, Neumeyer, W. Lewald, Isay, H. Lewald, Gutzwiller; 在法有 Lainé, Labbé, Audinet, Despagnet, Fauchille, Lyon-caen, Vaiéry, Pillet, Renault, Surville, Arminjon, Bartin, Niboyet, Maury (但 Niboyet 最近已改变其态度而对反致表示承认了。见 Revue Critique de drot internaional (1939) 474-476); 在意有 Diena, Buzzati, Anzilotti (Anzilotti 原为反对反致者，但旋又改变态度，主张采取与英国相似之反致方法。See Corso di diritto internazionale privato (1925) 66, 67. See E. Rabel, The Conflict of Laws: A Comparative Study (1945), 71-72); 在比有 Clasens, Laurent et Socquart; 在荷有 Asser, Kosters, Mulder, Eras, Jitta; 在希腊有 Streit; 在古巴有 Bustamante; 在阿根廷有 Vico; 在英有 Abbot, Bate, Pollock, Cheshire, Mendelssohn-Bartholdy; 在美有 Lorenzen, Schreiber, Beale, Goodrich, Stumberg; 在加拿大有 Falconbridge。以上可参看 Potu, La Question du Renvoi en droit international privé (1913) 197-201; Melchior, Die Grundlagen des deutschen internationalen Privatrechts (1932) 201-205; Griswold, Renvoi Revisited, 51 Harv. L. Rev. (1938) 1165, 1170-1175.

(42) 或说“法律区域”或“法域” (Rechtsgebiet, legal district, legal unit)。因为严格说来，国际私法是建筑于“法律秩序”(Rechtsordnung) 或法律制度 (system juridique) 的区域性上面的。See Nussbaum, Deutsches internationales Privatrecht (1932) 3; Arminjon, Précis de droit international privé, I (2e éd. 1927), 12-13.

(43) See Goodrich, Public Policy in the Law of Conflicts, 36 West Virginia L. Q. (1930) 156, 164, 168-169; Neuner, Policy Considerations in the Confict of Laws, 20 Canadian Bar Rev. (1942) 479, 483; Rheinstein, Michigan Legal Studies: A Review, 41 Mich. L. Rev. (1942) 83, 92, 93; Hancock, Choice-of-Law Policies in Multiple Contact Cases, 5U. of Toronto L. J. (1943) 133, 135-136. Harper, Policy Bases of the Conflict of Laws: Reflections on Rereading Prof. Lorenzen's Essays, 56 Yale L. J. (1947) 1155, 1159-1161.

(44) See Niboyet, Traité de droit international privé franscais, I (1938), 62-63.

(45) 例如关于法律性质的“品定”,“联系因素”的确定,“公序”观念的适用等,列国所持的见解,往往仍甚纷歧,以致不免影响判决的结果。

(46) 巴西于1942年9月颁布的法律,采取住所地法主义,并拒绝反致。See E. Rabel, The Conflict of Laws: A Comparative Study, I (1945), 79, 82.

(47) 就例二言,日本国际私法的规定如何,可以不问。但即使从日本的国际私法说,因为日本系承认单纯的反致,结果仍应适用日本的实体规则。参看日本法例第29条。

(48) 在此一例中,由于丹麦与意大利两国法院的判决,将无法一致,而意大利的本国法主义又与我国相同,学者中有认为不应依丹麦的国际私法而适用意大利的实体规则者。其说可供参考。See M. Wolff, Private International Law (1945) 204.

(49) 参照第16-17页。

(50) See Nussbaum, The Problem of Proving Foreign Law, 50 Yale L. J. (1941) 1018, 1039-1041.

(51) See M. Wolff, Private International Law (1945) 17-18, 205.

(52) 参照注(50)。

(53) Griswold, Renvoi Revisited, 51 Harv. L. Rev. (1938) 1165, 1177-1178.

(54) 37 Annuaire de l'Institut de droit international (1932) 470-471.

(55) Restatement of the Law of Conflict of Laws (1934) §7, 8.

(56) Beale, A Treatise on the Conflict of Laws, I (1935), 57; Lorenzen, The Renvoi Doctrine in the Conflict of Laws—Meaning of the "Law of a Country", 27 Yale L. J. (1918) 509, 529-531; Lewald, La Théorie du Renvoi, 29 Recueil des Cours de l'Académie de droit international (1929) 519, 615; Lewald, Règles Générales des Conflits de Lois (Basel, 1941) 60-62; Maury, Régles Générales des Conflits de Lois, 57 Recueil des Cours de l'Académie de droit international (1936) 329, 549-550.

(57) Griswold, Renvoi Revisited, 51 Harv. L. Rev. (1938) 1165, 1183, 1204.

应该重视对冲突法的研究*

冲突法一向是国际私法的主要内容，在英美国家，很多学者甚至就把国际私法称为冲突法。当然，国际私法所研究的问题，除冲突法外，还有其他一些有关的问题，例如依英美学者的主张，除冲突法外，还应有管辖问题与外国判决（及仲裁裁决）的承认和执行问题；依法国学者的主张，除冲突法外，还应有国籍，外国人的法律地位和管辖问题；再依苏联和东欧不少学者的主张，除冲突法外，还应有外国人的民事法律地位、国际民事统一规范，国际民事诉讼程序与仲裁程序等问题。但不管怎样，目前多数国际私法学者仍一致认为冲突法是国际私法应该研究的主要部分或基本部分。

由于历史条件的限制，在我国对冲突法理论和立法的研究，一直都是比较落后的。这种状况的存在，主要是由于一些思想认识上的障碍。这里特别值得指出的是，对于我国在解决各种涉外民事案件时，是否有时应该适用外国法的问题，有不少人在认识上是十分模糊的。有的人认为我们的法院或仲裁机关在处理涉外民事案件时去适用外国法是一种有损于主权的行为；也有人认为，没有成文的冲突法会更有利于在实际工作中作灵活的处理，从而争取尽可能适用我们的法律，这样会更有利于保护我们的国家与公民在涉外民事关系中的利益。还有一些从事国际私法教学与研究的同志，面对国际上直接调整商事贸易关系的统一实体规范日见增加的情况，对冲突法的作用与前途也抱怀疑态度，认为冲突法制度存在着各种固有的缺陷，已难以适应国际经济关系进一步发展的需要。以上这些认识和存在的情况，不但对健全我们的社会主义法制十分不利，而且对我国按平等互利的原则发展

* 本文合作者为李双元，载《武汉大学学报》（社会科学版），1983年第6期。

国际经济贸易关系与合作以及促进与各国人民之间的正常交往，也都是十分不利的。为了克服各种思想认识方面的障碍，并促进冲突法理论研究工作的健康发展，必须解决好以下三个问题：

（一）正确认识在一定条件下承认与适用外国法的必要性；

（二）正确估计冲突法的发展前景；

（三）冲突法的研究方法问题。

一、正确认识在一定条件下承认与适用外国法的必要性

冲突法是指在调整涉外民事法律关系时指定应适用哪一国法律来判定当事人具体权利义务的全部冲突规范及有关制度。由于这种民事法律关系所包含的因素涉及两个以上国家间不同的法律规定，就有必要根据各种法律关系的性质以及案件的具体情况决定选择哪一国家的法律来进行调整。这就是冲突法所要解决的问题。例如，在一个涉及两个国家当事人的经济合同中，就需要由冲突法规定应适用哪一国家的法律来调整当事人的权利义务关系。如果认为，在有内国当事人参加的合同关系中，一律只许适用内国法，许多合同就无法签订或发生争议时就很难圆满解决，国家间平等互利的经济合作与贸易活动也就很难顺利进行。在其他涉外民事法律关系中也是如此。例如，对外国当事人依其本国法已取得的完全行为能力以及依其本国法规定的要件已完成的某种法律行为或已成立的某种法律关系，对当事人就其财产已依财产所在地法所为的某种处分等，只要有关的外国法的规定不与内国的“公共秩序”相抵触，就不应该完全否认其效力，而应分不同情况予以承认或适用。否则就会不合理地把许多已有效成立的含有涉外因素的法律关系推翻，这往往会给当事人造成不公正、不合理的后果，而对国家开展对外友好交往不但毫无裨益，反会产生障碍。这种在涉外民事法律关系中就内外国法律指示应适用哪一国法律的冲突法，从 13～14 世纪起，在意大利为了解决各城邦之间的法律冲突就已经产生。以后随着资本主义工商业的发展，国际经济贸易关系以及人员的来往也日益增多和频繁，于是解决国与国之间法律冲突问题的冲突法，也就在各国相继出现。而且在国际上，还制定了很多引人注

目的统一冲突法公约。在法学领域内，冲突法或国际私法作为一个比较后起的法学部门，在许多国家都引起人们研究的兴趣，发表了很多有价值的论文和专著。许多学者对于在涉外民事法律关系中为什么有时必须适用外国法，曾提出种种解释，并形成不同的学派。例如，13～14世纪在意大利产生的“法则区别论”，17世纪在荷兰产生的“国际礼让说”，19世纪在德国产生的“法律关系本座说”和在英美产生的“既得权说”以及20世纪30～40年代在美国产生的“本地法说”等，尽管立论各不相同，但有一点却是人们不能不承认的，即在涉外民事法律关系中有时确实必须适用外国法或必须考虑外国法的存在。

但是通过冲突法去选择适用外国法，到底是否有损于国家的主权呢？是否会不利于保护我方当事人的利益呢？回答当然只能是否定的。

首先，冲突法本身的制定和适用本来就是内国主权的一种体现，它正是在内国享有独立自主的立法权与司法权的基础上产生与发展起来的。如果内国处于外国的统治或特权影响下，不能独立自主地制定冲突法或者虽然制定了也不能付诸实施，那才是内国主权不独立不完整的结果。内国法院或仲裁机构根据内国冲突法的规定对某一涉外民事案件，公正合理地选择适用某一外国法，这怎么会有损于内国的主权呢？冲突法作为社会上层建筑的一部分在国际经济和民事交往关系中，自应保护自己国家及公民的权益。国家主权原则固然要求在处理涉外民事关系时，必须贯彻“以我为主”的方针，但这里所讲的“以我为主”，绝不意味着在任何涉外民事关系中，都只应适用我们自己的实体法，而主要是指我们应该站在独立自主的立场上去考虑法律选择问题，任何他国都无权要求我们放弃自己的冲突法规则。各国除遵守国际法的一些基本原则外，都可依据自己的主权考虑，去规定涉外民事争议的管辖权，去规定自己的法律适用原则，去规定自己对涉外民事案件判决与仲裁裁决的承认与执行的条件等。

其次，对冲突法的作用，也不应该作狭隘的理解，认为它仅仅在于保障内国在涉外民事关系中适用法律的主权权利。冲突法的任务还应该包括促进国家对外经济关系在平等互利基础上的发展，促进各国人民的友好交往。要做到这一点，除坚持主权原则外，在国际经济关系及人员交往中，还应当按照平等互利的原则，承认与保护他国经济组织、企业与公民个人的合法权益。而这种承认与保护，也是自己的国家、经济组织、企业和公民个人寄期望于其他国家的。涉外民事关系对所涉及的国家来说是一种相互关系，一种对等关系，一种互利关系。在这种关系中，站在狭隘的民族利己主义立场来解决法律适用问题，表面上似乎维护了自己的利益，而实际上却有害于开展国家对外经济、文化、技术的交往与合作，因而最终对自己还是不利的。因此，在我们国家要求积极开展对外经济活动的新的历史条件下，必须加强对冲突法的研究，迅速健全与完善我国冲突法制度。在处理涉外民事案件时，在一定情况下，正确合理地选择适用外国法，不但不与国家主权原则相抵触，不但不与保护我方当事人利益的原则相抵触，相反，这正是国家为在国际民事关系中维护自己的权益，发展国家对外经济、文化与技术的联系所需要的。在这方面，冲突法为我们提供了一种独特的法律武器或法律制度。

再次，还应该指出，在涉外民事关系中，如需要保护我方当事人的正当权益，也并不意味着，在任何情况下，都只有通过适用自己的实体法才能达到。英国莫里斯在其《冲突法》一书中，曾举了这样一个假想的案例：一个 20 岁的英国人在奥地利的一个店铺里购买了货物，依英国法 18 岁为成年，而依奥地利法 21 岁才成年，在这种情况下，如果因这种行为的有效性而在奥地利法院涉讼，奥地利法院便可以完全不考虑自己的法律所规定的成年年龄而适用英国法，以便保障发生在奥地利的交易的安全。反之，如果在该英国人的行为能力上，一定要适用奥地利法，那倒是不符合自己的利益了。① 事实上，这样的事例在外国法院的判例中是并非少见的。在我国实践中也曾有适用外国法对我方当事人有利的例证。1973 年，我国一轮船与希腊“神皇号”轮在马六甲海峡相撞，造成对方 480 万英镑、我方 50 万英镑的损失。希腊轮在新加坡对我轮提起诉讼，在协商过程中，对方首先提出希望按过失分摊，各负 50% 的损失（这样我方应净赔对方 215 万英镑）。后经查证事实，对方在这次海事中责任大于我方，如希腊轮按 70%、我轮按 30% 来承担责任，仍对我轮不利（我方仍须净赔

---

① 莫里斯：《冲突法》，1980 年英文版，第 230 页。

对方109万英镑），并不能使案件得到公正的解决。最后我方提出应适用新加坡法律（因碰撞在新加坡海域发生，案件在新加坡法院起诉，可适用新加坡法律），于是根据该国法律中关于船东责任限制条款的规定，我轮终于以赔偿希腊轮32万英镑结案。

还有，在冲突法体系中还可规定公共秩序保留条款，其作用在于一旦发现依自己的冲突规则指引的外国法，如适用的结果会与自己的法律或道德的基本原则发生严重的抵触时，就可排除这种外国法的适用。在冲突法方面，这是维护国家法律主权的一项重要制度。过去资本主义国家的法院常利用它作为一种司法手段，来抵制和排除进步的外国法的适用，并对不同性质的所有权制度实行歧视。我们虽是社会主义国家，为了保障我们国家的利益与基本法律原则不被破坏，我们对公共秩序保留这种条款在必要时也是可以而且应该运用的。自然，我们运用这种制度，与过去资产阶级法院运用这种制度，有着本质上的不同。

总之，把处理涉外民事关系时应该允许适用外国的法律同国家的主权与我方当事人的利益完全对立起来的观点，是一种十分片面的观点。

二、正确估计冲突法的发展前景

在我国，从20世纪50年代后期开始泛滥的法律虚无主义，曾经给冲突法栽上种种罪名，把它说成是超阶级的、唯心主义的、形而上学的，从而使我国解放后刚刚开始的冲突法教学与理论研究工作遭受到巨大的摧残。国家实行改革开放政策以后，虽然再说冲突法是超阶级的、唯心主义的、形而上学的人，已经不多见了，但是，不适当地过分地夸大冲突法本身存在的一些缺陷，因而认为冲突法的发展前途不大或相当暗淡的观点，仍然是存在的。因此，正确估计冲突法的发展前景，也是有利于扫除在思想上不重视冲突法研究的那种障碍的。

国内曾有同志认为，冲突法制度本身存在着一些难以克服的固有的缺陷，如它与实体法规范相比，过于简单，“不能构成当事人的行为准则”；不能据而预见行为的结果，因而缺乏法律所应具有的预见性和明确性；加上还有一系列与冲突规范相联系的制度（如识别、反致、外国法内容的查明，公共秩序保留等），从不同的角度来限制它的效力，因而大大地“削弱了冲突规范的稳定性”；以及由于冲突规范所指定的实体法都是各有关国家依据国内政治经济条件和法律传统制定的，不是专门适用于涉外民法关系的，因而这样指定的法律，往往缺乏“针对性”。在涉外民事法律关系随着国际交往的发展而益趋频繁与复杂的情况下，本身存在着如此种种缺陷的冲突法制度已难以适应并促进这种关系的发展了。因此有些从事国际私法教学与研究工作的同志，似乎都把研究的重点转移到直接适用于涉外民事关系的各种实体法上去了，而对加强我国冲突法理论研究及从立法上健全与完善我国冲突法制度则抱消极的态度。

对传统的冲突法的缺陷抱类似的甚至更为激进的观点的，目前在国外学者中也不少见。在国外，有人认为传统的冲突法制度正处在一个“危机”时期，并且认为这种“危机”主要来自两个方面。一个方面是美国的一些学者认为传统的冲突法制度既然采用的是各种机械地规定了空间连结点的冲突规范，它就不能适应实际生活中复杂多变的情况，因而试图彻底推翻整个冲突法制度，而完全代之以一些选择法律时供考虑的因素或标准。另一个方面则来自苏联、东欧国家的一些学者，他们认为随着调整涉外民事关系的实体规范不断增加，因而主张打破传统的国际私法只限于冲突法的旧体系，而把直接适用于涉外经济贸易关系的实体法也包括进来（有的主张只包括国际统一实体规范，有的主张包括国际统一实体规范和用于涉外民事关系的国内实体规范）。他们当中还有人主张这种实体法应成为国际私法的主要规范，其次才是冲突规范。

自1933年美国哈佛大学一位叫凯弗斯（Cavers）的法学教授在一篇题名《法律选择问题批判》（A Critique of the Choice of Law Problem）的文章中,① 对传统的冲突法制度进行了全面的抨击之后，在美国掀起了一阵彻底摧毁旧的冲突法的汹涌浪潮。凯弗斯认为，旧的冲突法，由于它只作“管辖权选择”，只指定适用某一国家的法律来解决有关的争议，而不管该国法律对于争议中的法律关系作何具体规

① 凯弗斯：《法律选择问题批判》，载《哈佛大学法学评论》，1933年第47期。

定，因此，直到法律被选出之前，法院还不知道该国法律的有关内容，这显然是不可能使人作出恰当的选择，也不可能导致案件的公正合理的解决。他主张抛弃旧的冲突法只作这种“管辖权选择”的方法，而改用“规则选择”方法或“结果选择”方法，亦即要求法院从有关国家的法律的具体规则的内容入手，或从具体规则的适用将取得怎样的结果入手，直接就有关国家间的实体法作出选择。

美国的另一法学家柯里（Currie）则抱更为激进的态度，而主张“彻底抛弃”整个冲突法制度。他认为，在涉及多州（或多国）的民事法律关系中，只要依据“政府利益分析”，便可以直接决定应该适用谁的法律。因此，传统的指引法律选择的冲突规范，以及与冲突规范的运用相联系的各项制度，统统可以废除。①

美国出现的这种新理论，尽管在揭露传统的冲突法制度的缺陷方面，提出了许多发人思考的问题，但从整个来看，终究是不可能为实践所接受的。冲突规范的产生与确立，其目的在于指出在处理涉外民事关系时应如何选择适用某一国家的法律，这在民族国家还存在，各国民事法律不可能完全统一的情况下，是解决法律冲突不得不采取的一种方法。因此，不仅凯弗斯的“规则选择”，而且柯里的“政府利益分析”，归根结底都只不过是提供应如何选择法律的一种标准或方法。例如柯里认为，在表面上存在着法律冲突的案件中，应该直接去分析所涉各国法律所体现的政策，并判定在案件中，有关国家对于实施其法律，是否存在着“政府利益”。他还认为，在现实生活中，大量的包含着法律冲突的案件，往往只有一个国家对实施其法律具有“政府利益”，因此这种法律冲突都属于一种“虚假冲突”（False conflict）。在“虚假冲突”的情况下，法院应径行适用这惟一有“政府利益”的国家的法律。当然也有一部分案件，两个甚至两个以上国家对于实施其法律均有利益，这时便构成一种“真实冲突”（True conflict）。在“真实冲突”的情况下，法院则应视自己国家是否有利益，或在法院国无利益时应视其他各国利益之大小，而决定适用谁的法律。因此，柯里的“政府利益分析”一旦上升为规范，便仍将只是一些指导法律选择的冲突规范。只要国家还存在，只要在国际上各

① 柯里：《冲突法论文选》，1963 年英文版。

国的民事法律还不能统一或不能完全统一，法院在处理涉及两个以上国家的法律关系时，是只能依靠这种以某种连结点或连结因素作指引法律选择标准的间接的冲突规范，才能去考虑别的国家的实体法的内容和它们所体现的政策与利益的。所以，虽然美国这种新学说以彻底批判和抛弃传统的冲突法制度为目的，但正如莫里斯所指出，就像澳洲的一种土著民族的飞镖一样，它在被抛掷出去以后又会飞回来的。① 美国的这种新学说，尽管把冲突法制度贬得一无是处，但是它并不能给冲突法带来真正的危机。这种学说所揭露的传统冲突法制度的一些缺陷，将通过并正在通过其他途径而得到改善或克服。这在美国 1971 年出版的《冲突法重述》（第二次）中，已经有所反映。该《重述》提出的依“最重要联系原则”选择法律的方法，在弥补传统的冲突法制度的缺陷方面，已开始起到一定的作用。在欧洲的一些最新的冲突法典和条约中，这一原则也得到了广泛的采用。

就冲突法来说，虽然它并不直接规定当事人间的权利义务关系的具体内容，但并不能据此而否定它也是一种行为规范。法律规范的形式是多种多样的，但就它作为统治阶级意志的反映并且以国家强制力作保证要求人们去遵循这一点来说，这却是所有各个法律部门都同样具备的。冲突规范当然也不例外。当事人意欲成立某种涉外民事法律关系，却违反了内国冲突法所指定的法律，肯定是不能构成内国法院所承认的有效法律关系的。至于说冲突规范缺乏法律所应具有的预见性、明确性和稳定性，这种情况，如果与实体法相比较，则确然是存在的。正因为它存在，所以冲突规范才成为一种不同于实体规范的间接规范。正因为它存在，所以各国国际私法理论研究工作者，长久以来就一直试图就这一方面作出改进的努力。在合同关系中，当事人自主选择法律的“意思自治”原则的采用，“法律关系本座”说的提出，“既得权保护”说的鼓吹，以及当前“最密切联系”原则的采纳，可以说，也都是为了提高涉外民事关系中法律适用的预见性、明确性与稳定性的。此外，如主张法律的选择应有利于判决在国外的承认与执行，以及当前美国冲突法学说中主张把“国际或洲际”民事关系体制的协调与维持、“结果的可预见性”、“当事人正当期望的保

① 莫里斯：《冲突法》，1980 年英文版，第 516 页。

护”等作为选择法律时需要考虑的几种重要因素，也都是着眼于法律适用上的预见性、明确性与稳定性的。至于通过冲突规范指定适用某国实体法于特定的涉外民法关系，只要这种指定是依据客观的合理的标准作出的，也不能说完全没有针对性。例如对人的能力一般指定其属人法，物权一般指定物之所在地法，行为方式一般指定行为地法，程序问题指定法院地法，就不能说，经这样指定的实体法，对相关的问题是缺乏针对性的。再说由于各国实体法方面的抵触有时是十分严峻的，于是在运用冲突规范的长期过程中，又逐渐产生了识别、反致、公共秩序保留等制度，从而使冲突规范的运用也能保有相当大的灵活性。国际私法所调整的民事法律关系，既然超出了一国的范围，而在国际上，社会制度的对立，意识形态的分歧，文化传统和宗教信仰的不同，彼此政治经济利益的矛盾，是十分复杂多样的。如果要求冲突法也具有调整纯国内法律关系的其他实体法那样的预见性、明确性与稳定性，则不但是客观上不可能的，而且也似乎自冲突法产生以来为任何主权国家所不取的。冲突法毕竟是解决国际生活中所产生的涉外法律关系的，它不能不在极大程度上受国家对外政策的制约。国家在调整这种涉外法律关系时，既需要坚定地维护自己的正当权益，又需要在无损于自己权益的前提下，发展平等互利的对外关系。因而，它需要一种比较精巧的法律制度能够随着客观形势的变化而能同时实现上述两方面的任务。冲突法如果运用得当，是可以有助于实现这样的任务的。因此，从这个意义上讲，冲突法不像一般国内实体法规范那样明确、具体，而保留有一定的灵活性，这不但不是它的缺陷，而且可以说正是它的特点与优点之所在，正是为实现上述的特殊任务所需要的。

不过，这里也需要指出，目前在国外有一种对传统的冲突法的批判，倒不是认为它缺乏预见性、明确性和稳定性，而是恰好相反，认为它过于机械，过于追求适用法律的稳定性和结果的一致性。本来，在欧洲大陆法国家，一向是比较强调法律的明确性、预见性和稳定性的，而不愿赋予法官以过大的自由裁量权。这表现在一方面，欧洲大陆法国家都通过成文法来制定冲突规范，而在另一方面，在成文的冲突法中，也多采用目前被称为“硬性冲突规范”（blackletter conflict rules）的规定方式。目前欧美的新思潮正不遗余力地攻击说这样的冲突规范是“僵固的”（rigid），“缺乏灵活性”的，因而也是不能适应各个案件的具体情况的。这种新思潮主张通过采用一种“灵活性冲突规范”（open-ended conflict rule）来对传统的“僵固的”、“缺乏灵活性”的冲突规范进行“软化处理”（softening process），而这种“软化处理”的关键就是在冲突规范中用“最密切联系原则”来取代传统的固定的空间连结点，从而使选择法律的灵活性得到加强。

对于这种潮流，我们应该密切地加以注意，并且研究它产生的根据和发展的方向。从新近出现的许多冲突法方面的国内立法与国际公约大都接受这一原则的情况来看，它不是没有生命力的，因而在建立我们自己的冲突法时，似乎更不应过分地去指责传统的冲突法缺乏明确性、预见性和稳定性，而应该相反去注意它的呆板、机械、僵固的一面，使我们在处理涉外案件时有依据不同案件的具体情况作灵活处理的可能。

在苏联、东欧国家，许多学者则从另外一个方面向传统的国际私法提出了挑战。当时，这些国家，都属于经互会国家；从这一特定条件出发，它们几乎一致主张把调整相互经济贸易关系的国际统一实体法包括在国际私法的范围。这样形成的国际私法新体系，虽已超出了传统上国际私法仅限于冲突法的范围，但它并没有从实质上改变国际私法的性质，也不能说给冲突法已造成什么“危机”。

法律作为一种社会规范，它是不可能不随着变化和发展了的社会生活而变化和发展的。19 世纪上半叶以前，人们从来只认为冲突法完全是一个国家的国内法，对于通过国际努力来制定统一冲突规范以求得法律适用的一致，可以说是想都没有想过的。但是自意大利孟西尼和荷兰阿塞尔（Asser）等人倡导以来，特别是自从 20 世纪初起，通过国际条约制定统一冲突规范，在欧洲和美洲均已取得可观的成就，从而使冲突法增加了一个新的内容。在国际经济贸易关系进一步发展的基础上，20 世纪以来，人们又进行努力，尝试通过制定统一实体规范，以便直接适用于某些涉外经济贸易活动，这样来解决或消除法律冲突问题。这种现象（就是以一种更高的规定方式来解决某方面的法律冲突问题）应该看做是国际私法发展的自然进程，是国际私法发展日趋完善的一个合乎逻辑的阶段。这种国际统一实体法的出现与发展，虽使解决法律冲突与适用问题多了一种新的手段或方法，但并未丝毫削弱冲突法在调整其他涉外民事关系方面的地位与作用。因为远非在社会关系的一切领域内，都可能和适宜采取这种方法。例如在婚姻家庭和继承以及其他方面一些问题上，不仅在不同类型的国家之间，就连在同属社会主义的国家之间，实体规范仍有很大的差别，因而通过采用冲突规范来调整这方面的社会关系，仍然具有重要意义。在国家消亡以前，法律冲突是不会因为在一部分国家之间在某些方面产生了若干统一实体规范而完全消除的。在许多方面，冲突法仍将继续保留它的重要地位和作用。而且，即使在某些涉外经济贸易关系方面，已经通过某些国际公约制定了一些统一实体规范，但是参加这些公约的国家，往往只是世界上一部分国家，而不是所有的国家。因此，对非缔约国来说，在有关的问题上就不会适用这种实体规范，而必须仍然适用冲突法来处理。还有，缔约国还往往对公约中的某些规定声明保留，因此在那些保留的问题上，对该缔约国来说，这种实体法也不能适用，而必须适用冲突法来解决。再说，公约对它所要解决的问题，也不一定能作出全面和明确的规定，对公约未能解决的事项，仍应按照冲突法来解决。例如联合国 1980 年通过的《联合国国际货物销售合同公约》第 7 条第 2 款就规定："凡本公约未明确解决的属于本公约范围的问题，应按照本公约所依据的一般原则来解决，在没有一般原则的情况下，则应按照国际私法（指冲突法）规定适用的法律来解决。"在这些情况下，可见冲突法仍然有着广阔的适用余地。

随着国家对外经济贸易活动在整个国家经济生活中占有越来越重要的地位。国内实体法中用于调整涉外经济贸易关系的部分也日渐增多。但是，这类规定中除具有行政法性质的可以直接适用于涉外经济贸易关系外，其余部分要得到适用，也离不开冲突法的指定。例如捷克斯洛伐克的《国际贸易法典》便是调整捷克斯洛伐克对外贸易活动中各种法律关系的实体法，它在第 3 条中便规定，只有在国际私法指定应适用捷克斯洛伐克法，特别是在当事人选择了捷克斯洛伐克法的条件下，才应该适用该法典中的实体规则。所以，从这个意义上来看，一个国家直接调整涉外关系的实体法要得到适用，也是离不开冲突法的。正由于冲突法在现代国家的涉外关系中越来越清楚地显示出它的重要性，所以自 20 世纪 60 年代以来，苏联、民主德国、匈牙利、波兰、捷克斯洛伐克等国都相继制定了新的冲突法典，或者在民法、婚姻家庭法典中设立专篇，就冲突法问题作了系统的规定。

由于我国实行对外开放的经济政策，我国参加国际经济贸易以及文化、技术合作的活动已日益增加，我国与他国公民和法人之间的交往也将格外频繁，再加上国内市场和国际市场将进一步结合和接轨，需要处理的涉外民事关系必然会越来越多，越来越复杂，因而在加强与健全我国社会主义法制的过程中，重视并加强对冲突法的研究应该是刻不容缓的了。

此外，还应该看到，随着台湾的回归祖国和香港、澳门主权的收回，我国冲突法还将可能有一个解决地区间法律冲突问题的任务。这就是说，解决我们国内不同地区之间的法律冲突的所谓“区际私法”，也将可能在我国国际私法中占一席重要的地位。

综合以上的种种情况来看，认为在我国冲突法没有什么重要性，它的发展前途不大或暗淡的想法，也是没有充分根据的。

三、冲突法的研究方法问题

由于第三世界国家历史上遭受欧美殖民主义的侵略，长期处于殖民地半殖民地状态，外国人往往在这些国家享有种种特权如领事裁判权等，因而法律冲突问题事实上不可能提出，而解决此种法律冲突问题的冲突法自不能得到发展。冲突法的理论，过去也主要只分为大陆法学派与英美普通法学派。表现在研究方法上，大陆学派主要侧重于从理论的探讨出发，去试图推演出各种普遍适用的冲突原则；而英美学派则以研究分析本国的判例为主，也试图从中归纳出一些带共同性的原则。在19世纪，前者最著名的代表如德国的萨维尼（F. C. von Savigny），后者最著名的代表如美国的斯托雷（Joseph Story）。这两种研究冲突法的方法，目前虽有逐渐结合的趋势，但大陆学派与英美学派在方法上的基本差异仍未完全消失。这两种不同的研究方法，既各有可取之处，也各有不足的地方。法学应该首先是一门实践科学，它不只是来源于实践，并且也是为了进一步去指导实践。冲突法的理论与制度，只有在涉外民事关系已经发生，在处理这类涉外关系时需要解决法律冲突问题的过程中，才会产生和发展。因此，研究冲突法不能离开对本国（当然也包括其他国家）实际案例的分析与研究。但是冲突法的研究也离不开一定的理论和原则的指导。而且此种研究的目的，就在于把实践中的东西上升为理论和原则，从而抽引出各种具有普遍指导意义的规则。所以，理论和实践在实际上是不可分割的，二者必须密切地结合起来。过去只强调理论的大陆法学派的许多冲突法理论之所以常常充满唯心主义的说教，其原因即在于此；而只强调判例的英美学派，也往往陷入实用主义的泥坑，不能通观全貌，不能对归纳出的一些原则作理论上一贯的解释。我们应该采取理论与实际联系的研究方法。目前，就我国的情况来说，为了开展冲突法的研究，应赶快着手整理和分析我国处理涉外民事案件特别是与对外经济贸易有关的案件的实际材料（包括司法机关、仲裁机构、外经、外交，及其他部门所掌握的具体材料），总结我们的经验和教训，以供今后立法工作的参考。实在说，案例的整理和分析，在我国的法学研究中，似乎还未引起足够的重视。在冲突法的研究方面，那更不必说了。这种情况应该有所改变。

在冲突法的研究中，历史的方法也是十分重要的方法。它能够帮助我们正确地了解冲突法产生和发展的历史条件，揭示不同冲突法原则产生的社会背景与历史作用，使我们能够透过各种似乎是纯粹抽象的原则，深刻地了解它们都是取决于各个时代和各个国家的政治、经济及社会条件的。冲突法本来就是 12～14 世纪在意大利北部城市国家之间首先发展起来的，它反映了当时新兴的资本主义商品生产对自由劳动和自由贸易的需要。16 世纪法国“法则区别说”的代表人物之一杜摩兰（Dumoulin）提出“意思自治”原则，明显地代表了法国南部资本主义进一步发展的要求。而同时代的另一代表人物达让特莱（d'Argentre）却与杜摩兰的观点形成尖锐的对立；他特别强调法律的属地性质，主张除极少的场合外，法律的适用应与领土主权管辖的范围严格一致，则纯出于保护北部封建势力的利益。17 世纪荷兰学派强调以“国际礼让”作为承认外国法域外效力的根据，表明他们对刚从西班牙统治下争得的独立主权和发展海外贸易的重视，这一学说到 19 世纪上半叶为美国国际私法学家斯托雷所继承，这与刚获得独立不久并且迫切要求发展国际贸易的美国的利益也是十分吻合的。其他如德国萨维尼提出“法律关系本座说”，意大利孟西尼特别强调国籍原则在国际私法中的重要地位，英国戴西（Dicey）鼓吹“既得权”理论……莫不可以从他们当时有关国家的政治、经济情势中去找出它们产生的根源。我们研究冲突法就应该采取历史的方法，在世界范围内，从冲突法发展的历史过程中去弄清楚它的来龙去脉，以正确认识它在促进我国社会主义四化建设中的作用和价值，以及它未来发展的道路和前途。

在冲突法的研究中，比较的方法，也具有十分重要的意义。这是因为，冲突法的研究，不仅常常要求对有关国家的冲突法进行比较研究，从中吸取有用的东西，作为自己的借鉴，而且还常常需要把有关国家的实体法加以比较研究，以便于预测解决法律冲突问题的最后结果。

冲突法所要调整的法律关系，是涉及许多独立的平行的主权国家，涉及许多平行的互不相同的法律制度的。在解决法律冲突问题时，必须从有利于发展平等互利的关系出发。尽管在每一具体问题上并不都以互惠为前提，但从整体来看，都是离不开平等互利这个基本原则的。因此，在解决法律冲突问题时，每个主权国家都是不可能不顾及各个时期国际上通行的做法的。这就要求冲突法的研究，必须充分运用比较的方法才能通观国际全局的情况，对具体问题提供最好的解决方法。这一点，就决定了比较研究的方法，必然在冲突法研究工作中占有十分突出的重要地位。

我们相信，在马列主义、毛泽东思想的总的指导思想下，运用理论联系实际的、历史的、比较的研究方法，我们一定会逐步建立起具有我国自己特色的冲突法理论和规范，使之既有利于保护我国国家、经济组织与公民在涉外民事法律关系中的正当权益，又有利于促进国际经济合作和人民之间的友好交往。

国际私法的晚近发展趋势*

一、对传统的国际私法的批评与攻击

第二次世界大战以后，随着国际经济交往和国际民事关系的发展，传统的国际私法已不能完全适应新的需要。有不少国际私法学者，对传统的国际私法纷纷表示不满。他们提出了一些新的理论和方法来研究国际私法。而美国的一些学者，在对传统的国际私法的批评和攻击中，扮演着特别活跃而重要的角色。

传统的国际私法，在解决法律适用或法律选择问题时，所采取的方法可以说是三部曲。首先解决识别问题，即定性问题，决定争议的问题是属于什么法律范畴：是属于合同问题，还是侵权行为问题；是属于夫妻财产制问题，还是夫妻间的继承问题；是属于实质问题，还是程序问题等。这是第一步。其次是选定连结因素或称连结点，是选定当事人的国籍，还是住所，或是行为发生地等。这是第二步。再其次是法律的查明和适用。根据所选择的连结点，寻找所要适用的法律，如本国法、住所地法或行为地法等。这些都叫做准据法。这是第三步。这种方法，有人称之为“分配法”，就是将某一争议问题，分配给某一国家的法律去处理。① 在分配过程中，在选择某一国家的法律以前，还不知道所要适用的法律内容如何，更不知道适用的结果是如何。只有在选择了以后，如果发现所要适用的法律，其适用结果将

---

* 本文载《中国国际法年刊》（1988 年）。

① 参见索夫普兰：《国际私法理论的新动向及其对法院实践的影响》，载《海牙国际法学院演讲集》（简称《海牙演讲集》），1982 年第 2 册，第 22 ~ 24 页。

会影响到内国的根本利益或基本政策时，才可利用所谓“公共秩序保留”拒绝适用。到了20世纪30～40年代，在美国就有些国际私法学者，对传统的国际私法，在法律选择、法律适用问题上，从理论到方法，开始进行了猛烈的批评和攻击。尤其在第二次世界大战以后，这种批评和攻击达到了最高峰。

这里，不妨举三位有代表性的学者来简单谈一谈。一位是美国哈佛大学教授卡弗斯①。他认为应当抛弃过去那种选择法律的方法，即只关心哪一个国家的法律有管辖权，而不管具体的法律规则的内容和适用的结果如何的老方法。他主张应该根据一定的标准或价值观念，也就是他提出的所谓“优先原则”，对所涉及的几个国家的具体法律规则的内容和适用结果进行比较，去直接选择应适用的法律规则。用他的话说，要把“管辖的选择”改变为“规则的选择”或“结果的选择”。另一位是美国默西尔大学的教授柯里②。他认为传统的国际私法在选择适用法律问题上，从理论到方法，都是概念式的、虚假的、无用的。他提出所谓“政府利益分析说”。所谓“政府利益”，就是指一国政府（在美国还指一个州的政府）对实现其法律中所体现的政策有利益。他认为应根据这种利益来直接适用那个有利益的国家的法律。如果只有一个国家有利益，就只适用那个国家的法律。如果两个国家有利益，而其中一个国家是法院地国，就只适用法院地国的法律。如果是法院地国以外的两个或两个以上国家有利益，那就根据情况可以适用法院地法，也可以适用其他国家的法律。这就显然给了法院地法以优先权，扩大了法院地法适用的机会。在这一点上，他的追随者改正了他的方法，主张应对有关国家的利益进行比较，而给予具有较大利益的国家以优先权。③ 按照柯里的主张，法律的选择完全取决于对政府利益的分析，那么冲突规范也就似乎没有存在的必要了，这样也就动摇了几百年来发展起来的国际私法体系了。毋怪他自

① 参见卡弗斯：《法律选择过程》，1965年英文版。

② 参见柯里：《冲突法论文选》，1963年英文版。

③ 参见塞德勒：《对法律选择的政府利益研究法——分析与改革》，载《加州大学（洛杉矶）法律评论》，1977/1978年，第26期，第181页及后；W. F. 巴克斯特：《法律选择与联邦制》，载《斯坦福法律评论》，1963年第16期，第1～12页。

已曾说："没有法律选择规范，我们会更好些。"① 另一位学者是美国哥伦比亚大学教授里斯②。他的主张比较温和。他认为应努力克服传统的国际私法在选择法律方面的机械、僵硬的缺点，但同时他却认为要彻底抛弃传统的冲突法制度是不现实的，也是行不通的。因此，他没有完全放弃传统的国际私法选择法律的方法，而是赋予它以比较大的灵活性。他主张以一种"最有意义的关系"或者说"最密切联系"原则作为选择法律的基本原则。就是在选择法律时，要看哪一个地方（或国家）与案件的事实和当事人有最密切的联系，就适用哪个地方（或国家）的法律。他并没有呆板地规定，在哪一种情况下机械地适用哪一种法律，而是在"最密切联系"的前提下，灵活地考虑各种连结点，去自由地选择法律。例如，就侵权行为而言，应考虑的连结点就有：（1）行为发生地；（2）伤害发生地；（3）当事人的住所、居所、国籍、公司成立地以及当事人业务活动地；（4）当事人之间的关系集中地等。这样，法院就可以根据具体的情况实现有关的政策和维护当事人的正当权益。他所主持编写的美国《冲突法第二次重述》，就贯穿着他的这种思想。

美国的这些新学说，不但在美国法学界引起广泛的注意和热烈的讨论，而且在其他一些国家也受到密切的注视并产生了不可忽视的影响。今天世界上国际私法的发展趋势，在某些方面是和这些学说有密切关系的。

二、二次大战后国际私法中的重大改革和新的发展

今天世界上各国国际私法在选择法律的方法方面，基本上还是保持传统的框架，但同时在这框架的基础上却进行了重大的改革，并出现了一些新的发展。这种重大的改革和新的发展，主要表现在以下几个方面：

① 参见柯里：《冲突法论文选》，1963 年英文版，第 183 页。

② 参见里斯所主持编写的《冲突法第二次重述》，1971 年英文版；及其所著《冲突法与第二次重述》，载《法律与当代问题》，1963 年第 28 期，第 679 页。

（一）弹性连结原则被逐渐广泛地采用

这可分以下几点来说明：

1. 最密切联系原则的采用

上面曾提到，美国的里斯教授是极力主张采用这一原则的。本来，这一原则并不是里斯所首创的。早在他以前，英国韦斯特莱克在契约方面，就曾主张如果当事人没有选择法律，就应根据最密切联系原则（他称为“最真实联系”），选择应适用的法律。① 不过，那只限于契约方面，后来在实践中把这条原则渐渐扩大到其他领域方面，如侵权行为。里斯教授不但把这最密切联系原则适用于契约、侵权行为方面，而且对婚姻、继承等各种各样的法律关系，都根据这条原则，提出一系列可供考虑的连结因素，只要那一个地方（或国家）与案件的事实和当事人有最密切的联系，就适用那个地方（或国家）的法律。其实，这也正是近代社会、经济特别是技术发展的必然结果。例如，就侵权行为来说，现在交通十分发达，人员流动十分方便和频繁，交通事故在什么地方发生，往往是很偶然的。如果规定侵权行为的准据法只能是行为发生地法，把行为发生地作为惟一的连结因素，以决定应适用的法律，那就是完全凭偶然的机会来决定应适用的法律，显然是不切合实际的。采用最密切联系原则，就是要避免这种僵硬性，对连结因素作一种所谓“软化”处理，以增加选择法律的灵活性——弹性。这种主张，尽管它本身还不是尽善尽美，但它的出现，不论从理论上还是从实践上来说，还是有着重要意义的。所以这一原则，不但在美国法院的实践中受到重视并被采用，而且在其他国家也已产生了影响。例如 1978 年《奥地利联邦国际私法法规》在第 1 章总则内就开宗明义地规定，将“最强联系原则”作为一条通则，在涉外案件中一律适用与之有最强联系即最密切联系的国家的法律。1980 年欧洲共同体国家签订的《关于契约债务的法律适用公约》也规定：如果契约当事人没有选择法律，契约应适用与之有最密切联系的国家的法律（第 4 条）。这一原则，我国现在在合同方面也采用了。1985 年《中华人民共和国涉外经济合同法》关于涉外经济合同

① 参见韦斯特莱克：《国际私法论》，1925 年英文第 7 版，第 302 页。

规定：合同当事人没有选择法律的，就适用与合同有最密切联系的国家的法律（第5条第1款）。1986年《中华人民共和国民法通则》关于一般涉外合同也规定：涉外合同的当事人没有选择法律的，就适用与合同有最密切联系的国家的法律（第145条第2款）。可见这一原则已经为不少国家所采用了。

2. 选择性连结因素的采用

这也是增加法律选择的灵活性的一种办法。这就是提供较多的连结因素，只要某种行为依这些因素中的一个因素所指引的法律为有效，即属有效。这当然与所要实现的政策有关。这在法律行为的方式方面使用得最多。例如，根据1963年英国《遗嘱法》，不论遗嘱在何处订立，也不论是关于动产还是不动产，遗嘱的方式只要符合以下四种法律之一，即为有效：（1）遗嘱订立地法；（2）遗嘱人立遗嘱时或死亡时的住所地法；（3）遗嘱人立遗嘱时或死亡时的习惯居所地法；（4）遗嘱人立遗嘱时或死亡时的本国法。此外，关于不动产的遗嘱，其方式如符合物之所在地法，也是有效的①。再如，1961年10月5日海牙《遗嘱方式法律冲突公约》，也有与此类似的规定。这些规定都是为了增加法律选择的灵活性。

3. 补充性连结因素的采用

这也是提供较多的连结因素，如果依一个连结因素所适用的法律不能获得某种结果，就依另一个连结因素而适用另一个法律，最后常落脚到适用法院地法。例如，1973年10月2日海牙《扶养义务法律适用公约》就规定：首先适用债权人习惯居所地法，如果依此法不能获得扶养费，就适用债权人和债务人的共同本国法，如果依此法仍不能获得扶养费，则最后适用法院地法。这样就可以使债权人有比较多的获得扶养费的机会。

另外还有与此类似的补充性连结因素，但微有不同。刚才所说的补充性连结因素，是着眼于所希望获得的结果，只有在这种结果依前一法律不能获得时，才能按补充次序适用其他法律。另一种补充性连结因素，是在前一个连结因素不存在时，就依次利用另一个连结因素

① 参见戚希尔和诺思：《国际私法》，1979年英文第10版，第512、601～604页。

而适用另一个法律。例如，1979 年匈牙利国际私法规定：婚姻解除的条件，依夫妻共同属人法；如无共同属人法，依最后共同属人法；如无最后共同属人法，依最后共同住所地法；如无共同住所地法，则依法院地法。这当然也是为了增加适用法律的灵活性。以上是讲弹性连结原则的三种使用情况。

（二）政策定向和结果选择的方法在法律选择中受到重视

按照前面所提到的美国柯里教授的主张，选择法律应根据有关国家（在美国也指州）的政府利益来决定，而这种政府利益也就是指实现有关国家的法律中所体现的政策。这可叫做“政策定向”法。另外，卡弗斯教授指出，选择法律应按优先原则对某些有关的法律规则进行审查，看它们适用的结果如何，决定适用哪一个法律规则。这可叫做“结果选择”法。他们的这些主张，不但在美国产生了比较大的影响，就在欧洲国家也是有一定影响的。当然，像柯里教授要把传统的国际私法选择法律的方法完全抛弃，在实际上是很难办到的，也没有能办到。但他们的这些主张，还是可以在传统的国际私法选择法律的框架中加以运用的。事实上，在现代有些国家的国际私法及某些国际私法公约中就已经在运用了。究竟是怎样运用的呢？下面可分几点来谈。

1. 对消费者和劳动者的保护

在近代社会，消费者在订立具有国际性消费者契约时，包括提供货物、服务、运输、旅游等方面的契约，常常受广告的影响，这里就需要对消费者进行保护。例如，就分期付款问题而言，就得适用对消费者比较有利的法律。晚近的趋势，总是倾向于适用消费者习惯居所地的法律。这在现代不少国家的法律中都有规定。例如 1978 年《奥地利联邦国际私法法规》（第 41 条），1978 年发表的《瑞士联邦国际私法草案》（第 117 条），1977 年发表的加拿大魁北克省的《国际私法草案》（第 25、27 条第 1 款）以及 1980 年欧洲共同体国家所签订的《关于契约债务的法律适用公约》，都有这样的规定。而且在这些规定中，还明确指出必须强制适用消费者的习惯居所地法，不管当事人选择什么法律。

对劳动者也是同样需要保护的。在这里，原则上常常是适用劳动履行地的法律。例如，《奥地利联邦国际私法法规》（第44条）、《匈牙利国际私法》（第51~53条）、《瑞士联邦国际私法草案》（第118条）都有这样的规定。而且对当事人选择法律，有的加以限制，有的则完全排除。这些都是重视"政策定向"的最明显的例子。

2. 适用对弱者最有利的法律

这里主要是指对儿童的保护。依1978年《奥地利联邦国际私法法规》的规定，关于儿童的合法性问题，如果父母的属人法不相同，那就适用对儿童的合法性最为有利的法律（第21条）。依1979年匈牙利国际私法，有不少规定都是对儿童比较有利的。例如第45条规定：关于父母与子女的关系，特别是关于子女的姓名、安置、照管、接入家庭、法定代理、财产的保管，均应适用子女的属人法。再依该法第46条的规定，关于子女为匈牙利人或居住在匈牙利者的家庭法律地位、子女与父母间的家庭法律关系以及抚养义务，倘匈牙利法更有利于子女，则应适用匈牙利法。1960年海牙国际私法会议还制定了《保护未成年人管辖权和法律适用公约》，不少欧洲国家都批准了这个公约。因此，它们的法院在关于家庭问题的涉外诉讼中，都把保护儿童作为选择适用法律的一个重要的政策指针。

3. 法院根据政策与结果的需要可以较灵活地自由裁量

传统的国际私法在选择法律时，第一步就是要识别、定性，确定争议事件属于什么法律范畴。在这里，法院就往往不是从纯粹法律的角度去进行识别，而是根据实际的需要，灵活地进行裁量，以达到适用被认为合适的法律的目的。例如，大家都承认，程序问题应适用法院地法。假如因侵权行为而发生的赔偿损失请求权，依侵权行为地法已经消灭，但依法院地法却仍然存在，如果法院在某一具体案件中，认为给予受害者损失赔偿费是比较合理的，它就可以把这个赔偿请求权是否消灭的问题识别为程序问题，从而适用法院地法，以达到所希望达到的目的①。再如，1974年10月31日奥地利一个法院的判决，也可说明这一点。有一辆奥地利的长途汽车，在匈牙利行驶时发生交通事故，使一乘客受伤，该乘客在奥地利法院起诉，要求汽车的主人赔偿损失。乘车的契约（指付钱购买车票）是在奥地利订立的，乘

① 参见里斯：《国际私法通论》，载《海牙演讲集》，1976年第2册。

客和汽车主人都是奥地利人和居民。这个赔偿损失请求权问题是属于侵权行为问题呢，还是属于契约问题？依奥地利法律，受害人可以获得一笔赔偿费，而依匈牙利法律则否。如果把它识别为侵权行为问题，而又依传统的观点适用侵权行为地法，那么这个乘客就得不到赔偿费。法院为了让该乘客得到赔偿费，就把这问题识别为契约问题，适用了奥地利法律。①

在所谓反致问题上，也是如此。本来按照传统的想法，反致可以被用来促进各国法院判决的协调一致。可是在现代法院的判决实践中，却是往往把它作为获得所希望的某种结果（或实现某种政策）的一种手段。这在美国和欧洲都有学者表示支持②。而在立法方面，也是肯定和采纳这种观点的。例如，葡萄牙民法典虽然没有将反致作为一个通则来接受，但却允许用它来取得某种实际的结果，特别是使得某种交易合法化（第16、17、18条）。又如，捷克斯洛伐克的国际私法也规定：如果反致能导致对某种法律关系作公平合理的处理，就可予以承认（第35条）。再如在法国，1980年10月12日巴黎上诉法院关于夫妻财产问题的判决，也是一个很好的例子。按照法国的冲突法，夫妻财产问题，无论是动产或不动产，都应适用结婚后的第一个长期居所地的法律。在本案中，这就是美国伊利诺斯州的法律。可是，这个法律对位于法国境内的不动产，却反致给了法国。法国法院没有接受这个反致，认为如果接受了这个反致，结果就会破坏法国夫妻财产统一的制度，违反了法国法的基本原则③。在本案中，虽然法国法院表面上是以违反“公共秩序”作为拒绝反致的理由，但实际上仍然是等于依据结果选择法来运用反致的。

其他在对待“先决问题”、“公共秩序”等问题上，法院也都可以在选择法律过程中加以灵活运用，来实现自己所要实现的政策，达到自己所想达到的目的。

---

① 参见索夫普兰：《国际私法理论的新动向及其对法院实践的影响》，载《海牙演讲集》，1982年第2册，第39页。

② 参见里斯：《美国法律选择现状》，载《国际法现状及其他论文》，1973年英文版，第362页；K. 列普斯坦：《冲突法1921～1971：前面的路》，载《剑桥法律杂志》，1972年B，第84页。

③ 参见《国际私法评论》，1981年法文版，第501页。

（三）当事人选择法律和法院地法优先适用的新发展

1. 当事人在订立契约时，可以选择应适用的法律，这是传统的国际私法中早已被承认了的。但是近若干年来，这项原则又有了新的发展。现在，一方面，在某些类型的契约方面，有限制当事人选择法律的趋向。例如在消费者契约、劳动契约方面，为了保护消费者与劳动者，就必须对当事人选择法律有所限制。但同时在另一方面，当事人选择法律的可能性，又渐渐扩大到契约领域以外，甚至扩大到家庭法领域去了①。这样，就可让当事人选择他们认为最适合于自己情况的法律。当然，他们选择的法律也可能最后证明并非对他们为最好的法律。但在原则上，当事人自己是能够影响法律的选择的。例如，1981 年 3 月 25 日荷兰的一项法律，对离婚问题就规定可以让当事人自己选择法律。他们可以选择他们的共同本国法，如果其中一方与该法没有实际的社会联系而不能适用该法，也可选择荷兰的法院地法。在继承问题方面，1978 年发表的《瑞士联邦国际私法草案》（第 91 条第 2 款）规定：在瑞士有住所的外国人，就他们的财产继承问题，可以选择他们的本国法或本国法之一，以代替本应适用的瑞士法。瑞士民法对妇女和子女的特留份，限制很严，因此在瑞士的外国人尤其英美人都愿选择他们的本国法。瑞士联邦法院也曾拒绝将瑞士法律中有关特留份的规定强加于选择自己本国法的人身上。在侵权行为方面，如果行为发生在一国，而结果产生在另一国，德国和瑞士的判例都支持受害者一方根据对他们最有利的法律去起诉。不过，在德国学者中间，对于是否应由受害者选择对他们最有利的法律，还是应由法官依职权来决定这个问题，还是有争论的。②

2. 当事人选择法律往往会导致法院地法的适用，虽然并非完全如此。这样就加强了在几乎各国的法院实践中都可以看出的一种趋势，就是所谓“回家去的趋势”，也就是说法官总愿意适用法院地

---

① 参见索夫普兰：《国际私法理论的新动向及其对法院实践的影响》，载《海牙演讲集》，1982 年第 2 册，第 69 页。

② 参见冯·奥弗贝克：《根据近年的法典和草案论国际私法的一般问题》，载《海牙演讲集》，1982 年第 3 册，第 89～90 页。

法，即法官自己国家的法律。① 这种趋势是由几方面的情况促成的。除当事人选择法律有一定影响外，所谓公共秩序保留条款，也起了不小的作用。适用某一外国的法律时，如适用的结果将会违反内国的公共秩序，就可不予适用，而代之以内国的法律。还有，在有些国家里，在涉外案件中适用外国法，必须由当事人主张和证明，如果当事人不主张适用外国法或者对有关的外国法不能证明时，法官就适用内国法来解决。在家庭法方面，由于允许当事人选择法律，适用法院地法的机会也增加了。如刚才提到的，荷兰1981年的一项法律，对申请离婚很有利。因此想离婚的人就愿意在荷兰法院起诉，并且选择荷兰法以达到离婚的目的。还有一些国家的法律规定，只要该国法院对某一个涉外案件有管辖权，特别如离婚案件，就应适用法院地法。本来有些国家，如德国、荷兰等，它们的法院是可以依职权适用外国法的，但近年来却也有人主张应反其道而行之，就是应该先适用法院地法，除非当事人主张应适用其他国家的法律。② 美国的一位学者艾伦茨威格就主张适用法院地法是一条基本通则，适用外国法乃是一种例外。③ 由于以上这些原因，适用法院地法的可能性就大大地增加了。这是晚近比较明显的一种现象。

（四）“直接适用的法律”和实体法解决方法的新发展

1. 直接适用的法律

“直接适用的法律”是在欧洲发展起来的一种新观念。④ 这是类似政策定向方法的一种学说。有些法律规则适用于具有国际性的案件（即指具有涉外因素的案件），对制定该法律规则的国家来说，有着

---

① 参见索夫普兰：《国际私法理论的新动向及其对法院实践的影响》，载《海牙演讲集》，1982年第2册，第71页。

② 参见弗莱斯纳：《任意性冲突法》，载《外国法与国际私法杂志》（德文），1970年，第547页及后。

③ 参见艾伦茨威格：《法院地法——冲突法中的根本规则》，载《密歇根法律评论》1960年，第638～639、644页。

④ 参见拉莱夫：《国际私法的趋向和方法》，1979年法文版，第120页。首先使用“直接适用的法律”这个名称的，是希腊学者弗兰塞斯卡基斯，见其所著《反致理论与国际私法中的体系冲突》，1958年法文版，第11页及后。

很重大的意义，以致该国需要适用这种规则，不管根据一般冲突规范该国的法律能否适用于这种案件。因此，这种法律规则的适用不依赖于连结因素的指引，而是根据它所体现的政策与有关案件的关系的程度，自己决定自己适用的范围。所以在英文里也称为“自我定界的规则”或“空间受调节的规则”。这样的法律规则，叫做“直接适用的法律”。

这种观念或学说，也反映着一种政策定向和某种程度的结果选择的处理方法。虽然它是作为国际私法中的一个新观念提出来的，但也有人认为在某种程度上似乎也可以将它视为传统国际私法中所谓“积极的公共秩序”这一观念的发展和延伸。德国萨维尼过去曾承认，有些严格的法律规则，不管法律关系的“本座”是否在法院地国家，法院总是要适用的。究竟“直接适用的法律”这一观念与“公共秩序”这一观念有无区别，区别何在，很不容易说清楚。有些人说它们的区别在于“公共秩序的法律”是属于一般性的，是表现法院地法的基本精神的，而“直接适用的法律”则是为某种特定的目的服务的，特别是在有关社会、经济问题的法律方面。但也有人不同意这样的区别。①

“直接适用的法律”主要是来自法院地国的法律。有些法律，旨在组织和保护一个国家的社会、经济和金融结构，通常都是适用于一切与法院地有充分联系因而会影响法院地利益的交往关系。例如组织劳动市场和保护在市场范围内的受雇者的法律，都属于这类范畴的法律。试举两个判例说明如下：

1971 年 1 月 8 日荷兰最高法院的判例：荷兰有一个规定劳动关系的法令，规定解雇一个受雇者，必须事前获得地方劳动局的批准。有一个美国公司的雇员，是荷兰人，在该公司的荷兰分公司工作，被解雇了，但事先没有经过批准。公司辩称，因为雇佣契约是受美国纽约法支配，依该法不需要获得这种批准。可是法院认为，不论哪一国的法律支配该契约，都无关紧要，因为荷兰的这一规则是无论如何要适用于所有影响荷兰劳动市场的法律关系的，因此适用了该规则。

① 参见索夫普兰：《国际私法理论的新动向及其对法院实践的影响》，载《海牙演讲集》，1982 年第 2 册，第 35～36 页。

1975年6月19日比利时最高法院的判例：一家美国公司解雇了在比利时为该公司工作的一个雇员。法院依比利时法律判令该公司支付给该雇员最低限度的补偿费，尽管契约应受美国法支配，而依美国法并不需要支付这项补偿费。

这些“直接适用的法律”的特点，就在于它们决定自己的适用范围，如果它们所要达到的目的受到有关争议的影响，就必须加以适用。

这里发生一个问题：上面所举的例子中的“直接适用的法律”，都是来自法院地国家的法律，所以法院地法院必须加以适用。如果这种“直接适用的法律”是来自另一国家的法律，是否法院地法院也应予以适用呢？首先，必须考察清楚外国法所体现的政策是什么以及该外国对实行这种政策是否有重大的利益。其次，还必须弄清楚下面一个问题，即直接适用的外国法，大部分都多少具有公法的性质，能不能适用外国的公法呢？

过去一般的看法是，认为冲突规范是只指私法的，并没有规定适用公法。公法是具有严格的属地性的，通常是不能在制定它的国家以外的地方适用的。但是这种看法已经渐渐地被放弃了，虽然这种看法的残余仍然可以在学说和法院判决中看到。1966年1月25日法国最高法院有一个判决就放弃了这种看法。荷兰有一个法令，规定公司的股份必须进行登记。这是荷兰政府为使第二次世界大战后的情况正常化所采取的一项措施，其中包括必须查清荷兰公司的资产在战时的来源。这项措施已在国外到处公布了，而且对外国股份持有者还接连发出通知，提出了警告。可是有些法国的股份持有者却没有登记，他们说这项法令是公法性质，企图据此逃脱法令中所规定的制裁，即如不登记就剥夺股份持有者的权利。可是法国最高法院还是适用了荷兰的这项法令，认为这是公司本国法的一部分，不管它是公法还是私法。

应该指出的是，除法国法院外，其他如瑞士、荷兰、英国等国家的法院，也都有适用外国公法的类似判决。英国1982年女王王座法院在一个判决中说，没有什么外国的公法不能适用，而是要在每一案件中考虑是否有公共政策的特别理由，要求在内国不适用该外国法。1978年发表的《瑞士联邦国际私法草案》第13条第1款第3项规定：“外国法的公法性质，它本身不是适用该法的障碍。”这就是说，该法明白规定，国际私法适用的外国法，包括公法和私法在内。这是一个很值得注意的倾向。

2. 用实体法解决问题的方法

本来一个具有涉外因素或国际因素的法律案件，是和两个或两个以上国家有关的。按照传统的国际私法选择法律的方法，总是选择其中一个国家的法律来处理，而这种法律本身却只是准备适用于纯粹内国的案件的，严格地讲，对于解决涉外案件并不是最合适的。从这个角度讲，如果能用国际统一的实体法来解决，那应该说是一种进步。不过，直到目前为止，这种真正统一的实体法，除在交通运输以及经济贸易领域有一些以外，为数还比较少，尽管它正在继续发展中。而且有些法律问题，如婚姻、家庭、继承等，根本就很难用国际统一的实体法来解决，仍必须用国际私法选择法律的方法来解决。但是，用国际统一的实体法来解决具有涉外因素或国际因素的法律案件，其重要性已日渐为人们所认识了。因此，有人说国际私法不限于冲突法，而是包括解决具有国际性的法律关系（不包括国家与国家之间的）的一切法律规范在内，其中既有冲突规范，也有统一的实体规范。这后一种规范，依西方有些学者的意见，可以称为“统一法规范”或“国际私法实体规范”。这个问题，即国际私法是否应包括国际统一实体法在内，在国际学术界是有争论的。到了20世纪60年代，这种争论似乎已渐渐平息，而趋向于这样一个结论，即为了较圆满地解决上述具有国际性的法律关系问题，应将冲突法和统一实体法结合起来①。现在国际统一实体法具有全球性的，例如《联合国国际货物销售合同公约》就是一个很重要的成就。还有具有地域性的，例如苏联和东欧等国家所建立的经互会所制定的《交货共同条件》。

不过，讲到国际私法实体规范，除上述国际的来源外，还可能有国内的来源。一个国家的立法机关，估计到一般国内法还不适合于解决具有涉外因素的某些国际性案件，可以有针对性地制定某些特殊的规定。这种规范或者是对某种国际性案件直接适用，或者是按照国际私法应适用法院地法国家的法律时来适用。前者的例子有我国的

① 参见冯·奥弗贝克：《根据近年的法典和草案论国际私法的一般问题》，载《海牙演讲集》，1982年第3册，第26、67页。

1985年《中华人民共和国涉外经济合同法》。根据该法第2条、第4条的规定，如果合同的一方是中国的企业或其他经济组织，它们同外国的企业、其他经济组织或者个人之间订立的经济合同，除国际运输合同外，都应适用我国的涉外经济合同法。更确切地说，依照该法的规定，在中国境内履行的中外合资经营企业合同、中外合作经营企业合同、中外合作勘探开发自然资源合同，均须适用中国法律，即适用《中华人民共和国涉外经济合同法》。其他涉外经济合同，如当事人选择适用中国法律，或者未作选择，但合同与中国有最密切联系，也应适用中国法律，即适用中国的涉外经济合同法。后者的例子，如捷克斯洛伐克的《国际贸易法典》。按照该法的规定，只有在国际私法指定应适用捷克斯洛伐克法，特别是在当事人选择了捷克斯洛伐克法的条件下，才适用该法典中的实体规范。

也有人主张，在某种情况下，例如当一国的冲突规范对某种案件没有提供适当的解决方法时，法院也可根据有关各国法律中的有关规定，经过比较，定下解决案件的实体规范，以填补冲突规范中的空白。原联邦德国的斯坦道夫就持这种主张①。还有人建议，在国际侵权行为案件中，可以以有关国家的法律规定为根据，采取折中办法，以求得一个为当事人都能接受的解决方法。例如，假设依甲国法，受害人可以得到赔偿损失费10 000元，而依乙国的法律则不能得到任何赔偿费，那么折中的解决方法，可能就是受害人得到5 000元赔偿费②。可见，要解决具有国际因素的法律关系问题，可以采取多样化的方法来解决，除传统的“分配法”外，还有其他适用实体法的方法。

三、综论国际私法晚近发展的趋势

从以上的叙述和分析中，我们对国际私法的晚近发展趋势，大体

---

① 参见斯坦道夫：《国际私法中的实体规范》，1958年德文版，F. K. 荣格尔：《国际私法通论》，载《海牙演讲集》，1985年第4册，第286页及后。

② 参见冯·迈伦：《解决多州问题的特别实体规范：它们在当代法律选择中的作用和意义》，载《哈佛法律评论》，1977年第88期，第347页及后。

可以归结为以下几点：

第一是传统的“分配法”框架与重视政府政策和实际结果相结合的趋势。这就是说，传统的“分配法”还是被保存和利用，没有被完全推翻。事实上，在国内立法方面，自第二次世界大战结束以来，一些国家所制定的新的国际私法法规或法典和已发表的国际私法草案以及美国1971年的《冲突法第二次重述》，都仍然是保存和利用着传统的框架。在国际立法方面，也是如此。不过，在国际私法立法中，特别是各国法院的司法实践中，都已注意到在解决问题时必须重视有关政府的政策和利益，重视有关当事人的正当权益，必须以更大的灵活性达到所希望达到的某种比较令人满意的目的。

第二是冲突法与实体法相结合的趋势。解决具有国际性的法律案件，除冲突法外，还有国际实体法和国内实体法。这种结合一天比一天更明显。另外，仅就冲突法的适用而言，也是与实体法结合在一起的。有些人说，冲突法是间接规范，实体法是直接规范。但适用冲突规范的目的，仍然是要取得某种令人满意的结果。有人想象说，冲突规范好比是车站里指向月台的一种路标，它指出了所要适用的法律以后，就完成任务了。其实，依照现代的观点，在尚未选定应适用的法律以前，就得对有关国家的实体法进行分析，既要了解它们的内容，又要了解适用的结果，然后才能决定应适用哪一个国家的法律。在根据连结因素选定以后，还要进一步把它适用好，取得比较圆满的结果，任务才算结束。它和实体规范一样，都是要圆满地解决具体问题的。冲突规范从开始进行识别时起，一直到适用实体法解决了案件时为止，它的任务一直都没有中断，必须把问题圆满解决以后，它的任务才告结束。这和实体法规范是完全一样的。冲突规范和实体规范，只是形式上不同，目的都是一样的。处理一个涉外案件，如果有国际统一的实体规范可以适用，或者有国内专门为处理这类案件而制定的实体规范可以适用，那当然就要适用这些规范。如果没有这样的规范，就得靠冲突规范的指引，去选择适用应该适用的实体法。所以，在签订对外贸易合同时，其中有一个法律适用条款，就是要解决这个问题的。可见在处理国际私法案件时，冲突规范和实体规范是相辅相成，互相配合的。因此这两种规范必须结合起来，才能发挥国际私法的作用。

第三是公法与私法相结合的趋势。在国际私法上一个国家是否可以适用外国的公法呢？在学说和司法实践上，还有不同的看法。不过，现代的趋势是倾向于认为这种区分已经过时了。现代的国家所管理的事情和活动越来越多，如对外贸易、证券买卖、外汇控制、国际投资、食品和药物的标准、环境保护等。有关这些问题的法律也越来越多。习惯上都把这些法律视为公法，而这些公法，在解决国际私法问题时，也是往往需要适用的，不能把它们一概排除在外。① 1975 年国际法学会在威斯巴登会议上，曾就外国公法问题作出决议，其主要两点是：（1）冲突规范所指定适用的一个外国法律规定，如果具有公法的性质，并不妨碍该规定的适用，但应附以关于公共秩序的重要保留；（2）不适用外国公法的这个所谓原则是先验的，并无令人信服的理论或实际上的理由作为基础，它时常同公共秩序原则重复，而且可能发生不便和同当代国际合作的需要不相容的结果。②

第四是偏重适用内国法和国际私法的法典化、国际化。先谈一谈偏重适用内国法的问题。在国际私法选择和适用法律方面，现在有一种“回家去”的趋势。近二三十年来，越来越多的国家，特别是第三世界国家，总是力争对本国涉外经济开放与投资合同，尽可能适用本国法即东道国法。我国 1985 年《涉外经济合同法》就规定有三种合同——即在中国境内履行的中外合资经营企业合同、中外合作经营企业合同、中外合作勘探开发自然资源合同——都适用中国的法律，不得由当事人自行选择处理合同争议的法律。这是符合于保护内国的自然资源和重大利益的普遍实践的。不过有些国家偏重适用内国法，有时却把手伸得太长、太远了。在 20 世纪 60 年代中期，美国为了封锁中国，由美国财政部颁发了一个《外国资产控制条例》，禁止“美国管辖范围内的任何人”，与中国有任何贸易、支付、外汇来往及财产转让等关系，否则就是犯罪行为，将被处以很重的罚金和监禁。所

---

① 参见罗文费尔德：《在国际舞台上的公法：冲突法，国际法及对它们相互作用的一些建议》，载《海牙演讲集》，1979 年第 2 册，第 325 ~ 326 页。

② 参见《中国大百科全书·法学卷》，1984 年，第 600 页；H. 巴迪福和 P. 拉加德：《国际私法》第 1 卷，1981 年法文第 7 版，第 292 ~ 296 页，第 292 页注 246、第 295 页注 248。

谓“美国管辖范围内的任何人”，不但包括不论居住于何处的美国公民和居民，不但包括实际上在美国境内的一切人和公司，而且还包括所谓“任何合伙、团体、公司或其他组织，不管它们在何处成立或营业，只要是归上述的那些人所有或控制的，都包括在内。① 美国的这项法令，把它的触角几乎伸到了全世界了。连美国的一位法学教授罗文费尔德，当时正在做美国国务院的律师，都感到很惊奇。他问“美国政府是不是把手伸得太长了②？”像这样的适用内国法，显然具有侵略扩张的目的，自然是不足取的。

再说国际私法的法典化和国际化。首先，就国际私法的法典化来说，第二次世界大战以后，特别是20世纪60年代以后，在各国的国内立法中，国际私法在法律适用方面（也就是冲突法方面）的立法，有了新的重大的发展。毫无疑问，这种发展是和国际经济交往日益频繁、国际民事关系日益复杂和国家加强了对涉外经济活动的干预分不开的。这种发展对提高法律适用上的预见性、明确性、稳定性与针对性，自然是非常有利的。从20世纪60年代开始，不少国家都制定了新的国际私法单行法。如1964年施行的捷克斯洛伐克的《国际私法及国际民事诉讼法》、1966年施行的波兰的《国际私法》、1976年施行的德意志民主共和国的《关于国际民事、家庭和劳动法律关系以及国际经济合同适用法律的条例》、1979年施行的奥地利的《联邦国际私法法规》、1979年施行的匈牙利的《国际私法》、1983年施行的南斯拉夫的《法律冲突法》（原名为《关于解决在某些问题上与其他国家法律规则的法律冲突法》）等。此外，还有不少国家拟定了国际私法单行法草案，如瑞士、德意志联邦共和国、阿根廷等。这些新制定和新拟定的国际私法单行法，有以下几个特点：（1）有些单行法将调整的范围扩大了。例如增加了涉外劳动关系问题、知识产权问题、产品责任问题、国际交通事故问题、国际环境保护问题等。（2）有些单行法中，法律适用的灵活性加强了。例如依最密切联系

① 参见罗文费尔德：《在国际舞台上的公法：冲突法，国际法及对它们相互作用的一些建议》，载《海牙演讲集》，1979年第2册，第336~339页。

② 参见罗文费尔德：《在国际舞台上的公法：冲突法，国际法及对它们相互作用的一些建议》，载《海牙演讲集》，1979年第2册，第339页。

原则选择的法律，得到了广泛的承认，甚至被视为选择法律的普遍指导原则。(3) 这些单行法在内容和结构上，也越来越趋于详细完备。例如，以南斯拉夫的《法律冲突法》而论，就有109条之多，分别就基本条款、准据法、管辖权和程序、外国判决的承认和执行、特别条款及过渡和最后条款作了相当详尽的规定。

其次，在国际立法方面，通过国际条约制定的有关法律适用和国际民事程序的统一化公约，也有很大的发展。就海牙国际私法会议而言，它从1951年第7届会议到1980年第14届会议，就相继签订了28个有关的公约。1984年第15届会议又通过了《关于信托及其承认的法律适用公约》，1985年特别会议还通过了《关于国际货物销售合同的法律适用公约草案》。① 值得注意的是，这些公约的内容和过去有明显的不同，已不限于亲属法及程序法问题，而趋向于经济问题和社会问题，如外贸、儿童保护、公路交通事故、产品责任、信托等。在美洲方面，美洲国家间国际私法专门会议，第一次会议于1975年在巴拿马举行，第二次会议于1979年在乌拉圭举行，第三次会议于1984年在玻利维亚举行，前后也通过了不少有关国际私法的公约，主要有以下三类：(1) 关于国际商法的公约；(2) 关于国际程序法的公约；(3) 关于国际私法通则部分的公约②。这些公约的特点是：(1) 不像过去布斯塔曼特法典那样，采取全面的一揽子的编纂方法，而是就各个不同的问题，以逐步渐进的方法，一个一个地去进行编纂。(2) 在编纂的过程中，有些公约不仅规定冲突规范，而且也规定实体规范，是将冲突规范和实体规范混合规定的。(3) 关于国际私法通则的公约，是一个特别重要的公约，因为它是世界上第一个专门规定这些通则的公约。另外，欧洲共同体国家也制定了一些重要的冲突法公约。例如1968年《关于民商事管辖权及执行判决的公约》、1968年《关于互相承认公司及法人团体的公约》、1980年《关于契

① 关于信托的公约，见《国际法律资料》，1986年第25卷，第8期，第593～618页；关于货物销售合同的公约草案，见《国际法律资料》，1985年第24卷，第6期，第1573～1578页。

② 参见德·麦凯尔特：《美洲国家的国际私法通则——新研究法》，载《海牙演讲集》，1982年第4册，第228～236页。

约债务的法律适用公约》。① 以上主要是在冲突法方面的国际化的发展。

此外，还有在实体法方面的国际化的发展。例如，在国际贸易方面，有1980年联合国通过的《联合国国际货物销售合同公约》。这里特别值得一提的是1965年由世界银行倡议提出并于1966年正式生效的《解决国家和他国国民间投资争端公约》，这是在国际范围内保护外国投资及处理投资争议的一个很重要的公约，而且基于这个公约还成立了"解决投资争议国际中心"。

以上是讲国际私法的国际化的倾向。现在世界上，一方面有偏重适用内国法的倾向，另一方面国际私法在某些方面的国际化，还仍在继续进行。表面看来，这两者是互相矛盾和抵触的。其实，在现代错综复杂的国际关系中，各国的利害互不一致，既有可以协调合作之处，也有尖锐对立不易调和之处。负有调整具有国际性法律关系的任务的国际私法，不可能不是这种错综复杂的国际关系的反映。国际私法的作用，归根结底，还是在于协调不同的法律体系以及它们所体现的不同政策，通过解决或消除它们之间的冲突和矛盾，来为它们的共处创造必要的法律条件。

---

① 参见弗莱彻尔：《冲突法与欧洲共同体法》，1982年英文版，第4、5、7章。

谈“区际私法”*

一、“特别行政区”与“区际私法”

“区际私法”是一个国家因内部各地区的法律不同而产生法律冲突时，规定适用哪一地区的法律加以解决的法律规范的总称。例如我国为了解决香港、澳门问题，提出了“一国两制”的构想。根据这种构想，已经起草了《香港特别行政区基本法草案》，正在公布征求意见。将来还要起草“澳门特别行政区基本法”；如果将来台湾回归祖国，也会要起草“台湾特别行政区基本法”。从已经签署的《中英联合声明》、《中葡联合声明》以及已经起草的《香港特别行政区基本法草案》看来，这些特别行政区都将享有高度的自治，它们现行的社会经济制度以及生活方式，将继续保持五十年不变。除外交和国防事务属中央人民政府管理，以及由中央人民政府授权特别行政区依照基本法处理有关的外交事务外，这些特别行政区都享有行政管理权、立法权、独立的司法权和终审权，而且它们的法律基本不变，也就是说这三个特别行政区都各有自己的一套法律，和内地成为四个不同的“法律区域”或简称“法域”。因此将来的中国，将会成为一个“一国两制四法”的国家。这样就会在民商事关系方面，发生所谓法律冲突问题，也就是凡涉及到两个或两个以上的法律区域的民商事案件，都将会发生一个究竟适用哪一区域的法律来处理的问题。这就是所谓“区际法律冲突”问题。为了解决这样的法律冲突问题而制定或认可的法律，就称为“区际私法”，也可叫做“区际冲突法”或

---

* 本文载《百科知识》1988 年第 11 期。

"准国际私法"。"区际私法"和"国际私法"的主要区别，在于前者是解决跨地区的法律冲突的，后者是解决跨国家的法律冲突的。但二者之间，关系非常密切，因此我们研究国际私法的人，也需要研究区际私法问题。而且，将来我国三个特别行政区建立以后，它们和内地以及它们相互间的关系，必将更加紧密，相互间的交往必将更加频繁和广泛。可以推测，将来我国的区际法律冲突问题，很可能比国际法律冲突问题会出现得更多、更突出、更经常。这就更加需要我们对区际私法问题加以重视和研究了。

二、区际法律冲突与区际私法

区际法律冲突的产生，主要是由于在一国内部存在着两个或两个以上具有不同法律制度的法域。而造成一国内部不同法域的原因，是多种多样的。从历史上看，其主要原因有国家的联合、国家的合并、国家的复合、国家的兼并、国家领土的割让、国家领土的回归、分裂、国家的统一、国家的殖民等等。

区际法律冲突只是众多的法律冲突现象中的一种，它具有如下一些特点：(1) 区际法律冲突是在一个主权国家领土范围内发生的法律冲突。如果某一法律冲突超越一国领土范围，或者说是一种跨越国界的法律冲突，那它就不是区际法律冲突，而成为国际法律冲突了。(2) 区际法律冲突是在一个主权国家领土范围内具有独特法律制度的不同地区之间的法律冲突。这就是说，区际法律冲突是法律在空间上的冲突，而不是在不同时间或不同种族之间的法律冲突。(3) 区际法律冲突是在一个主权国家领土范围内不同地区之间民商事方面的法律冲突。这也就是说，区际法律冲突主要是属于传统上所谓"私法"的冲突。(4) 区际法律冲突是在一个主权国家领土范围内不同地区的法律制度在同一平面上的冲突。在多法域国家内，各法域都是平等的，各法域的法律制度也是平等的，因此各法域之间的法律冲突是属于同一平面上的冲突，彼此没有上下级的隶属关系。

既然存在着区际法律冲突这一事实，就必然要求对这种法律冲突加以解决，以适应和促进多法域国家内不同法域的自然人和法人之间正常的民商事交往。区际私法正是为了满足这种解决区际法律冲突的需要而产生的。它主要通过冲突规范指出对各种民商事关系应适用的法律，而解决区际法律冲突问题。所以区际私法的规范主要是法律适用规范，根据这种规范决定应适用哪一地区的法律来确定当事人的权利与义务。就调整区际民商事关系而言，区际私法起着一种间接调整的作用。

由于各多法域国家的情况不同，对区际私法的称谓也不相同。例如美国和澳大利亚学者称之为“州际冲突法”（interstate conflicts law），瑞士学者称之为“州际私法”（droit intercantonale，interkantonales Privatrecht），加拿大学者称之为“省际冲突法”（interprovincial conflicts law）或“省际私法”（private interprovincial law），德国、波兰和有的英国学者称之为“地方间私法”（德文为 interlokales Privatrecht，英文为 private interlocal law，意文为 diriffo interlocale privato），西班牙学者则称之为“区际私法”（private interregional law）。此外，也有人称之为“准国际私法”（quasi-private international law）。但在学者著述中，更经常使用的名称是“区际冲突法”（interregional conflicts law）和“区际私法”（private interregional law）。尽管所用的名称不同，学者们却都认为区际私法是解决一国内部不同地区的法律之间的冲突的一种法律。

三、区际私法的类型

多法域国家的区际私法，可大别为两类。一类是全国统一的区际私法，即在国内统一施行于全国的区际私法。这又有几种不同的形式：（1）是由国家制定专门的区际私法典，如波兰曾于 1926 年颁布一区际私法典；（2）是在一国的民事立法中规定解决区际法律冲突的冲突规范，如苏联 1961 年的《苏联和各加盟共和国民事立法纲要》，在第 18 节中规定了解决国内各加盟共和国之间法律冲突的冲突规范；（3）是在各具体的法律中就所涉及的问题规定解决区际法律冲突的规范，如南斯拉夫 1975 年颁布的债法第 1099 条至 1105 条，对解决有关债的区际法律冲突问题作了规定。

另一类是多法域国家内各法域自有的区际私法。这一类区际私法大都是由各法域的不成文法形成的，如英国、美国、加拿大、澳大利亚都是如此。如在英国，英格兰法院在处理涉外案件时，通常都是把苏格兰和北爱尔兰也当做外国看待，而且解决区际法律冲突的规范与解决国际法律冲突的规范是一样的。又如在美国，一般说来，并不存在州际私法和国际私法的严格区别，各州法院解决州际法律冲突的规范与解决国际法律冲突的规范基本上是相同的，只是在解决州际法律冲突时，宪法中有些限制性条款是必须遵守的，如所谓“正当程序条款”（Due Process Clause）和“充分诚信条款”（Full Faith and Credit Clause）。值得指出的是，上述国家的区际私法，虽然主要是由各地区自已在司法实践中形成的，但在国家最高法院、学者著述或统一国内法运动的影响下，各地区的冲突规范在不同程度上也有彼此互相接近或趋于统一的倾向。

四、我国区际法律冲突的特点

我国应怎样解决区际法律冲突呢？这里需要探究一下我国区际法律冲突的特点，这不是指一般区际法律冲突的特点，而是指我国区际法律冲突自身所特有的特点。这些特点是：（1）我国的区际法律冲突，既有属于同一社会制度的法域之间的法律冲突，如香港、澳门和台湾相互之间的法律冲突，又有社会制度根本不同的法域之间的法律冲突，如内地与香港、澳门和台湾地区之间的法律冲突。而现在世界上多法域国家的区际法律冲突，都是社会制度相同的法域之间的法律冲突。资本主义国家美国、英国、加拿大、澳大利亚是如此，社会主义国家苏联、南斯拉夫、波兰也是如此。（2）我国的区际法律冲突既有同属一个法系的法域之间的法律冲突，如台湾和澳门的法律制度都深受大陆法系的影响，它们之间的法律冲突即属同一个法系的法域之间的法律冲突；又有属于不同法系的法域之间的法律冲突，如属普通法系的香港法律与属大陆法系的台湾和澳门的法律之间的法律冲突。世界上现有的多法域国家，除去极少例外，都是同一法系的法域之间的法律冲突。（3）我国的区际法律冲突，不仅表现为各地区本地法之间的冲突，而且有时还表现为各地区的本地法和其他地区适用的国际条约之间以及各地区适用的国际条约相互之间的冲突。因为按照《中英联合声明》和《中葡联合声明》附件中的规定，香港特别行政区和澳门特别行政区都可以分别以“中国香港”和“中国澳门”的名义，在许多方面单独同世界各国、各地区及有关国际组织签订和履行有关协定，而世界上多法域国家内部的各地区一般都不具有这种签订国际协定的权力。（4）我国的区际法律冲突是一种特殊的单一制国家的区际法律冲突。我国的特别行政区都享有高度的自治，其自治权之大，甚至超过一般联邦制国家的各个成员国、州或省。在立法上，它们所制定的法律，只要与“基本法”不抵触，是与中央所制定的法律处于完全平等的地位。在司法上，特别行政区享有独立的司法权和终审权，它们的法院不受我国最高人民法院的控制或限制。综上所述，可见我国的区际法律冲突，除了不存在主权国家间的法律冲突这一因素外，几乎与国际法律冲突没有多大的差别。据此，我们在处理我国的区际法律冲突时，就必须针对这种情况采取相应的适当的对策。

五、对我国区际私法的展望

在我国，我们应该采取什么方式解决我国的区际法律冲突呢？我们认为，从我国的国情出发，解决我国的区际法律冲突，可以分几个步骤来进行。

首先第一步，我国内地以及香港、澳门和台湾各特别行政区，可以参照适用或者说“准用”各自现有的国际私法规范即国际冲突法来解决区际法律冲突，即将现有的国际私法作为区际私法来参照适用。这是一个比较现实的解决方法。目前，各地区都有自己的国际私法立法或不成文法。例如内地有《中华人民共和国民法通则》第八章关于“涉外民事关系的法律适用”以及一些单行法规中就所涉问题所作的法律适用规定；台湾有1953年6月6日颁布的“涉外民事法律适用法”；香港是适用英国普通法和成文法中的冲突规范；澳门主要是以葡萄牙的国际私法规范为依据的。上面所谓参照适用或“准用”各自现有的国际私法规范，就是说各地区一般可以适用自己的国际私法规范来解决区际法律冲突问题，但也可以就其国际私法规范中不能适用于区际法律冲突的规定，根据需要作必要的变通性处理。

其次第二步，是在条件成熟时，由各地区各自制定相同的或共同制定统一的区际私法来解决区际法律冲突问题。制定这样的区际私法，是解决我国将来的区际法律冲突最为可取的方式。制定相同的或统一的区际私法，并不需要改变各地区原有的实体民商法，而只是为了能使各地区的法院对同一跨地区案件，适用同一法律，获得相同的结果，从而从根本上防止不同地区的法院对同一跨地区案件因法院地的不同法域而作出不同的处理，也从根本上防止了当事人“挑选法院”（forum shopping）的现象。而且，在这相同或统一的区际私法中，仍可设置公共秩序保留条款，各地区在必要时仍可借助于这一“安全阀”来维护自己的特殊的合法利益。这不但不违反“一国两制”的精神，而且正可利用这样的区际私法来保证和促进“一国两制”的贯彻实行。当然，要制定这样相同的或统一的区际私法，必须事先征询特别行政区有关部门的意见，通过协商达成协议，才能为各方所接受。

再后第三步，是在我国内地、香港、澳门和台湾各地区在社会经济的发展更加接近，互相之间更加理解的基础上，根据需要与可能，逐渐通过各自采用或共同制定一些相同或统一的实体法来求得全国实体法在某些领域的统一，从而避免和消除在这些领域内区际法律冲突的发生。这当然是一个渐进的过程，不是在短时期内所能做到的。根据“一国两制”五十年不变的方针，这在五十年内自然是办不到的。即使在五十年后，也只能在某些领域（如贸易、航运、金融等领域，在国际上已有一些共同的做法可循）逐步实现某些实体法的统一，在其他一些领域，由于各地区法律与各地区的社会制度、生活方式、风尚习俗等有密切关系，其统一的可能性就很小，就不应也无法强求统一。为了解决这些方面的区际法律冲突，就仍非借助于区际私法不可。可以想象，在实现了全国某些实体法的统一以后，区际私法仍不会失去它的重要作用。

论我国的区际法律冲突问题*

——我国国际私法研究中的一个新课题

为了解决香港和澳门问题，我国提出了实行“一国两制”的构想。“一国两制“不但表现于社会经济方面，也表现于法律制度方面。在我国领域内，将同时存在着几个不同的法域，并由此而产生不同的法域之间的法律冲突。为解决我国区际法律冲突问题，作者考虑必须遵守：1. 坚持维护国家统一的原则；2. 坚持“一国两制”、和平共处的原则；3. 坚持平等互利的原则。解决我国区际法律冲突的途径和步骤，目前惟一可采用的途径是通过冲突法来解决区际法律冲突问题。采取的方式可以分几个步骤来进行。第一步暂时参照适用或“准用”各自现有的国际私法规范；第二步在条件成熟时，制定适用于全国各地区的统一的区际冲突法或“区际私法”；第三步在各地区之间根据需要与可能，逐渐通过各自采用一些相同或类似的实体法来求得实体法的统一，从而避免和消除区际法律冲突的发生，当然，这不是在短时期内所能做到的。

一、“一国两制”与区际法律冲突

为了解决香港和澳门问题，我国提出了实行“一国两制”的构想。这种构想已充分体现于1984年12月9日签署的中英《关于香港问题的联合声明》① 和1987年4月13日签署的中葡《关于澳门问题

---

* 本文载《中国法学》1988年第6期。

① 声明及附件载《中华人民共和国全国人民代表大会常务委员会公报》，1985年第3号，第47~67页。

的联合声明》① 中。《香港特别行政区基本法草案》征求意见稿，已于不久前公布②，这个基本法又把“一国两制”的构想用法律的形式固定了下来。可以预计，不久对澳门也将会制定“澳门特别行政区基本法”，还可以设想，将来台湾回归祖国时，也会同样制定“台湾特别行政区基本法”；在这些基本法中，也都会用法律的形式将“一国两制”的构想固定下来。

所谓“一国两制”，简单说，就是在中华人民共和国内，中国内地实行社会主义制度，而在香港、澳门和台湾特别行政区内，则实行资本主义制度。它的主要内容，从以上两个《联合声明》和一个《基本法草案》中即可看出：在香港和澳门设立直辖于中央人民政府的特别行政区，特别行政区享有高度的自治，现行的社会、经济制度和生活方式，都继续保持五十年不变。除外交和国防事务属中央人民政府管理以及由中央人民政府授权特别行政区依照基本法处理有关的外交事务外，特别行政区享有行政管理权、立法权、独立的司法权和终审权，而且现行的法律基本不变。由此可见“一国两制”不但表现于社会经济方面，也表现于法律制度方面。以香港特别行政区为例，在一个相当长的时期内，香港将作为一个独立的法律区域，不但可以继续实行不同于中国大陆的社会经济制度，而且将实行不同于中国大陆的法律制度。将来澳门和回归祖国后的台湾，也都同样是如此。这样，在以“一国两制”实现祖国的和平统一后，在我国领域内就会同时存在着几个不同的法律区域或简称“法域”，并且会由此而产生不同的法域之间的法律冲突。比方说，如果香港的居民或企业与内地的居民或企业发生民商事纠纷，究应依照香港的法律，或是内地的法律，还是其他地区的法律来处理呢？由于各地区的法律彼此不同，这样就产生了法律冲突问题。法律冲突问题，就是关于同时牵涉到两个或两个以上的法律区域的案件，应如何解决法律适用的问题。如果一个案件牵涉到两个或两个以上主权国家，便出现国际法律冲突问题，而解决这种问题的法律，便是国际冲突法，也叫做“国际私

---

① 声明及附件载《中华人民共和国全国人民代表大会常务委员会公报》，1987年第4号，第30~41页。

② 见《人民日报》，1988年4月29日。

法”。而在一个主权国家之内，如有两个或两个以上不同的法律区域，而一个案件同时牵涉到这些区域，这也是一种法律冲突，可称为区际法律冲突，以辨别于国际法律冲突，而解决这种冲突的法律，可称为“区际冲突法”，也可叫做“区际私法”或者“准国际私法”。由于区际私法和国际私法颇多相似之处，因此研究国际私法的人，也往往要研究区际私法问题。我国在1997年后，即将陆续含有两个、三个以至四个不同的法律区域，如果一个案件牵涉到两个或两个以上不同的法律区域，就会产生区际法律冲突。如何很好地处理这种区际法律冲突，就不仅仅是一个需要研究的理论问题，而且还是一个迫切需要研究的现实问题。这可以说是我国国际私法研究中的一个新课题。

二、我国区际法律冲突的特点

随着我国恢复对香港和澳门行使主权以及台湾的回归祖国，随着香港、澳门和台湾先后成为特别行政区，我国就将出现“一国两制四法”的局面，即在统一的中华人民共和国内，在同一中央人民政府之下，在内地实行社会主义制度，在香港、澳门和台湾实行资本主义制度，而内地、香港、澳门和台湾则分别实行各自的法律制度，成为四个法律制度互不相同的法律区域。

可以想象，在我国恢复对香港和澳门行使主权、台湾又回归祖国以后，我国各地区之间的各种交往，必将更加频繁和广泛。但是，由于内地、香港、澳门和台湾实行四种不同的法律制度，在区际民商事交往中，当一项争议牵涉到两个或两个以上的地区时，区际法律冲突问题必然会日益增多，而且会显得十分突出，很可能区际法律冲突问题会比国际法律冲突问题出现得更多、更频繁、更经常。

与世界上其他一些多法域国家内的区际法律冲突比较起来，中国的区际法律冲突既有和它们相似之处，也有自己的明显特点。这些特点主要如下：

(1) 中国的区际法律冲突，既有属于同一社会制度的法域之间的法律冲突，如香港、澳门和台湾相互之间的法律冲突，即同属资本主义制度的法域之间的法律冲突；又有社会制度根本不同的法域之间的法律冲突，如内地与香港、澳门和台湾地区之间的法律冲突，即属社会制度根本不同的法域之间的法律冲突。而现在世界上多法域国家的区际法律冲突，却都是社会制度相同的法域之间的法律冲突。不管是资本主义国家，还是社会主义国家，都是如此。例如资本主义国家美国、英国、加拿大、澳大利亚是如此，社会主义国家苏联、南斯拉夫、波兰也是如此。

（2）中国的区际法律冲突，既有同属一个法系的法域之间的法律冲突，如台湾和澳门的法律制度都深受欧洲大陆法系的影响，这两个地区之间的法律冲突即属同一法系的法域之间的法律冲突；又有属于不同法系的法域之间的法律冲突，如属普通法系的香港法律与属大陆法系的台湾和澳门的法律之间的法律冲突，即属不同法系的法域之间的法律冲突。后者在其他国家也是存在的，例如加拿大魁北克省的民法典是仿效法国民法典的，属大陆法系，其他各省都属普通法系，因而加拿大的区际法律冲突中也有两个法系的法域之间的法律冲突；又如美国路易斯安那州，与魁北克省相似，也属大陆法系，因此美国的区际法律冲突中也有两个法系的法域之间的法律冲突。但除此以外，世界上现有的其他多法域国家的区际法律冲突，都是同一法系的法域之间的法律冲突。

（3）中国的区际法律冲突，不仅表现为各地区本地法之间的冲突，而且有时还表现为各地区的本地法和其他地区适用的国际条约之间以及各地区适用的国际条约相互之间的冲突。根据中英《关于香港问题的联合声明》附件 1 第 11 节和中葡《关于澳门问题的联合声明》附件第 8 节的规定，香港特别行政区和澳门特别行政区可以分别以“中国香港”和“中国澳门”的名义，在经济、贸易、金融、航运、通讯、旅游、文化、科技、体育等领域，单独同世界各国、各地区及有关国际组织保持和发展关系，并签订和履行有关协定；中华人民共和国缔结的国际协定，中央人民政府可根据情况和香港及澳门的需要，在征询香港和澳门特别行政区政府的意见后，决定是否适用于香港和澳门特别行政区；而中华人民共和国尚未参加、但已适用于香港和澳门的国际协定仍可继续适用。这就意味着，将来会有这样一种情况，即一些国际协定适用于某地区而不适用于其他地区。这就可能导致各地区的本地法同其他地区适用的国际协定之间以及各地区适用的不同国际协定之间的冲突。这是中国区际法律冲突中的一种特有的现象，因为一般说来，世界上其他多法域国家，其中央政府缔结的国际条约，通常对当事国的拘束力及于其全部领土①，地方政府一般不享有像我国特别行政区所享有的那样高度的自治，而无权与外国缔结条约。

（4）中国的区际法律冲突，是一种特殊的单一制国家的区际法律冲突。从两个《联合声明》和《香港基本法草案》都可以看出，我国将来的特别行政区，都享有高度的自治，其自治权之大，甚至超过联邦制国家内的各个成员国、州或省。例如就美国而言，它的各个州都有自己的立法权和司法权。但在立法上，联邦政府所制定的法律，都优先于各州的法律。美国宪法第6条第2款规定："本宪法与依照本宪法所制定的合众国法律，即使与任何州的宪法或法律有抵触，各州法院均应遵守。"在司法上，其州法院对属于州性质的案件有终审权，但是属于联邦性质的案件的终审权则属于美国最高法院。而且，最高法院的判例，对联邦和州法院均有拘束力。因此，中央在相当大的程度上仍可控制各州的立法权和司法权。我国在政治上是单一制国家，但我国将来的特别行政区，在立法上，除不得与《基本法》相抵触外，可以有权制定自己的法律，它们所制定的法律与中央所制定的法律，处于完全平等的地位。在司法上，特别行政区的终审权，属于它们的终审法院，自然不受最高人民法院的限制。综上所述，可见我国的区际法律冲突，除了不存在主权国家间的法律冲突这一因素外，几乎与国际法律冲突没有多大的差别。据此，我们在处理我国的区际法律冲突问题时，就必须针对这种情况采取相应的适当的对策。

三、解决我国区际法律冲突的基本原则

根据我国处理香港、澳门问题的方针政策，结合我国区际法律冲突的一些特点，我们认为解决我国区际法律冲突问题，首先应探索一下有哪些基本原则必须遵守。依我们初步的考虑，这些基本原则有以

① 见1969年《维也纳条约法公约》第29条。

下几项：

第一，坚持维护国家统一的原则。维护国家的统一是我国解决香港、澳门和台湾问题最重要的一条原则，也应该是解决我国区际法律冲突问题的首要原则。根据这一原则，首先就要牢记内地、香港、澳门和台湾都是中华人民共和国领土不可分割的组成部分。虽然为了保持这些地区的繁荣与稳定，并考虑到它们的历史和现实情况，国家决定在这些地区设立特别行政区，让它们享有高度的自治，并让它们保留自己独特的法律制度，但在解决我国国内区际法律冲突时，归根到底，都不能有碍于国家的统一，而必须有益于或至少无害于国家的统一。因此，在考虑解决这种区际冲突的途径和步骤时，各地区都应该以此原则为标准，本着互相协助与合作的精神，权衡利弊，决定取舍，一切都应以维护国家的统一这个大局为重，而不能仅仅为了本地区的利益而损害其他地区的利益。

第二，坚持“一国两制”、和平共处的原则。“一国两制”既是实现我国统一最有效的一种构想，也是解决我国区际法律冲突的一项具有指导意义的原则。“一国两制”就意味着和平共处，两者是密切关联，不可分割的。“和平共处”是处理国与国之间关系的最好原则，现在我们用它来解决一国内部的问题，可说是和平共处这一原则的新的发展①。我们认为“一国两制”和平共处也是我们解决区际法律冲突的一条十分重要的原则。根据这一原则，就得确认今后我国内地与特别行政区的法制各不相同的局面将会长期存在，至少五十年不变。因此，在解决我国区际法律冲突时，就不应该操之过急地采取统一各地区的实体法的做法来解决和消除区际法律冲突，而应多用冲突规范或者叫做区际冲突法来解决区际法律冲突。不然的话，就可能会抹煞各地区已上升为法律制度的生活方式和社会经济制度之间的差别，危及“一国两制”的实现，而引起有关方面人们的忧虑与不安。

---

① 邓小平同志对这一点作过精辟的论述，他说：“现在进一步考虑，和平共处原则用之于解决一个国家内部的问题，恐怕也是一个好办法。根据中国自己的实践，我们提出“一个国家，两种制度”的办法来解决中国的统一问题，这也是一种和平共处。……所以，和平共处原则不仅在处理国际关系问题上，而且在一国处理自己内政问题上，也是一个好办法。”见邓小平：《建设有中国特色的社会主义》，人民出版社 1984 年版，第 67 页。

而利用冲突规范或区际冲突法来解决区际法律冲突，不会涉及消灭地区性的法律差别问题，就能更容易地为各方所接受。不过，与此同时，也应该指出，由于内地法律与各特别行政区法律之间的冲突，往往是两种性质根本不同的法律之间的冲突，那么，在解决这种冲突时，如果必要的话，也应该容许在个别情况下，借助于公共秩序保留条款，适当限制适用其他地区的法律，以便各地区有可能维护自己的特殊的合法利益。不过，在适用这一条款时，必须审慎从事，不得随便以社会制度不同为借口，而任意加以滥用。

第三，坚持平等互利的原则。不仅在国与国间的交往中要贯彻执行平等互利的原则，就在我国内部不同法域之间的交往中，也同样要贯彻执行平等互利的原则。就解决区际法律冲突而言，平等互利原则主要可表现在以下几方面：（1）要承认内地和特别行政区的民商法律处于平等的地位，各地区在一定条件下承认其他地区的法律在本地区内的域外效力，并承认依其他地区的法律所产生的合法权利。如果各地区都坚持狭隘的属地主义，在处理涉及其他地区的法律争议时，在法律适用上只强调本地区的法律优先于其他地区的法律，对其他地区的法律一概采取排斥态度，那么，各地区法律就无平等可言，也就无法很好地解决区际法律冲突了。这显然是不利于各地区之间的正常交往的。（2）要承认各地区的自然人和法人在法律上一律平等，都享有平等的民事法律地位和诉讼地位，对他们的合法权益都应予以同等的法律保护，而不偏袒任何一方。（3）在司法实践中，在解决区际法律冲突时，如果根据本地区的冲突法应该适用其他地区的法律，必须像适用自己的法律一样，正确地予以适用，而不加任何歧视或存任何偏见。（4）在管辖权问题上，一般说来，依某一地区的法律应由该地区法院管辖的案件，就由该地区行使管辖权；如果同一案件，两个地区都有管辖权，则由最先受理案件的那一地区的法院行使管辖权。当事人依法协议选择某一地区的管辖法院的，其他地区应承认该法院有管辖权。如地区相互间因管辖权发生争议，在没有共同遵守的准则以前，可由有关法院公平合理地协商解决。（5）在司法协助方面，包括判决及裁决的相互承认和执行问题，在没有共同遵守的准则以前，可暂依各地区法律的规定，尽可能彼此互相协助，提供方便。如能由双方有关法院通过协商达成一项区域性的司法协议，那就更好了。例如广东省高级人民法院与香港最高法院，经过多年的协商，最近达成一项区域性的司法协议，规定相互委托协助送达民事和经济纠纷案件的诉讼文书。这项协议从今年7月1日起实施。① 这就是一个很好的先例。只有从各方面坚持实行平等互利原则，才能使地区之间的交往畅通无阻，即使发生法律上的纠纷，也容易得到合理的解决。

四、解决我国区际法律冲突的途径和步骤

就解决区际法律冲突的途径来讲，正像解决国际法律冲突那样，不外两种途径：一种是通过统一实体法来解决，另一种是通过冲突法来解决。不过，如前所述，要实现全国各地区实体法的统一，不是一件轻而易举的事，而且就当前的情况来讲，急于统一实体法也是与“一国两制”的精神相违背的。要统一全国实体法，最终避免或消除区际法律冲突，可以作为一种理想来看待，但要实现这种理想却不是一朝一夕的事，甚至在很长的时期内仍然是不可能实现的，充其量只能是一个渐进的过程。目前要利用制定全国统一的实体法来解决区际法律冲突，显然是不现实的，也是行不通的。

惟一可采取的途径，自然是通过冲突法来解决区际法律冲突问题。但通过冲突法来解决，也有一些不同的方式。现在先让我们考察一下世界上其他多法域国家是怎样用冲突法来解决区际法律冲突的。它们的做法主要有两种。

第一种做法是由国内最高立法机关制定统一适用于全国的区际冲突法，也就是区际私法。目前采取这种方式的国家，有南斯拉夫、波兰、前苏联等国家。这种方式既适合于联邦制国家，也适合于单一制的多法域国家。细考各国实践，这种方式又可分为三类：其一，是制定单行的区际私法。如波兰于1926年颁布国际私法典时，同时颁布了波兰的区际私法典。南斯拉夫1979年颁布了一个解决国内区际法律冲突的特别冲突法，即《解决关于民事地位、家庭关系及继承的法律冲突与管辖权冲突的条例》。其二，是在民法典中

① 见《人民日报》，1988年6月18日。

以专章规定解决区际法律冲突的区际私法规范。这主要是苏联的做法。苏联 1961 年的《苏联和各加盟共和国民事立法纲要》，除规定解决国与国之间法律冲突的冲突规范外，又在第 18 章中专门规定了解决国内各加盟共和国之间法律冲突的冲突规范。其三，是在各具体法律中规定解决各具体问题的法律冲突规范，如联合王国 1882 年的《汇票法》，专对汇票的法律冲突问题作了规定，适用于英格兰、苏格兰和北爱尔兰。

第二种做法是不制定全国统一的调整区际法律冲突的法律规范，而是主要由各地区在司法实践中适用与国际私法规范相同的规范来解决区际法律冲突问题。如英国、美国、加拿大、澳大利亚等国家都是如此。如在英国，英格兰法院在国际私法中，通常是把苏格兰和北爱尔兰也当做外国看待，而且解决区际法律冲突的规范与解决国际法律冲突的规范是一样的。又如在美国，一般说来，并不存在州际私法和国际私法的严格区别，各州法院解决州际法律冲突的规范与解决国际法律冲突的规范基本上是相同的，只是在解决州际法律冲突时，宪法中有一些限制性条款是必须遵守的，如所谓“正当程序条款”（Due Process Clause）和“充分诚信条款”（Full Faith and Credit Clause）。值得指出的是，上述国家的区际私法规范，虽然主要是由各地区自己在司法实践中形成的，但在国家最高法院、学者著述或统一国内法运动的影响下，各地区的冲突规范在不同程度上也有彼此互相接近或趋于统一的倾向。另外，也有一些国家的个别地区，是以成文法的形式，解决区际的法律冲突和国际法律冲突的，如加拿大的魁北克省 1886 年民法典中的第 6～8 条和第 135 条，美国路易斯安那州 1985 年议会通过的《支配继承和婚姻财产的法律草案》都是。

在我国，我们应该采取什么方式呢？我们认为，从我国的国情出发，解决我国的区际法律冲突，可以分几个步骤来进行。

首先第一步，我国内地、香港、澳门和台湾各特别行政区，可以暂时参照适用或“准用”各自现有的国际私法规范即国际冲突法来解决区际法律冲突。这是一个比较现实的解决方法。这个问题可由各地区的立法机关和法院来解决。目前，各地区都已有自己的国际私法立法或不成文法。例如内地有《中华人民共和国民法通则》第 8 章关于“涉外民事关系的法律适用”以及一些单行法规中就所涉问题所作的法律适用规定；台湾在1953年6月6日颁布的“涉外民事法律适用法”；香港是适用英国普通法和成文法中的冲突规范；澳门主要是以葡萄牙的国际私法规范为依据的。上面所说参照适用或“准用”各自现有的国际私法规范，就是说各地区一般可以适用自己的国际私法规范来解决区际法律冲突问题，但也可以就其国际私法规范中不能适用于区际法律冲突的规定，根据需要作必要的变通性处理。例如，我国《民法通则》第148条规定，“扶养适用与被扶养人有最密切联系的国家的法律”，这样的规定如用来解决区际法律冲突问题，就可将“国家”解释为“地区”，这就是一种变通性处理。

其次第二步，是在条件成熟时，制定适用于全国各地区的统一的区际冲突法或“区际私法”，来解决区际法律冲突问题。制定这样的区际冲突法，是解决我国将来的区际法律冲突最为可取的方式。就解决国际法律冲突的国际私法而言，虽然目前国际上已有一些国际私法公约，而且还在继续制定中，但各国分歧仍然很大，要在全球范围内获得多数国家的批准，还是极为困难的事。但就区际法律冲突而言，情形就不一样了。区际法律冲突毕竟是在一个国家内部不同法域之间的冲突，用统一的区际冲突法适当地解决各地域之间的法律冲突也符合于各地区的利益。而且统一区际冲突法的制定，并不需要改变各地区原有的实体民商法，而只是为了能使各地区的法院对同一跨地区案件的处理，适用同一法律，获得相同的结果，从而从根本上防止不同地区的法院对同一跨地区案件因法院地的不同而作出不同的处理，也从根本上防止了当事人“挑选法院”（forum shopping）的现象。所以有人建议，今后中国法律的逐渐统一可以从区际冲突法开始，不是没有道理的①。而且，在统一的区际冲突法中，仍可设置公共秩序保留条款，各地区在必要时仍可借助于这一“安全阀”来维护自己的特殊的合法利益。采取统一的区际冲突法来解决区际法律冲突，不但不违反“一国两制”的精神，而且正可用它来保证和促进“一国两制”的贯彻实行。

香港特别行政区基本法草案，目前对解决内地和香港特别行政区

① 参见廖瑶珠：《法律逐渐统一的方案》，载翁松燃、张鑫合编：《中国法律简介》（中英对照），香港明报出版社1987年版，第292页。

之间的法律冲突问题，未作任何规定。其实对这样一个很重要的问题只字不提，正如北京法学界某些同志在讨论征求意见稿时所指出的那样，基本法草案还有“空挡”，还有待继续完善①。尽管如此，我看将来要制定我国统一的区际冲突法，在香港特别行政区基本法草案中，还是可以找到依据的。该基本法草案第17条第3款规定：“全国人民代表大会和全国人民代表大会常务委员会制定的有关国防、外交的法律以及其他有关体现国家统一和领土完整并且按本法规定不属于香港特别行政区高度自治范围的法律，凡须在香港特别行政区实施的，由国务院指令香港特别行政区政府在当地公布或立法实施。”同条第4款又规定：“除紧急情况外，国务院在发布上述指令前，均事先征询香港特别行政区基本法委员会和香港特别行政区政府的意见。”由此可见，制定统一的区际冲突法，可以说这种法律既是一种有关体现国家统一的法律，又是不属香港特别行政区高度自治范围的法律（当然，香港特别行政区可以有权制定它本身的区际冲突法，但无权制定全国统一的区际冲突法）。因此，全国人大或全国人大常委会经过征询香港特别行政区基本法委员会和特别行政区政府的意见后，是可以制定这种统一的区际冲突法，并由国务院指令实施的。所以，制定上述的全国统一的区际冲突法，并不与基本法的精神相违背。这是第二步。

再次第三步，是在我国内地、香港、澳门和台湾各地区在社会经济的发展更加接近，互相之间更加理解的基础上，根据需要与可能，逐渐通过各自采用一些相同或类似的实体法来求得实体法的统一，从而避免和消除区际法律冲突的发生。这当然不是在短时期内所能做到的。根据“一国两制”五十年不变的方针，这在五十年内是办不到的。即使在五十年后，也只能在某些方面（如贸易、航运、金融等方面，在国际上已有一些共同的做法可循）逐步实现某些实体法的统一，但在其他方面，由于各地区法律与各地区的社会制度生活方式、风尚习惯等有密切联系，其统一的可能性就很小，就不应也无法强求统一。因此，为了解决这些方面的区际法律冲突，就仍非借助于区际冲突法不可。可以想象，在实现了全国某些实体法的统一以后，

---

① 见《法制日报》，1988年5月19日。

区际冲突法仍不会失去它的重要作用。

以上是从整体上探讨我国区际法律冲突是如何发生的，它有些什么特点以及我们应如何解决区际法律冲突问题，并提出了一些初步的想法。至于在解决区际法律冲突时应如何参考国际私法规范，对具体问题作出具体的规定，这里就不去谈了。

中国区际法律冲突问题研究*

我国政府为解决香港、澳门和台湾问题，提出了实行“一个国家，两种制度”的政治构想和设计。随着这一构想和设计的提出，中英和中葡分别于1984年12月19日和1987年4月13日正式签署《中华人民共和国政府和大不列颠及北爱尔兰联合王国政府关于香港问题的联合声明》（以下简称中英《关于香港问题的联合声明》）①和《中华人民共和国政府和葡萄牙共和国政府关于澳门问题的联合声明》（以下简称中葡《关于澳门问题的联合声明》）②。这样，不久的将来将在中国出现的区际法律冲突及其需要解决的问题作为一个崭新的课题已摆在中国法学界面前，急需大力进行先行和前期研究。

一、中国区际法律冲突的产生

（一）中国区际法律冲突的产生

区际法律冲突是一国内部具有不同法律制度的地区之间的法律冲突，它是在一国内部不同地区的人民进行民事交往的过程中或一国内部的涉外民事交往中产生的。在我国恢复对香港和澳门行使主权，台湾同中国大陆统一后，各地区人民之间的交往必将有大幅度的发展，而由于内地、香港、澳门和台湾施行互不相同的法律，在区际民事交

* 本文合作者为黄进，载《中国社会科学》，1989年第1期。

① 该声明及其附件载《中国国际法年刊》，1985年，第612～624页。

② 该声明及其附件载《中华人民共和国全国人民代表大会常务委员会公报》，1987年第4号，第30～41页。

往中，当一项争议涉及两个或两个以上的地区时，不可避免地会产生究竟应适用哪个地区的法律处理争议的问题，亦即区际法律冲突问题。在一国内部，区际法律冲突产生须具备如下条件：（1）在一国内部，存在着数个具有不同法律制度的法域；（2）各法域人民之间的民事交往导致产生众多的涉外民事法律关系；（3）各法域相互承认外法域的自然人和法人在内法域的民事法律地位；（4）各法域互相承认外法域的法律在自己域内的域外效力。在这四个条件中，以第一条最为关键。具备了这一条，一个国家就形成为复合法域国家，就会产生区际法律冲突。复合法域国家可因多种原因而形成，诸如国家的联合、国家的合并、国家的复活、国家的殖民等。前已述及，中国将成为复合法域国家并因此在中国内产生区际法律冲突问题，是由香港、澳门领土的回归和大陆与台湾的统一两大原因促成的。现对这两大原因进行具体的分析。

中国成为复合法域国家的第一个原因是领土的回归。中英《关于香港问题的联合声明》和中葡《关于澳门问题的联合声明》已分别确定中华人民共和国将在 1997 年 7 月 1 日和 1999 年 12 月 20 日先后对香港和澳门恢复行使主权，收回这两个地区。香港和澳门回归祖国后，鉴于其法制分别深受英国法律和葡萄牙法律的影响，为了维护这两个地区的繁荣与稳定，有关《联合声明》规定允许其原有法律基本不变，并享有立法权、独立的审判权和终审权。也即允许这两个地区作为独立法域存在，这就导致中国成为复合法域国家，在各地区人民之间形成民事法律关系时，内地、香港和澳门各自不同的法律之间就会出现法律冲突。

就今后的香港特别行政区来说，从立法权来看，香港特别行政区的立法权属于香港特别行政区立法机关。立法机关由当地人组成并通过选举产生。立法机关可根据《香港基本法》的规定并依照法定程序制定法律，报中华人民共和国全国人民代表大会常务委员会备案。立法机关制定的法律凡符合《香港基本法》和法定程序者，均属有效。立法机关还可以使用中文和英文进行双语立法。从香港现行法律基本不变来看，香港的现行法律主要有如下几类：（1）“英皇制诰”和“皇室训令”。它们是英皇就香港的地位而发布的，属香港的最高法律，因而被称为香港的宪法性文件。香港的其他一切法律均不得与

"英皇制诰"和"皇室训令"相抵触。(2)普通法与衡平法。香港现行普通法及衡平法是英国的普通法及衡平法。根据规定，凡英国的普通法及衡平法适合香港情况者，均在香港有效，当然如不能适用于香港当地情况或其居民时，香港立法机关可以对之进行修改。①(3)英国立法。由于香港现在是英国的殖民地，其最高的立法权属于联合王国政府。根据1966年《英国法适用条例》的规定，凡在1843年4月5日以前的英国立法，除不适合于香港的那些法律或经香港立法加以修改的外，大约尚有34项适用于香港②。而1843年4月5日以后的英国立法要在香港有效则必须或者经英国枢密院的命令，或者有条例规定某法律应适用于香港，或者有关法律条款明文规定或暗示要适用于香港。(4)条例。香港目前大量的法律是由香港立法局制定的条例。它们是根据英国有关法律的精神，结合香港的具体情况而制定的。但英国对香港制定条例有许多的限制：一是香港条例不得与英国议会为香港制定的法律相抵触；二是香港制定的条例无权修改普通法的一般原则；三是香港立法局只能制定适用于香港内部的条例，而无权制定有关香港地位以及香港同其他地区或国家关系等重大问题的条例；四是某些重要条例需经英皇或英皇枢密院的批准或认可。(5)附属立法。有时也被称为"授权立法"，它是由立法机关授权行政机关或各种独立的管理机构制定的用于调整某些特定领域法律关系的各种规程、规则和细则。如由某些公司制定而经总督批准的调节旅游事业的规则。其执行受法院监督，法院有权审查并根据其越权或者与香港的成文法或英国议会制定的适用于香港的法律相抵触等理由而宣布其无效。(6)中国习惯法。在香港地区，中国的习惯法得到承认，但这些习惯法都是清朝时的法律和习惯；而且，它们的适用受到严格限制，即只能在英国法律和香港法律没有规定的领域内适用；此外，港英政府还通过各种方式逐步限制这种习惯法的适用范围。这样，到1997年7月1日以后，除了与《香港基本法》相抵触的以及经香港特别行政区立法机关修改过的现行法律失效外，香港现行法律

---

① 〔新西兰〕瓦莱里·安·彭林顿著，毛华等译：《香港的法律》，上海翻译出版公司1986年版，第16~17页。

② 同上书，第18页。

基本保持不变，到那时，香港特别行政区施行的法律为：（1）《香港基本法》；（2）基本不变的原有法律；（3）香港特别行政区立法机关制定的新法律。可见，香港特别行政区将施行的法律在本质、形式和内容上都不同于中国内地的法律。最后，从独立的司法权和终审权来看，香港特别行政区成立以后，除因香港特别行政区终审法院享有终审权和新法官的任命而产生的变化外，原在香港实行的司法制度予以保留。现行的香港司法机关由裁判司署（同级的还有死因裁判庭和少年法庭）、地方法院和最高法院（Supreme Court of Judicature）构成。最高法院包括高等法院和上诉法院。英国伦敦的枢密院司法委员会是香港法院的最高上诉机关。现在香港法院的法官一般由香港总督直接任命或根据司法委员会的推荐任命①。香港特别行政区设立之后，香港特别行政区的审判权属于特别行政区法院。法院独立进行审判，不受任何干涉。司法人员履行审判职责的行为不受法律追究。法院依照香港特别行政区的法律审判案件。其他普通法适用地区的司法判例可作参考。香港特别行政区法院的法官，根据当地法官和法律界及其他方面知名人士组成的独立委员会的推荐，由行政长官予以任命。法官的选用应以其专业才能为标准，并可从其他普通法适用地区聘用。法官只有在无力履行职责或行为不检的情况下，才能由行政长官根据终审法院首席法官任命的不少于三名当地法官组成的审议庭的建议，予以免职。主要法官（即最高一级法官）的任命和免职，还须由行政长官征得香港特别行政区立法机关的同意并报全国人民代表大会常务委员会备案。法官以外的其他司法人员的任免制度继续保持。香港特别行政区的终审权属于香港特别行政区终审法院。终审法院可根据需要邀请其他普通法适用地区的法官参加审判。

再就今后澳门特别行政区来看，根据《关于澳门问题的联合声明》附件一的规定，澳门特别行政区成立后，立法权属澳门特别行政区立法机关，该立法机关由当地人组成，多数成员通过选举产生，它可以根据将由全国人民代表大会颁布的《中华人民共和国澳门特别行政区基本法》（以下简称《澳门基本法》）的规定并依照法定程

① 关于目前香港的法院体制，见〔新西兰〕瓦莱里·安·彭林顿著，毛华等译：《香港的法律》，上海翻译出版公司1986年版，第53～69页。

序制定法律，报全国人民代表大会常务委员会备案。但该立法机关制定的法律必须符合法定程序，也不得与《澳门基本法》相抵触。澳门原有的法律、法令、行政法规和其他规范性文件，除与《澳门基本法》相抵触或澳门特别行政区立法机关作出修改者外，予以保留。这样，今后澳门特别行政区的法律体系将由《澳门基本法》、基本不变的原有法律和澳门特别行政区立法机关新制定的法律构成。这就使今后澳门特别行政区的法律在性质、形式和内容上都与中国内地的法律有很大差别。同样，虽然澳门特别行政区的法律和香港特别行政区的法律在本质上都属资本主义性质的法律，但它们在实质内容上也有许多不同之处。至于澳门特别行政区所享有的独立审判权和终审权以及新法官的任命等，则与香港特别行政区基本相似。另外，原在澳门实行的司法辅助人员的任免制度也予以保留。

从上述香港和澳门的情况中我们可以看出，在我国恢复对香港和澳门行使主权后，香港和澳门的原有法律基本不变，并享有立法权、司法权和终审权。这表明，到那时，从冲突法的角度讲，在中华人民共和国范围内，香港和澳门都将成为同中国内地平等的和独立的法域。

促成中国成为复合法域国家的另一个原因是国家的统一。虽然到目前为止，我国政府同台湾当局尚无正式接触，但中国大陆同台湾和平统一是人心所向、大势所趋。我国政府和领导人对中国大陆同台湾的统一已有一系列的表态。对于台湾问题，我国亦将按照“一国两制”的方案来解决。在中国大陆同台湾统一后，台湾作为特别行政区不仅将享有香港特别行政区和澳门特别行政区将享有的自治权，而且在某些方面将享有上述两个特别行政区所不能享有的自治权，如台湾可以保留自己的军队。那么，这就意味着在将来的台湾特别行政区内，不仅台湾现行的法律基本不变，并且台湾特别行政区享有立法权、独立的审判权和终审权。因此，如果将来有一天，国共两党消释前嫌，成功地以“一国两制”的设计解决台湾问题，和平实现了祖国统一，那么在这个统一的中国大家庭中，台湾特别行政区的法律制度，既不同于中国内地，也不同于香港特别行政区和澳门特别行政区。台湾特别行政区也将成为一个独立的法域，并导致其法律同其他地区的法律产生法律冲突。

这样，随着我国恢复对香港和澳门行使主权，中国大陆同台湾的统一，中国将出现一国两制四法的局面，即在统一的中华人民共和国内，在同一中央政府之下，在中国内地实行社会主义制度，在香港、澳门和台湾实行资本主义制度，而中国内地、香港、澳门和台湾则分别施行各自的法律制度，并成为四个法律制度互不相同的独立法域。因此，1997 年 7 月 1 日以后的中华人民共和国的法律制度不再是单一的社会主义法律制度，而是逐渐由具有不同性质、形式和内容的多种法律制度组成的复合法律制度，中国也由此加入了多法域国家或复合法域国家的行列。到那时，从宪政的角度看，在中华人民共和国内，社会主义制度仍然是主体，社会主义法制仍然是主体，但从冲突法的角度看，内地的法律制度不再一概以中央法律制度自居；就法律制度而言，内地、香港、澳门和台湾都将成为平等、独立的法域。作者认为，除宪法①，各特别行政区基本法、有关国防和外交的法律，对各特别行政区基本法所指定的属中央管辖事项的立法，以及将来在各法域完全自愿协商的基础上制定的全国统一的法律为中央法律制度外，针对香港、澳门和台湾而言，内地的其他法律制度均不得视为中央法律制度，而应该与今后香港、澳门和台湾特别行政区的法律制度处于同等的地位，属地区性法律。这是符合“一国两制”的精神实质的。

从上面对导致中国复合法域国家及区际法律冲突产生的两大原因的分析，我们可以看出，中国的区际法律冲突是当今中国社会的特定历史条件下的产物，有其特殊性。因此，对中国区际法律冲突的解决，即使在本国无现存的可资借鉴的历史经验的情况下，我们也不能生硬地照搬外国解决其国内区际法律冲突的经验，而应该根据我国区际法律冲突产生的客观情况，并借鉴外国的有益经验，探索出一条自己的路子来。

① 根据“一国两制”的方针，中华人民共和国宪法的所有条款并不完全适用于今后的特别行政区，这涉及中国宪法与各特别行政区基本法的关系，亦即各特别行政区基本法的法律地位问题。这是一个复杂的宪法问题。参见刘南平：《借鉴美国州宪法解决香港基本法的两大难题之探讨》，载《法学评论》，1987 年第 4 期，第 1～5 页。

（二）中国区际法律冲突的特点

与世界上其他一些复合法域国家内的区际法律冲突相比较，中国的区际法律冲突具有自己的鲜明特点：（1）中国的区际法律冲突是一种特殊的单一制国家内的区际法律冲突。根据《关于香港问题的联合声明》和《关于澳门问题的联合声明》，特别行政区所享有的高度自治权甚至大大超过在联邦制国家内其成员国所享有的权利。因此，在中国大陆同这些地区统一之初，法律之间的差别极大，几乎没有什么相同之处。这表明，区际法律冲突的范围可能同国际法律冲突的范围差不多；而且，各法域都有独立的立法权、司法权和终审权，实现全国法制统一的进程将是缓慢而艰难的。当然，由于这些地区享有的高度自治权绝非本身所固有，而是国家根据这些地区的历史与现实赋予它的一种特殊待遇，特别行政区只是在中央政府领导之下的地方行政区域。从行政上讲，它同中央政府的关系实质上仍是中央同地方的关系。因而这与在联邦国家内联邦和成员国之间的关系又有所不同，至少避免了中国的区际法律冲突演变成为国际法律冲突。（2）中国的区际法律冲突既有属同一社会制度的法域之间的法律冲突，也即阶级性质完全相同的法律之间的冲突，如香港、澳门和台湾相互之间的法律冲突；又有社会制度根本不同的法域之间的法律冲突，亦即社会主义法律与资本主义法律这两种性质不同的法律之间的冲突。如中国内地的法律与香港、澳门和台湾等地区的法律之间的冲突。而世界上现有的区际法律冲突都是社会制度相同的法域之间的区际法律冲突。（3）中国的区际法律冲突有属同一个法系的法域之间的法律冲突，如台湾和澳门的法律制度深受大陆法系影响，这两个地区之间的区际法律冲突属同一法系的法域之间的法律冲突；同时，也有不同法系的法域之间的法律冲突，如属普通法系的香港法律与属大陆法系的台湾和澳门的法律之间的冲突即是。（4）中国的区际法律冲突不仅表现为各地区本地法之间的冲突，而且有时表现为各地区的本地法和其他地区适用的国际条约之间以及各地区适用的国际条约相互之间的冲突。根据《关于香港问题的联合声明》附件一之第十一节和《关于澳门问题的联合声明》附件一之第八节的规定，香港特别行政区和澳门特别行政区可以分别以“中国香港”和“中国澳门”

的名义，在经济、贸易、金融、航运、通讯、旅游、文化、科技、体育等领域单独同世界各国、各地区及有关国际组织保持和发展关系，并签订和履行有关协定；中华人民共和国缔结的国际协定，中央人民政府可根据情况和香港及澳门的需要，在征询香港和澳门特别行政区政府的意见后，决定是否适用于香港和澳门特别行政区；而中华人民共和国尚未参加，但已适用于香港和澳门的国际协定仍可继续适用。这意味着，将来会出现一些国际协定适用于某地区而不适用于其他地区的情况。这就可能导致各地区的本地法同其他地区适用的国际协定之间以及各地区适用的不同国际协定之间的冲突。这是中国区际法律冲突中的一种特殊现象。（5）各法域都有自己的终审法院，而在各法域之上无最高司法机关。因此，在解决区际法律冲突方面，无最高司法机关加以协调。（6）在立法管辖权方面，无中央立法管辖权和各法域立法管辖权的划分。实际上，在民、商法领域，各法域可能享有完全的立法管辖权。而且，香港、澳门和台湾特别行政区的立法管辖权不是由中央宪法直接赋予的，而是由有关国际条约以及特别行政区基本法加以规定的。

上述我国区际法律冲突的特点表明，我国区际法律冲突的情况极为复杂。从现在开始，我们就应该着手深入研究，以便寻求合理的解决办法。

二、解决中国区际法律冲突的途径

中国区际法律冲突的异常复杂和独特增添了解决中国区际法律冲突的复杂性和特殊性。这就要求我们，必须从促进和维护国家统一的目的出发，按照“一国两制”的构想和设计，本着平等互利、保障正常区际民事交往的原则，找到一条适应这种复杂性和特殊性的解决中国区际法律冲突问题的切实可行的道路。

解决区际法律冲突问题不外乎区际冲突法途径和统一实体法途径。就区际冲突法途径而言，在实践中，各复合法域国家通过这种途径解决区际法律冲突的又分别采取如下四种不同的方式：（1）类推适用国际私法来解决区际法律冲突；（2）各法域分别制定自己的区际冲突法，用来解决自己的法律与其他法域的法律之间的冲突；

(3) 制定全国统一的区际冲突法来解决区际法律冲突；(4) 对区际法律冲突和国际法律冲突不加区分，实际上适用与解决国际法律冲突基本相同的规则来解决区际法律冲突。就统一实体法途径而言，各复合法域国家在寻求这种途径的过程中所采用的方式也是多种多样的，主要有：(1) 制定全国统一的实体法用以解决区际法律冲突；(2) 制定仅适用于部分法域的统一实体法来解决有关法域之间的区际法律冲突；(3) 各法域采用相同或类似的实体法求得统一，从而解决其相互之间的区际法律冲突；(4) 一些多法域国家的最高法院在审判实践中积极发挥作用，推动各法域之间实体法的统一，从而促进其国内区际法律冲突的解决。

我国1997年后的区际法律冲突显然也要通过区际冲突法和统一实体法途径来加以解决。从区际冲突法途径来讲，首先，各法域分别制定自己的区际冲突法是不可取的。因为这样制定的区际冲突法，其规定必然各不相同，以致引起各法域的区际冲突法本身的冲突。这种冲突的存在大大增加了区际法律冲突的复杂性，它不仅会引起反致、转致问题，并使识别问题变得更加复杂，也容易导致“挑选法院”(forum shopping) 的现象，即当事人选择于己有利的法院起诉，从而使对方蒙受不利。其次，各法域只能在短时期内类推适用各自的国际私法来解决区际法律冲突。由于区际冲突法是用以解决一国内部不同法域之间的法律冲突的，它毕竟与解决国际法律冲突的国际私法有很大的差别，因此，在将来不宜长期类推适用国际私法来解决我国的区际法律冲突。再次，制定全国统一的区际冲突法是解决我国将来的区际法律冲突的最为可取的方式。就国际私法而言，虽然目前国际上已有一些国际私法的条约，但要在全球范围内和在所有的问题上实现统一是极为困难的事情。但就区际法律冲突而言，由于在各法域之上有共同的主权和中央政府，而适当地解决各地区之间的区际法律冲突也符合各地区的利益，因此，制定全国统一的区际冲突法是具备条件的。而且，由于区际冲突法的统一并不涉及各法域之间存在着根本分歧的实体民、商法领域，自然比实体法的统一更易取得成功。另外，从区际冲突法本身来讲，制定全国统一的区际冲突法，不仅能使各法域的法院对同一案件的审理得出相同的结果，从而从根本上防止了“挑选法院”的现象，而且可以避免区际冲突法本身的冲突和反致问题的产生，也使识别问题变得简单多了，还可为各法域实体法的统一奠定基础。与此同时，在全国统一的区际冲突法中则可以设立公共秩序制度，各地区可借助这一“安全阀”来维护自己特殊的合法利益。

从统一实体法途径来讲，制定仅适用于部分法域的统一实体法来解决我国将来的区际法律冲突这一方式不宜采用或宜少采用。因为这一方式只能局部地和在某些问题上而不能彻底、全面地消除区际法律冲突，并且还会由于各法域因其法律在某些问题上得到统一而形成为新的法域反而增加了问题的复杂性。此外，由于在将来我国成为复合法域国家后，各法域都有自己的终审法院，而在各法域之上无最高司法机关，因而我国今后区际法律冲突的解决，不可能像加拿大和澳大利亚那样通过最高司法机关在审判实践中促进各法域的实体法统一。尽管通过统一实体法途径解决区际法律冲突的最好方法应是制定全国统一的实体法，但由于中国大陆、香港、澳门和台湾的法律相互差异很大，特别中国大陆的法律具有社会主义性质，与其他各地区的具有资本主义性质的法律有本质上的不同，要实现全国实体法的统一并不是一件轻而易举的事情。加之我国实行“一国两制”，就意味着要在较长时期内肯定各地区法律制度存在的差异，所以统一全国实体法只能是一个渐进的过程。我们估计，在充分尊重各自法律制度独立的情况下和在协商与协调的基础上，各法域在某些问题上逐渐实现实体法法制统一是可能的。一位香港法律界同仁曾就这个问题发表过很有意义的意见。她说：“（实体法和冲突法的）统一必定是渐进式的，而事实上，也只可能是一种协调。”她还认为，不同法域涉及各种社会关系的法律之可以统一或协调的程度各自不同。通常在国际经济方面，如在国际贸易、汇票、国际运输、注册商标和专利等领域，由于有国际多边协议的存在，或彼此做法日趋相同，其可统一或协调的程度较高。而对完全属内部事务的问题，如家庭关系、公民的权利义务等，由于其法律同当地的经济社会背景有较紧密的联系，其可以统一或协调的程度就低。不过，她又认为，就香港特别行政区而言，由于它的传统文化和种族血源同中国其余部分相同，家庭法可能成为首批得到统一或协调的领域之一①。从这里我们更清楚地看到制定全国统

① 廖瑶珠：《法律逐渐统一的方案》，载香港《大公报》，1986 年 4 月 11 日。

一的实体法来解决区际法律冲突只能建立在中国内地、香港、澳门和台湾的立法机关在各地区社会经济的发展更加接近、互相之间更为理解的基础上，可以逐渐通过各自采用相同或类似的实体法来求得实质上的统一，从而避免区际法律冲突的发生。

根据以上分析，我们设想，中国区际法律冲突的解决步骤应该是这样的：

首先，中国内地、香港、澳门和台湾类推适用各自的国际私法来解决区际法律冲突。目前各地区都有自己的国际私法立法或不成文法，如内地有《中华人民共和国民法通则》第8章关于“涉外民事关系的法律适用”的规定以及一些单行法规中就所涉问题所作的法律适用规定；台湾有1953年6月6日颁布的“涉外民事法律适用法”①；香港则是适用英国普通法和制定法中的冲突规范来解决国际法律冲突的。这种情况为各地区类推适用各自的国际私法来解决区际法律冲突创造了条件。在这个阶段，各地区可以就其国际私法中不能适用于区际法律冲突的部分作变通的规定。需要特别强调指出的是，这应该是一个过渡的阶段和短暂的阶段。

然后，在各地区充分协商和协调的基础上，制定全国统一的区际冲突法，用以解决区际法律冲突。与“一国两制”五十年不变相适应，这应该是一个相当长的阶段。

再后，仍然在充分协商和协调的基础上，通过在某些问题上制定全国统一的实体法或者各地区分别采用相同或类似的实体法，求得在所涉问题上避免和消除区际法律冲突。这一步骤可以在条件具备时同上一个步骤同步发展，但不应该也不可能取代上一个步骤。进而，全国法制最终实现统一，但这至少应是各特别行政区成立五十年后的事情。

对于制定全国统一的区际冲突法或全国统一的实体法，还有一个立法技巧的问题。根据《关于香港问题的联合声明》和《关于澳门问题的联合声明》，全国人民代表大会及其常务委员会可以制定施行于香港和澳门的基本法、有关国防和外交的法律，但能否制定其他适

① 该法见陆东亚：《国际私法》，正中书局1979年第6版，第225～228页；梅仲协：《国际私法新论》，三民书局1984年第5版，第274～278页。

用于香港和澳门的法律并不清楚。不过，这并不排除全国人民代表大会及其常务委员会可以制定其他有关体现国家统一和领土完整并且按基本法规定不属于特别行政区的高度自治权范围内的法律并施行于特别行政区，也并不意味着在全国人民代表大会制定的特别行政区的基本法中对此不可加以规定。笔者认为，在基本法中，应对特别行政区的自治权（包括立法管辖范围）予以肯定或列举，未加列举的“剩余权力”则归属中央，尽管依照实际情况这种“剩余权力”或属中央管辖的事项很少。这样，如果基本法能像南斯拉夫联邦1974年宪法规定的那样，确定制定区际冲突法属中央管辖事项，或者如果对其他中央管辖的事项制定全国统一的实体法，那么，全国人民代表大会及其常务委员会完全可以在征询特别行政区政府意见的基础上制定这种全国统一的区际冲突法和实体法，并颁布施行于内地和各特别行政区。然而，如前所述，制定全国统一的区际冲突法并不一定属中央立法管辖事项，而且，至少绝大多数民、商法事项属特别行政区自治权范围内的事项。在这种情况下，由于全国人民代表大会及其常务委员会无权颁布施行于特别行政区的法律，在立法技巧上，可以由全国人民代表大会或其常务委员会会同各地区立法机关，在充分协商和协调的基础上制定出法律，然后由全国人民代表大会或其常务委员会将该法颁布施行于内地，由各特别行政区立法机关分别颁布施行于本特别行政区。

最后应该指出的是，对于中国将来的区际法律冲突问题，在各特别行政区基本法中所应加以规定的，自然主要是解决区际法律冲突的基本原则和步骤；如果能在其中明确规定，应在适当的时候通过适当的形式制定全国统一的区际冲突法，那就是再好不过的事情了。至于区际冲突法的具体内容则可另行立法规定。此外，为了恰当地解决区际法律冲突，对与区际冲突法有关的问题，如立法管辖权、司法管辖权、司法协助等也应加以明确。这样，在特别行政区基本法中，应有区际法律冲突的原则解决条款、立法管辖权条款、司法管辖权条款、司法协助条款。目前，我国正在草拟香港特别行政区基本法，该法通过生效后还将成为其他特别行政区的基本法的范例。因此，香港特别行政区基本法起草委员会委员们对于上述条款是否加以规定以及如何加以规定的问题在什么程度上取得共识，对我国将来区际法律冲突的解决是具有重要意义的。

三、中国区际冲突法的几项设计

我们认为，制定全国统一的区际冲突法是解决我国将来的区际法律冲突的最为可取的方式。对其可行性在前面已加以论证。这里，不妨对将来的中国区际冲突法作一些粗略的设计。

（一）总体设计。将来的中国区际冲突法应该是一个单行法规。它不应该同中华人民共和国的民法或解决国际法律冲突的国际冲突法放在一个法规中加以规定，因为后两者并不能适用于特别行政区，而区际冲突法则适用于全中国各个地区。在这个单行的区际冲突法法规中应有总则和分则之分。总则规定它的适用范围、基本原则、基本制度（包括识别、公共秩序、准据法内容的查明、法律规避等）、外国冲突规范对中国法的指定、区际冲突法中的时际法问题等；分则规定各种具体涉外民事法律关系的法律适用问题。

（二）识别。制定和实施全国统一的区际冲突法时必定会碰到识别问题。在理论和实践中，一般认为，识别应依法院地法进行，其有说服力的理由是冲突规范应按它所属的法律制度进行解释。不过，中国的区际冲突法如果是全国统一的话，依法院地法进行识别就行不通了。因为处理国内法律冲突案件的法院是内地、香港、澳门和台湾各自的法院，其法院地法显然是法院所属地区的法律，依法院地法识别的结果，就会因各地区法院可以根据本地区的法律作出不同的解释，而使全国统一的区际冲突法名存实亡。按理说，对全国统一的区际冲突法应按全国统一的法制进行识别。但是，由于属民、商法领域的事项，或者说私法事项，至少绝大多数属各特别行政区立法管辖范围，因而民、商法领域在短时期内很难有全国统一的民、商实体法。这样，按全国统一的法制对全国统一的区际冲突法进行识别将会存在困难。鉴于此，对于我国全国统一的区际冲突法，可采取如下几种方式进行识别：（1）如果在某些问题上已有全国统一的实体法，可以依该实体法对统一区际冲突法中的相关问题进行识别。（2）借鉴德国学者拉伯尔和英国学者贝克特等提出的“分析法学和比较法”理论，对于统一的区际冲突法，在对各地区的法律制度进行比较法研究和分析的基础上，根据各地区法律制度对所涉问题的共同认识或普遍性概念来进行识别。虽然这种识别方法在国际上很难行得通，但在一国内部，由于各法域之间共同之处远比各国之间共同之处多，而且各法域的法官更易知晓他法域的法律，所以，这种识别方法显然有其可行性。（3）自治识别，即由全国统一的区际冲突法法规本身对该法规中有关的概念加以解释或下定义，以消除和避免识别上的冲突。但运用这种方法应仅限于对该区际冲突法的理解和执行。（4）对统一区际冲突规范指定应适用的某一地区的准据法如需要解释的话，应以该准据法所属地区的法律为准。

（三）反致。反致问题产生的基础是在同一层次中同时有几种法律选择制度存在，且各自调整同一问题的冲突规范的连结点规定不同或在解释上不一致。由于在解决中国区际法律冲突的过程中，可能会有一个各地区类推适用各自的国际私法来解决区际法律冲突的阶段，即各地区用于解决区际法律冲突的冲突规范互不相同，就存在着反致问题产生的客观基础。至于在这一阶段中，各地区是否接受反致制度，则要看各自的国际私法如何规定。目前，内地的国际私法立法尚无关于反致问题的规定，立法者似乎把这个问题的解决留给了实践和理论。台湾1953年6月6日颁布的“涉外民事法律适用法”第29条明确规定接受反致（包括转致和狭义的反致）。香港法院在司法实践中则遵循英国冲突法中关于“单一反致”（single renvoi）和“二重反致”（double renvoi）的判例。由此可见，在解决中国区际法律冲突之初，反致制度至少会被一些地区接受并采用。

（四）外域法内容的查明。当一个地区的法院按照统一的区际冲突规范适用另一个地区的法律时，还会发生一个对外域法内容的查明问题。在国际私法上，各国解决外国法内容的查明问题的做法不一，但在区际冲突法上，极少有复合法域国家采取类似于国际私法中的做法，一般主张法院依职权查明外域法的内容，有的也同时要求当事人提供必要的协助。鉴于我国今后的四个法域中既有属大陆法系的法域，又有属英、美普通法系的法域，还有属社会主义法系的法域，在外域法内容的查明问题上，我们建议采取一个折中的办法，即规定原则上由法院依职权查明外域法的内容，有关当事人也负有举证证明外域法内容的责任。

（五）公共秩序。在世界上各复合法域国家解决其本国内区际法律冲突的实践中，有的完全拒绝适用公共秩序；有的虽然适用公共秩序，但实际上比在解决国际法律冲突中适用公共秩序的机会少得多，适用的条件更为严格，也就是说有限地适用之。这是因为区际法律冲突毕竟是一个主权国家内部不同地区之间的法律冲突，各地区之间有一种更强的自然内聚力，同时，各地区之间的差别显然没有主权国家之间的差别那样大，况且，各地区之间还存在着共同的利益。但是，同世界上其他复合法域国家的区际法律冲突比较起来，中国的区际法律冲突又有不少特殊之处，其中比较重要的比如内地法律同香港、澳门和台湾的法律之间的冲突是社会主义法律同资本主义法律这两种性质根本不同的法律之间的冲突；又如，在民、商法领域，各地区的立法管辖范围相当广泛，这意味着各地区民、商法之间的差别极大，甚至可以说同主权国家之间在这方面的差别接近。由于按照区际冲突法来解决区际法律冲突必然导致一个地区的法院援用另一个地区的法律来调整有关民事法律关系，这样就会影响前者内部的法律秩序，因此，在我国统一的区际冲突法中保留公共秩序制度是必要的。各地区的法院在依冲突规范适用其他地区的法律时，如发现其他地区的法律与自己的公共秩序相抵触，可以不予适用。这一方面可以从区际冲突法的角度保证“一国两制”方案的实施，有利于各法域在相当长的时期内共存；另一方面，也可以为各地区保护自己的根本利益不受侵犯提供一个“安全阀”，消除特别行政区人民对社会主义法制的恐惧和担心，增强他们对“一国两制”方案成功的信心。对此，也许有人会问，既然区际冲突法是全国统一的，而各地区法院在适用该法时又可以以本地区的公共秩序为由拒绝适用该法所指定的准据法，这不是否定了该法本身的效力吗？我们认为，公共秩序本身也是区际冲突法中的一项制度，而且具有一般指导意义。它虽然在某种程度上削弱了具体冲突规范的适用机会，但并没有否定区际冲突法本身。同时，我们还应看到，在国际私法公约中也有这种情况，已有越来越多的公约规定了公共秩序条款，允许缔约国根据公共秩序排除依公约指定的法律的适用。例如，1971 年 5 月 4 日订于海牙的《公路交通事故法律适用公约》第 10 条规定：“根据本公约规定所适用的法律只有在其适用会明显地与公共政策相抵触时才可拒绝适用。"① 这至少从一个侧面证明了在我国统一的区际冲突法中确立公共秩序制度的可行性。显而易见，在中国区际法律冲突的解决中，公共秩序制度的运用可能比在其他复合法域国家更具有重要性。当然，对公共秩序制度的适用，在立法中可适当地加以限制，司法实践中各地区的法官在适用公共秩序条款时也应有所抑制。因为我国各地区之间的区际法律冲突毕竟同国际法律冲突有所不同，如果滥用公共秩序制度，不仅会有碍于各法域的真诚合作与和平共处，而且会不利于各地区人民之间正常的民事交往，导致最终危及国家的统一和"一国两制"的实现。可以说，我国区际冲突法中公共秩序制度，应是一种有限适用的公共秩序制度。

（六）法律规避。在今后"一国两制"下的中国，内地、香港、澳门和台湾之间人员和资金的流动显然会比在国际范围内更容易、更频繁、更迅速。这为意图规避法律的人创造了可以规避的条件，因为他们更容易故意制造或改变连结点，如改变住所，将财产从一个地区转移到另一个地区等。另一方面，由于内地、香港、澳门和台湾的法律差别很大，也可能助长人们去规避于己不利的法律，而去挑选于己有利的法律的适用。如果允许法律规避存在，势必人为地造成法律关系的混乱和不确定。这就使制定全国统一的区际冲突法，试图达到使各地区的法院对同一案件的审理得出相同的结果，并防止"挑选法院"现象发生的目的难以实现。因此，在我国统一的区际冲突法中，依照"诈欺使一切归于无效"的原则，应明文禁止区际法律规避。

（七）属人法。一般认为，与人的身份和能力有关的法律关系、婚姻家庭关系和继承关系等为属人法律关系。通常，属人法律关系主要由属人法支配。在国际私法上，属人法有两种理解，即当事人的本国法或国籍国法和当事人的住所地法。在区际冲突法上，极少数联邦制复合法域国家既承认其公民有联邦国籍又有所属成员国国籍，这时，以当事人所属成员国国籍国法作为属人法具有有限的意义，除此之外国籍国法作为属人法毫无意义，因为在一国内部，各法域自然人

① 卢峻主编：《国际私法公约集》，上海社会科学院出版社 1986 年版，第 350 页。

的国籍都是相同的。这样，即使那些在国际私法上坚持本国法为属人法的国家，在区际冲突法上也不得不改用非国籍标准来确定属人法。在各复合法域国家的实践中，大多以当事人住所地法为属人法，也有以籍贯地法、故乡州法、习惯居所地法等为属人法的。由于我国成为复合法域国家后仍然是一个单一制国家，内地、香港、澳门和台湾的中国公民只有一个共同的中国国籍，显然，在区际冲突法中以当事人本国法作为属人法是完全不可能的。那么，应该以什么为标准来确定属人法呢？我们认为，以当事人的住所为标准比较合适，也就是说以住所地法为属人法。一则因为这是世界上大多数复合法域国家的通行做法；二则因为在中国，住所是一个比较通用的法律概念，以住所地法为属人法能为各地区所接受。当然，内地、香港、澳门和台湾各地区的法律可能对住所有不同的理解，由此会导致当事人住所的积极冲突和消极冲突。我们可以在全国统一的区际冲突法中对住所的定义加以规定，通过这种"自治识别"的方法避免此种冲突。总之，对于我国今后的区际属人法律关系，如果区际冲突规范确定属人法为其准据法的话，就应该依住所地法加以调整。

（八）合同关系的法律适用。中国完全统一后，内地、香港、澳门和台湾人民之间的许多民事交往，特别是经济交往将会通过合同作为纽带进行。因此，合同关系的法律适用在我国统一的区际冲突法中占有十分重要的地位。在国际私法上，目前，内地、香港、澳门和台湾关于合同关系的法律适用的规定比较接近。首先，各地区法律都肯定了"意思自治"原则。例如，在内地施行的《中华人民共和国民法通则》第145条第1款规定："涉外合同的当事人可以选择处理合同争议所适用的法律，法律另有规定的除外。"又如，台湾1953年6月6日颁布的"涉外民事法律适用法"第6条规定："法律行为发生债之关系者，其成立要件及效力，依当事人意思定其应适用之法律。"① 其次，在当事人未选择合同关系的准据法时如何确定合同关系准据法的问题上，各地区的法律规定有所不同。例如，香港在这个问题上遵循英国的做法，按英国学者对英国法院实践的总结，英国的做法是这样的："在查明一个合同的准据法时，首先，英国法院查

① 梅仲协：《国际私法新论》，三民书局1984年版，第274页。

明，当事人双方是否有一个明确的准据法选择；第二，如果没有这种选择，查明是否有一个暗含的选择；第三，如果暗含的选择也没有，选择与该交易有最紧密、最真实的联系的法律制度作为准据法。"①《中华人民共和国民法通则》第145条第2款也肯定了最密切联系原则，规定："涉外合同的当事人没有选择的，适用与合同有最密切联系的国家的法律。"但台湾的"涉外民事法律适用法"则采取了不同的做法，该法第6条第2、3款规定："当事人意思不明时，同国籍者依其本国法，国籍不同者依行为地法，行为地不同者以发要约通知地为行为地，如相对人于承诺时不知其发要约通知地者，以要约人之住所地视为行为地。""前项行为地，如兼跨二国以上或不属于任何国家时，依履行地法。"② 这一硬性规定取代了，同时又在一定程度上体现了最密切联系原则，它为设计今后中国统一的区际冲突法中的合同准据法奠定了基础。从晚近订立的国际条约和一些国家制定的国际私法来看，在合同准据法的选择上，国际上也已逐渐形成了在当事人未选择合同应适用的法律时，根据最密切联系原则来决定合同关系准据法的新趋势。例如，1969年《比、荷、卢条约》(The Benelux Treaty）第13条规定，合同当事人可以明示或默示选择合同的准据法，但如没加选择，可以适用"与合同有最紧密联系的国家的法律"③。再如欧洲共同体1980年的《关于合同债务的法律适用公约》第4条第1款规定："在当事人未根据第3条对合同适用的法律作有效选择时，该合同应适用与它有最密切联系的国家的法律；但如合同的可分离部分与另一个国家有更密切的联系，则该部分合同作为例外，可适用那个国家的法律。"④ 另外，1971年美国法学会公布的《冲突法重述》（第二次）第186～188条，1982年的《土耳其国际私法和国际诉讼程序法》第24条第2款以及《瑞士联邦国际私法》第117条都采取了类似的规定。一些新近颁布的国际私法立法，如1978年《奥

① J. H. C. Morris, The Conflict of Laws, London, Stevens and Sons 2nd ed., 1980. p. 214.

② 梅仲协：《国际私法新论》，三民书局1984年版，第275页。

③ Cf. O. Kahn-Freund, General Problems of Private International Law, Sijthoff & Noordhoff. 1980. p. 264.

④ 《法学译丛》，1984年第3期，第73页。

地利联邦国际私法法规》，即便没有明确规定在合同当事人未选择合同准据法时应依最密切联系原则确定合同应适用的法律，而对各项具体合同应适用的法律作了硬性的规定，但它亦认为这种硬性的规定体现了最密切联系原则①。因此，为了顺应国际趋势，我国的统一区际冲突法在合同关系的法律适用问题上应该这样规定：合同关系适用合同双方当事人所选择的法律，法律另有规定的除外；合同双方当事人没有选择的，适用与合同有最密切联系的地方的法律。

（九）物权关系的法律适用。在物权关系的法律适用上，目前，各地区施行的法律既有不同之处，又有相同或相似之处。香港法律同英国法律一样，将财产分为不动产和动产两大类。在英国冲突法上，与不动产有关的一切问题受不动产所在地法支配②。这一原则当然为香港司法实践所遵循。而且，按照英国法，动产分为可实际占有的物（a chose in possession）和可依法主张但未实际占有的物（a chose in action）③。对于可实际占有的物即有体动产，普通法上曾有“动产无场所”（personalty has no locality）的主张，强调适用当事人属人法即住所地法来解决与动产有关的问题。但是，“在英国真正受到历来判例直接支持的主要论点是，像不动产一样，决定问题的是财产所在地法”④。香港法院在司法实践中援用英国判例，也实行有体动产依物之所在地法。至于可依法主张但未实行占有的物，主要是指可以成为钱财或物品的权利，如债权、合同上规定的权利、股票、股份、流通票据、版权、商誉等，香港同英国一样，主张对它们适用权利产生地（即授予地）的法律。内地施行的有关物权关系法律适用的规定只有一条，即《中华人民共和国民法通则》第144条，该条规定：“不动

---

① 1978年《奥地利联邦国际法法规》第1条第1款规定：“与外国有连结的事实，在私法上，应依与该事实有最强联系的法律裁判。”第2款接着规定：“本联邦法规（冲突法）所包括的适用法律的具体规则，应认为体现了这一原则。”

② J. H. C. Morris, The Conflict of Laws, London, Stevens and Sons, 3rd ed., 1984. p. 343.

③ 参见〔新西兰〕瓦莱里·安·彭林顿著，毛华等译：《香港的法律》，上海翻译出版公司1985年第1版，第251~254页。

④〔英〕托马斯著，倪征 译：《国际私法》，商务印书馆1963年版，第98页。

产的所有权，适用不动产所在地法律。”而动产所有权的法律适用问题则不明确。台湾的“涉外民事法律适用法”第10条对物权的法律适用问题作了如下规定：“关于物权依物之所在地法”（第1款）。“关于以权利为标的之物权，依权利之成立地法”（第2款）。“物之所在地如有变更，其物权之得丧依其原因事实完成时物之所在地法”（第3款）。“关于船舶之物权依船籍国法，航空器之物权，依登记注册国法”（第4款）①。台湾这条规定中的第1、2两款规定的做法与香港的实践相似。从上述各地区目前的国际私法实践来看，在今后全国统一的区际冲突法中，规定不动产物权依物之所在地法是不成问题的。至于动产物权，自19世纪末以来，国际上已多主张依物之所在地法决定②。因此，在该区际冲突法中也不妨原则上规定动产物权依物之所在地法。但对于一些例外情况，可作例外的规定，比如，在财产继承问题上，对于不动产继承当然可以规定依不动产所在地法，而对动产继承，最好规定依被继承人死亡时的住所地法。关于运送中货物物权的法律适用问题，可以规定选择适用货物装载地法和运送目的地法。关于船舶、飞机、汽车等交通运输工具的物权的法律适用问题，在区际冲突法中规定适用其所属国国籍国法是不恰当的，比较好的办法是规定适用其登记注册地的法律。

① 梅仲协：《国际私法新论》，三民书局1984年版，第275页。

② 参见韩德培主编：《国际私法》，武汉大学出版社1983年版，第120～122页。

制定区际冲突法以解决我国大陆与台湾、香港、澳门的区际法律冲突

——兼谈《大陆地区与台湾、香港、澳门地区民事法律适用示范条例》*

区际冲突法作为解决一个主权国家内部具有独特法律制度的不同地区之间的民、商事法律冲突的法律适用法，是世界上许多国家用来解决其国内区际法律冲突的重要途径之一。在我国，加快制定解决大陆与台湾、香港、澳门的区际法律冲突的区际冲突法十分必要。为了推动我国开展区际冲突法立法，笔者在广泛参考和比较中国现行国际私法及其司法解释、外国国际私法和区际私法或区际冲突法、关于国际私法的国际公约以及台湾、香港和澳门现行国际私法或区际冲突法则草案的基础上，根据我国实际情况，于1991年草拟了《大陆地区与台湾、香港、澳门地区民事法律适用示范条例》。该示范条例发表后，在大陆、台湾、香港和澳门受到同行重视。本文从草拟经过、主要内容和特点以及在大陆、台湾、香港和澳门的影响等方面介绍了该示范条例。

一、在我国制定区际冲突法解决大陆与台湾、香港、澳门的区际法律冲突的必要性和可行性

无论是过去还是现在，由于种种原因，世界上有不少国家内部法制不统一，存在两个或两个以上的具有独特法律制度的区域。这种区

---

* 本文合作者为黄进，载《武汉大学学报》（社会科学版）1993年第4期。

域一般称为法域。而这种国家一般称为多法域国家，复合法域国家或复数法域国家。一个多法域国家内部不同法域之间的法律冲突，即为区际法律冲突。区际冲突法就是为了解决区际法律冲突应运而生的。

区际冲突法（interregional conflicts law 或 interlocal conflicts law），既是一个法律部门的称谓，又是法律科学中一个重要分支的名称。由于各多法域国家对其国内各法域的称谓不同，以及学者们对区际冲突法的性质的识别互异，故各国立法及学者赋予区际冲突法以多种多样的名称。如区际私法、准国际私法、州际冲突法或州际私法、省际冲突法或省际私法等。但在学者著述中，更经常使用的名称是区际冲突法或区际私法（private interregional law 或 private interlocal law）。因为这两个名称无论是在内涵方面还是在外延方面，能更确切地表达区际冲突法这一概念，亦即能集中地概括、反映解决各种类型的区际法律冲突的法律。在我国，以前有些学者称区际冲突法为“准国际私法”①，目前台湾国际私法学者仍沿用“准国际私法”这一名称②。受英国普通法影响的香港学者则直称为“冲突法”③。而如今大陆学者则普遍采用“区际冲突法”或“区际私法”这两个名称。关于区际冲突法的定义，尽管各学者的表述不一，但几乎都认为，区际冲突法是解决一国内部不同地区的法律之间的冲突的法律。例如，1984年出版的《中国大百科全书（法学）》称：“区际私法即解决同一国家中各地区民法抵触的法律。”④ 又如，台湾学者陆东亚先生在其著作《国际私法》中认为：“准国际私法者，乃一国于其领土内，因有两个以上法律相异地域存在，发生法律上冲突问题，为予以解决而规定适用何地法律之法则也。”所以，我们可以说，区际冲突法是用于解决一个主权国家内部具有独特法律制度的不同地区之间民事法律冲突的法律适用法。它既不直接确定民事法律关系当事人的权利与义务，也不确定民事诉讼主体之间的诉讼权利与义务关系，它只指明一

① 陈顾远：《国际私法总论》（上册），上海法学编译社 1931 年版，第 37 页。

② 梅仲协：《国际私法新论》，三民书局 1984 年版，第 61 页；陆东亚：《国际私法》，正中书局 1979 年版，第 34 页。

③ 廖瑶珠：《法律冲突》，《大公报》1986 年 4 月 5 日。

④ 《中国大百科全书（法学）》，中国大百科全书出版社 1984 年版，第 229 页。

个国家内部涉及具有独特法律制度的不同地区的民事法律关系应该适用何地法律，故它既不同于国际私法，也不同于国内实体私法和国内民事诉讼程序法。区际冲突法在有的国家是全国统一的，而在有的国家则由各地区自行设定。

区际冲突法是解决一个国家内部区际法律冲突的重要手段。从多法域国家的立法和司法实践来看，解决区际法律冲突的途径大别为两种：一是统一实体法解决途径，一是区际冲突法解决途径。前者即由多法域国家制定或多法域国家内各法域联合起来采用统一的民、商事实体法，直接适用于有关民事法律关系，从而避免不同法域的法律选择，最终消除区际法律冲突。这虽然是一种彻底解决区际法律冲突的方式，但实行起来绝非易事。后者即由多法域国家或这类国家内的各法域通过制定区际冲突规范确定各种区际民事法律关系应适用的法律，从而解决区际法律冲突。通过这种途径解决区际法律冲突，能在具体问题或事项上积极地解决区际法律冲突，但它不能在总体上像统一实体法那样积极地避免和消除区际法律冲突。各多法域国家及其法域通过区际冲突法途径解决区际法律冲突的具体方式并不相同，考察有关国家的立法和司法实践，有如下几种方式：（1）类推适用国际私法来解决区际法律冲突；（2）各法域分别制定自己的区际冲突法，用来解决自己的法律与其他法域的法律之间的冲突；（3）制定全国统一的区际冲突法来解决区际法律冲突；（4）对区际法律冲突和国际法律冲突不加区分，实际上适用与解决国际法律冲突基本相同的规则来解决区际法律冲突；（5）通过缔结或参加国际上统一的冲突法公约，并以该公约为依据来解决区际法律冲突；（6）通过最高法院在审判实践中发挥作用，推动各法域之间冲突规范的统一，从而促进区际法律冲突的解决①。

在我国，制定解决大陆与台湾、香港、澳门之间的区际法律冲突的区际冲突法势在必行。我国实行对外开放以来，特别是我国政府提出按照“一个国家，两种制度”这一政治构想和设计解决台湾、香港、澳门问题以来，随着中英和中葡分别于1984年12月19日和1987年4月13日正式签署《关于香港问题的联合声明》和《关于澳

---

① 黄进：《区际冲突法研究》，上海学林出版社1991年版，第75～80页。

门问题的联合声明》，随着1990年4月4日第七届全国人民代表大会第三次会议通过《中华人民共和国香港特别行政区基本法》以及1993年3月31日第八届全国人民代表大会第一次会议通过《中华人民共和国澳门特别行政区基本法》，随着海峡两岸人民往来日益密切，在一个中国内、两种社会制度下、三大法系和四个法域间产生的区际法律冲突日益突出，受到大陆、台湾、香港、澳门各地法律界的普遍关注。由于“一国两制”这种模式将在我国长期存在，故可以说，在我国，区际法律冲突问题不仅是在实现香港、澳门领土回归和大陆与台湾统一前存在的问题，而且也是在实现祖国统一后长期存在的问题。因此，加快我国区际冲突法立法，用区际冲突法来解决我国的区际法律冲突，是时代对我国立法提出的客观要求，也是我国立法工作的当务之急。

基于现实和“一国两制”方针，无论祖国统一前还是统一后，大陆、台湾、香港、澳门都是互为独立的法域，这意味着各地人民的生活在不同的法律支配之下。如果在各地隔绝、毫无交往的情况下，这自然不会有什么问题。然而，事实上，各地人民虽然受其所属地区的法律的管辖，但从未完全断绝往来，且随着中国大陆实行改革开放，这种交往日益频繁、深化和复杂。在这种情况下，各地人民必然要在交往中结成大量的民、商事法律关系。毫无疑问，这种民、商事法律关系应受到法律的调整，而各地民、商事法律千差万别，对同一民、商事法律关系适用一地的法律会产生与适用另一地的法律完全不同的结果。那么，对于一项涉及不同地区的民、商事法律关系，究竟应适用哪一地区的法律呢？如果没有区际冲突法对法律适用规则作出明确的规定，对同一民、商事法律关系，今天适用这一地区的法律，明天适用那一地区的法律，那么，区际法律关系就会失去稳定性和确定性，当事人也会因此感到无法预见自己行为的法律后果，并对参加区际民、商事交往有所顾虑，从而妨碍区际民、商事关系的正常发展，甚至影响到国家的统一及其巩固。可见，加快制定区际冲突法，更是促进各地民、商事交往正常发展，推动和维护国家统一的需要。

从法制建设的角度看，加快制定区际冲突法也是十分必要的。目前，完善法制，以法治国，不仅已成为大陆、台湾、香港和澳门人民的共识，而且已成为推动、促进和维护国家统一的重要手段。各地区尤其是大陆地区加强法制建设势在必然。众所周知，法制建设主要包括立法、执法和守法三方面的建设，但三者中立法居于首位，因为无法可依，就根本谈不上执法和守法。一般而言，一个国家或一个地区的立法总是由实体法、程序法和冲突法这三部分组成的。实体法确定法律关系当事人的实体权利和义务，程序法确定诉讼参与者的诉讼权利与义务，而冲突法从相互抵触的有关法律中确定准据法，解决法律适用问题。三者各司其职，缺一不可。特别是冲突法，不仅对解决国际法律冲突是必要的，而且对解决法制不统一的国家内的区际法律冲突也是必不可少的。在目前中国大陆、台湾、香港和澳门法制不统一并由此导致区际法律冲突的情况下，如果法律体系中没有区际冲突法，没有区际冲突法去解决这种区际法律冲突，那么，法制建设就存在着空白和缺陷。所以，从这个意义上讲制定区际冲突法又是健全和完善我国法制的必然结果。

面对汹涌而来的区际法律冲突，不仅各地区的法学者在积极研究这个问题，而且各地立法和司法机关也在寻求解决的办法。值得一提的是，1992 年 7 月，台湾“立法院”制定通过了“台湾地区与大陆地区人民关系条例”。该条例系台湾方面用以规范海峡两岸往来的一部综合性法律，其中第三章民事部分已采纳了区际法律冲突理论①。该章的规定是以台湾 1953 年“涉外民事法律适用法”的条文内容为基础，并参考海峡两岸间的特别情况设计而成的，它们是台湾现行法中的区际冲突法则。尽管人们对该条例内容有不同的评说，但至少该条例第三章的区际冲突法则已为台湾解决海峡两岸法律冲突提供了法律上的准备和依据。香港法律属普通法系，其现行的冲突法既用于解决国际法律冲突，也用于解决区际法律冲突。因此，香港事实上已有一套解决香港与大陆、台湾、澳门之间的区际法律冲突的冲突法规则存在，它们除在个别问题上根据中国区际法律冲突的具体情况通过司法判例加以调整外，不会有大的变动。澳门目前虽无区际冲突法立法，但澳门当局立法事务办公室也在积极研究澳门与大陆的区际法律冲突问题，例如它主张将澳门法中属人法的连结点由国籍改变为住所或居所，以适应区际法律冲突的解决。近几年，大陆地区学者十分重

---

① 该条例载《华冈法粹》，1992 年（总第 21 期），第 201 ~212 页。

视我国的区际法律冲突问题，对这个问题进行了大量的研究，研究成果层出不穷，并大声疾呼尽快制定区际冲突法。然而，有关立法和行政机关却没有认识到这个问题的重要性，区际冲突法的立法工作至今未提到议事日程。在区际冲突法立法方面，这种大陆地区立法滞后于其他地区的现象不能长期存在下去，大陆地区应迎头赶上，让自己的区际冲突法早日出台。

在我国制定区际冲突法解决大陆与台湾、香港、澳门的区际法律冲突不仅是必要的，而且是可行的。这首先是因为区际冲突法在解决区际法律冲突方面具体体现了“一国两制”方针的实质。“一国两制”就是要求在中华人民共和国内，在大陆实行社会主义制度，在台湾、香港、澳门实行资本主义制度。而区际冲突法正是肯定了它是用于解决一个主权国家内的区际法律冲突的，而且，它不致力于存在根本差异的民、商事实体法的统一，仅在承认各地区法律不统一、有差别和存在冲突的情况下，指明涉及不同地区的民、商事法律关系或者说跨地区的民、商事法律关系应适用什么法律，或受什么法律支配。这完全符合各地区希望保留各自的法律，各法律关系的主体希望平等进行交往的要求。其次，我国执法机关，特别是人民法院在实践中已处理了大量的涉台、港、澳案件，积累了一定的经验，立法机关在立法时可以吸收其中一些有益的经验。再次，国内学者对区际法律冲突和区际冲突法的理论和实践已进行了一定深度的研究，其研究结果可以在立法中加以运用。最后，国际上许多多法域国家在解决自己国家内的区际法律冲突时制定过区际冲突法，亦有许多成功的经验，可供我国立法时借鉴和参考。

二、《大陆地区与台湾、香港、澳门地区民事法律适用示范条例》及其影响

（一）草拟经过

早在1983年，韩德培教授在与李双元教授合写的《应该重视对冲突法的研究》一文中就指出：“随着台湾的回归祖国和香港主权的收回，我国冲突法还将可能有一个解决地区间法律冲突问题的任务。

这就是说，解决我们国内不同地区之间的法律冲突的所谓‘区际私法’，也将可能在我国国际私法中占一席重要的地位”①，以唤起人们对区际冲突法的重视。1988年6月中国国际法学会在北京举行年会，韩德培教授曾在大会上作一专题发言，题为《论我国的区际法律冲突问题》，从整体上探讨了我国区际法律冲突是如何发生的，它有些什么特点以及我们应如何解决区际法律冲突问题，并提出了一些初步的设想②。黄进教授在其《中国冲突法体系初探》一文中进一步指出：“建立我国的区际冲突法是健全和完善我国冲突法体系的一个重要方面。”呼吁“加强区际冲突法立法”。③ 后来，笔者在合作的《中国区际法律冲突问题研究》一文中不仅讨论了中国区际法律冲突的产生和特点，而且探讨了解决中国区际法律冲突的途径和步骤，并从总体、识别、反致、外域法内容的查明、公共秩序、法律规避、属人法、合同关系的法律适用、物权关系的法律适用等方面对未来的中国区际冲突法作了一些粗略设计，呼唤我国区际冲突法早日出台④。

但遗憾的是，以上呼吁并未引起有关部门的注意。在这种情况下，为了进一步推动我国开展区际冲突法立法，笔者在广泛参考和比较中国现行国际私法及其司法解释，外国国际私法和区际私法或区际冲突法，关于国际私法的国际条约，以及台湾、香港和澳门现行国际私法或区际冲突法草案的基础上，于1991年3月草拟了《大陆地区与台湾、香港、澳门地区民事法律适用示范条例》（征求意见稿）。该示范条例成稿后，笔者曾在武汉大学法学院国际法研究所的教师和研究生中广泛征求意见，开展讨论。然后还根据大家的意见，先后三易其稿，直到1991年5月3日，以第三稿为定稿。

笔者在自己的著作、论文和许多有关研讨会上的发言中曾主张制定全国统一的区际冲突法来解决我国的区际法律冲突，甚至认为制定

---

① 韩德培、李双元：《应该重视对冲突法的研究》，载《武汉大学学报》（社会科学版），1983年第6期，第59页。

② 韩德培教授发言全文载《中国法学》，1988年第6期，第3～10页。

③ 黄进：《中国冲突法体系初探》，载《中国社会科学》，1988年第5期，第165～166页。

④ 韩德培、黄进：《中国区际法律冲突问题研究》，载《中国社会科学》，1989年第1期，第117～132页。

全国统一的区际冲突法是解决我国区际法律冲突的最为可取的方式。但这个示范条例却不是一个全国统一的区际冲突法示范法，而仅是一个大陆地区的区际冲突法。这里似乎存在着矛盾。但其实不然，到目前为止，笔者仍认为制定全国统一的区际冲突法是一种较为理想的解决区际法律冲突的方式。这是因为从目标上来看，解决各地区之间法律冲突是各地区的共同要求，符合各地区自身的利益；从可能性来看，由于区际冲突法的统一并不涉及各地区之间存在着根本分歧的实体民、商法领域，因而比实体法的统一更易取得成功；从区际冲突法本身来看，制定全国统一的区际冲突法，不仅能使各地区的法院对同一案件的审理得出相同的结果，从而从根本上防止"挑选法院"（forum shopping）的现象，而且可以避免区际冲突法本身的冲突和反致问题的产生，也使识别问题变得简单多了，还可为两地实体法的统一奠定基础。然而，笔者从来没有认为制定全国统一的区际冲突法解决我国的区际法律冲突是惟一可取的方式。在草拟该示范条例之时，鉴于大陆和台湾的统一尚难断定时日，考虑到1990年《香港特别行政区基本法》和1993年《澳门特别行政区基本法》没有规定区际法律冲突原则解决条款以及规定全国人大有权制定全国统一的区际冲突法，加上台湾已开始在两岸关系法中草拟自己的区际冲突法则。笔者感到，制定全国统一的区际冲突法虽比较理想，但在立法上会碰到许多困难，且在短期内难以实现，而各地区制定自己的区际冲突法或准国际私法解决本地区与其他地区之间的法律冲突较为现实，这种情况还会持续一段时间。这样，笔者便草拟了大陆的区际冲突法示范条例。

（二）主要内容

《大陆地区与台湾、香港、澳门地区民事法律适用示范条例》分为十章，共计50条。

第一章为"总则"，共计14条，对该示范条例的宗旨、原则、适用范围、用词、准据法的确定、识别、法律的查明、法律规避、公共秩序、国际条约的适用、程序法的适用等作了规定。其中第1条明确规定：该示范条例的制定是"为了促进和维护国家统一，便利大陆与台湾、香港、澳门地区的自然人、法人在平等互利基础上进行民事交往，保障各地区自然人、法人的合法民事权益”。第 2 条规定：“本条例确定涉及跨大陆、台湾、香港和澳门地区的自然人之间，法人之间，自然人和法人之间民事法律关系的法律适用。”

第二章为“自然人和法人”，共计 5 条，对自然人和法人的住所及其确定、自然人和法人的营业所及其确定、法人的认许、当事人的身份、民事权利能力和民事行为能力的法律适用、宣告死亡的法律适用等作了规定。该章以住所作为最基本的属人法的连结因素。

第三章为“民事法律行为和代理”，共计 2 条，确定了民事法律行为和代理的法律适用。对民事法律行为原则上规定适用其所属民事法律关系的准据法。对代理，则区分委托代理、法定代理和指定代理，分别确定其适用的法律。

第四章为“物权”，共计 5 条，规定了物权关系的法律适用，一般以物之所在地法为动产和不动产物权关系的准据法，但条例另有规定的除外。

第五章为“债权”，共计 5 条，对合同之债、侵权行为之债、不当得利和无因管理之债的法律适用作了规定。对合同之债，确定首先适用当事人意思自治原则，但在当事人没有选择合同准据法时，适用最密切联系原则，并对各类合同在通常情况下的最密切联系地法律作了硬性规定。侵权行为之债原则上适用侵权行为地法。

第六章为“知识产权”，共计 4 条，分别对专利权、商标权、著作权以及有关知识产权的合同的法律适用作了规定。原则上确立知识产权适用权利取得地法或请求保护地法。

第七章为“婚姻和家庭”，共计 8 条，对结婚、夫妻关系、离婚、亲子关系、非婚生子女的认领、收养、监护以及扶养的法律适用作了规定。规定结婚及婚姻的效力适用婚姻举行地法，离婚原则上适用法院地法，但当事人自愿离婚可适用离婚登记机关所在地法。在其他家庭关系中，住所地法原则得到了普遍适用。

第八章为“继承”，共计 4 条，规定了法定继承、遗嘱继承和无人继承财产处理的法律适用。对于法定继承和遗嘱继承都实行“区别制”，即动产继承受制于被继承人或遗嘱人的住所地法，不动产继承适用不动产遗产所在地法；对无继承财产的处理，则规定适用遗产所在地法。

第九章为“时效”，仅1条，规定时效适用其所属民事法律关系的准据法。

第十章为“附则”，共计2条，确立了时际冲突法则，即“本条例不溯及既往，但未决事项除外”，并对条例如何生效作了规定。

（三）主要特点

作为草拟者，我们以为，该示范条例具有如下主要特点：

第一，该示范条例是在广泛参考和比较外国国际私法和区际私法或区际冲突法、有关国际私法的国际公约以及台湾、香港、澳门现行国际私法或冲突法以及区际冲突法草案的基础上草拟的。在法律适用问题上，大多做到与国际上的惯常做法相一致，并注意吸收一些先进的做法。例如，在物权法律适用问题上，国际上通常主张适用物之所在地法，但有些例外。因此，该示范条例第22条规定：“动产与不动产物权适用物之所在地法，本条例另有规定的除外。”同时，第23条规定：“运输中的动产的物权适用送达地法。”第24条规定：“运输工具的物权适用登记地法。”又如，目前，国际私法上的最密切联系原则已发展得比较成熟，故笔者在该示范条例中也采用了最密切联系原则。主要表现在三方面：一是第2条将最密切联系原则作为该示范条例对某些民事法律关系的法律适用未加规定时的补充性法律选择手段，确定该示范条例没有规定的，直接适用与民事法律关系有最密切联系的地区的实体法。二是第11条将最密切联系原则作为断定该示范条例规定的某种民事法律关系应适用的法律是否适合支配产生纠纷的民事法律关系的标准，规定“根据所有情况，……产生纠纷的民事法律关系与本条例规定应适用的法律之间的联系并不密切，且明显地与另一法律的联系更为密切的，则可作为例外，不适用本条例规定适用的法律，而适用该另一法律”。这实际上暗示该示范条例的所有法律适用规则体现了最密切联系原则，但若与实际情况不相符合，法官可以根据最密切联系原则运用自由裁量权推翻该示范条例的规定，灵活处理有关问题。三是第28条将最密切联系原则作合同准据法确定的补充原则，即规定合同当事人没有根据意思自治原则选择合同准据法时，合同适用与其有最密切联系的法律。该条还对20种合同在通常情况下应适用的最密切联系地法作了硬性规定。可以说，该示范条例关于最密切联系原则的规定吸收了国际上的最新成果。

第二，该示范条例十分注意与我国现行立法和司法实践，尤其是《民法通则》和散见于不同法律的国际私法规定及其司法解释的体例和内容相协调，但又不囿于现状，在不少方面有所突破和创新。例如，在体例上，该示范条例注意与《民法通则》确立的自然人、法人、民事法律行为和代理、民事权利、时效等章节顺序相一致，基本上按这一顺序安排章节，但又突出了民事权利中的物权、债权和知识产权，各单列为一章，并将婚姻和家庭、继承这两章列入其中。又如，由于我国国际私法中关于合同法律适用的规定相当完备，所以，该示范条例基本上是移植了其规定，但对具体合同的法律适用则规定得更为详尽。再如，关于扶养的法律适用，《民法通则》第 148 条规定适用与被扶养人有最密切联系的国家的法律，但该示范条例第 43 条规定 适用被扶养人的住所地法，因为在笔者看来，扶养适用与被扶养人有最密切联系的法律太含糊，不利于准据法的确定，在国际上少见这样的主张。

第三，该示范条例的规定注重公允，合理合情。这主要表现在以下几个方面：首先，在该示范条例总则中，第 3 条明确规定："在民事法律方面，大陆、台湾、香港和澳门地区均为平等的具有独特法律制度的法域。"肯定了在民事法律方面各地区平等。其次，第 4 条规定："大陆地区与台湾、香港和澳门地区当事人在民事活动中地位平等，其合法民事权益受到法律同等的保护。"这是进一步肯定了各地区当事人民事法律地位平等。再次，该示范条例中的冲突规范绝大多数为双边冲突规范，而直接指定适用大陆法律的单边冲突规范仅有一款，即第 27 条第 2 款规定在大陆履行的合资经营企业合同、合作经营企业合同、合作勘探开发自然资源合同须适用大陆的法律。最后，该示范条例第 8 条和第 10 条规定的不能查明应适用的法律或经查明有关地区不存在相应法律制度而适用大陆地区相应的法律的情况，不属于歧视其他地区法律的规定，这样的规定符合国际上的习惯做法。在该示范条例的第一稿中，第 14 条是这样规定的："民事法律关系的行为地或事实发生地跨连两个以上的地区的，以行为或事实结束地为行为地或事实发生地。但跨连大陆地区的，以大陆地区为行为地或事实发生地。"但在第三稿中，笔者基于公平合理的考虑，去掉了该条中后一句话。

第四，该示范条例体系较为完整，内容较为全面，规定较为简明。该示范条例既有总则中的统帅全条例的规定，又有各分章的具体法律适用规定。第一章总则对条例的宗旨、适用范围、基本原则、反致、识别、法律查明、法律规避、公共秩序等冲突法的基本制度，对准据法的确定，都作了明确的规定，内容较为全面。第二至九章就自然人和法人、民事法律行为和代理、物权、债权、知识产权、婚姻和家庭、继承以及时效等民事法律关系的法律适用作了具体规定，基本上涉及民事法律关系的各个方面，其中对当事人的权利能力、宣告失踪和宣告死亡、民事法律行为和代理、动产物权、运输中的动产物权、运输工具的物权、不当得利和无因管理、知识产权、婚姻的效力、当事人自愿离婚、夫妻关系、亲子关系、非婚生子女的认领、收养、遗嘱继承等民事法律关系所作的法律适用规定，是过去大陆地区的冲突规范中所没有的。这些内容在该示范条例中得到反映使其整个体系完整起来，内容更加充实、丰满。而第十章附则虽只是时际法的规定，但其中第49条确立的解决时际法律冲突的原则，使作为冲突法的该示范条例更加完善。该章是整个示范条例形成合理结构所不可缺少的组成部分。

（四）在大陆、台湾、香港和澳门的影响

笔者研究我国的区际法律冲突问题曾先后被大陆《文汇报》和《海南经济报》、台湾《自立早报》、香港《文汇报》和《大公报》予以专题报道①。《大陆地区与台湾、香港、澳门地区民事法律适用示范条例》发表后，亦受到大陆、台湾、香港和澳门同行的重视。

该示范条例草拟之时正值中国国际私法研究会1991年年会在山东济南召开，而该年会的一项重要议题就是海峡两岸的民事法律适用问题。于是，笔者将该示范条例提交给该年会，征求与会代表的意见。在该年会期间，笔者向与会代表报告了该示范条例的草拟经过和

---

① 参见《文汇报》1988年11月20日第1版；《海南经济报》1989年1月19日第3版；台湾《自立早报》1989年2月28日第4版；香港《文汇报》1989年2月27日；香港《大公报》1990年4月13日。

主要内容。由于该示范条例是我国学者自己草拟的第一个区际冲突法或区际私法示范法，它引起与会代表的极大兴趣。与会代表对该示范条例的草拟工作给予了许多鼓励，认为该示范条例体系较为完整，结构较为合理，内容较为全面，与我国现行立法和司法实践协调。并希望笔者对该示范条例作进一步修改，以使其完善，将它提供给我国立法部门参考，促进我国立法部门加强区际冲突法立法。后来，该示范条例还先后在中国国际私法研究会1991年年会和中国法学会香港法研究会1991年年会上散发。不仅如此，该示范条例还先后在一些期刊和文集中转载。率先转载该示范条例的是福建省台湾法研究所编的《台湾法研究参阅》（1991年6月30日第3期）。随后，上海法学会编的《上海法学研究》（副刊）（1991年10月23日）刊载了该示范条例。同时，由山东大学出版社于1991年10月出版、并由顾倚龙和吕国华编的中国国际私法研究会1991年年会论文集《海峡两岸法律冲突及海事法律问题研究》一书收录了该示范条例。

在台湾，该示范条例也为一些学者所注意。台湾中国文化大学法律系主任暨法律研究所所长王志文教授在其发表于1992年（总第21期）《华冈法粹》上的《海峡两岸法律冲突规范之发展与比较》一文中论及该示范条例。他认为，该示范条例系以发生于大陆、台湾、香港和澳门四个地区之间而法院地又在大陆的民事法律冲突情形作为主要之规范对象。该示范条例的内容部分参酌了大陆现行涉外冲突规范中之相关原则，亦有部分参考了台湾现行涉外民事法律适用法中之相关规定。但若将该示范条例与台湾两岸关系条例中的区际冲突法则相比较，则两者之间的差异颇多。例如，该示范条例第43条规定扶养适用被扶养人的住所地法，而台湾两岸关系条例第59条规定，扶养义务依扶养义务人设籍地区的规定。他还认为，该示范条例中有关知识产权的规定，则较大陆、台湾现行法上的原则更为详尽①。中国文化大学法律系主办的《华冈法粹》1992年（总第21期）也转载了该示范条例。

在香港和澳门，同行对该示范条例也有较大的兴趣。香港出版的

① 参见王志文：《海峡两岸法律冲突规范之发展与比较》，载《华冈法粹》，1992年（总第21期），第195~196页。

《经济与法律》杂志1991年第4期全文刊载了该示范条例。

总而言之，在我国加快制定解决大陆与台湾、香港、澳门的区际法律冲突的区际冲突法，是贯彻执行“一国两制”方针的需要，是大陆与台湾、香港、澳门进行交往的现实要求，是健全和完善我国法制的重要内容，势在必行。那种否认台湾、香港和澳门的现行民、商法律为法律，不承认区际法律冲突在我国客观存在，进而不主张制定区际冲突法的观点，不说是对“一国两制”精神的曲解或没有领会“一国两制”的精神实质，至少是对客观现实视而不见，在法律上是完全站不住脚的。

附：大陆地区与台湾、香港、澳门地区民事法律适用示范条例

第一章 总 则

第1条 为了促进和维护国家统一，便利大陆地区与台湾、香港、澳门地区的自然人、法人在平等互利基础上进行民事交往，保障各地区自然人、法人的合法民事权益，特制定本条例。

第2条 本条例确定涉及跨大陆、台湾、香港和澳门地区的自然人之间、法人之间、自然人和法人之间民事法律关系的法律适用。本条例没有规定的，类推适用（准用）大陆地区的国际私法。国际私法没有规定的，直接适用与民事法律关系有最密切联系的地区的实体法。

第3条 在民事法律方面，大陆、台湾、香港和澳门地区均为平等的具有独特法律制度的法域。

第4条 大陆地区与台湾、香港和澳门地区的当事人在民事活动中地位平等，其合法民事权益受到法律同等的保护。

第5条 本条例用词，定义如下：

（1）大陆地区，系指除台湾、香港、澳门地区之外的中国领土。

（2）台湾地区，系指台湾本岛、澎湖、金门、马祖及其附属岛屿和海域。

（3）香港地区，系指香港岛、深圳河以南九龙半岛及其附属岛屿和海域。

（4）澳门地区，系指澳门半岛、凼仔岛、路环岛及其附属海域。

（5）大陆地区自然人，系指在大陆地区设有户籍者、自大陆地区旅居国外并未取得外国国籍者。定居大陆地区的外国人除外。

（6）大陆地区法人，系指依大陆地区法律成立且其主要办事机构所在地在大陆地区的法人。

（7）台湾、香港、澳门地区自然人，系指分别在台湾、香港、澳门地区设有户籍者以及分别自台湾、香港、澳门地区旅居国外并未

取得外国国籍者。定居上述地区的外国人除外。

（8）台湾、香港、澳门地区法人，系指分别依台湾、香港、澳门地区法律成立且其主要办事机构所在地分别在台湾、香港、澳门地区的法人。

第 6 条　本条例规定应适用的法律，是指现行的实体法，而不包括冲突法和程序法。

第 7 条　对案件、民事法律关系及其有关事实的定性和对冲突规范的解释适用法院地法。对准据法的解释适用其所属地区的法律。

第 8 条　大陆地区法院应当依职权查明本条例规定应适用的法律，并可以通过下列途径查明：

（1）要求当事人提供；

（2）请求法律专家提供；

（3）基于协议或互惠请求有关地区的司法机关提供。

不能查明的或经查明有关地区不存在相应法律制度的，适用大陆地区相应的法律。

第 9 条　当事人故意规避大陆地区强制性或禁止性法律规范的，大陆地区法院不适用该当事人企图适用的法律。

第 10 条　依本条例规定应适用非大陆地区的法律时，其适用违背大陆地区的社会公共利益的，则不得适用，而适用大陆地区相应的法律。

第 11 条　根据所有情况，特别是在当事人的合法民事权益需要予以保护时，产生纠纷的民事法律关系与本条例规定应适用的法律之间的联系并不密切，且明显地与另一法律的联系更为密切的，则可作为例外，不适用本条例规定应适用的法律，而适用该另一法律。

第 12 条　诉讼程序适用法院地法。

第 13 条　大陆地区与台湾、香港、澳门地区同为国际条约的适用地区的，优先适用该国际条约的规定，但各地区声明保留的条款除外。

第 14 条　民事法律关系的行为地或事实发生地跨连两个或两个以上的地区的，以行为或事实结束地为行为地或事实发生地。

第二章 自然人和法人

第15条 自然人以其户籍所在地的居住地为住所，经常居住地与住所不一致的，经常居住地视为住所。自然人的住所不明或者不能确定的，以其经常居住地为住所。自然人有一个以上住所的，以与产生纠纷的民事法律关系有最密切联系的住所为住所。定居国外的自然人的住所以其旅居国外前所在地区的最后住所为准。

法人以其主要办事机构所在地为住所。

自然人和法人以其经营活动的场所为营业所。当事人有一个以上营业所的，以与产生纠纷的民事法律关系有最密切联系的营业所为营业所。当事人没有营业所的，以其住所或者经常居住地为准。

第16条 当事人的身份适用其住所地法。

第17条 当事人的民事权利能力和民事行为能力适用其住所地法。当事人在大陆地区进行民事活动，如依其住所地法无民事行为能力，而依大陆地区法律有民事行为能力，应当认定为有民事行为能力。

第18条 宣告失踪和宣告死亡分别适用被宣告失踪人和被宣告死亡人的最后住所地法。

第19条 台湾、香港、澳门地区的法人在大陆地区进行民事活动须经大陆地区主管机关认许。

第三章 民事法律行为和代理

第20条 民事法律行为的成立、变更、解除、撤销、无效及方式适用民事法律行为所属民事法律关系的准据法。民事法律行为方式符合行为地法律者，亦为有效，但本条例另有规定的除外。

第21条 在委托代理中，被代理人与代理人之间的关系适用双方明示选择的法律。没有选择的，适用代理关系成立时代理人的营业所所在地法。被代理人与第三人以及代理人与第三人之间的关系适用代理人实施代理行为时的营业所所在地法。

法定代理和指定代理适用代理行为地法或者代理人实施代理行为时的住所地法。

第四章 物 权

第22条 动产和不动产物权适用物之所在地法，本条例另有规定的除外。

第23条 运输中的动产的物权适用送达地法。

第24条 运输工具的物权适用登记地法。

第25条 物之所在地如有变更，物权的得丧适用其原因事实完成时物之所在地法。

第26条 不动产物权的法律行为方式适用物之所在地法。

第五章 债 权

第27条 合同适用当事人协商一致和以明示方式选择的法律。当事人可以在订立合同时，或者合同发生争议后，或者法院开庭审理前作出选择。

在大陆地区履行的合资经营企业合同、合作经营企业合同、合作勘探开发自然资源合同，必须适用大陆地区的法律，当事人协议选择适用法律的条款无效。

第28条 当事人没有选择合同所适用的法律的，合同适用与其有最密切联系的法律。在通常情况下，与合同有最密切联系的法律依如下规定确定：

（1）货物买卖合同适用合同订立时卖方营业所所在地法。如果合同是在买方营业所所在地谈判并订立的，或者合同主要依买方确定的条件并应买方发出的招标订立的，或者合同明确规定卖方须在买方营业所所在地履行交货义务的，则适用合同订立时买方营业所所在地法。

（2）运输合同适用承运人营业所所在地法。

（3）借贷合同适用出借人营业所所在地法。

（4）担保合同适用担保人营业所所在地法。

（5）银行贷款或者担保合同适用贷款银行或者担保银行所在地法。

（6）保险合同适用保险人营业所所在地法。

（7）加工承揽合同适用加工承揽人营业所所在地法。

（8）技术转让合同适用受让人营业所所在地法。

（9）著作权许可使用合同和出版合同适用作者住所地法。

（10）工程承包合同适用工程所在地法。

（11）科技咨询或者设计合同适用委托人营业所所在地法。

（12）劳务合同适用劳务实施地法。

（13）成套设备供应合同适用设备安装运转地法。

（14）代理合同适用代理人营业所所在地法。

（15）关于不动产的合同适用不动产所在地法。

（16）动产租赁合同适用出租人营业所所在地法。

（17）仓储保管合同适用仓储保管人营业所所在地法。

（18）赠与合同适用赠与人住所地法。

（19）委任合同适用受任人营业所所在地法。

（20）行纪合同适用行纪人营业所所在地法。

（21）其他合同适用特征性义务履行人的营业所所在地法。

第 29 条　侵权行为适用侵权行为地法。侵权行为地法包括侵权行为实施地法和侵权结果发生地法。当事人双方在同一地区有住所的，优先适用当事人住所地法。大陆地区法律不认为在大陆地区域外发生的行为是侵权行为的，不适用上述规定。

第 30 条　不当得利适用不当得利发生地法。不当得利起因于某一民事法律关系的，适用支配这种关系的法律。

第 31 条　无因管理适用无因管理发生地法。

第六章　知 识 产 权

第 32 条　专利权适用专利申请地法或者请求保护地法。

第 33 条　商标权适用商标注册地法或者请求保护地法。

第 34 条　著作权适用作品首次发表地法或者请求保护地法。

第 35 条　有关知识产权的合同适用本条例关于合同的规定。

第七章　婚姻和家庭

第 36 条　结婚及婚姻的效力适用婚姻缔结地法，但大陆地区当事人在大陆地区域外结婚不得违反大陆地区的禁止性规定。

第 37 条　夫妻间人身关系适用当事人双方共同的住所地法。无共同住所的，适用其经常居住地法。

夫妻间财产关系适用当事人双方以明示方式选择的法律。没有选择的，适用当事人双方共同住所地法。无共同住所的，适用其经常居住地法。但涉及不动产的，适用不动产所在地法。

第38条　离婚适用受理案件的法院所在地法。当事人双方自愿离婚适用离婚登记机关所在地法。

第39条　父母子女间人身关系适用子女的住所地法。

父母子女间财产关系适用子女的住所地法。但涉及不动产的，适用不动产所在地法。

第40条　非婚生子女的认领适用认领时认领人的住所地法或者被认领人的住所地法。认领的效力适用被认领人的住所地法。

第41条　收养的成立及终止适用收养时收养人的住所地法或者被收养人的住所地法。

收养的效力适用收养人的住所地法。

第42条　监护的设立、变更和终止适用被监护人的住所地法。

第43条　扶养适用被扶养人的住所地法。

第八章　继　承

第44条　遗产的法定继承，动产适用被继承人死亡时的住所地法，不动产适用不动产所在地法。

第45条　遗嘱的方式符合下列法律之一的，应为有效：

（1）立遗嘱人立遗嘱时的行为地法；

（2）立遗嘱人立遗嘱时的住所地法；

（3）立遗嘱人死亡时的住所地法。

关于不动产的遗嘱方式适用不动产所在地法。

第46条　关于遗嘱的成立、变更、撤销及效力，动产遗嘱适用立遗嘱人立遗嘱时的住所地法。立遗嘱后立遗嘱人的住所发生变更的，适用立遗嘱时的住所地法或者死亡时的住所地法。不动产遗嘱适用不动产所在地法。

第47条　无人继承又无人受遗嘱的遗产的处理适用遗产所在地法。

第九章 时 效

第 48 条 时效适用其所属民事法律关系的准据法。

第十章 附 则

第 49 条 本条例不溯及既往，但未决事项除外。

第 50 条 本条例自颁布之日起生效。

The Harmonisation of Law in China—How to Resolve the Problem of Regional Conflict of Laws*

Following the Chinese government's proposition of "one country, two systems" to solve the questions of Hongkong and Macao, two joint declarations were formally concluded, namely, the Sino-British Joint Declaration of December 19, 1984 and the Sino-Portugal Joint Declaration of April 13, 1987. The Chinese government has expressed on many occasions its wish to see the reunification of Taiwan with the mainland in accordance with the model of "one country, two systems".

After China resumes its sovereignty over Hongkong and Macao in 1997 and 1999 respectively and realises the unification of Taiwan with the Chinese mainland, China will be a country with two systems (socialist system and capitalist system) and four sets of laws, because according to the principle of "one country, two systems", the original laws in Hongkong, Macao and Taiwan will remain basically unchanged. Hongkong, Macao and Taiwan will become independent legal regions within the People's Republic of China and will be equals in judicial affairs to mainland China. It will be found that social intercourse and business transactions among people of the various regions will substantially increase. Particularly, in a civil inter-

---

* 本文为作者参加 1994 年 11 月在澳大利亚悉尼举行的《协调亚太地区法律大会》提交的论文。

course, for instance, involving two or more regions, problems will inevitably arise as to which regional law should be applied. These are known as problems of regional conflict of laws. To harmonise the regional conflict of laws is a matter of great urgency facing Chinese jurists and lawyers.

Two methods are generally used to solve the problem of regional conflict of laws: one is to use the special rules for regional conflict of laws, the other is the unification of substantive law.

States with compound legal regions which employ special rules to solve the problem of regional conflict of laws usually do so in one of the following four ways: (a) apply private international law by analogy; (b) each legal region works out its own rules to solve the conflict between its laws and the laws of other legal regions; (c) establish a set of nationally uniform rules for the regional conflict of laws; (d) apply in essence the same rules for international conflict of laws and regional conflict of laws, making no difference between regional conflict of laws and international conflict of laws.

As to the unification of substantive law, countries with compound legal regions that employ this method also do in various ways: (a) enact nationally unified substantive law; (b) enact unified substantive laws applicable only to certain legal regions; (c) the legal regions adopt the same or similar substantive laws to achieve unification so as to solve mutual regional conflict of laws; (d) in some states with multilegal regions the supreme court actively intervenes in judicial practice to promote the unification of the substantive laws of the various legal regions to facilitate the solution of regional conflict of laws in the country.

Obviously, the regional conflict of laws in China after 1997 will also have to be solved through the special rules for regional conflict of laws and through the unification of substantive laws. So far as the former is concerned, it is injudicious to let each legal region work out its own rules of conflict of laws. Rules of regional conflict of laws thus arrived at will be sure to have widely divergent provisions which will lead to conflicts among rules of regional conflict of laws in the various legal regions. Such conflicts will only increase the compexity of regional conflict of laws. Moreover the time in which the legal regions can apply private international law by analogy to solve regional conflict of laws should be strictly limited. As the rules of regional conflict of laws are used to solve conflict of laws between different legal regions within a state, it is somewhat different from private international law used to solve international conflict of laws. Therefore to apply continuously private international law by analogy to solve future regional conflict of laws in China would not be appropriate.

The best way to solve our regional conflict of laws would be to enact a set of nationally unified rules for regional conflict of laws. Since the unified rules of regional conflict of laws do not involve the alteration of substantive civil and commercial law having fundamental differences among the various legal regions, this can be achieved more easily than the unification of substantive laws. Furthermore, the enactment of a set of nationally unified rules of regional conflict of laws will lead to the same factual situation of a case being handled in the same way in the courts of all the legal region, thus avoiding "forum shopping". At the same time, a set of nationally unified rules of regional conflict of laws with provisions for public policy can also be established to give a measure of independence to legal regions to uphold their own special lawful interest and safeguard the principle of "one country, two systems".

As to the unification of substantive law, it would be unwise to enact any uniform substantive law applicable to certain legal regions to solve the regional conflict of laws. This method should be resorted to as little as possible, or not at all, as this can only partially elimitate regional conflict of laws and is applicable only to certain problems. It cannot solve the problem thoroughly and comprehensively. It will also complicate the problem because unifying the law on some problems among certain regions would lead to the formation of new legal regions. Besides, there would be no supreme judicial organ over the various legal regions after China becomes a country with compound legal regions, as each legal region would have its own court of last instance. So, in order to solve regional conflict of laws, the unification of substantive law through the judicial practice of the supreme judicial organ as in Canada and Australia cannot be resorted to. Although the best solution to regional conflict of laws through the unification of substantive laws would be to enact nationally uniform substantive law, the difficulties are enormous because of the dissimilarities of mainland China, Hongkong, Macao and Taiwan. It is quite evident that the national unification of substantive laws would not be easy. In fact, the policy of "one country, two systems" would mean that the existing differences among the legal systems of the various regions would be affirmed for a relatively long period in which case the national unification of the substantive laws can only be a gradual process. The unification of substantive laws on some issues for the legal regions is possible, but only gradually and over a period of time and would have to be based on full respect for the independence of the various legal systems and accomplished through negotiation and coordination.

According to the above analysis, the following measures seem to be feasible for finding a solution to regional conflict of laws in China.

First step: Mainland China, Hongkong, Macao and Taiwan may each adopt its own private international law by analogy to solve regional conflict of laws. At present, each region has its own private international law statutes or unwritten law. For example, in Mainland China, there are provisions for the application of law in civil relations with aliens included in Chapter 8 of the General Principles of Civil Law of the People's Republic of China and some separate statutes on provision for the application of law on relevant problems. In Taiwan, there is the Regulations on the Appplication of Foreign Civil Law promulgated in June, 1953; while in Hongkong the rules of conflict of laws in English common law and statutes apply in solving international as well as regional conflict of laws. This situation allows each of the various regions to apply its respective private international law by analogy to solve regional conflict of laws. At this stage the various regions may make amendments to those provisions in private international law which are found unsuitable for regional conflict of laws. It must be stressed that this should be a short transitory period.

Second step: Then on the basis of full negotiation and coordination among various regions, a set of nationally unified rules of regional conflict of laws should be enacted to solve regional conflict of laws. This should be over a fairly long period to accord with the principle of "one country, two systems" which will not change at least for fifty years.

Third step: Following that, on the basis of full negotiation and coordination, a set of nationally unified substantive laws on some problems may be passed, or the regions themselves also could all adopt identical or similar substantive laws to avoid and eliminate regional conflict of laws on relevant problems. This may take place simultaneously with the above measure when the prerequisite conditions are there, but it should not and cannot replace the above measure. When this is done, the national legal system will finally be unified, but at the earliest this could happen only at least fifty years after the establishbment of Special Administrative Regions. The harmonisation of law in new China will then be fully and finally brought about.

晚近国际私法立法的新发展*

一、国际私法立法的改革浪潮

大约在30年前，许多学者还在为国际私法（冲突法）应不应该成文化而进行激烈的笔争舌战。① 30年后的今天，我们却发现，国际私法的立法运动已在世界范围内呈遍地开花之势。近30年内，已有数十个国家相继制定了自己的国际私法法规。在10年前，许多学者还在为瑞士联邦国际私法法规的出台而欢呼，认为它是国际私法法典化运动的“高潮”。② 然而短短10年之间，这股浪潮已被一波接一波的新浪潮所掩盖。我们欣喜地看到，在20世纪的最后十几年，一个接一个的国家或地区高举创新大旗，对自己的国际私法进行大刀阔斧的改革。它们当中既有来自传统大陆法系的国家和地区，如德国、意大利、列支敦士登，也有来自英美法系的国家和地区，如澳大利亚；既有来自社会主义法系或受前社会主义法系影响的国家，如越南③和

---

* 本文载《中国国际私法与比较法年刊》2000年第3卷，合作作者为杜涛。

① Pierre A. Karrer, High Tide of Private International Law Codification, The Journal of Business Law, 1990.

② Pierre A. Karrer, High Tide of Private International Law Codification, The Journal of Business Law, 1990.

③ 越南社会主义共和国于1995年10月28日通过了新的民法典，其中第七篇“涉外民事关系”是有关国际私法的规定（第826～838条），内容较为简略，本文不对其作过多论述。另外，委内瑞拉也于不久前颁布了新的国际私法法规，限于资料，本文亦不对其作详细论述。

罗马尼亚，也有来自受大陆法与英美法双重影响的地区，如加拿大魁北克和美国路易斯安那州及波罗黎各联邦。① 而受伊斯兰法律传统影响的突尼斯，也在新世纪来临前义无反顾地加入到这一潮流中来。这些具有不同法律传统的国家或地区参加到国际私法立法改革浪潮中来，使世纪之交的国际私法立法呈现出多元化发展趋势。

（一）加拿大魁北克省国际私法立法的改革

1991 年 12 月 18 日，加拿大魁北克国民议会通过了新的《魁北克民法典》，该法典第十卷专门对国际私法问题作了详细规定。新《民法典》已于 1994 年 1 月 1 日起正式生效。在此之前，魁北克国际私法的渊源集中在 1866 年的《民法典》（尤其是第 6 ~ 8 条及第 135 条）以及 1965 年《民事诉讼法典》（第 68 ~ 70，73 ~ 75 条及第 136 ~ 137 条）之中。而新《民法典》第十卷共 93 条，分为四篇。第一篇为总则，共七条，内容包括识别、反致、区际法律冲突与人际法律冲突、公共秩序保留、强制规则、例外条款等。总则规定赋予了整部法律以很大的灵活性。② 第二篇为冲突法，共 11 条，内容非常广泛，包括人法、物法、债法三大部分。魁北克此前立法中的许多内容都得到了保留，如属人法上的住所地主义、物之所在地法、继承上的分割制等。同时，新法典也借鉴了普通法上的一些新的制度，如关于动产担保、信托等的规定。在合同法律适用上也受到了《罗马公约》的影响。第三篇共 21 条，它试图为魁北克法院建立一套有关省际和国际私法案件管辖权的完整制度。第四篇共 14 条，它对在魁北克承认和执行外国判决赋予了较大自由，并废除了对判决的实质审查。

总的来看，由于加拿大魁北克是一个深受法国传统影响的地区，

---

① 波多黎各联邦也已起草了一部国际私法草案，可参见 Symeonides, Revising Pueto Rico's Conflicts Law: A Preview, Colum. J. Transnat. L. 28 (1990), at 413-447。

② H. Patrick Glenn, Codification of Private International Law in Quebec, IPRax. 1994, H. 4.

而且它十分有效地抵挡住了英美法的侵蚀，使其国际私法制度既保留了大陆法的传统，又具有英美法的若干特征，具有混合性质。

（二）美国路易斯安那州国际私法立法的改革

路易斯安那州新的国际私法立法是在路易斯安那州法学会的主持下在1984～1988年间起草的。它于1991年以第923号法的形式颁布，后被并入《民法典》，作为其第四篇的第3515～3549条。该法于1992年1月1日起生效。

新立法只包括传统的冲突法规范，而不包括管辖权及外国判决的承认与执行规范。该法共35条，它与其他有关法规中的国际私法规范是并存的，并不取代它们，这些法规包括保险法、商法典、动产租赁法、证据法、消费者信贷法等。新立法在总则规定上很简短，只规定了一个“一般方法条款”和反致、住所及对“国家”的含义的解释等。该法规最引人注目之处便在于其中的“一般方法条款”。它不仅专设了第3515条作为整个立法的“一般方法条款”，而且在各章中均专设了一条“一般方法条款”。这样做的目的是要通过“规则”（Rule）与“方法（Approach）的结合，实现法律选择中“明确性”与“灵活性”的统一。

路易斯安那州国际私法的改革深受英美普通法的影响，它虽然仍保留了大陆法的传统“框架”，但其“原材料”都是英美式的。①

（三）澳大利亚国际私法（冲突法）的改革

澳大利亚是传统的普通法国家，没有成文的国际私法（冲突法）规范。根据判例发展出来的冲突法规则总是倾向于法院地法的适用，这种做法必然导致原告挑选法院以便使对自己有利的法律得到适用。有鉴于此，澳大利亚法律改革委员会便着手对冲突法进行改革，并于1992年3月提出了有关冲突法的立法建议，全称为《1992年州和地区冲突法统一法案草案（Draft Uniform State and Territorial Choice of Law Bill 1992）》（本文简称为《草案》）。澳大利亚政府目前尚未决

---

① Symeonides, PIL Codification in a Mixed Jurisprudence: Louisiana Experience, Rabels Z. (1993) 473.

定是否将其作为法令予以通过。

《草案》共14个条文，分别规定了关于类似于侵权的请求权、机动车交通事故、工人赔偿、合同、公平贸易法、信托、继承、当事人选择法律、实体问题与程序问题的划分等问题的法律适用。另外《草案》中还涉及公共秩序、强制规则的适用等内容。

澳大利亚法律改革委员会对这一立法草案是怀有很高期望值的。① 由于传统的从英国王室发展出来的普通法冲突法存在许多空白，他们希望能以此建议草案作为澳大利亚立法的基础。委员会在法案中尽量避免了任何带有个人偏见的观点与方法，在许多地方采取了一种国际主义的眼光，吸收了其他国家或地区的有益立法经验。委员会尤其大量继承了大陆法的立法经验，特别是海牙国际私法会议的有关立法。尽管该法案尚未得到政府的采纳，但毫无疑问，它会为以后澳大利亚的立法工作打下良好基础。

（四）罗马尼亚国际私法立法的改革

1992年9月22日，罗马尼亚颁布了《关于调整国际私法法律关系的第105号法》（本文简称《第105号法》），从而结束了罗马尼亚没有一部统一的国际私法法典的历史。在此之前，罗马尼亚的国际私法法规只有寥寥几条，且散见于1865年的《民法典》和《民事诉讼条例》及其他单行法律中。在罗马尼亚历史上，也曾有几次关于国际私法的立法活动，② 但却不了了之。直到1989年以后，立法活动才真正有效地开展起来，最终通过了现在的《第105号法》。新立法共183条，分为13章。内容上包括三大部分：总则、法律适用和国际民事程序法。总则部分共10条，主要包括外国人的民事法律地位、外国法的证明与适用、识别、反致、准据法的变更等问题。第二部分法律适用规范是该法的主体（共136条）。这一部分内容与原有立法相比，有了非常大的创新，设置了许多新的冲突规则。第三部分国际民事程序法共33条，内容包括罗马尼亚法院的国际管辖权、民事程序的法律适用、外国法院判决的效力

① See Nygh, Reform of PIL in Australia, Rabels Z. 58 (1994), 732f.

② Capatina, Das Neue Rumanische IPR, Rabels Z. (58) 1994, 470.

以及国际仲裁管辖权等。

新的罗马尼亚国际私法法典是一个集大成的产物。它以六七十年代艾利斯库教授起草的草案为基础，并吸收了此后20年来国际私法立法在各国的最新发展。尤其是七八十年代欧洲各国新颁布的几部国际私法法规，如1979年奥地利国际私法法规、1986年联邦德国国际私法法规以及1989年瑞士联邦国际私法法规。此外，《第105号法》还吸收了一些国际私法公约的立法经验，如1980年欧共体《罗马公约》、日内瓦票据公约等。

总之，罗马尼亚《第105号法》堪称当今世界上内容较完备、技术较先进的国际私法典之一。

（五）意大利国际私法立法的改革

意大利是现代国际私法的发源地。但直到1995年之前，意大利并没有一部专门的国际私法法规，其国际私法规定散见于《民法典》、《民事诉讼法典》及其他单行法律之中。长期以来，许多人一直在为制定一部国际私法法规而努力。① 经过几十年的努力，意大利终于在1995年5月17日正式通过了一部新的国际私法法规。新法规共74条，其中第1～63条于1995年9月1日起生效，第64～71条从1996年12月31日起生效。此次立法改革的目的主要在于：（1）在国际婚姻、家庭法中采用无性别歧视的连结点；（2）对冲突规范进行完善和补充；（3）对国际私法的总则性问题作出规定；（4）对国际民事诉讼法作出统一规定。②

新立法在结构上分为五篇，计总则、意大利法院的管辖权、法律适用，外国判决和法律文书的效力、过渡条款与最后条款。第一篇总则部分只有两条，规定了该法的适用范围和国际条约的效力。第二篇内容涉及确立意大利法院国际管辖权的基本规则，如被告住所地原则、主观管辖权、自愿管辖案件以及外国未决诉讼等。第三篇规定了法律选择问题，分为11章。其中第一章规定了反致、公共秩序、外

---

① Vitta, In tema di riforma del d. i. p. Foro it. 1986, v. 1-25.

② Peter Kindler, Internationale Zuständigkeit und anwendbares Recht im italienischen IPR-Gesetz von 1995, Rabels Z. 61 (1997), 252f.

国法的查明、干涉规则、区际法律冲突等问题。其他几章分别规定了人法、家庭法、继承法、物权法、债权法、公司法等问题的法律适用。第四篇内容涉及外国判决及其他司法文书的承认与执行、外国法院的取证以及外国法院的送达等问题。

意大利新的国际私法立法在立法内容和立法技术上均具有鲜明的时代特征，代表了当今国际私法立法的最新发展趋势，在国际私法学界引起了广泛关注。

（六）列支敦士登国际私法立法的改革

列支敦士登是位于中欧的一个"袖珍国家"。由于地理位置优越，它与外国的民商事交往十分发达，因此，国际私法也很受重视。但长期以来，其国际私法规范均散见于其他有关单行法规之中。20世纪80年代以来，为适应现代社会的发展，列支敦士登当局着手进行国际私法的改革，并于1996年9月19日颁布了一部新的国际私法法规。该法规于1997年1月1日起生效。① 值得注意的是，该法规并未包括列支敦士登国际私法的全部内容。首先，有关国际公司法的内容仍受《个人与公司法》调整，该法已于1996年10月30日修订，并于1997年1月1日起与上述国际私法法规同时生效。另外，有关国际民事诉讼法的内容没有包括在此项改革范围之内。

新颁布的国际私法立法共56条。第1～11条为总则规定，内容包括最强联系原则、公共秩序保留、反致、当事人意思自治、规则变更等。第12～28条为国际人法的内容，包括人的身份、能力、婚姻、家庭等问题的法律适用。第29～30条为国际继承法。第31～37条规定了国际物权法，包括动产物权和不动产物权的法律适用。而国际债权法（第38～53条）的内容基本上沿用了奥地利国际私法法规的规定。而此次对《个人与公司法》中的冲突规则的改革尤其引人注目，它侧重于对成立地位于本国的公司的保护，同时也兼采"住所地"原则，从而使其具有"经济上的干涉性质"。②

① Alexander Appel, Reform und Kodification des Liechtensteinischen IPR, Rabels Z. 61 (1997), 512f.

② Wagner, Gesellschaftsrecht in der Schweiz und in Liechtenstein (1995), 51f.

列支敦士登的国际私法改革虽然受到其邻国奥地利和瑞士立法的强烈影响，但这并没有妨碍它对本国立法和司法经验的融合。相反此次改革充分考虑到了列支敦士登作为一个微型国和低税收国的实情。尽管有人批评它没有充分考虑到有关国际条约对国际私法的影响，但我们毕竟看到，列支敦士登这一古老的公国已经开始认识到，必须使其古老的冲突法传统跟上现代国际私法的发展步伐。

（七）突尼斯国际私法立法的改革

1998年11月27日，突尼斯颁布了新的《国际私法典》（Code de Droit International Privé），该法典已于1999年2月1日起生效。

突尼斯是一个伊斯兰国家，其法律也具有悠久的伊斯兰法律传统。近年来，突尼斯在立法上开始寻求变革，逐步走向法律现代化，也就是向现代西方法律靠拢。但在变革中，突尼斯并没有放弃其伊斯兰法律传统。这次国际私法改革也遵循着这个原则。

在国际私法改革前，突尼斯并没有完整的国际私法法规，其规定都分散在不同的单行法之中，如1956年8月13日颁布的身份法典（CSP）。而新法典充分考虑到了近年来国际私法的发展趋势，在许多方面均吸收了国际上的先进立法经验。

新法典共分为五编，共76条。第一编为总则，第二编为管辖权，第三编为外国判决和裁定的执行，第四编为豁免权，第五编为法律适用。由此可见，突尼斯的国际私法立法与晚近各国国际私法立法一样，在立法结构上日趋完整，在内容上也日趋丰富。尤其值得注意的是，突尼斯新国际私法在某些领域，特别是在婚姻家庭领域已经摆脱了伊斯兰法律的影响（如一夫多妻制，见第46条），日益向现代法律传统靠近。在其他法律领域，也大胆吸收了有关国际公约和其他国家立法的先进经验。比如在合同法律适用上，突尼斯便接受了1980年《罗马合同债务法律适用公约》的规定。

总而言之，突尼斯新国际私法典是一部由传统走向现代的立法典范。①

---

① Bruno Menhofer, Neues Internationales Privatrecht in Tunesien, IPRax1999, Heft 4, S. 266.

（八）德国国际私法立法的改革

德国是世界上最早颁布单行国际私法法规的国家。早在100多年前，德国便于1896年制订了《民法施行条例》，1986年7月25日，德国对该《条例》进行了彻底修订，并颁布了新的《国际私法法规》。然而该部法规并不完备，因为它只包括了人身权、婚姻家庭关系和合同之债权关系的法律适用问题，而在非合同之债和物权方面则付诸厥如，形成法律空白。尽管早在1984年的第一次政府立法草案中便有了关于非合同债权和物权的国际私法规定，但在1986年公布国际私法立法时并未将该部分包括进去。1993年联邦司法部起草了部关于非合同债权和物权的国际私法法案。① 内阁于1998年8月24日通过的一项政府草案吸收了上述司法部草案的精华，并作了更明确的规定。政府草案于1998年11月6日在联邦议会引起积极反响。议会在审议过程中只提出了五项质询案。

1999年2月24日，该草案经过一读审议被提交表决，考虑到当今国际社会全球化进程的日益加快，德国在国际私法领域长期存在的法律空缺非常不利于国际商业交往的发展。因此，议会法律委员会对该草案表示了极大欢迎，并于1999年3月24日一致向联邦议院建议通过该草案。议院接受了该建议，未经过二读和三读程序便原文通过了该草案。② 联邦议会也没有按照立法法第77条第2款的规定，提请召开调解委员会会议。新的法规于1999年6月1日起正式生效。

1986年颁布的德国国际私法法规共36条。此次新的国际私法法规又增加了9条，即第38~46条。其中第38~42条为非合同债权关系的法律适用，第43~46条为物权关系的法律适用。

新立法中最引人注目之处是对“例外规则”的采纳。其第41条和第46条规定，只要另一国法律比该法所确定的法律存在实质性更密切联系，则适用另一国法律。

新立法的另一特点是在非合同债权关系上接受了“意思自治原则”，允许当事人选择应适用的法律。

---

① Münch Komm-Kreuzer，BGB，3. Aufl.（1998）.

② BR-Drucks. 210/99.

总而言之，经过多年的立法准备，德国国际私法终于在新千年即将到来之际得以完备起来。①

二、国际私法立法的集中化

通过前文对晚近有关国家和地区国际私法立法改革的介绍与分析，我们可以从中发现当代国际私法立法的若干新发展趋势。首先，我们可以看出，近年来，各国国际私法立法日益朝集中化发展。对这种集中化可以从两方面来理解。

（一）国际私法立法形式上的集中化

近年来各国的国际私法立法已抛弃了早先的分散立法方式，而朝着集中、专门规定的方式发展。早先的国际私立法，大都受《法国民法典》影响，采用在《民法典》有关章节中分别对有关涉外民事法律关系加以规定的方式，或者在各有关单行法规中均规定有相关方面的国际私法规范。比如，意大利在国际私法立法改革前，其国际私法规范分别散见于《民法典》、《民事诉讼法典》及《航运法典》等法规中。罗马尼亚、列支敦士登等国亦是如此。② 这种分散的立法方式导致各国国际私法立法缺乏系统性和协调性，不利于法官查阅和适用。因此，近年来各国国际私法立法均采用集中立法方式。这种集中立法方式又大致分为两种：一种是保留将国际私法作为《民法典》的一部分的专篇专章立法方式；另一种就是专门性国际私法法规方式，也称法典式。

前一种专篇专章立法方式以加拿大魁北克省和美国路易斯安那州的国际私法立法为代表。这两个地区均为前法国殖民地，其法律传统深受法国法影响，它们的国际私法立法形式上只是对原《民法典》有关国际私法内容的修订。但值得注意的是，修订后的国际私法名义上仍是《民法典》一篇或一卷，但实际上该篇或卷已自成一体，完

① Roll Wagner, Zum lnkrafttreten des Gesetzes zum Internationalen Privatrecht für ausservertragliche Schuldverhaeltnisse und für Sachen, IPRax 1999, Heft 4, S. 210.

② 参见前文有关论述。

全可以等同于一部专门性国际私法法规，如加拿大魁北克国际私法形式上属于《民法典》第十卷，但从其结构上看，既有总则篇，又有分则篇，而分则既包括冲突法，也包括管辖权和外国判决的承认与执行。因此实际上它已超出了民法典的范畴，可以被视做一部单行法规。而路易斯安那州的国际私法立法最初便是一部单行法规，后来被并入民法典，结构上仍保持完整，总则、分则俱备，浑然一体。

而专门法典立法方式则比前者更进一步，即单独制定一部国际私法法规。① 这一立法方式以罗马尼亚、意大利、列支敦士登和突尼斯国际私法立法为典型。尤其是罗马尼亚与意大利的国际私法法规，堪称当代国际私法法典化之典范。它们总则、分则、附则俱备，结构严密，逻辑严谨，清晰明了，语言简洁，具有形式上的美感。它们不仅避免了立法在形式和结构上的残缺不全，又避免了立法的过于冗长，繁杂，非常值得我们借鉴。

（二）国际私法立法内容上的集中化

晚近国际私法立法在内容上同样有集中化的趋势，这也是形式集中化的要求。一方面，晚近各国立法均是将原有的分散式立法内容经过归纳和修改后汇编在一起，消除原有立法内容上的相互矛盾重叠；另一方面，新法都根据当今世界民商事发展的需要并结合国情，对原有立法进行了大量补充，增加了许多新的内容。各国新颁布的国际私法立法，内容上大都包括了总则、法律适用、管辖权和外国判决的承认与执行等内容。有的国家立法尽管只涉及到法律适用方面，但即使在这一方面，也已包括了国际人法、国际物权法和国际债权法等领域；而在人法领域又包括了人的身份与能力、婚姻家庭关系等；在物权法领域，很多立法都涉及到了知识产权、有价证券、信托等问题；在债权法领域，除合同之债和一般侵权之债外，产品责任、侵犯人身权、不正当竞争等特殊侵权行为也进入国际私法立法范围。

国际私法立法的集中化也表现在各国国际私法立法的结构安排更趋合理。晚近国际私法立法大都包括法律适用、管辖权和外国判决的

① Pierre A. Karrer, High Tide of Private International Law Codification, The Journal of Business Law, 1990, at 78-87.

承认与执行三大部分。对于如何安排这三大部分内容，晚近各国立法形成了三种模式：（1）瑞士模式：即整个立法按不同法律关系分为若干章节，而在各章节中针对不同法律关系均按管辖权——法律适用——判决的承认与执行的模式进行规定。这一立法模式的好处是方便法官适用。法官判案时几乎不用思考，依照有关条款规定的顺序就可解决遇到的问题。但这种模式的不足之处在于使法典过于冗长，各章节中有关管辖权、法律适用及判决承认与执行分别作出的规定难免有重叠、矛盾之处，法典缺少一种整体上的协调性。（2）意大利模式：即整部法典分为总则——管辖权——法律适用——外国判决的承认与执行几大部分。这种立法模式实际上受英美法系，尤其是美国《第二次冲突法重述》的影响。它将管辖权、法律适用和外国判决的承认与执行三大内容分别单独作出规定。这种方式既照顾了法官判案的程序，又考虑了立法在形式上的完整性和协调性。（3）罗马尼亚模式：即将整个立法分为总则——冲突法——国际民事程序法三大部分，而管辖权和外国判决的承认与执行问题都纳入国际民事程序法当中。这一立法模式受大陆法系国际私法学说影响较大，因为传统大陆国际私法学者将国际私法分为冲突法和国际民事程序法两大部分，而管辖权、外国判决的承认与执行，包括域外送达、调查取证等均是国际民事诉讼法研究对象。这种立法模式结构严整，逻辑性强。上述三种立法模式各有千秋，各国应根据自己的法律传统采用不同立法模式。如加拿大魁北克的国际私法立法类似于罗马尼亚模式，而突尼斯国际私法典则采用与意大利立法相似的结构模式。

三、英美法与大陆法的相互融合

在国际私法领域，如同在其他任何法律领域一样，无论是在理论上还是在实践上都存在着英美法系与大陆法系之间的分歧与对立。①随着世界经济一体化趋势的加强，这种分歧与对立对各国间的民事交往和商业流通日益构成障碍。因此，晚近以来，国际私法界一直将解

① Audit, A Cootinental Lawyer Looks at Contemporary American Choice-of-Law Principles, 27A. J. C. L 1979, at 589.

决两大法系间的对立作为努力的目标，从近年来两大法系有关国家和地区的立法来看，这种努力已取得一定成效。两大法系之间逐渐出现了相互融合的趋势。

（一）英美法系国家和地区的冲突法向成文化迈进

英美法历来坚持判例法传统，极少成文立法。在国际私法方面，更是有许多学者反对将冲突法成文化。柯里曾说过，“没有冲突法规则我们会更好”。因为它们“有碍于进行明确分析和进一步发展”。① 里斯也曾说过，“立法，无论其多明智，也无法预料到几乎是无限多的可能性”。② 特劳特曼也认为：“立法的固有特性使其无法捕捉到事物的细微差别以找到正当和令人满意的法律选择方法”。③ 另外皮特森也有类似观点。④ 上述这些学者的观点均反映了美国60年代“冲突法革命”的影响，在这场所谓的“革命”中，传统的冲突法规则被认为是“僵硬的”、“缺乏灵活性的”，是应当“被抛弃的”。这场“革命”深刻地影响了当代国际私法的发展，但结果并没有像那些激进派学者所主张的那样将冲突规则全盘舍弃，相反，国际私法在经历了“革命”的洗礼之后，一股法典化的潮流正以崭新的面貌汹涌而来，这股潮流不仅在欧洲国家涤荡，而且已蔓延到“革命”的发源地美国，并在其他英美法地区引起反响。首先是具有悠久大陆法传统的美国路易斯安那州和加拿大魁北克省发起了国际私法编纂活动，并先后制定了新的国际私法立法；另外，美国的波多黎各自由联邦也于1991年颁布了一部国际私法法规。⑤ 其后，澳大利亚也开始着手对其

---

① See B. Currie, Selected Essays on the Conflict of Laws (Durham, N. C. 1963) 183, at 616.

② See Reese, Statutes in Choice of Laws, Am J. Comp. L. 35 (1987), at 391-403 (396).

③ See Trautman, Reflections on Conflict of Laws Methodology, Hasting L. J. 32 (1980), at 1612-1683 (1621).

④ Peterson, New Openness to Statutory Choice-of-Law Solutions, Am. J. Comp. L. 38 (1990), at 423-429.

⑤ Symeonides, Revising Pueto Rico's Conflicts Law, Colum. J. Transnat. L. 28 (1990), at 413-447.

冲突法进行改革，并于 1992 年起草了一部冲突法草案。英美法系国际私法的成文化现象虽然仍只限于部分国家或地区，但这种现象本身就足以说明，保持法律的明确性和相对稳定性永远都是法律的价值追求之一。如果否定具体的冲突法规则，等于是否定了国际私法本身，其结果只能是使法律的适用变得非常任意，脱离客观的标准。美国当前的国际私法学界已从“冲突法革命”的狂热中逐渐冷静下来，开始对传统的冲突规则进行重新重视。从这一点上看，两大法系正在向同一个目标靠近。

（二）英美现代冲突法理论对欧陆国家立法的影响

大陆法系的国际私法历来重视理论研究，现代国际私法理论也起源于欧洲大陆。欧洲大陆的理论学说经过英美几代学者的努力被传到英美等国家，尤其是英国的戴西和美国的斯托里。长期以来，欧洲国际私法界一直有一种理论上的优越感，不能正视英、美的国际私法理论。然而自 60 年代美国“冲突法革命”爆发后，这种情况开始改变了，美国现代冲突法学说的变革，仿佛打开了欧洲学者的眼界，使他们开始向往大洋彼岸的新观点，并借用起这些新理论来表示对自己传统的国际私法体系的不满。① 虽然美国的激进派观点并未被欧洲学者接受，但其改良派所主张的通过一些新的灵活开放的连结点改造传统的冲突规范的观点为欧陆学者认同。

这种认同逐渐体现在晚近欧洲一些国家的新国际私法立法中。其中最突出的表现便是“最密切联系原则”已经为近年来几乎所有欧洲国际私法接受。列支敦士登 1996 年国际私法法规第一条便将最密切联系原则作为整个立法的补充性基本原则，规定凡该法中未作规定的均依最密切联系原则确定应适用的法律。意大利 1995 年的国际私法法规也在第 18 条第 2 款、第 19 条第 2 款直接采用了“最密切联系”原则作为连结点。罗马尼亚 1992 年国际私法法规同样在第 20 条第 3 款、第 77 条、第 102 条 b 项等条文中将“最密切联系原则”作为补充性冲突规范。德国早在 1986 年的国际私法立法中便全面接受

---

① Lowenfeld, Renvoi Among the Law Professors: An American's View of the European View of American Conflict of Law's, 30 Am. J. C. L. 1982, at 104.

了最密切联系原则，在其1999年的立法中同样在第41、46条中采用了这一原则。再一个表现是，在“美国冲突法革命”中影响巨大的“利益分析说”也为欧洲国际私法理论和立法接受。“利益分析说”由柯里首倡，本来是一个激进的学派，主张彻底否定传统的冲突规范，反对冲突法的成文化，主张采用利益分析的方法来决定法律的适用。“利益分析说”的激进立场为欧洲人所不取，但该理论所提出的新的法律适用方法，却为传统的冲突规范注入了一股生机，在这一理论的影响下，产生了一些新的确定法律选择的方法，比如保护弱方当事人原则便是一个典型。这一原则在欧洲新近的国际家庭和国际消费者保护领域以及雇佣合同方面均得到了体现。如列支敦士登1996年国际私法立法中有关亲子关系的规定中，大量采用有利于子女一方的准据法（第22~27条）。在消费者合同方面，该法也规定任何对消费者不利的法律选择无效（第45条）。意大利1995年立法中也大量采用子女本国法作为亲子关系方面的冲突规范连结点（第33~40条）。罗马尼亚1992年国际私法立法第28条、第29条等也体现了上述原则。

从上述分析可以看出，晚近欧洲大陆法系的国际私法立法所进行的改革，或多或少均受到了美国现代冲突法理论的影响。① 这也从一个方面证明了两大法系国际私法相互融合的趋势。

（三）两大法系在属人法上的日趋接近

在属人法的连结点上，历来存在着大陆法系的本国法主义与英美法系的住所地主义之间的严重分歧与对立。欧洲大陆自《法国民法典》颁布以来便广泛接受了本国法作为当事人的属人法，究其原因，大陆法系国家多为单一制结构，在历史上又是大量向外移民的国家，采本国法主义可以加强对海外移民的法律控制。与此相反，英美普通法系诸国多实行联邦制结构，各邦人员在身份及能力方面产生的区际法律冲突，也只有以住所地法才能解决；加之长期以来外来移民的进入，采住所地法就可以使外来移民受当地法律的管辖，便于当事人参

① Siehr, Domestic Relations in Europe: European Equivalents to American Evolutions, 30 A. J. C. L. 1982 38f.

加诉讼和解决纠纷。

两大法系属人法上的这种分歧是反致制度产生的基本原因，也是长期以来阻碍国际私法统一化的重大障碍。然而自本世纪 50 年代以后，随着国际经济交往的迅猛发展和国际私法统一化进程的加快，两大法系在属人法上的这种传统分歧有殊途同归的倾向。在晚近的各国国际私法立法中，这一倾向有所反映，其主要标志是住所地的地位得到了提高，大有逐渐取代国籍这一连结点之势。① 虽然欧洲大陆一些国家在 90 年代的国际私法立法没有像瑞士 1989 年国际私法立法那样完全放弃本国法而采用住所地法作为当事人属人法，② 但它们均将住所作为对国籍的一项补充连结点而予以接受。如罗马尼亚 1992 年立法中对于多重国籍和无国籍人，即以住所地法作为其属人法（第 12 条第 2 款、第 3 款）。大陆法系国家对国籍原则的突破还表现在惯常居所地这一连结点的采用上。列支敦士登 1996 年立法中对于婚姻的法律效力（第 19 条）、婚姻财产制（第 20 条）以及离婚的效力（第 21 条）等问题上均放弃了国籍原则而采用了惯常居所地作为连结点。意大利 1995 年立法中同样突破了传统的国籍法原则，尤其是在婚姻的效力和夫妻财产制上，设立了夫妻“主要婚姻生活地”这一新的连结点作为对本国法的补充（第 21 条第 2 款）。

（四）两大法系在继承法律适用上的相互融合

在继承法的法律适用问题上，同样存在着大陆法系和普通法系的巨大分歧，其核心在于遗产的“同一制”和“分割制”。③ 遗产的“同一制”原则已被大多数大陆法系国家接受为指导性原则，该原则是指对于遗产，无论其是动产还是不动产，也无论其位于何处，均作为同一个整体受同一法律支配，即被继承人属人法，其中采用被继承

---

① Symeonides, Private International Law Codification in a Mixed Jurisdiction: the Louisiana Experience, Rabels Z. 57 (1993), at 483.

② 瑞士联邦国际私法法规第 35 条。

③ 有关继承的“同一制”与“分割制”的论述，详见 F. Boulanger, Les successions internationales (1981) 38-41; Ernst Rabel, The Conflict of Laws, A Comparative Study (1958) 251-286; Crahl-Madsen, Conflict Between the Principle of Unitary Succession and the System of Scission, Int. L. Q. 28 (1979), at 598, etc。

人本国法的占多数，包括德国、奥地利、日本、西班牙等。之所以如此，是因为大陆法系历来重视从被继承人及其家庭所属社会的角度来看待继承问题，而忽视了财产的位置所具有的重要性。① “分割制”则为大多数英美法系国家所接受。这些国家主张将遗产分为动产和不动产，并适用不同法律。不动产适用不动产所在地法，而动产则适用被继承人最后住所地法。英美法系的继承制度脱胎于英国封建社会时期的财产法，因此它的着眼点更强调主权者对财产的权力，而更少考虑到财产从上一代人向下一代人的合理传承。②

上述两种制度各有利弊，③因此两大法系在这方面的对立也旷日持久。这非常不利于国际民事交往的发展。因此，晚近的国际私法立法试图从多方面入手消融这种对立。

首先，同一制原则逐渐得到国际社会的认同。一方面，海牙国际私法会议于1989年通过的《关于死者遗产继承法律适用公约》采用了同一制主张。尤其值得关注的是，在通过该公约的第16届会议上，一向主张分割制的英国也表示了“分割制”在适用上的困难，而倾向于接受同一制。④ 尽管该公约尚未生效，签署的国家也不多，但它毕竟反映了国际私法在这一问题上的发展趋向，另一方面，原先采用“分割制”的国家或地区已开始出现转向的趋势。例如，1991年美国路易斯安那州立法中虽然保留了“分割制”，但已作了许多例外规定，这些例外规定大都以死者最后属人法作为不动产继承的准据法，从而排斥了不动产所在地法的适用。⑤ 澳大利亚1992年的冲突法草案，也放弃了传统的分割制，转而采用死者最后住所地法作为所有继承问题的准据法。⑥ 这种现象

---

① Symeonides, Private International Law Codification in a Mixed Jurisdiction: the Louisiana Experienec, Rabels Z. 57 (1993), at 486.

② 同上书，第487页。

③ 参见韩德培主编：《国际私法新论》，武汉大学出版社1997年版，第349~350页。

④ 参见李双元主编：《中国与国际私法统一化进程》，武汉大学出版社1998年修订版，第585页。

⑤ 参见该法第3533~3534条及第3529~3531条。

⑥ Draft Bill of Australia, Cl. 12 (5).

被有些学者称为是向“大陆法的回归”。① 另外，受伊斯兰法律影响的突尼斯在其1999年生效的国际私法立法中也采纳了“同一制”(第54条)。

其次，晚近各国立法采取各种方式试图消解两种制度间的对立。同一制与分割制的根本分歧在于不动产继承和法律适用上。有些国家便通过反致制度来协调二者的对立。例如采同一制的国家通过反致可以使财产所在地法得到考虑，意大利1995年的国际私法立法便是如此。② 另外，晚近各国国际私法立法均允许被继承人在一定限度内享有选择法律的权利。如意大利1995年立法第46条第2款，加拿大魁北克1991年立法第3098条第2款，罗马尼亚1992年国际私法立法第68条、列支敦士登1996年立法第29条第(3)款等。这种选择出来的法律无疑应统一适用于动产和不动产，尽管也会存在一定限制（如当事人的选择不得排除强制性规则的适用）。再者，晚近各国国际私法立法均规定有公共秩序保留条款，从而也可以利用这一条款来协调两种制度间的矛盾，使所得在地法得到考虑。

（五）两大法系在时效制度上的融合趋势

依照大陆法系的观点，时效只是使债务归于消灭的一种方式。这种观点导致人们认为不需要为时效问题规定专门的冲突规则。因此，大多数大陆法系立法要么对此不加规定，要么仅简单地规定时效受主要事实准据法支配。③ 而普通法国家则将时效问题归结为程序事项，从而原则上受法院地法支配。事实上，无论是大陆法将时效视为纯粹实体法问题，还是普通法将其视为程序法问题，都会遇到麻烦，因为时效问题常常兼具实体性与程序性。因此，从国际私

① Symeonides Private International Law Codification in a Mixed Jurisdiction：the Louisiana Experience，Rabels Z. 57 at 488.

② Kindler，Internationale Zuständigkeit und anwendbares Recht des Italienischen IPR-Gesetzes in 1995：Rabels Z. 61 （1997） 265f.

③ 参见德国民法施行法第32条；西班牙民法典第10条；瑞士联邦国际私法法规第148条；匈牙利国际私法法规第30条第4款；秘鲁民法典第2099条以及布斯塔曼特法典第229条。

法角度来看，依照普通法方法适用法院地法与依照大陆法方法适用主要问题准据法均过于武断。普通法方法会鼓励人们去挑选法院，并忽视了其他与当事人及争议有更为密切联系的国家的利益，大陆法方法也不利于法院地国维护其程序上的利益。有鉴于此，这两种方法已逐渐达成共识，互相作出让步，放弃各自固守单一法律的做法。① 美国路易斯安那州 1991 年新的国际私法立法便采用了一种折中做法。该法第 3549 条的规定便是建立在准据法和法院地法这两个基本连结点之上，但稍微偏向于后者。它提供了四种相冲突的政策供法官权衡：（1）法院地特定时效规则隐含的程序性或实体性政策；（2）主要问题准据法所属国时效规则隐含的实体性政策；（3）抑制挑选法院的一般政策以及（4）要求法院在合理情况下审理多州案件的联邦政策。法官通过对上述政策的权衡，决定时效应适用的法律。这种规定被认为足以有效避免当事人挑选法院现象的发生，以实现个案公正。

两大法系国际私法的这种相互融合的趋势还有多方面的表现，诸如在国际物权法领域“物之所在地”原则的广为接受，在国际债权领域“自体法”理论的迅速传播，以及在国际代理、国际信托和国际产品责任等领域两大法系的日益接近，所有这些均反映了现代社会的全球化发展趋势对法律的要求，国际私法正逐渐超越地域的界限，向统一化方向迈进。

四、法律适用上“明确性”与“灵活性”的结合

在国际私法立法的价值取向上，历来有两种相互对立的倾向，一种倾向在于追求法律规范的明确性、稳定性和结果的一致性，另一种倾向则强调法律的灵活性和适应性。传统的国际私法理论建立在欧洲大陆的理论逻辑思维基础之上，注重法律的明确性，主张冲突法的成文化，反对“法官造法”。20 世纪 60 年代兴起的美国“冲突法革命”对传统的冲突法理论展开了批评，认为传统的冲突法是“僵固的”、

① Symeonides, Private International Law Codification in a Mixed Jurisdiction: the Louisiana Experience, Rabels Z. 57 (1993), 476f.

"机械的"、"呆板的"，不能实现个案的公正。因此，他们甚至主张"抛弃"冲突规则。① 几十年来的发展证明，美国现代冲突法"革命"中的偏激派主张固然不可取，但传统的国际私法确实有值得改进的一面。从晚近英美地区及欧洲大陆各国立法来看，上述两种价值取向逐渐走向调和，国际私法立法正向兼顾法律的"明确性"和"灵活性"方向发展。

（一）"规则"与"方法"的结合

在美国冲突法"革命"中，里斯曾说过：现代冲突法的关键问题，就是我们应该要"规则（Rule）"还是要"方法（Approach）"。这里所说的"方法"也就是一系列的因素，它并不是具体指明应适用的法律，而是为法院的选择提供一种参考和标准。② 在这场"规则"与"方法"之争中，激进的利益分析学派认为要用一种法律选择的"方法"来代替法律选择的"规则"。而改良派则认为必须保留"法律选择规则"，而反对纯粹依靠法律选择"方法"。③ 最终的结果，改良派的主张得到了现代各国立法的接受。美国路易斯安那州1991年国际私法立法便是这方面的典型。该法在第3515条设立了一项确定准据法的辅导性"方法"，原则上规定所适用的法律为"一旦其法律不被适用于该争议，其政策将受到最严重损害的国家的法律"。这一"方法"性条款适用于整个《民法典》第四篇，并与其他条文中的"具体规则"相互配合，力求实现在法律选择过程中"明确性"与"灵活性"的平衡。④ 另外，列支敦士登1996年立法中也体现了这一指导思想，该法第1条第1款属于"规则"性规定，而第2款确立了"最密切联系原则"作为确立准据法的一般"方

① Morris, The Conflict of Laws, 2nd ed., 1980, p. 511; Currie, Selected Essays on the Conflict of Laws, 1963, at 133.

② See Reese, Choice of Laws, Rule or Approach, Cornell L. Rev. 57 (1971/72), at 315-334.

③ 参见张翔宇著：《现代美国国际私法学说研究》，武汉大学出版社1986年版，第120页。

④ See Bodenheimer, Norm und Ermessen in der Entwicklung des Amerikanischen IPR, Rabels Z. (1987) 51, at 1-19.

法”，它适用于具体规则未作规定的任何领域。这种“规则加方法”的立法方式也体现在某些具体法律问题的法律选择上。比如关于合同，许多国家立法接受了“特征性履行理论”作为确定合同准据法的“方法”，而对于各具体合同中何为特征性履行，这些立法中一般又专列条款作出具体规定。例如，罗马尼亚1992年国际私法立法第77条第2款规定以特征性履行作为确定与合同有最密切联系的法律的依据；而在第78条中，又针对买卖合同、租借合同、服务合同、担保合同等不同类型的合同分别规定了何为其特征性履行。这些立法实践表明，“规则”与“方法”的结合已成为当今国际私法立法的一大趋势。

（二）客观性冲突规范与主观性冲突规范的结合

传统的冲突规范，大多以客观事实、行为、场所等作为连结因素，如国籍、住所、侵权行为等。这些连结因素被称为客观连结因素（Objektive Verweisung）。由客观连接因素构成的冲突规范称为客观性冲突规范，它的理论基础是萨维尼的“法律关系本座说”。该学说认为，任何法律关系依其性质总是与一定地域的法律相联系的。因此所应适用的法律，只应是该“本座”所在地的法律。萨维尼根据不同的客观场所为不同的法律关系确定了不同的“本座”所在地。人的身份与能力以住所为本座；物权关系以物之所在地为本座；债权关系以债的履行地为本座；程序问题以法院地为本座等等。萨维尼所确定的这些冲突规范一直沿用至今，构成现代国际私法的基本规范。① 然而晚近以来，尤其是美国“冲突法革命”以来，这种传统的客观冲突规范却受到越来越多的批评，认为其过于僵硬、机械、缺乏灵活性，上文已对此进行过论述。针对此种情况，近年来各国国际私法立法均采用主观性冲突规范作为对客观性冲突规范的补充，以求得法律适用上明确性与灵活性的平衡。所谓主观性冲突规范即从法律关系当事人的主观选择或法院法官的主观意志来确定准据法的规范，其基本的连结因素是当事人意思自治原则和最密切联系原则。从晚近各国国际私法立法来看，以这两大原则为基础的主观性法律选择规范的运用

① Kahn Freund, General Problems of Private International Law (1976), at 98.

有越来越广泛之势。

当事人意思自治原则早在萨维尼之前便被应用在合同领域，并成为合同法律适用上的主要原则。① 但从晚近各国立法来看，这一原则的适用已超出国际合同法领域，逐渐向婚姻家庭、继承、侵权及国际民事管辖权领域拓展，在婚姻家庭领域，罗马尼亚 1992 年国际私法第 21 条允许夫妻双方协议选择支配其婚姻契约的内容与效力的法律。意大利 1995 年国际私法第 30 条也允许夫妻双方选择支配夫妻间财产关系的法律。列支敦士登 1996 年国际私法同样规定，婚姻财产权适用当事人书面选择的法律。在继承领域，美国路易斯安那州 1991 年立法第 3531 条、列支敦士登 1996 年立法第 29 条第 3 款、意大利 1995 年立法第 46 条第 2 款、魁北克 1994 年立法第 3098 条第 2 款、罗马尼亚 1992 年立法第 68 条等均允许被继承人选择其遗产继承的准据法。在侵权领域，上述大多数国家新的立法中均允许产品责任的受害者选择所适用的法律，尽管这种选择受到一定限制。如德国 1999 年国际私法立法第 42 条规定，非合同债务关系据以产生的事件发生后，当事人可以选择应适用的法律。但第三人的权利不受影响。而在国际民事诉讼中允许当事人协议选择管辖权更是为各国立法所普通接受。

最密切联系原则自从在美国《第二次冲突法重述》中被采用以来，已经被世界上大多数国家立法所接受。但各国对该原则接受的方法和程度均不相同。在晚近各国国际私法改革中，有的国家仿照奥地利国际私法立法，将最密切联系原则作为一项指导法律选择的基本原则，如列支敦士登 1996 年立法第 1 条第 2 款便是如此。而大多数国家均是将最密切联系原则作为与其他客观性连结因素并存的补充性连结点，以增加法律选择上的灵活性。这主要体现在国际合同领域，在这一领域，最密切联系原则与意思自治原则相结合形成的合同自体法理论已为许多国家接受，如罗马尼亚 1992 年立法第 73、77 条，澳大利亚 1992 年立法草案第 9 条，加拿大魁北克 1994 年立法第 3111 ~ 3113 条等。

---

① 参见韩德培主编：《国法私法新论》，武汉大学出版社 1997 年版，第 293 ~ 296 页。

（三）对客观性冲突规范进行“软化”处理

在法律适用上为求得明确性与灵活性的平衡，除了采用主观性冲突规范代替或补充客观性冲突规范之外，还有一种表现就是对传统的客观性冲突规范进行“软化”处理。这种“软化”处理的方式主要有以下几种：

1. 增加连结点的数量，即在冲突规范中规定两个或两个以上的连结点，法官可根据情况从中任选一个以确定准据法。这种方式既可以避免只规定一个连结点所导致的僵硬性和绝对性，又避免法官依主观愿望随意确定准据法，因此受到越来越多国家立法的采纳。晚近的各国国际私法立法基本上都应用了这种立法技术。一般而言，采用复数连结点主要运用在确定法律行为的形式有效性方面，其目的在于尽量使法律行为在形式上有效，这是当前国际上流行的“简式主义”的必然反映。罗马尼亚1992年国际私法立法第71条规定，法律行为的形式只要符合行为地法或者对法律行为表示同意的人的本国法或住所地法，或者对法律行为的有效性进行审查的机关所属国国际私法指定应适应的法律，均为有效。另外，该法对遗嘱的形式有效性、合同的形式有效性也都规定了几个可供选择的连结点。1995年意大利国际私法立法、1994年加拿大魁北克国际私法立法中也都对结婚的形式有效性规定了多个连结点以增加婚姻有效的可能性。

2. 设立补充性连结点，当主要冲突规则的连结因素不存在或不成立时，便以此补充性连结点作为替代。比如意大利1995年国际私法立法第29条规定，夫妻间人身关系适用其共同本国法。但若夫妻没有共同本国法，则以主要婚姻生活地法替代。再如罗马尼亚1992年立法第107条和第108条规定，侵权行为适用行为实施地法律；但如果该行为造成的损害结果在其他国家发生，则适用损害结果发生地法律。有时，这种补充性连结点也用来增加法院地国法律适用的可能性。如上述意大利立法第26条规定，婚姻及其后果适用结婚双方共同本国法；但若没有共同本国法，则适用意大利法律。由于当今国际民商事交往日益向广度和深度发展，导致国际纠纷也越来越复杂，冲突规则的设立因此也必须考虑到可能发生的不同情况才能保证其灵活性和适应性，这就是越来越多国家国际私法立法中大量采用补充性连结点的原由。

3. 采用“分割”方法，对同一“案件”中的不同争议规定不同的连结点，适用不同的法律。① 法官在处理一宗涉外案件时，往往并不仅仅涉及一项争议，比如在合同案件中，可能对于合同的形式、当事人的缔约能力、合同的履行等均存在争议，这时是统一适用一个准据法，还是分别针对这些不同争议选择不同的准据法？如果倾向于后者，便是一种“分割”的方法。美国《第二次冲突法重述》中最早在合同法律选择上采用“分割”方法。但晚近各国立法对“分割”方法的适用早已不限于合同领域。在婚姻的法律适用上，各国立法一般都分别对婚姻的形式要件、结婚的实质要件、夫妻间人身关系、夫妻财产制等问题设置不同的连结点。如罗马尼亚 1992 年立法第 18 ~ 24 条，意大利 1995 年立法第 26 ~ 32 条等。另外，晚近立法中对“分割”的运用也不是绝对的。立法者们已注意到，“分割”并非在任何情况下都适用。有时候甚至要避免采用“分割”。② 这表明，当今国际私法立法在技术上已达到一种相当精深的程度，对“明确性”与“灵活性”之间的平衡考虑得非常周到。

（四）“有利原则”的运用

上文所分析的采用复数连结点对客观冲突规范进行软化处理的方法实际上也体现了当今国际私法上一个越来越受到关注的确立准据法的原则，即“有利原则”。在法律行为的形式要件方面设定多个连结点以利于法律行为的有效，正是“有利原则”的一种表现：“有利生效”原则（favor Validitatis）。有利原则还有其他各种表现，如“有利于婚姻”（favor matrimonii）、“有利于准正”（favor legitimitatis）、“有利于交易”（favor negotii）、“有利于遗嘱”（favor testamenti），“有利于离婚”（favor divortii）、“有利于受害者”（favor laesi）、“有利于儿童”（favor infantis）、“有利于承认”（favor reeognitionis）等等。“有利原

---

① Reese, Depecage, A Common Phenomenon in Choice of Law, Colum. L. Rev 73 (1973), at 58-75.

② Symeonides, PIL Codification in a Mixed Jurisprudence: the Louisiana Experience. Rabels Z. (1993), at 473.

则”是受美国学者柯里的“利益分析”理论的影响而逐渐发展出来的一项原则，它放弃了“利益分析”理论中过于偏激的成分，将其与冲突规范进行“嫁接”，实际上是“利益分析”理论的具体化。比如在婚姻家庭领域，采用“有利于儿童”原则便是为了维护子女的利益。

“有利原则”在立法中有不同表现形式，一般可归纳为以下几种：第一是在冲突规范中增加连结点的数量，从而使需要得到适用的法律尽可能被适用。比如在法律行为的形式上，通过增加选择适用的法律，从而利于法律行为的形式上生效；在结婚和离婚方面，通过增加连结点可以使有利于婚姻成立或有利于离婚的法律被适用；在家庭关系上，通过增加连结点使有利于子女婚生和准正的法律被适用等等。第二是规定适用需要保护的一方的属人法。比如在亲子关系方面，当今各国立法均倾向于适用子女属人法。在消费合同和雇佣合同方面，倾向于适用消费者属人法或受雇者属人法或工作地法。这也是“有利于弱者”原则的体现，再一种方式是在法律中直接规定“有利原则”，如意大利1995年立法第35条第1款规定，对非婚生子女的认领，在适用认领时的本国法更有利的情况下，可以适用该法律。

（五）“替代条款”的广泛接受

“替代条款”（rule of displacement，Ausweichklausel）也称“例外条款”（rule of exception，la clause d'exception）、“除外条款”（la clause d'eviction）。“替代条款”起源于20世纪50年代的欧洲。当时的美国“冲突法革命”对传统的国际私法规则进行了猛烈批评。欧洲学者在一定程度上接受了这些批评，并试图通过改革有关立法方法以答复美国学者的批评。而“替代条款”便属于这种为增进法律选择的灵活性而作出的改革性立法规则。“替代条款”的最早倡导人是奥地利学者F. Schwind教授，而立法中最早规定一般性替代条款的是瑞士1989年联邦国际私法立法。① 该法第15条规定：“如果从全部

① 1980年欧共体合同债务法律适用公约第4条第1款、1986年联邦德国国际私法第28条第5款，以及1985年海牙国际货物销售合同法律适用公约第8条第3款均有例外条款的规定，但这些法规中的例外条款仅限于合同法律适用问题，而不具一般性。

情况来看，案件显然与本法所指定的法律仅有松散的联系，而与另一法律却有更密切的联系，本法所指定的法律则例外地不予适用”。这一规定表明，该法规中依照冲突规则所指定的任何法律，均可例外地被其他与案件有更为密切联系的法律替代。许多学者对这一条款表示出审慎甚至恐惧心理，担心过多使用例外条款会导致法律的不确定性。这种心理使列支敦士登 1996 年的国际私法改革中没有接受例外条款，但是列支敦士登的这种保守态度受到了广泛批评。① 与其相反，其他各国新近的国际私法立法，均采用了例外条款，如加拿大魁北克 1994 年国际私法立法第 3082 条与瑞士立法一样，将例外条款作为一般性条款加以规定。更多国家立法在部分领域中采用例外条款。如 1992 年罗马尼亚立法与欧共体罗马公约相一致，在合同法律适用问题上采用例外条款。② 而路易斯安那州 1991 年立法只在侵权问题上规定了例外条款。③ 澳大利亚 1992 年法律改革草案中也在侵权问题和合同问题上采用例外条款。④ 最引人注目的是德国 1999 年国际私法立法。它在非合同债务关系一节和物权一节中分别设立了“例外条款”即第 41 条和第 46 条。这表明例外条款已经成为当今国际私法实现法律选择的确定性与灵活性最有效的手段之一。

（六）“干涉规则”与冲突法的“实体化”现象

晚近国际私法立法中一个值得注意的现象是“干涉规则”（Eingriffsnormen）的广泛采用，所谓“干涉规则”也称为“强制规则（mandatory rules）”或“直接适用的法”，有些学者也将其称为“积极的公共政策”、“警察法”等等。⑤ 这一理论最先由希腊裔法国学者弗朗西斯卡基斯首先提出。他认为，在处理国际性案件时，有关国家所制定的某项法律规则对该国家来说具有重大意义，从而必须强行

---

① Appel, Reform und Kodification des Liechtensteinischen IPR, Rabels Z. 61 (1997), 514f.

② 参见罗马尼亚 1992 年国际私法法规第 78 条第 2 款。

③ 路易斯安那州 1991 年《民法典》第 3547 条。

④ 1992 年澳大利亚法律选择法案第 6 条第 8 款。

⑤ Thomas Guedj, Theory of the “Lois de Police”, 39 Am. J. of Comp, L., 1991.

适用于这种案件，而不管一般冲突规范所指引的为何国法律，这种法律规则被称为“直接适用的法”。由于这种“直接适用的法”的适用不依赖于连结因素的指引，而是根据它所体现的政策与有关案件的关联程度，强行适用于有关案件，因此，德国学者将这种“直接适用的法”称为“干涉规则”，也可称为“侵犯规则”，意为这种规则是对传统冲突规范的“干涉”和“侵犯”。① 这种“干涉规则”通常是与一国社会、经济利益有重大关系的实体法律。它反映了当今社会对公共利益的关注已渗透到法律选择中来。② 法官对法律的选择不应当仅仅是“规则的选择”，而更应当是“结果的选择”，也就是对实体法的选择，因此，这种干涉规则的大量适用被有些学者称为“冲突法的实体化现象”。③ 它表明，当今国际私法已越来越倾向于冲突法与实体法的结合。④

晚近许多国家国际私法立法中均规定了“干涉规则”，如意大利 1995 年立法第 17 条规定，在外国法为准据法时，意大利的干涉规则仍应强制适用。而 1994 年生效的加拿大魁北克国际私法立法不仅规定魁北克的干涉规则必须强行适用，而且进一步规定，其他国家的干涉规则只要与案情有密切联系，也可得到直接适用。这一规定具有突破性意义，它使“干涉规则”的立法由单边主义向双边主义迈进了一大步。突尼斯 1999 年 2 月 1 日生效的国际私法典第 38 条同样允许直接适用突尼斯和外国的具有强制性的法律。并且进一步规定，外国法的公法性质不影响其适用。此外，1996 年列支敦士登新颁布的《个人与公司法》也被认为具有“经济上的干涉性质”。⑤虽然该法中并未专门规定一条“干涉条款”，但它通过大量指向法院地法的单边冲突规范或“自我限定的冲突规范”（如第 235 条第 2 款，第 237a 条第 237c 条等）。而使列支敦士登的公司法具有强行适用性。这表明，

---

① Siehr, Ausländische Eingriffsnormen im inlandischen Wirtschaftskollisionsrecht, Rabels Z. 52 (1988), at 41-44.

②⑤ Appel, Reform und Kodification des Liechtensteinischen IPR, Rabels Z. 61 (1997), 542f.

③ Steindorff, Sachnormen im Internationalen Privatrecht, Frankfurt a. M. 1958.

④ 参见韩德培：《冲突法的晚近发展趋势》，收于《中国冲突法研究》，武汉大学出版社 1993 年版，第 32 页。

冲突法的实体化现象与当今国际私法立法及司法实践中普遍存在的“回家去的趋势”也是密不可分的。

（七）在反致制度上的折中实践

有关反致问题的争议，从理论上到实践上都持续了一个多世纪，① 至今仍没有结束的迹象。在立法上，有的国家全盘接受反致，有的则全盘否定之，有的则有选择性地接受反致。② 而从晚近几年有关国家和地区国际私法立法来看，人们逐渐倾向于对反致采“折中态度”，即有选择性地接受反致。这主要是考虑到反致是一个利弊兼具的制度，绝对地采纳或否定它都无法达到冲突法的全部目的。只有根据自己的法律制度的实际情况并结合个案需要有选择性地运用这一制度，才会使其发挥最大作用，从而维护本国政策并实现个案的公正审理。这种折中做法在晚近一些国家和地区的国际私法立法中均有体现。它们或者原则上不接受反致，但在某些情况下接受反致；或者原则上接受反致，但在某些方面不接受反致。采前一种做法的国家或地区除瑞士外，尚有美国路易斯安那州和列支敦士登。比如根据路易斯安那州 1991 年国际私法立法第 3517 条规定，如果法律已经明确规定了应适用的法律，则反致不予接受；如果法律中未明确规定，而是留待法院根据该法中的一般原则性条款去选择适用的法律，则可接受反致。这种规定具有很大灵活性。而采后一种立法方法的国家和地区则有罗马尼亚（1992 年立法第 4 条）、意大利（1995 年立法第 13 条）等。比如意大利以前的立法中是完全排斥反致的。但在 1995 年国际私法立法中原则上接受了反致，但同时规定，在允许当事人协议选择法律的情况下不适用反致；在非合同债务关系上不接受反致；在法律行为的形式要件上也不接受反致；另外在国际合同领域根据《罗马公约》的规定，也不接受反致。

---

① See Ph. Francescakis, La theorie du renvoi et les Conflicts de System es en d. i. p. (1968); Von Mehren, The Renvoi and Its Relation to Various Approaches to Choice of Law Problem, in XXth Century Comparative and Conflicts Law, Legel Essays in Honor of Yntema (1961), at 380-394.

② 参见韩德培主编：《国际私法新论》，武汉大学出版社 1997 年版，第 181 ~ 190 页。

上述情况表明，当今国际私法立法已不再拘泥于传统理论上的争执，而更着眼于法律适用上的明确性与灵活性的结合，以便公正合理地解决国际民商事争端。

五、结　论

国际私法是一门古老的法律学科。但长期以来，与其他法律部门如民法、刑法、行政法等相比，国际私法的立法并不为许多国家所重视。在20世纪中叶以前，拥有比较系统的国际私法立法的国家寥寥无几。这主要是由国际私法的性质决定的。国际私法调整的是涉外的或国际的民商事法律关系。在国际民商事交往尚不发达的年代，国际私法立法是不会受到重视的。因此，直到20世纪下半叶，尤其是60年代以后，随着科技的进步，交通的发达，国际民商事交往以前所未有的速度发展，从而为国际私法提供了日益广阔的“用武之地”。此后，世界各国纷纷颁布或修改自己的国际私法立法，形成了一股所谓的国际私法立法的“浪潮”。80年代以后，世界局势进一步缓和，信息技术广为应用，“全球化”成为人们无法回避的趋势。这促使国际民商事交往进一步频繁，从而带来了新的更为复杂的国际私法问题，客观上要求各国在立法上进行改革。这表明，国际民商事交往的发展是推动国际私法立法运动的基础。

国际私法立法运动与国际私法理论的发展同样是休戚相关的。立法工作总是需要理论先行。在20世纪下半叶以来，国际私法理论实现了“革命”性的突破，进行了一个由理性到激情、由激情复归理性的发展过程。在经过美国“冲突法革命”的洗礼之后，国际私法在理论上暂时进入一段“休眠期”，而这一段“休眠期”恰恰为各国国际私法立法改革提供了有利时机。具有不同法律传统的国家和地区纷纷加入到国际私法的改革运动中来，不同的立法模式，不同的立法体系，不同的理论基础以及不同的立法内容，共同交织在一起，相互影响。但形式的多样性，掩盖不了当代国际私法立法的一个最基本的共同点，即普遍重视国际私法的传统性与现代性的融合，或者称为先验论与经验论的统一，理性主义与实用主义的统一。具体而言，便是日益注重国际私法规范的明确性与灵活性的统一。

中国的对外开放和现代化建设事业离不开国际私法。而现有的中国国际私法立法十分零散，也很不完善，而且还在继续采用分散式立法方式。这与国际私法立法的现代发展潮流是背道而驰的。令人欣喜的是，中国国际私法学会正在着手《中华人民共和国国际私法（示范法)》的起草工作。该《示范法》在许多方面均吸收了当代各国国际私法立法的先进经验，同时充分考虑到了我国的现实情况，具有很高的立法水平。人类已经跨入21世纪的大门，我们相信，在新的世纪里，中国国际私法立法一定能够以崭新的面貌呈现在我们面前。

市场经济的建立与国际私法立法的重构*

党的十四大提出了建立社会主义市场经济体制的伟大目标，这就要由原来的计划经济体制转入市场经济体制，它必然涉及到经济基础和上层建筑的诸多领域。其中，建立与完善同社会主义市场经济相适应的法律体系，乃是当务之急。本文拟就我国国际私法立法的完善谈几点看法，供大家参考。

一、国际私法在建立社会主义市场经济中的作用

马克思主义认为，法律的发展是以经济发展为基础的，而经济进一步发展的影响和强制力又经常摧毁原有的法律体系。② 国际私法，作为一个调整跨国民事法律关系的法律部门，对我国社会主义市场经济的建立和发展起着不可替代的作用，具体表现在：

（一）促进国内市场与国际市场全面衔接

市场经济是一种开放的经济、国际性经济，从国内市场与国际市场的关系来看，只要我们继续搞改革开放，不搞闭关锁国，国内市场就必然要与国际市场发生紧密联系，就必须接轨。这样，我们就必须考虑加入关贸总协定及有关国际公约时法律的衔接问题，也必须考虑外国的有关法律。而国际私法的一个重要功能就是规范如何考虑和适

---

* 本文原载《法学评论》1994 年第 5 期，合作作者肖永平。

② 参见韩德培主编：《国际私法》，1989 年修订版，武汉大学出版社，第 1 页。

用外国法，因此，它是实现国内市场与国际市场全面衔接的有利工具。

（二）引导我国企业进入国际市场

一个真正开放型的经济，单纯“引进来”是远远不够的，它应当是一个反馈型的双向循环系统。单纯地引进外资势必造成资金和技术的对外严重依赖，使本国的经济发展处于被动地位。因此，我们在引进外资的同时，必须积极开展对外贸易和对外直接投资，使外资在双向投资环境中造成对外经济活动的动态平衡，并使整个市场经济形成良性循环。正如列宁所说的：“人类的整个经济、政治和精神生活在资本主义制度下就已愈来愈国际化了，社会主义这三方面的生活完全国际化。”① 所以，我国的企业必须进入国际市场。它是生产社会化发展到国际化的必然产物，有助于开发利用国外资源，弥补我国某些资源的短缺，还有助于在国外就地吸收先进技术和管理经验，并可以带动国产设备、中间产品、技术和劳务出口。为此，我们要采取各种措施把我国企业推向国际市场，让它们去接受生存竞争的考验，这对企业的健康成长是十分必要的。但也不是撒手不管，而应努力为它们创造良好的环境，其中，法律环境至关重要。而国际私法正是引导我国企业进入国际市场的规则，也是维护它们在海外的合法权益的有力工具。

（三）维持国内市场要素与国际市场要素的合理流动

所谓市场经济，是指以市场机制作为社会资源（包括生产资料、资金及劳动力）配置的手段。其基本机制是推动生产要素流动和促进资源优化配置。国际贸易之所以发生，是国内比较优势的作用。李嘉图早在二百年前提出的这一原理，至今仍然适用于国际贸易的研究，只是我们在承认比较优势发生作用的前提下，它的内涵和外延已经发生和正在发生一系列重大的变化：比较的内容在不断地丰富，选择的方式在不断增加，形成了新的比较优势范畴。亚当·斯密和李嘉图认为比较优势是由单位时间内的劳动产品即劳动生产率所决定的；

---

① 参见列宁著：《列宁全集》第22卷，人民出版社1972年版，第332页。

新古典理论对比较成本作了若干变化和补充，加入了资本因素，考虑了劳动力的质量；而二次大战后的新贸易理论则强调科学技术、研究开发、管理经验、信息反馈等对比较优势的决定作用。所不同的是，传统的国际贸易理论是假定生产要素在各国间是不流动的。但这一假定和现实相去甚远，国与国间进行经济交往既可以商品、劳务的国际贸易为形式，也可以生产要素的国际移动为形式。在国际贸易没有任何障碍，商品的国际间流动可以自由进行，生产要素在国内可以自由流动，而在国际间不流动的条件下，一个国家只能利用本身的优势通过贸易的渠道与他国进行联系，另一个国家利用自己的优势在国内进行生产，然后在国际市场上进行交换，从而获得贸易比较利益。但是，现实的情况是，生产要素在国际间是可以流动的，并且，贸易的发生也存在着一定的障碍。在这样的情况下，我国必须促使国内市场要素与国际市场要素合理流动，使我国的社会主义市场保持动态平衡。而国际私法正是促使这些生产要素与在国际间流动的准则，只有在它的作用下，才能做到动而不乱，才能维持国际贸易的持续、稳定发展。

二、重构我国的国际私法立法是市场经济的内在要求

我国现行的国际私法是在计划经济体制下形成的，它已不能满足当前的司法实践，更不适应建立社会主义市场经济的要求，其缺陷主要表现在：

（一）以法律适用规范为中心的国际私法体系还没有形成，许多重要的领域形成了立法上的“盲点”和”真空”。《民法通则》第八章只有9条，简则简矣，许多该规定的内容却没有规定，这与其基本法的地位不相称，还直接导致了司法实践中无法可依的现象。为此，最高人民法院不得不在1988年1月26日发布《关于贯彻执行〈中华人民共和国民法通则〉若干问题的意见》① 对涉外民事关系的法律适用问题补充了18项意见，内容涉及行为能力的法律适用，国籍冲突

① 载《中华人民共和国最高人民法院公报》，1988年第2期，第33~36页。

时当事人本国法的确定，住所冲突时当事人住所地的确定，法人属人法的确定，营业所冲突时如何适用营业所所在地法，不动产的识别及不动产法律关系的法律适用，侵权行为地的确定，离婚及无效婚姻之诉的法律适用，父母子女间、夫妻间及其他抚养人间抚养关系的法律适用，监护的法律适用，无人继承财产的处理，国际私法与区际私法的关系，外国法的查明，法律规避，诉讼时效，等等。这从另一个侧面说明，我国现行的国际私法立法不能满足司法实践的需要。

（二）除了立法上的漏洞以外，我国国际私法立法也比较模糊。长期以来，我国立法机关奉行的指导思想是宁缺勿滥，宜简不宜繁。他们认为，条文太多不利于群众掌握，也不利于法院灵活办案。其实，从立法学的角度考虑，外延越小，其内涵也就越丰富。所以，条文越少越简单，其概括性就会越高，对条文的理解也就越难，这对法院和当事人都是不利的。例如，《民法通则》关于人的能力的法律适用主要有两条规定：其一是第 8 条："在中华人民共和国领域内的民事活动，适用中华人民共和国的法律，法律另有规定的除外。本法关于公民的规定，适用于在中华人民共和国领域内的外国人、无国籍人，法律另有规定的除外。"其二是第 143 条："中华人民共和国公民定居国外的，他的民事行为能力可以适用定居国法律。"在这两条规定中，我国不用住所、居所等法律概念，而用"在领域内"、"定居"等比较含糊的概念，这就难免造成混乱。因为"在领域内"是一个比较短的时间概念，到我国旅游、探亲，或是飞机经过我国作短暂停留，或是来我国应诉，都可以说是"在我国境内"。"定居"虽然是一个较长的概念，但也是不确定的，如果以这种不确定的偶然因素来决定人的行为能力，有时会造成不合理的结果。假如一定居外国的华侨，在我国领域内涉诉，依第 8 条规定应适用我国法律，而依第 143 条规定则可以适用外国法，这就造成了混乱。除此之外，《民法通则》关于动产所有权的法律适用问题、关于属人法的连结点问题、关于侵权行为地的确定问题，关于遗嘱继承的法律适用问题，都是含糊不清的。①

---

① 参见肖永平：《我国国际私法立法现状及对策研究》，载《法学评论》，1991 年第 6 期，第 39 页。

（三）在立法模式上，由于我国采取分散立法式，《民法通则》第八章的规定与遍布于其他法律中的国际私法往往不一致，很不协调。例如，关于涉外财产继承的法律适用问题，《继承法》第36条和《民法通则》第149条均作了规定，但它们存在如下差别：（1）从继承的种类来看，《继承法》第36条的规定包括了遗嘱继承，而《民法通则》第149条则对遗嘱继承的法律适用付诸阙如。（2）从对“住所地”的确定来看，《民法通则》明确规定是“死亡时住所地”，而《继承法》对“住所地”没有进行必要的限制。（3）从其适用范围来看，《继承法》只规定了主体涉外和标的物涉外两种情况，对法律事实涉外的情况就有规定。而《民法通则》第149条则包括了这种情况。因此，这两条规范形成了一种交叉关系，它们都是现行的有效法律。法院在处理涉外继承案件时，依“特别法优于普通法”原则，得引用《继承法》第36条；而依“后法优于前法”原则，又必须引用《民法通则》第149条，这就给司法实践带来了极大的不便。

之所以存在上述弊端，最根本的原因在于它是计划经济体制的反映，这与建立市场经济的要求是格格不入的。现代市场经济的内在要求是效益、公平和自由，这就要求我国的国际私法立法充分体现这些价值取向，而现行的国际私法制度正是忽视了这些价值要求。

（一）关于效益问题

效益可以成为一切制度的价值观念，自从罗纳德·科思将经济学家关注的效益观念导入法律以后，在绝大多数有关法律的经济分析中，效益主要是作为对现存法律制度进行批判的武器。更具体地说，就是用效益体现和蕴含的理性价值反衬现存法律制度的某些缺陷，同时又根据“市场配置资源能够产生最大效益”，构造适应市场经济的法律体系。这在客观上为全社会认识和评价法律提供了新的观念，并最终导致效益价值目标在法律中的确立。① 在我国现阶段建立市场经

① 参见顾培东：《效益：当代法律的一个基本价值》，载《中国法学》，1992年第3期，第91页。

济的过程中，法律的效益价值应当处于优先的地位，这是我国的社会性质和根本任务所决定的。

就国际私法而言，一国法院在处理含有涉外因素的民商事案件时，比处理纯国内案件要复杂得多，一般要经过以下几个步骤：第一，要解决内国法院对涉外民事案件是否有管辖权的问题；第二是识别，即决定争议的问题属于什么法律范畴：是合同问题，还是侵权行为问题，是实质问题，还是程序问题；第三是选定连结点，是选定当事人的国籍，还是住所，或是行为发生地，等等；第四是根据所选定的连结点，寻找所要适用的法律；最后，如果准据法的适用结果同内国的根本利益或基本政策相抵触，或当事人故意规避本应适用的准据法，法院将拒绝适用某一外国法。此外，如果冲突规范所指引的外国法包括冲突法，还可能发生反致或转致问题。因此，国际私法更需要考虑效益问题，即只要能以一种较为简单的方法来实现公正的目的，就尽量不采用复杂的方法。为此目的，可通过简化司法机关的任务来实现。具体方法有：（1）适当采用一些单边冲突规范，由于单边冲突规范直接指明对于什么法律关系，在什么情况下只适用内国法（用单边冲突规范来规定只适用外国法的情况比较少见），它具有简单、明确的特点，有利于司法任务的简化。（2）冲突规范必须明确、具体，便于适用，这就要改变现行冲突规范的原则、抽象状态。（3）冲突规范必须完整、全面，不能留下空缺，而现行冲突规范大都残缺不全。

当然，司法任务的简单与复杂是相对的。事实上，任何一个立法机关，不管其考虑如何周到，都不可能想象到所有那些几乎是无穷无尽的可能性。于是，在起草一个法规时，不可避免地只可能规定众多可能适用情况的一部分，因此，立法需要给而且不得不给法官留下自由裁量的余地，以弥补规则与实际间的差距。自由裁量的余地越大，法官的权力也就越大，其司法任务也随之加重，这是一个问题的两个方面。

（二）关于公平问题

在市场经济中，交换和流通都是按照等价原则进行，市场运行奉行公平原则，这种公平原则主要体现在市场经济的各利益主体的地位和资格在法律面前一律平等。但在我国现行的国际私法立法中，许多规定是根据不同的主体地位来制定不同的法律，如在企业法、合同法、税法中首先有涉外与国内之分，区分不同的主体法律地位，分别适用不同的法律，这是计划经济模式在立体上的表现。

根据不同主体地位来分别制定不同法律，这是主体不平等的表现。它不符合市场竞争平等的原则，从世界法律制度发展的历史和潮流来看，越是市场经济不发达，市场被分割并在很大程度上受特权的影响和作用，法律就越具有身份性。反之，市场经济越发达，形成了统一市场，法律就越具有平等自主性。所以，英国法学家梅因把法律的发展归结为“从身份到契约”的规律，这是有一定道理的。因此，要建立适应市场经济的国际私法，必须改变原来法律的“内外有别”的做法，逐步过渡到行为立法，即根据不同的经济活动内容来制定不同的法。①

（三）关于自由问题

市场秩序是一种自动自发的秩序，它服务于多种个人目的，社会成员在这个秩序中只是根据自己的意志，就所处的环境选择行动。换句话说，必须有多种个人利益目标的存在，并且允许个人追求自己的利益目标，才能在不同的利益交换中产生市场。因此，适应市场经济的法律必须为进入市场的一切经营主体（包括各种形态的企业和个体经营者）创造一种自由竞争的条件，而不是保护某一部分企业。所谓自由，从本质上讲，就是经营主体的意思自治或意志自由。经营主体如果没有意思自治，真正的市场竞争将是不可能的。但在计划经济体制下，计划是社会资源配置的主要力量，企业生产什么、为谁生产、怎样生产，都不能由企业根据市场供求关系的变化自由决定；国家垄断了对外贸易权，企业不能自由进入国际市场，自主订立国际经济贸易合同，这就阻碍了国内市场与国际市场的衔接，从而导致国际经济贸易活动和民间交往不能大规模进行。这正是现行国际私法对企业意思自治的漠视。

---

① 参见江平:《完善市场经济法律制度的思考》，载《中国法学》1993 年第 1 期，第 12 页。

上述可见，为了尽快建立起社会主义市场经济，必须重构我国的国际私法立法，这是市场经济的内在要求。

三、重构国际私法立法的基本思路

（一）更新观念，实现立法观念的科学化

长期以来，我国立法机关奉行“成熟一个公布一个”、“宜粗不宜细”的指导思想，没有一个长期的立体计划和近期目标，头痛医头、脚痛医脚，使得我国的立法举步维艰。立法固然要总结、肯定成功的实践经验，但决不仅止于此，它还需要肯定科学的预见，肯定“超前立法”。① 因为立法并不是经济关系的自然模拟和复写，而是人的一种有意识的能动性活动，所谓“超前”，并不是脱离实际的任意超前，而是以立法的发展趋势或客观规律为基础，因此，任何一个国家都不可能仅仅采取一种立法形式，而是超前立法、同步立法、滞后立法同时并举。特别是在改革时期，超前立法具有明显的形成力和导向功能，统治阶级常常利用其作为推动变革的基本手段，以缩短调整对象的无序化过程，充分发挥立法效益。否则，就会影响立法的创造性和主动性，使一些本来可以出台的法律不能尽早出台。

在我国改革开放不均衡的情况下，制定一些原则性立法，一般来说是对的。这有利于适应各地的不同情况和为改革留有余地。但在执行过程中，这项立法政策常用于回避矛盾，凡是有不同意见的，就原则规定，使一些本来可以作出具体规定或应当作出具体规定的，也没有作出具体规定，使一些法律形同宣言，缺乏应有的规范性和可操作性，失去了法律的应有权威。因为明确、具体、具有可操作性，是法律的内在要求，凡是法律能够明确、具体的必须尽量明确、具体，使其具有可操作性，以增加法律的权威性。

综上，科学的立法观念应当是先规则后市场、肯定超前立法以及“宜细不宜粗”。

---

① 参见陈应荣、阎军：《五年内形成社会主义市场经济法律体系框架——田纪云副委员长答本报记者问》，载《法制日报》1993 年 7 月 2 日。

（二）改善领导，实现立法程序的民主化

我国地域辽阔，人口众多，不可能使每个公民参与立法，这就必须有一个代表全体人民意志的立法机关行使立法权。因此，我国实行人民代表大会制度，它的一个主要特点就是人大代表和常委会组成人员直接来自于各个部门、各个行业，大都不脱离原工作岗位，其好处是便于各方面的情况直接反映到权力机关中来，使人大制定的法律，更加符合实际。但它同时带来一个负作用，那就是人大代表和常委会组成人员不能把全部精力用于研究法律，对法律往往不十分熟悉；人大和常委会也不可能经常开会，每次会议的时间也往往比较短。这显然与大量的立法需求不相适应。

就国际私法而言，由于国际经济关系日益复杂化和多样化，各国经济的相互依赖性不断加强，国际私法调整的范围不断扩大，立法的技术性要求也越来越高。但我国立法机关在国际私法立法方面的经验较少，可以考虑成立一个国际私法起草委员会，它类似于香港基本法起草委员会，由全国人大常委会决定成立并由各方面的专家组成，起草委员会完成起草后，直接提交全国人大或其常委会审议。这有助于鼓励学者提出各自不同的法律建议案，便于比较、充实和提高。

关于国际私法草案的讨论，可以采取多种方式。一是立法机关有组织、有领导地在公民中举行对法律草案的讨论，对讨论中提出的意见，由立法机关收集汇总，并在立法机关对草案进行审查时予以考虑；二是利用现代通讯设备，将分歧问题在报刊、电台上公开讨论，于适当时候公开草案，在全国人民中征求意见；三是发动法学研究机构和团体举行学术讨论会和座谈会，对法律草案提出各种不同的看法。除此之外，由于国际私法的涉外性，我们还可以把拟颁布的国际私法让外国学者评论，使我国的国际私法尽量与国际上的通行做法保持一致。

（三）增加投入，实现立法手段的现代化

如果说我国以前实行先改革后立法是不得已而为之的话，那么现在已不再是“摸着石头过河”，改革的目标已经明确，那就是建立社会主义市场经济体制。从计划经济体制到市场经济体制的转换，是一

个根本性变革，如果没有法律的约束和保障，那只能是一片混乱的乌托邦。所谓市场经济秩序，首先是一切经济活动和管理行为规范化、制度化、法制化。正如有的人所说的，市场经济需要法律，就好比体育比赛要有规则，否则就无法进行。因此，加快立法，特别是经济立法，刻不容缓。但立法行为是一种综合科学能力和社会财力的社会行为，就我国目前的情况而言，在立法方面的社会投入量极其有限，且明显不足。立法人员不足、立法信息不全、立法手段落后，其后果只能是立法工作无法满足社会发展的需要。因此，必须加大立法的社会投入量，使立法手段率先现代化。

就国际私法立法而言，既没有整体的规划，又缺乏专业人员，许多工作人员缺乏国际私法理论和实践经验，没有经过专门的训练，不熟悉立法的基本技术，再加上物质条件的限制，信息收集、资料整理、调研手段还很落后。因此，现存的国际私法不能满足对外开放的需要。我们认为，要改变这种局面，除了优化国际私法立法机关的组成以外，还要加强立法的计划性和主动性，组织各方面的力量参加法律的起草工作，特别要吸收专家学者，集中力量对我国的国际私法立法作出预测和规划。

（四）脱离民法，实现立法体例的法典化

作为一个独立法律部门的国际私法，其国内立法形式经历了一个从分散到集中的漫长发展过程。目前，分散立法式（如1804年《法国民法典》）已成为历史的痕迹，当然，这并不排除一国在制订单行国际私法典的基础上，在一些单行法规当中，就某一些涉外民事关系制定法律适用条款。专篇专章式（如我国《民法通则》第八章）还有一定的市场，但不管从法理上，还是从实践角度来看，它都不代表国际私法立法的发展方向。单行法规式（如1896年《德国民法施行法》）则是目前世界上的一种普遍趋势。究其原因，可归结为如下几点：（1）国际民事关系的迅猛发展是国际私法法典化的主要原因；（2）广大发展中国家纷纷独立，是促成国际私法法典化的政治原因；（3）国际私法的统一化运动促进了国际私法的法典化趋势；（4）国际私学学者的研究和主张推动着国际私法的法典化；（5）各国国际私法的相互影响和接近也是促成其法典化的原因之一。

在我国历史上，唐朝《永徽律》名例章中就有成文的国际私法规范，可谓分散立法。宋、元、明、清各代基本上沿袭旧制，没有多大发展。1918 年，北洋政府颁布了《法律适用条例》，尽管其内容大都抄袭德、日立法，但它在世界上也算是较早的单行立法了。① 中华人民共和国成立后，我国废除了国民党的旧法统，国际私法规范分布于《继承法》、《涉外经济合同法》、《中外合资经营企业法实施条例》等单行法规当中，直到 1986 年《民法通则》第八章的颁布，才有了较集中的国际私法规范，这是从分散到集中的第一步。我们确信，随着对外开放的深入、市场经济的建立、涉外民事关系的大量涌现、立法经验的积累、立法技术的提高以及司法实践的迫切需要，我国制定单行的国际私法法规将势在必行。

（五）大胆引进，实现立法内容的国际化

当前，商品、货币、资本、生产的国际化在更大规模和范围内得到迅速发展，各国经济与国际市场的联系越来越密切，客观上要求统一的国际私法规则，以适应国际民事、商事关系的发展，因此，各国国际私法出现了趋同的趋势。② 但我国的国际私法相对落后，在学习和借鉴他人的立法经验，特别是西方发达资本主义国家的立法经验时，不敢大胆地拿来为我们所用，唯恐走了资本主义道路和被“和平演变”，怕被人说搞资产阶级自由化。凡事总想另搞一套，总是殚精竭虑地创造“中国特色”。我们认为，法律一方面是统治阶级意志的表现，另一方面是经济规律的表现，尤其是与市场经济密切相关的法律，应该首先考虑和反映市场经济规律。离开了经济规律，一味按主观意志去制订，必然要碰壁。而西方国家搞市场经济有了几百年的历史，已经积累了许多先进的管理市场经济的立法经验，更为重要的是，市场经济比较发达的国家所形成的许多反映市场经济规律的法律制度已为国际社会所接受。因此，如果我们不能大胆地借鉴、吸收西方国家先进的立法经验，就不能成功地建立社会主义市场经济。就涉

① 参见肖永平：《旧中国国际私法之一瞥》，载《法学杂志》1991 年第 2 期。

② 参见李双元主编：《中国与国际私法统一化进程》，武汉大学出版社 1993 年版，第 147 ~ 181 页。

及外国法适用的国际私法来说，显得格外重要。所以，我们要把反对资产阶级自由化同借鉴外国立法经验和考虑世界发展趋势结合起来。资产阶级自由化的实质在于抽掉我国宪法的灵魂，否定共产党的领导，否定社会主义制度。因此，我们必须反对资产阶级自由化，认清资产阶级法律的本质，避免盲目地照抄照搬外国立法，而必须从实际出发，结合我国国情，吸其精华，去其糟粕，以完善我国的国际私法。另一方面，我们不但要借鉴西方国家的先进经验，还要参考东欧国家的有益成分，同时还必须借鉴台湾的合理措施。只有这样，我们才能兼收并蓄，尽快地丰富、充实和完善我国的国际私法体现。就目前的现状来看，只有大胆地实行拿来主义，把外国的先进立法稍加改造就直接拿来为我所用，才能适应改革的需要，跟上改革的步伐。

四、若干具体设计

历史经验证明，我国的国际私法立法是密切适应改革开放形势的需要而逐步展开的。既然建立社会主义市场经济是我国的既定国策，对外开放将全方位展开，我国立法机关就必须着手国际私法的编纂，系统整理已有的国际私法规范，删去大同小异的重复规定，使相互抵触的规定得到统一，补充那些应加以规定而未作规定的制度，以充实和完善我国的国际私法立法，使涉外民事关系的当事人和我国司法机关有法可依、有章可循，从而达到稳定国际民商事交往和促成市场经济建立的目的。为此目的，我们提出如下意见：

（一）策略

考虑到我国目前的实际情况，可采取两步走的策略。第一步，以《民法通则》第八章为基础，以最高人民法院的一系列司法解释为补充，充分考虑国际上的先进立法和国际惯例，制定出单行的法律适用法。第二步，待条件成熟时，及时制定完备的国际私法典，其内容至少应包括管辖权、法律适用和外国法院判决的承认与执行等问题。

（二）国际私法的基本制度

1. 关于识别。理论上存在着法院地法说、准据法说、分析法学与比较法说、个案识别说、功能定性说等主张，但各国司法实践几乎都采用法院地法，绝大多数国家的国际私法对这个问题未作明文规定。我国的立法和司法解释也没有涉及这个问题，我们认为，我国法律对此作出明文规定还是必要的。可这样规定：对冲突规范的识别依其所属的法律，但对不动产的识别依不动产所在地法。

这表明，我国国际私法中的“识别”不包括所谓的“二级识别”。法院在适用内国冲突规范时，依法院地法识别；在反致或转致情况下适用外国冲突规范时，依该外国法识的；在适用国际条约中的冲突规范时，依国际条约识别。

2. 关于先决问题。由于构成一个先决问题必须满足一定的条件，需要独立解决先决问题的准据法的情况非常罕见，因此，对这个问题几乎没有立法的需求。目前，随着国际私法理论现实主义倾向的加强，任何一派都避免根据片面的立场来进行划一的解决，而是谋求个别案件的解决。因此，我国立法对此可不作明文规定，如果碰到具有案件需要确定先决问题的准据法，可由法官根据国际私法的基本原则予以解决。

3. 关于反致。理论上历来存在着尖锐的对立，各国的立法也颇有分歧。我们认为，在探讨反致有无存在的必要的时候，主要应看它是否符合国际私法的宗旨和本质，是否有利于调整国际民事法律关系，如果答案是肯定的，反致制度理应在国际私法中占有一席之地。

众所周知，传统国际私法的一个主要目的是追求判决结果的一致，但各国冲突规范常发生歧异，这就需要一个调和的办法，折冲其间，以求对于同一案件，不论由哪个国家的法院受理，都将适用同一实体规范，从而得到相同的判决结果。承认反致，便是一个比较好的调和方法。虽然它并非在任何情况下都能做到，但既然它有这方面的功能，我们为何弃而不用呢？现代国际私法注重案件的公正合理解决，因而普遍追求法律选择的灵活性。采用反致，便能增强法律选择的灵活性，因为当一国法院依其冲突规范适用外国法时，若考虑该外国冲突规范就至少有三种选择的可能，这便是依该外国的冲突规范适用其本国的实体法或法院地法或第三国法，这就扩大了法律选择的范围，有利于比较出哪一国法律与案件有最密切的联系，为保证涉外民事争议的合理解决创造了条件。此外，在当前各国的司法实践中，政策定性和结果选择的方法日益受到重视，采用反致，便能在可能的情况下，求得有利实体法的适用。①

总而言之，反致制度不仅能够满足国际私法的传统要求，也符合现代国际私法的价值观念。它是一种十分有用的制度，有其存在的价值和巨大生命力。这从一百多年来世界各国的立法和司法实践中得到了证明，尽管在理论上，反对派占有优势。这种理论与实践的脱节决非偶然，其根源在于，不管人们的认识如何，由于反致制度符合国际私法的本质和目的，有利于调整国际民事法律关系，绝大多数国家程度不同地利用它为自己服务，因此，我国的立法应该采用反致制度。从20世纪60年代以来，新颁布的国际私法法规都程度不同地肯定了反致制度，这反映了世界各国对反致制度的倾向性态度，证明了反致的实用价值和积极影响。当然，我们采用反致并不是绝对的，漫无边际地运用反致并不能促进它的发展，它的适用必须以必要和不致造成无限循环为限。从各国立法和司法的普遍实践来看，反致多适用于与属人法有关的个人身份、婚姻、家庭、继承等方面以及特别需要有结果的案件，从实际效果和国际协调考虑，来自物之所在地法，尤其是不动产所在地法的反致亦应接受。② 但根据当事人意思自治原则和最密切联系原则选择法律时，一般不适用反致。因此，在合同和侵权领域一般排除反致的适用。我国在具体订立反致条款时，可原则上规定采用反致，并把不适用反致的例外情况列举出来。

4. 关于法律规避。我国立法没有明确规定，但最高人民法院在《关于贯彻执行〈中华人民共和国民法通则〉若干问题的意见（试行）》（以下简称〈意见〉）第194条中指出："当事人规避我国强制性或者禁止性法律规范的行为，不发生适用外国法律的效力。"但对规避外国强行法的行为是否有效，这里没有规定。我们认为，由于国际私法所调整的法律关系不仅涉及本国和某外国，还常常涉及第三个或第四个国家的法律，当事人既可以适用外国法来规避本国法，也可

---

① 参见韩德培：《国际私法的晚近发展趋势》，载《中国国际法年刊》1998年，第11页。

② 参见肖永平：《评英国冲突法中的外国法院说》，载《比较法研究》1991年第2期。

以适用第二国法来规避第三国法。因此，国际私法上的法律规避应包括一切法律规避在内，既包括规避本国法，也包括规避外国法。至于法律规避行为是否有效，应视不同情况而定。首先，规避本国法一律无效；其次，对规避外国法要具体分析、区别对待，如果当事人规避外国法中某些正当的、合理的规定，应认为规避行为无效；反之，如果规避外国法中反动的规定，则应认定该规避有效。

5. 关于公共秩序保留。我国一贯持肯定态度，世界各国的国际私法无一例外地采纳了这一制度，尽管各国承认的方式不同，强调的程度不同，但它被国际社会公认为一个普遍原则。我国《民法通则》第150条也作了明文规定。但我们认为，它还可以作适用修改。因为，外国法被公共秩序排除适用后，毕竟还要选择一定的法律来解决有关的涉外民事纠纷，因此，立法上作出一定的安排是完全必要的，也是一种积极的作法。从各国的立法实践来看，大都以法院地法取而代之，这固然比较方便实用，但必须加以限制，应根据个案的具体情况，妥善加以处理，切不可一概以法院地法取而代之。作为立法上的表述，可这样规定：外国法被排除适用以后，必要时可适用中国法。因此，《民法通则》第150条可这样规定：外国法律或者国际惯例的适用，如违背中华人民共和国的公共秩序，则不可适用。必要时可适用中华人民共和国法律中的有关规定。①

6. 关于外国法的查明。由于各国对外国法性质的认识不同，不同国家查明外国法的方法有所不同。根据我国的诉讼法制度，人民法院在审理涉外民事案件时，不管是"事实"还是"法律"，都必须查清。因此，尽管我国立法对外国法的查明方法没有明文规定，但最高法院在《意见》第193条规定了如下途径："（1）由当事人提供；（2）由与我国订立司法协助协定的缔约对方的中央机关提供；（3）由我国驻该国使领馆提供；（4）由该国驻我国使领馆提供；（5）由中外法律专家提供。通过以上途径仍不能查明的，适用中华人民共和国法律。"我们认为，在外国法不能查明时，硬性规定适用内国法有时并不恰当或不可能，改为这样规定比较好；通过以上途径仍不

① 参见肖永平：《评〈民法通则〉中的冲突规范》，载《杭州大学学报》（哲学社会科学版）1992年第3期，第64页。

能查明的，适用中华人民共和国法律或与之最相近似的法律或国际惯例。①

（三）自然人和法人

1. 关于自然人权利能力的准据法。国际上有属人法说、准据法说、法院地法说三种理论，但只有属人法原则得到了普遍的赞同。而我国《民法通则》第8条第2款规定："本法关于公民的规定，适用于在中华人民共和国领域内的外国人、无国籍人，法律另有规定的除外。"但《民法通则》关于公民的规定（第二章）涉及权利能力、行为能力、监护、宣告失踪、宣告死亡、个体工商户、农村承包经营户、个人合伙等内容，第八章对外国人在中国领域时，如何解决上述问题的准据法均没有规定。因此，它们都要适用我国的法律。显然，外国人的权利能力也适用我国法律。我们认为，人的权利能力与人本身具有最密切的联系，在判定权利能力时，原则上应适用其属人法。当然，不能绝对化，如果法院地法或有关法律关系的准据法对自然人更有利，也可以适用法院地法或有关法律关系的准据法。只有这样，才有利于自然人权利能力的稳定，有利于发展国际民事交往。因此，《民法通则》第8条第2期的规定不很恰当，从立法技术上讲，它涉及的内容太多，而且把它上升到"基本原则"的高度，这与国际私法的目的和宗旨不相适应，应考虑取消或修改这一条，把它所涉及的内容分别加以规定。对自然人权利能力的准据法，可这样规定：人的权利能力，适用其住所地法，必要时也可以适用法院地法或有关法律关系的准据法。

2. 关于自然人行为能力的准据法。国际上的通行做法是：自然人的行为能力原则上适用属人法。如为商业行为时，外国人依其本国法，无国籍人依其住所地法，无行为能力或仅有限制行为能力，而依行为地法有行为能力的，应适用行为地法；但涉及不动产的缔约能力适用不动产所在地法。关于侵权行为的责任能力，许多国家主张适用侵权行为地法。

① 参见肖永平：《外国法的查明及错误适用》，载《法学与实践》1993年第6期。

但我国《民法通则》第143条仅规定："中华人民共和国公民定居国外的，他的民事行为能力可以适用定居国法律。"尽管最高人民法院在《意见》中又作了三点补充，但仍与国际上的通行做法相去甚远。今后的立法可这样规定：

自然人的行为能力适用住所地法。

外国人或无国籍人在我国领域内进行民事活动，如依其属人法为无民事行为能力，而依中国法为有民事行为能力，应当认定为有民事行为能力。但关于继承法或亲属法的行为能力，或就外国不动产所为的行为能力，不适用这款规定。

无国籍人的行为能力适用住所地法，住所不明时，适用惯常居所地法，惯常居所不明时，适用现在所在地法。①

3. 关于法人的国籍的确定。国际上尚无统一的标准，各国总是根据自己的利益和要求采取不同的标准，但采取登记地主义和住所地主义的国家较多。我国对外国法人国籍的确定采取注册登记主义，如最高人民法院在《意见》第184条中指出："外国法人以其注册登记地国家的法律为其本国法。"而对中国法人国籍的确定，则采取设立地主义和准据法主义的复合标准。如《民法通则》第41条第2款规定："在中华人民共和国领域内设立的中外合资经营企业、中外合作经营企业和外资企业，具备法人条件的，依法经工商行政管理机关核准登记，取得中国法人资格。"因此，我国的上述立法和司法解释是比较切实可行的，今后应及时将司法解释上升为立法。

4. 关于法人的权利能力和行为能力的准据法，国际上的通行做法是法人的属人法。我国的立法没有作出明文规定，最高人民法院在《意见》第184条中指出："法人的民事行为能力依其本国法确定。外国法人在我国领域内进行的民事活动，必须符合我国的法律规定。"此外，我国有些法律还直接规定了外国法人可以享有的具体权利。因此，我国目前关于法人权利能力和行为能力的准据法的司法解释是比较可行的，应及时上升为立法。

① 参见韩德培主编：《中国冲突法研究》，武汉大学出版社1993年版，第199页。

（四）物权

关于物权的法律适用，历史上是将物分为动产和不动产的基础上发展起来的，但现代各国的立法及司法实践，一般不再对不动产和动产采用不同的准据法，一律适用物之所在地法。当然，对于一些特殊性质的动产，需要另外考虑其法律适用问题。但我国《民法通则》第144条仅规定："不动产的所有权，适用不动产所在地法律。"而对动产的法律适用问题未作规定，这是不应该有的疏漏。因为，随着商品生产的发展，市场经济的繁荣，动产在国际经济关系中的作用越来越重要。因此，我国的国际私法必须对动产的法律适用作出规定，即可这样规定：

不动产物权，适用不动产所在地法。

动产物权的取得与丧失，适用物权取得或丧失时动产所在地法。动产物权的内容与行使适用动产所在地法。但运输中的动产物权适用送达地法；运输工具的物权适用登记地法。

（五）知识产权

由于知识产权具有严格的地域性，传统的司法实践表明，各国法院在审理知识产权的争议时，只适用法院地国的知识产权法，排除外国法适用的可能。但是，随着资本主义从自由竞争向垄断的发展，知识产权的地域限制与垄断资本家竭力开拓国际市场的矛盾日益突出。特别是第二次世界大战以来，科学技术在各国经济的繁荣和发展中发挥着越来越重要的作用，以知识产权为主要标的的国际技术转让贸易日益频繁与深入。这样，知识产权的保护便从一国范围扩及到他国领域，知识产权的法律适用便成为国际私法的一个新领域。由于通过国际条约统一各国知识产权法的目标还远未达到，现有的统一实体法规范，还远远不能起到消除法律冲突的作用。因此，不少新颁布的国际私法对这一问题作了规定，我国今后的立法也应该作出规定，可以这样规定：

保护知识产权国际公约的成员国，应适用各该公约所规定的统一实体法规范调整涉外知识产权关系。

如果公约没有规定或无法适用，涉外知识产权的创立、内容及消灭，适用知识产权成立地国的法律。

——就专利而言，适用专利授予国法律。

——就商标权而言，实行使用在先制度的国家适用使用地国的法律，实行注册在先制度的国家适用注册地国的法律。

——就著作权而言，适用被请求保护国的法律。①

（六）债权

1. 关于合同的法律适用。国际上的通行做法是综合运用意思自治原则和最密切联系原则，并日益向法律选择的灵活化、多样化、具体化方向发展。② 具体说来，在一般的商业合同领域，当事人的意思自治受到更多的尊重，对其限制的某些方面正日趋减弱；在特殊的合同领域，重视法律选择中的政策导向，排除意思自治原则的运用，这主要表现在"直接适用的法"地位的提高以及对消费者和劳动者特殊保护的进一步加强；在最密切联系原则的运用方面，最密切联系原则和特征性履行理论相结合，同时又规定例外条款，使其运用更加明确、具体、全面。

我国陆续颁布的《中外合资经营企业法实施条例》、《涉外经济合同法》、《技术引进合同管理条例》、《民法通则》、《中国银行对外商投资企业贷款办法》、《海商法》等法律，从不同的角度和方面对涉外合同的法律适用问题作了专门规定。1987 年，最高人民法院发布了《关于适用〈涉外经济合同法〉若干问题的解答》，进一步明确了处理涉外经济合同争议的法律适用问题。从总体上看，这些立法和司法解释也是综合运用意思自治原则和最密切联系原则，这与国际上普遍做法相一致。但有些具体规定尚需进一步改进。我们认为，应及时对上述立法和司法解释进行归纳和概括，就涉外合同的法律适用问题作出全面、系统的立法规定，并将现行的立法进一步完善起来：A. 关于意思自治的完善：（1）应允许当事人在任何时候（不限于开

---

① 参见费宗祎主编：《国际私法讲义》，人民法院出版社 1988 年版，第 205 页。

② 参见黄进、肖永平：《中国国际私法领域内重要理论问题综述》，载《中国社会科学》1990 年第 6 期。

庭审理之前）作出法律选择或变更以前的法律选择。合同订立以后的选择或法律选择的变更，其效力应溯及到合同订立之时，但必须以不使原合同无效、不规避本应适用的强制性法律以及不损害第三方的正当权益为限；（2）放弃对当事人选择法律的方式的限制，有条件地肯定默示选择（其实，我国立法并没有禁止默示选择，但司法解释禁止）；（3）应允许当事人适当地分割合同，即允许他们选择用于整个合同或合同某一部分的法律，并对支配当事人选择法律的效力的法律加以规定。B. 关于最密切联系原则的完善：（1）仿效 1985 年《国际货物买卖法律适用公约》的做法，在借鉴吸收国际上有关先进制度和归纳总结我国法院解决合同法律适用问题的经验的基础上，逐步为每一种涉外合同制定一组（而不是一条）硬性冲突规范，以分别适用于各种经常发生的案件情况，从而更好地兼顾法律适用结果的确定性和合理性。（2）通过立法，明确规定适用最密切联系原则的基本要求，如法院必须遵循有关立法的宗旨；努力实现判决结果的确定性、可预见性和一致性；努力在具体案件中实现公正合理；在确定最密切联系地时，以某一涉外民事法律关系与特定国家的法律的连结因素为客观依据；在决定适用哪国法律时，要适当考虑有关国家的法律所体现的政策和目的，等等。（3）在作具体规定时，列举确定最密切联系地应考虑的连结因素，增强其可操作性。①

2. 关于侵权行为的法律适用。传统的做法主要有侵权行为地法、法院地法以及侵权行为地法和法院地法重叠适用等三种，而以侵权行为地法的适用最为普遍。但自二战以后，由于现代科学技术被广泛应用于生产、分配、交通运输等各个领域，国际产品责任、交通事故、不正当竞争等各种特殊侵权大量发生，这样，国际私法就不能满足于根据 19 世纪的条件所设计的解决方案了。因此，英国学者莫里斯首先提出了“侵权行为自体法”理论，即主张应依案件的具体情况适用与侵权有最密切联系的国家法律。这种主张在美国、奥地利、土耳其、瑞士等国的立法中得到了反映。在英国，莫里斯的自体法理论虽曾经受到了不少学者的批评，但在 1984 年，英国法律委员会和苏格

---

① 参见肖永平：《最密切联系原则在中国冲突法中的应用》，载《中国社会科学》1992 年第 3 期。

兰法律委员会的联合工作小组①就侵权行为的准据法问题提出了一个报告，它提出了两个新的侵权行为准据法模式（Model）：

模式一：

一般规则：准据法为侵权行为地国法。在多国侵权情况下，侵权行为地的定义为：

（1）对身体和财产的损害：身体受伤时受伤害所在的国家或财产遭受损坏时财产所处的国家；

（2）死亡：死者遭到致命伤害时所在的国家；

（3）毁誉：发表地国家；

（4）其他案件：在一系列事件中最重要的因素所发生的国家。

替代原则：侵权行为地法可以被取代，代之以适用在侵权行为发生时，与侵权行为及当事人有最密切和最真实联系的国家的法律；但是，仅仅当侵权行为及当事人与侵权行为地国家没有重要联系但与其他国家有一种实质性联系时才得以适用。

模式二：

一般规则：准据法为侵权行为发生时，与侵权行为及当事人有最密切和最真实联系的国家的法律。

若干法定推定：在下列几种侵权行为中，除非有明显的相反情况，与侵权行为及当事人有最密切和最真实联系的国家被推定为：

（1）对身体和财产的损害：身体受伤害时受伤者所在的国家或财产遭损坏时财产所处的国家；

（2）死亡：死者遭到致命伤害时所在的国家；

（3）毁誉：发表地国家；

只有当侵权行为及当事人与上述推定所指向的国家没有重要联系，但与另一国家有实质性联系时，上述推定才不予适用。②

在上述两种新模式中，模式一以侵权行为地法为主，辅之以最密切联系原则。模式二全部采纳最密切联系原则，并通过几种必须遵守

① 这个工作小组由9名专家组成，其中比较著名的学者有诺斯、科林斯（L. A. Collins）、安迪（A. E. Autou），莫尔斯等，他们对国际私法均有相当的造诣。

② 参见英国两法律委员会联合工作小组：《国际私法：侵权行为和不法行为的法律选择》，1984年英文版，第263～265页。

的推定约束最密切联系原则。但我们找不到法院地法的存在。可见，这两种模式都是对英国传统规则的背叛，他们大胆地采纳了莫里斯的侵权行为自体法理论，尽管莫里斯本人并不是这个工作小组的成员。可以这么说，没有最密切联系原则，这份报告是难以写成的。此外，这两个模式还使用了前人没有使用的办法。在模式一中，它"固定"了侵权行为地，通过这一固定，就避免了侵权行为地法遭非议的不确定性。在模式二中，它推定了几种侵权行为的最密切联系地。这一做法，使人联想到大陆法系国家在合同准据法上采用的特征性履行方法。实际上，这两种做法的原理是一致的，可谓异曲同工。通过这种做法，就在很大程度上克服了最密切联系原则的不确定性。在这一点上，它甚至比美国《第二次冲突法重述》还要成功。美国的《重述》尽管也想适当钳制最密切联系原则中的不确定成分，为此，它开出了一张包括各种连结点的清单，这种开单子的做法实际上并不能有效地约束最密切联系原则。而英国的这份报告借用法定推定的方式，使最密切联系原则得到了有效的控制，这不能不说是一种进步。

与上述国际上的最新发展相比，我国《民法通则》第 146 条仅规定："侵权行为的损害赔偿，适用侵权行为地法律。当事人双方国籍相同或者在同一国家有住所的，也可以适用当事人本国法律或者住所地法律。中华人民共和国法律不认为在中华人民共和国领域外发生的行为是侵权行为的，不作为侵权行为处理。"由于我国把侵权行为地法作为一项基本原则确定下来，关于侵权行为地的确定就至关重要，但立法没有明文规定，只是最高人民法院在《意见》中作了解释："侵权行为地的法律包括侵权行为实施地法律和侵权结果发生地法律。如果两者不一致时，人民法院可以选择适用。"

另外，新近颁布的《海商法》对一些海上侵权行为的准据法也作了专门规定。该法第 273 条规定："船舶碰撞的损害赔偿，适用侵权行为地法律。船舶在公海上发生碰撞的损害赔偿，适用受理案件的法院所在地法律。同一国籍的船舶，不论碰撞发生于何地，碰撞船舶之间的损害赔偿适用船旗国法律。"第 274 条规定："共同海损理算，适用理算地法律。"第 275 条规定："海事赔偿责任限制，适用受理案件的法院所在地法律。"此外，我国 1983 年《海洋环境保护法》

规定，凡在我国内海、领海以及我国管辖的其他一切海域内发生的损害海洋环境及资源，破坏生态平衡的侵权行为都要按该法处理。在我国领域以外，排放有害物质、倾倒废物，造成我国管辖的海域损害的，也应按照该法律处理。

综合分析我国的上述立法，参考国际上的最新发展，我们提出如下意见：

（1）关于侵权行为的准据法，我国仍以侵权行为地法为基本原则。这一原则尽管有许多优点，但仍存在着一些不可克服的缺点。我国虽然规定了两个例外，这在一定程度上增加了法律适用的灵活性，有利于达到合理的结果，但它毕竟非常有限，难以适应现代侵权行为法的发展。因此，在立法的基本政策方面，侵权行为自体法理论很值得借鉴。在立法形式上，英国的模式二颇具参考价值，也就是说，在基本原则方面，我们也可以像合同领域那样，大胆启用最密切联系原则。

（2）我国的现行立法对国籍和住所采取一视同仁的态度，这表明我国法律没有过多的保护主义成分，它对促进涉外民事交往显然有积极意义。但是，我国法律没有对惯常居所作出明确规定，从国际私法的发展趋势来看，惯常居所地的地位日益提高，如遇有双方当事人有共同的惯常居住地，如何作出恰当的考虑以及是否可把它看做共同属人法之一代替侵权行为地法，今后的立法有必要加以明确。

（3）严格说来，民法通则第146条只规定了侵权行为的损害赔偿的准据法，但它只是侵权行为中的一个问题，并不代表侵权行为的全部问题。对于其余问题，如过失的认定、当事人的确定、因果关系的标准，免责要件的范围及效力等问题，是否也适用侵权行为地法呢？今后的立法应该作出明文规定，或现行立法中不作“损害赔偿”的限制。

（4）关于法院地法和侵权行为地法的重叠适用问题，许多学者认为它兼具法院地法和侵权行为地法的优点，因而大加赞赏，许多国家的立法也采取了这种方式。但从另一角度来看，它也兼有两者的大端。当被告是中国人时，似乎有利于保护我国公民的利益；但当原告是中国人时，则对本国人显然不利。若原告与被告均为外国人（非同一国籍），又无法获得公平合理的结果。如果采取有条件的折中主义，即仅适用于被告是中国人的案件，显然违反国际私法上内、外国人应享受平等待遇的原则。如果说是为了维护本国的公共秩序，我国已经有了公共秩序保留条款，它足以完成维护国内公共秩序的使命，并不是非适用法院地法不可，何必再画蛇添足。因此，重叠适用法院地法和侵权行为地法的做法并不是最理想的。

（5）关于侵权行为地法的确定，最高人民法院的司法解释只是笼统规定“包括侵权行为实施地法律和侵权结果发生地法律。如果两者不一致时，人民法院可以选择适用。”但是，如何选择？有没有什么标准？总不能完全凭法官的自由裁量。对此，国际上共有三种做法：

第一种，以行为发生地法为主，另设例外。如1971年海牙《公路交通事故法律适用公约》第3条规定采用了事故发生地国的国内法，然其第4条则又作了若干例外规定。

第二种，兼采行为发生地法或后果发生地法，以“最重大联系”为准，美国第一次冲突法重述基于技术规则指出：非法行为地就是指产生侵权者责任的最后行为之处。而第二次冲突法重述就将损害发生地和造成损害发生的行为地都列入作为决定与侵权事件和当事人有“最重大联系”的法的考虑因素。① 也就是说，假如行为发生地被认为与某侵权案有重大联系，则该行为发生地法就将取代后果发生地法的适用。

英国上诉法院最近则主张，如一个人在国外用电报或电话向英国国内的某人提供虚假或因疏忽而造成的错误信息，则侵权就被视为在英国成立。② 这显然与英国原先采取行为发生地的主张有所不同。

第三种，兼采行为地法和后果发生地法，以“最有利于受害人”为准。这与兼采两者但以最密切联系为准的美国做法又有所不同。如1982年前南斯拉夫联邦共和国法律冲突法第28条第1款规定：“除对个别情况另有规定者外，对侵权责任，依行为实施地法或结果发生

---

① 参见戴赛和莫里斯：《冲突法》，1980年英文版，第969～970页。

② 参见戴赛和莫里斯：《冲突法》，1980年英文版，第969～970页。

地法，其适用视何种法律对受害人最为有利。”此外，1979 年匈牙利国际私法①也有类似规定。

笔者认为，当实施地与结果地不同时，我国亦应以最有利于受害人为原则，确定侵权行为地法，这符合我国宪法中保护弱者的精神，也符合当今的国际潮流。

（6）关于特殊侵权行为的准据法问题，我国的立法只对部分海上侵权行为作了规定，其他种类的特殊侵权行为，我国立法均未规定。随着我国涉外民事交往的深入发展，一些特殊的侵权行为将越来越多，如产品责任、公路、铁路交通事故，空中侵权，等等。对此，均需要解决其法律适用问题。例如，产品责任的准据法是否包含在侵权行为的准据法当中？是否能够参照有关的国际公约对我国立法作出补充，或在司法实践中参照采用有关的国际公约，这些问题都是今后立法需要解决的。笔者认为，产品责任作为一种特殊的侵权行为，其准据法不能完全包含在侵权行为的基本准据法当中。在确定产品责任的准据法时，除了应考虑基本准据法中的连结因素以外，更应考虑产品制造地、组装地、销售地、使用地等连结因素，还应考虑充分保持受害人的权利，这样才能找到比较合适的准据法。因此，各种特殊的侵权行为均应有自己特殊的准据法确定方法。

总之，自侵权行为自体法这一概念出现以后，在侵权行为准据法的连结点的确定上，社会环境因素取代了（或正在取代）地理环境因素。因此，我国今后的立法应首先借用自体法理论就一般侵权行为作出原则规定，然后分别情况对最密切联系原则作出法律推定，最后对各种特殊侵权行为的准据法作出具体规定。

（七）婚姻和家庭

1. 关于涉外结婚的法律适用。大多数国家就结婚的实质要件和形式要件的准据法分别作出规定。对于实质要件的准据法，有的国家采用结婚举行地法，有的采用当事人住所地法，还有的采用当事人本国法。对于形式要件的准据法，多数国家适用婚姻举行地法。我国没有区分实质要件和形式要件，仅在《民法通则》第 147 条中作了如下

① 见 1979 年匈牙利国际私法第 32 条第 2 款。

规定："中华人民共和国公民和外国人结婚适用婚姻缔结地法律。"仅从字面上来理解：（1）它只涉及涉外婚姻的一种，即中国人与外国人之间的结婚，至于中国公民之间在国外结婚或外国人、无国籍人相互之间在中国结婚则不是该条所调整的对象；（2）它既指中国公民和外国人之间在中国境内的结婚，也指他们在中国境外的结婚；（3）它是就结婚的实质要件和形式要件这两方面所作的规定。但是，从我国几十年的司法实践来看，它并没完整而精确地概括出我国的司法实践，也与国际上的通行做法不一致。因此，我们提出如下修改意见：

（1）像大多数国家的立法一样，分别考虑结婚实质要件和形式要件的准据法，因为它们对一个国家的利益的作用毕竟不同。一般说来，婚姻的形式从属于婚姻的实质要件，如果婚姻关系完全具备婚姻的实质要件，仅形式不够完备，就很难从根本上否定这种事实上的婚姻关系。相反，尽管举行了隆重而完备的结婚仪式，如果婚姻不具备成立的实质要件，也无法得到国家与社会的承认。因此，世界各国对结婚的实质要件规定得比较严，而形式要件比较宽。表现在法律适用上，结婚形式适用婚姻缔结地法得到了各国的普遍承认，而婚姻缔结地法适用于结婚的实质要件就不那么普遍。

（2）《民法通则》第 147 条将其适用范围局限在"中华人民共和国公民和外国人"之间的结婚，显然不够周全，也没有全面反映出我国以前的司法实践，更不适应当前及今后的司法实践。因此，今后的立法应就涉外结婚问题作出全面规定。

（3）关于结婚的实质要件，绝对适用婚姻缔结地法显然不是一个好方法，特别是当一方为中国人或双方为中国人，而在外国结婚的时候，这种做法难免有损我国的利益。因此，我们主张采用混合法，可以以婚姻缔结地法为主，但在一定条件下，必须重叠适用我国婚姻法，至少考虑我国婚姻法的基本原则。

（4）关于结婚的形式要件，还可以放宽要求，只要它符合婚姻缔结地法或者当事人的属人法，就为有效。①

2. 关于涉外离婚的法律适用。《民法通则》第 147 条规定，中华

---

① 参见肖永平：《我国关于涉外结婚的法律适用》，载《法律适用》1993 年第 4 期。

人民共和国公民和外国人离婚适用受理案件的法院所在地法律，即是说，我国公民和外国人在我国申请离婚，应按我国婚姻法的规定办理；由外国法院受理的我国公民和外国人的离婚案件，按该外国的法律规定办理，1988年最高人民法院在《意见》第188条中进一步规定：“我国法院受理的涉外离婚案件，离婚以及因离婚而引起的财产分割，适用我国法律。认为其婚姻是否有效，适用婚姻缔结地法律。”

不过，美中不足的是，该条仅是一条有限制的双边冲突规范，它只涉及中国公民与外国人在中国境内或在中国境外的离婚的法律适用问题，至于外国人之间在中国离婚，中国人之间在外国离婚，或当事人一方在外国，而另一方在中国境内的离婚的法律适用问题均未涉及。可在实践中，这样的离婚关系是大量存在的，它们基本上也是按上述原则处理的，因此，上述限制是没有必要的。

从内容上分析，根据法院地的位置不同，它可分为在中国境内和中国境外两种情况，而后者又可分为在离婚案件外方当事人本国法院和在第三国法院两种情况。如果法院地在中国境内或在外方当事人本国境内，根据《民法通则》第147条的规定，应适用法院地法，即中国法或该外国当事人本国法。这样，法院所适用的法律与当事人有着较为密切的关系，法院的判决就比较容易为当事人本国所接受。以既是当事一方的本国法，又是法院地法的法律作为离婚案件所适用的法律是较为合理的。但是，如果法院地在第三国，依第三国法律处理“中国公民与外国人”之间的离婚案件，由于第三国与中国公民或外方当事人没有直接关系，由第三国法院依其法律所作出的离婚判决往往不符合中国法或外方当事人本国法的规定，从而导致承认和执行上的困难。而且，单纯采用法院地法，容易导致当事人挑选对自己有利的法院去起诉。因此，在规定或采用“离婚适用法院地法”时，应对当事人任意选择与案件毫无联系的法院作出适当的限制。①

3. 关于涉外家庭关系的法律适用。我国《民法通则》第148条

① 参见余光予主编：《冲突法》，法律出版社1989年版，第246～247页；肖永平：《论涉外离婚的法律适用》，载《社会科学家》1993年第5期。

仅就扶养问题作了规定："扶养适用与被扶养人有最密切联系的法律。"最高人民法院在《意见》中作了如下补充规定："父母子女相互之间的扶养、夫妻相互之间的扶养以及其他有扶养关系的人之间的扶养，应当适用与被扶养人有最密切联系国家的法律。扶养人和被扶养人的国籍、住所以及供养被扶养人的财产所在地，均可视为与被扶养人有最密切的联系。"因此，这里的"扶养"应作广义的解释，它包括夫妻之间的扶养，父母对子女的扶养，子女对父母的赡养。我国《民法通则》第148条的规定，简单明了地规定适用与被扶养人有最密切联系的国家的法律，意在保护弱者，符合国际上的发展趋势。从立法技术上讲，它颇有创新，概括性强，灵活性大，有利于贯彻保护弱者的立法精神。它所讲的与被扶养人有最密切联系的国家法律，既可以是被扶养人的本国法或住所地法，也可以是扶养人的本国法或住所地法，还可以是法院地法，其中哪一种法律对被扶养人最为有利，就选择它作为涉外扶养关系的准据法。

另外，最高人民法院的上述《意见》还规定了涉外监护的法律适用问题，其第190条规定："监护的设立、变更和终止，适用被监护人的本国法律。但是，被监护人在我国境内有住所的，适用我国的法律。"这条规定也符合国际上的通行作法，符合我国的实际，今后就应该把它上升为立法。

但是，关于涉外家庭关系的其他问题，如夫妻人身关系的法律适用，夫妻财产关系的法律适用，确定婚生地位的准据法，非婚生子准正的准据法，收养的准据法、亲子间权利义务关系的准据法，等等，均没有规定。尽管我国婚姻法规定非婚生子女享有同婚生子女同等的权利，但涉及外国法的时候，上述内容并不是可有可无的，今后的立法应该作出明文规定。

（八）继承

关于财产继承的法律适用，长期以来存在着两种对立的做法：其一是主张就死者的遗产区分动产与不动产，分别适用不同的准据法，即动产适用死者的属人法，不动产适用物之所在地法；其二是主张对死者的遗产，不问其所在地的不同，也不分动产与不动产，统一由死者属人法决定。我国一惯采用第一种做法，早在1985年通过的《继承法》第36条就规定：“中国公民继承在中华人民共和国境外的遗产或者继承在中华人民共和国境内的外国人的遗产，动产适用被继承人住所地法律，不动产适用不动产所在地法律。外国人继承在中华人民共和国境内的遗产或者继承在中华人民共和国境外的中国公民的遗产，动产适用被继承人住所地法律，不动产适用不动产所在地法律。”而《民法通则》第149条以更简洁、更科学的方法重述了上述作法。它规定，遗产的法定继承，动产适用被继承人死亡时的住所地法，不动产适用不动产所在地法。因为：

1. 它明确区分涉外法定继承和涉外遗嘱继承。由于遗嘱是公民生前依照法定方式，对个人财产进行预先处分，在本人死后发生法律效力的民事法律行为，因此，除非立遗嘱人（被继承人）在遗嘱中选择某一国家的法律作为处理其遗产的准据法，遗嘱继承是不会发生法律选择问题的。事实上，立遗嘱人一般都是直接对其遗产作出处理，这样简单明确，更有利于实现立遗嘱人的愿望。当遗嘱有效成立时，法院就按遗嘱处理继承关系；当遗嘱无效时，法院就依法定继承处理。由于各国关于遗嘱成立的形式要件和实质要件有所不同，因而会发生选择遗嘱准据法的问题，它与“遗嘱继承的准据法”这一概念并不是同一的。该条明确指出“遗产的法定继承”，很有必要。

2.《继承法》第36条是一条有限制的双边冲突规范，它并不普遍适用于任何含有涉外因素的继承关系，而只适用于或者继承人，或者被继承人是中国公民，或者遗产位于中国境内的继承等三种情况。《民法通则》第149条则是一条完全的双边冲突规范。

3.《继承法》第36条并未指出适用何时的住所地法，《民法通则》第149条明确规定动产继承适用被继承人死亡时的住所地法。

因此，《民法通则》第149条是比较科学的。但是，我国目前关于涉外继承关系法律适用的立法尚有许多空白，如遗嘱的准据法问题，无人继承财产的处理问题，等等，这些内容在今后的立法中是必须加以规定的。①

---

① 参见韩德培主编：《中国冲突法研究》，武汉大学出版社1993年版，第206~208页。

以上仅就法律适用问题的主要内容作了研究和总结，难免疏漏不当，而我国未来的国际私法立法的内容应是相当丰富和详尽的，体系也应是相当完备的。因此，尚有许多问题没有涉及，关于如何建立和完善适应社会主义市场经济的国际私法是一个大课题，本文如果能够引起立法部门的重视和大家的深入研究，则甚幸矣！

努斯堡教授著国际私法原理*

（Arthur Nussbaum，Private International Law，Oxford University Press，New York，1943，p. 288）

前年10月10日英美两国政府正式宣布，废除在华之领事裁判权，并旋与我国政府签订新约，规定英美人以后在中国将享受与中国人同等之待遇。我们相信：从此以后“领事裁判权”将成为历史上一个陈旧的名词，而在我国国境以内，凡与外人有关的一切“涉外诉讼”均将一律归我国法院依法审理。

但审理关于私法方面之涉外诉讼时，依照国际私法，往往仍必须适用外国之法律。在何种情形之下，方须适用外国之法律？适用外国法之理由何在？假如有关之外国法不仅为一国之法律，而为多数国家之法律时，究应适用其中何国之法律？又适用外国法时，应按照如何之程序？对外国法之适用，可否加以适当之限制？限制之程度又将何如？这许多复杂而专门的问题，都属于国际私法学之研究范围。往日我国因受领事裁判权之限制，对于这一门科学，尚无亟求了解之需要，因之研究法律的学者，也往往对之不甚重视。但今后领事裁判权既已取消，我们对于这一门科学，便有加以深切注意和研究之必要。

近代欧美国家，由于国际交通之日渐发达及国际往还之日渐频繁，对于国际私法的知识，早已感觉有迫切之需要。而一般法学者对于这一方面的研究，也因此异常热烈。历年出版的许多关于国际私法的鸿篇巨著，大可供我们参考之用。远者不必说，单以近数年内英美德法四国而论，比较重要的著作便有英国戚夏尔（Cheshire）的《国

* 本文原载于《思想与时代》第33期，1944年4月。

际私法论》（Private International Law, 2nd., 1938），美国施屯保（Stumberg）的《法律之冲突原理》（Principles of conflict of Laws, 1937）、顾立奇（Goodrich）的《法律之冲突备要》（Handbook of the Conflict of Laws, 2nd ed., 1938），德国拉丕（Raape）的《德国国际私法论》（Deutsches Internationales Privatrecht, Bd. I, 1938, Bd. II, 1939），以及法国聂坡埃（Niboyet）的《法国国际私法论》（Traité de Droit International Privé Francais, t. I & t. II, 1938），努斯保教授的这本新著《国际私法原理》也可以说是晚近关于国际私法方面的重要著作之一。

作者于1933年以前，曾任德国柏林大学法学教授有年。1933年始由德来美，任哥伦比亚大学法学院聘访教授（Visiting Professor）。他是国际私法和商法的专家，他曾著有德文的《德国国际私法论》（Deutsches Internationales Privatrecht）一书，于1932年出版；来美以后，又著有《法律上之货币》（Money in the Law）一书，于1939年出版。这两本书都是作者的精心杰构，尤其后者在英美法学界与经济学界都已博得一致的好评。

《国际私法原理》一书，并非讨论国际私法范围内所有一切问题之详尽专著，而系仅就国际私法中若干重要的基本问题，分别予以精当之剖析与评论。本书共分三大部分：第一部分系泛论国际私法之性质、范围及种种学说演变之历史。第二部分系对国际私法上的一些基本问题，如定性（Qualification），反致（Renvoi），公共政策（Public Policy），法律之规避（Evasive Submission to Foreign Law），住所与国籍（Domicil and Nationality）及法律行为之方式（Formality of Transactions）等，分别有所讨论；此外并特别提出契约问题，作比较详细之论述。第三部分系专论程序问题，如管辖（Jurisdiction）、外国判决之承认与执行及外国法之证明等，皆在讨论之列。书末则附有简明之书目，将近年各国所出版的关于国际私法的重要论著及定期刊物之名称，择要开列，以备参考。

国际私法上的许多问题，都是非常复杂而专门的问题，在此可不必加以论列。我只拟对作者在本书中所采取的研究方法及其对国际私法所持的主要观点，略加论述。

作者的研究方法，显然有两个特点，第一是他的比较的研究法，第二是他的实证的研究法。英美国家的法学者，除少数学者以外，大都只研究他们自己本国的法律，而鲜有注意其他国家之法律者。其结果：在一方面，他们固容易因此而精微深入之造诣，但在另一方面，他们的见解却也往往难免失之狭隘，偏于一隅。在国际私法方面，因为常常涉及外国法之适用问题，这种见解狭隘偏于一隅的不良现象，自应竭力避免，所以研究国际私法者，最宜采取比较的研究法，不但应注意其他国家关于私法之规定，而尤须认识其他国家关于国际私法之规定。按欧陆国家之国际私法，原较英美发达为早，其足为比较研究之资料者，正不在少；但在英美国家；除已经有少数学者如施多莱（Story）、戴赛（Dicey）、魏斯来克（Westlake）、费里谟（Phillimore）、卞尔（Beale）、劳任森（Lorenzen）等，对于欧陆国家之国际私法，曾予以不同程度之注意外，晚近一般法学者类多漠然视之，不求了解。毋怪有些国际私法上的问题，在欧陆国家虽早已获得圆满之解决，而在英美国家还正为许多学者所龈龈争辩，聚讼不已。假如英美学者采取比较的研究方法，我想他们一定可以节省不少枉费的精力。作者在本书内即采取比较研究的方法，他以欧陆国家之国际私法为背景，而分析说明美国国际私法的种种原则，所以他常常能指出后者有些什么优点和缺点，譬如关于管辖问题及外国法之证明问题，依作者的观察，欧陆国家的解决方法，便远比英美为妥善，足为英美所取法。所以本书之出版，对于英美法学界，实可谓为一伟大的贡献。

欧陆国家的国际私法学者，在传统上素有一种崇尚理论而不重实际的倾向。他们往往从理论上确定几条广泛的原则，以为凭这几条原则，便能解决国际私法上的一切问题。至于这些原则在个别案件中的应用，是否能产生合理的结果，却非他们所愿措意或追究。理论固然是不可缺少的，但专骛理论而不顾实际，便易流于空疏迂阔，而不能适应现实社会之需要。所以当第一次大战之前后，在德国法学界便有一批学者提倡一种所谓“现实主义”（Realism），要注重法律上之事实研究（Die Rechtstatsachenforschung，Fact Research in Law），要注重法律规则在实际上应用之结果；而作者便是提倡这种主义的主要人物之一。近年德国的国际私法学者中，除作者以外，他如雷瓦德（Lewald）、麦雪尔（Melchior）也都具有这种倾向；他们所著的国际私法著作（雷瓦德著有《德国国际私法论》（Das Deutsches Internationales

Privatrecht）于1931年出版；麦雪尔著有《德国国际私法之基础》（Die Grundlagen des deutschens internationlen Privatrechts）于1932年出版。）对于判例非常重视，在欧陆法学界可谓独创一格，别开风气。作者在本书内，也处处表现这种"现实主义"的精神。他不但将欧陆学者那种只重理论不重实际的传统倾向摆脱净尽，而且对于英美一些带有同样倾向的学者，也不惜加以严格的批评。他并未完全放弃理论问题的探讨，但是他却将理论建筑于事实之上，以事实为理论的前提或根据。所以他于讨论问题时，常常引用许多法院的判例，以资比较或证明。他对判例之重视，正不在一般英美法学者之下。这种实证的研究法，也正是我们今后研究国际私法时所不能忽视的。

至于作者对国际私法所持的主要观点，有一点是值得特别提出的。作者以为国际私法所须解决的问题，虽然具有国际性，但国际私法本身却为一种国内法，而非国际法（即通常所称之国际公法）。本来国际私法为国内法抑为国际法，久已成为学者间一个热烈争论的问题。五十年前，欧洲有一派法学者——所谓"国际法派"——主张国际私法是国际法之一部分，各国对于涉外诉讼之所以必须适用外国法，是基于国际法上之一种义务，因此各国对于适用外国法，皆应遵守相同之法则。这种主义，系以实现国际协调为理想，本为第一次大战以前国际承平时代的一种所谓"国际自由主义"（International Liberalism）之反映。第一次大战爆发以后，国际协调的理想受一重大的打击，于是此派学者的主张，便渐形衰落，而另一派主张国际私法为国内法者——所谓"国内法派"——乃代之而起，日渐得势。他们不相信各国之所以适用外国法是基于国际法上之任何义务，他们认为各国可自由决定对外国法之适用与否，因此各国可有不同之国际私法规则。就目前的实际情况而论，国内法派所主张者，确与事实大致相合，自属无可非议。但是将来如果国际交通愈益发达，国际往还愈益频繁，而国际政治关系亦随之改观，那时国与国之间，不得不以种种条约规定关于适用外国法之一切问题，也非绝不可能。过去国际间为国际私法问题所签订的种种条约，且不必说，最近如南美各国，还曾于1939年至1940年举行过一次国际私法会议，签订了许多种关于国际私法问题的条约。所以我们至多只能说国际私法在今日尚不能视为国际法，却不能说它永无成为国际法之可能。英美国家的法学者，本多认国际私法为国内法，但近年英美主要的国际法刊物，如《英国国际法年报》（British Yearbook of International Law）及《美国国际法季刊》（American Journal of International Law），都常常刊载关于国际私法问题的论文或评注；这一种学术界的新动向，也是值得我们加以注意的。作者似认为国际私法在本质上只应为国内法，而不能成为国际法。这种看法，似未免过分为现实所拘束，是笔者区区所不敢同意的。

1944年1月20日　美国康桥

Characterization in the Conflict of Laws. By A. H. Robertson*（Harvard Studies in The Conflict of Laws, Vol. I. V.）Harvard University Press. 1940 pp. xxix, 301.

国际私法这门科学，在欧陆国家，发达较早，所以它的重要的专门著述，远于十四世纪即已出现。但在英美国家，则产生甚迟，直至19世纪，才有比较有规模有系统的著作出而问世。1834年出版的美国STORY的那本《Commentaries on the Conflict of Laws》，可以说是英美国家对于国际私法的开山著作，然而以视欧陆国家之鸿篇巨著，不胜烦举，又不免相形见绌，瞠乎其后了。

但在近二三十年内，英美国家在这一方面的研究，也渐成蓬勃旺盛之象。尤其在美国，因为交通的便利，工商业的繁荣，特别是境内各州自成一法律单位（legal unit），以致法律冲突的案件乃相因而生，层出不穷，这一方面研究的进步与贡献，真可说是日新月异，骎骎乎有追从欧陆并驾齐驱之势了。近年如大学用的教本，除casebook不计外，已有Goodrich的“Handbook on the Conflict of Laws”（2d ed., 1938）和Stumberg的“Principles of the Conflict of Law”（1937）两本可观的著作。最重要的参考书，则有Beal的“A Treatise on the Conflict of Laws”（3 Vols. 1935），可说是英美国家包罗最宏富引证最详博的第一部洋洋大著。此外则各大学的法学刊物，对于这一方面的讨论

---

* 本文原载于《人文科学学报》第1卷第1期，1942年6月。

和研究，也给于相当重要的地位，如所谓case的评论（note）及专门论文，都是时有刊载，屡见不鲜。而最可注目的现象，则目前似已逐渐超越广泛性的研究阶段，而进一步从事各个专门问题之深入研究。如近年哈佛大学法律学院所主编的《哈佛大学国际私法研究专刊》（Harvard Studies in the Conflict of Laws），就很可表现这一种新兴的趋势。

Robertson的这本著作，就是哈佛大学国际私法研究专刊之一，是对于国际私法上的专门问题作精细研究的。这个问题，在法文里面原称为“Qualification”，在英语国家，有人译做“Characterization”，有人译做“Classification”，也有人直译做“Qualification”。在国内曾有人译为“品质”二字；我以为就它的法文的原意和中文的语法着眼，似以译做“诠释”或“定性”二字为妥。下面拟先对这个问题的内容作一介绍，然后再进而论及本书。

关于国际私法的案件，通常解决的程序，可分为三个阶段：第一是先确定案件的性质，其次则觅致联系的因素，最后则适用制定的法律（即适用所谓准据法Proper Law，lex causae）。举例来说：假设有法国夫妇甲乙两人，在美国纽约州居住多年，一旦夫病故，遗有大宗财产，妻乙要求继承，乃向纽约法院起诉。纽约法院要解决这个案件，第一步就需确定这个案件是什么性质，易言之，就是这个案件是属于继承问题呢？还是属于夫妻财产制问题？如确定为继承问题，而假设依纽约州的国际私法，继承问题应适用财产所在地之法律，于是纽约法院第二步就需查考财产所在地是什么地方。这财产所在地，就是所谓的“联系的因素”，因为唯有凭借它的联系关系，才能进一步选择应该适用的某种法律，假设依考察所得，财产所在地为纽约州，而应该适用的法律为纽约州法，则最后一步便是如何适用这纽约州法亦即准据法的问题了。

所谓“诠释”或“定性”问题，从最严格的意义讲，便是指上面所说第一阶段的问题，就是确定或诠释某一案件是属于什么性质，是属于哪一类问题。再拿上面的例子来说：这个案件是属于继承问题呢？还是属于夫妻财产制问题？假设依纽约州的国际私法，继承问题应依财产所在地之法律解决，夫妻财产制问题应依夫妇结婚所在地之法律解决，则不同的诠释，往往就有不同的法律效果，因为如诠释为前者，则应适用纽约州法，如诠释为后者，则或应适用其他地方之法律（如结婚所在地为法国，则应适用法国法）。再假设依纽约州法的诠释，应视为继承问题，而依法国法的诠释，则应视为夫妻财产制问题，然则纽约法院应依自己的法律诠释呢？还是应依法国法诠释？再进一步，假设纽约州法根本就无关于夫妻财产制的规定，而只有关于继承的规定，而法国法却正相反，然则纽约州法院应依自己的法律诠释为继承问题，而丝毫不顾法国法之规定呢？还是也应参照法国法，诠释为夫妻财产制问题？像这一类问题，不仅发生于继承问题与夫妻财产制问题之间，也可同样发生于能力与方式，动产与不动产，实体与程序，继承与管理等问题之间。因为各种问题所应适用的法律并非相同，所以“诠释”或“定性”的结果，常足以影响国际私法案件最后的解决。

这是从最严格的意义，说明“诠释”或“定性”问题的内容。但是学者之间讨论这个问题时，大都推广及于上面所举的第二阶段及第三阶段所发生的种种问题。在第二阶段，所谓“联系因素”，如以上所说的“财产所在地”，以及其他如“住所”（domicile），“国籍”，契约订立地，契约履行地，侵权行为地，等等，也都会发生诠释上的差异。譬如拿“契约订立地”来说：有些国家的法律采发信地主义，以发出承诺的地点为契约订立地，即承诺的通知一经发出，契约即认为成立；但也有些国家采受信地主义，即以接受承诺的地点为契约订立地，必须承诺的通知到达当事人时，契约始认为成立。假设有甲乙两人，甲在纽约，乙在柏林，以通信方法订立契约，甲在纽约接到乙的要约后，即自纽约将承诺之通知寄往柏林。假设纽约州法采发信地主义，认为契约之订立地在纽约，而德国法采受信地主义，认为契约之订立地在柏林。如因契约发生纠纷，甲向纽约法院起诉，假设依纽约州之国际私法，契约的效力应依契约订立地法解决，然则契约订立地是在纽约呢？还是在柏林？如诠释为纽约，则应依纽约州法解决，如诠释为柏林，则应依德国法解决。像这种诠释上的差异，亦足以影响案件最后的解决。其他各种联系的因素，亦均可同样发生这种诠释上的差异。

至于第三阶段，依一部分学者的见解，当适用指定的法律时，亦可发生诠释上的差异问题。他们说例如法院选择某外国法律后，其所适用的范围只应限于该法律之实体部分；至于该法律中关于程序的部分，则以国际私法上的一般原则，均不应予以适用，因为关于程序问题，只有法院地法可以适用。但是哪些部分属于实体问题，哪些部分属于程序问题，在诠释上亦颇有出入。如英美法上所谓起诉时限（Limitation of Actions）问题，有人主张应诠释为程序问题，但也有人主张应诠释为实体问题。这也是诠释上所发生的差异。

著者在本书中对于以上三阶段所发生的这种种诠释问题，即认为皆应包括于所谓“诠释”或“定性”问题之内。他称第一阶段的诠释问题为“主诠释”（Primary Characterization），称第二阶段的诠释问题为“联系的因素之决定”（Determination of the Connecting Factor），称第三阶段的诠释问题为“从诠释”（Secondary Characterization）。他的全书的内容，可以分为两大部分：前半部是从理论方面探讨如何解决这三阶段的诠释问题，后半部则分析英美法院判决的许多 cases，以证明他本人的见解之妥适；而前半部关于理论的讨论，似尤为著者主要着力之所在。

在理论方面，关于“诠释”或“定性”问题的解决，学者之间，向有几派不同的主张。第一派是法院地法（lex fori）派，主张应纯依法院所在地的国内法为诠释之标准，如 Bartin，Pillet，Niboyet，Kahn，Beale，Lorenzen 等，均主此说。此派之理论，在国际私法学者中间，赞成者最多，故最占势力。第二派是准据法（proper law，lex causae）派，主张应依应行选择之法律为标准，如 Despagnet 即主张此说。第三派是比较法派，主张应依比较法分析所得的原则为标准，如 Gemma，Jitta，Beckett 等，即倡之甚力。第四派则为折中（via media）派，主张折中于准据法与法院地法之间，一面参考可以选择的准据法之规定，以明问题之性质，一面依据法院地法之指示，斟酌至善，以定最后之判断。主此说者为 Falconbridge；即如 Unger，亦可归入此派。但有一点须明白指出者，即以上所举解决国际私法案件的三个阶段，是首先由 Falconbridge 辨别而划分清楚的。他认为这三个阶段所需要解决的问题性质不同，所以解决的方法也应随之而异。他称第一阶段为“Characterization of the question”（按将法文“Qualification”译为“Characterization”一字，而应用于英美国际私法的著作中，即系他所首倡）。上面所说的这种办法，即专系解决这第一阶段的问题。他称第二阶段为“Selection of the connecting factor”。他以为这个问题的解决，应纯以法院地法为主。他称第三阶段为“Application of the proper law”。他以为这个阶段所要解决的，是决定准据法应行适用之范围，至于如何决定，除少数特殊情形外，亦应以法院地法为主。他这种划分的方法，现已有不少学者予以采用，如 Cheshire，Lorenzen，近均承认应依此种分法，就三个不同的阶段，而分别予以适当的解决，虽然他们对于每一个阶段所采取的解决方法与 Falconbridge 不尽相同。著者在本书中也是采取同一分法，不过它对于每一阶段所主张的解决方法，自有其独特之处。

著者在本书前半部，首先指明三阶段所包含之问题不同，故所需诠释的对象亦异。它说明第一阶段系决定案件的法律性质，第二阶段系决定联系的因素，第三阶段则系决定准据法的适用范围。第一阶段所需诠释的对象为案件发生之事实情由（factual situation presented to the court as giving rise to the cause of action），第二阶段的对象为构成联系的因素之若干事实（some of the facts presented to the court as constituting a connecting factor with some particular system of law），第三阶段的对象则为法律规则（rule of law），亦即所应适用的准据法之规则。其次著者则分别讨论许多学者所提出的种种解决方法；他特别提出 Lorenzen，Bechett，Falconbridge，Unger，Cheshire，诸氏的主张，一一加以分析和评论。再次则详细发挥他自己对于三阶段所持的分别解决的见解。归纳他的见解，他以为第一阶段的诠释问题，为实际的便利计，应以法院地法解决为宜；但于法院地法无相当规定可资解决时，则应参酌比较法，增加新的范畴（new categories），以应实际的需要。唯有在此场合，比较法始有其功用与价值。所以他所主张的法院地法，不是狭隘的法院地法，而是富有弹力性与适应性的法院地法。但他承认有两种例外：第一关于动产与不动产问题的诠释，应依物之所在地法为标准；第二关于某一案件，除法院地法以外，尚有两种法律可以选择，而该两种法律对于该案件之诠释系属一致时，则应依该两种法律之一致诠释为准。关于第二阶段的诠释问题，他以为除牵涉“移送”（Renvoi 有人译作“反致”）及

“国籍”（nationality）两问题时应另谋解决外，亦应以法院地法为准。他说他的理由，不是根据什么原则，而是根据实际便利。关于第三阶段的诠释问题，他赞成 Cheshire 的主张，应依准据法为解决的标准。他在书中反复坚持实体与程序及能力与方式的诠释，均应属第三阶段，应依准据法解决之。Cheshire 本只主张实体与程序的诠释，应属第三阶段。而对于能力与方式的诠释，则认为属于第一阶段，但著者却主张它们都应属于第三阶段，这是著者和 Cheshire 显然不同的地方。

著者在本书后半部对于许多 cases 的分析，即系将这些 cases 分别列入三阶段内，再根据他自己的主张，而一一予以解释或批评。

我觉得著者分析三阶段所含问题之不同和诠释的对象之差异，可称缜密细致，明白晓畅。而批评不少学者的主张，亦俱能辨别孰是孰非，予以公平而中肯的论断。至于说到著者自己的见解，他对于第一阶段所主张的解决办法，尤属能博取众长，切合实用，可为全书中最精彩之一部分。他论及第二阶段的解决办法时，除关于“移送”问题，愚见略有不同外，其余亦可谓持论允当，毫无可议。惟关于第三阶段，我以为著者的主张，尚有商榷的余地。照我的浅见，第三阶段关于准据法的适用，有两点须分别清楚：一是关于准据法范围的限制问题，譬如甲国法院依其国际私法之规定而选择乙国的法律时，其所应适用的乙国法，是纯粹的国内法（purely internal law）呢？还是除此以外且包括国际私法的规则（rules of conflict of laws）在内？如果属于后者，则往往有发生所谓“移送”问题，关于这一点的解决办法，我觉得似由法院地法酌量解决为宜。另一点是既已决定准据法的范围以后，关于准据法本身文意问题。我以为这个问题，则以依照所选择的准据法解决为妥。著者主张第三阶段的问题应依准据法解决，我觉得太嫌含混，不足以怯疑虑。在关于实体与程序，能力与方式之诠释问题，我赞成另一部分学者的主张，认为都应属于第一阶段，并非属于第三阶段。著者主张实体与程序之诠释问题应属第三阶段，应依准据法解决，似不免与 Cheshire 限于同一错误。他对于这一点的反复剖析，实在矛盾累累，可指摘之处甚多。尤可异者，他又把显然属于第一阶段的一个问题，即能力与方式的诠释问题，亦同样归入第三阶段，认为应依准据法解决，更属牵强穿凿，难于索解。只要将他的这种主张和他所分析的 cases 比较参阅，即可见其瑕疵百出，弱点毕露。著者似以为这是他的独到之见，我却感觉这是他全书中最可訾议的一点。兹以限于篇幅，对于这些值得商榷之问题，不能详加论列，只可在此略加提示而以。不过就全书而论，我觉得这仍是国际私法方面一本极值得参考的专门著作。

海牙国际私法会议与中国*

海牙国际私法会议是19世纪50年代国际私法统一化运动序幕揭开以来的最主要的统一国际私法的国际组织。本文简要回顾了海牙国际私法会议的历史发展和主要成就，阐明了我国加入海牙国际私法会议的重要意义。

一、海牙国际私法会议的性质和宗旨

海牙国际私法会议（下简称海牙会议）是19世纪末叶出现的从事统一国际私法工作最有影响的国际组织，其历史大体上经历了两个主要阶段。

第一阶段是从1893年第一次海牙会议到1951年第七次海牙会议召开前为止，即第二次世界大战以前阶段。这时期的海牙会议实际上还只是一种临时性的国际会议，而非国际组织。首先，这时期的海牙会议是由荷兰政府邀请和组织的，目的在于统一欧洲范围内各国国际私法。这一时期先后举行的六次会议，都是由荷兰政府向各国发出邀请，并由荷兰政府组织召开的；其次，这时期的海牙会议参加国，最初仅限于欧洲国家，而且由于英国政府以其普通法制度与欧洲大陆法律制度相差悬殊为由，拒绝了荷兰政府发出的参加会议的邀请，因而，前几届海牙会议实际上只是欧洲一些大陆法系国家参加的地区性的国际会议。1904年第四次海牙会议，日本派代表出席，于是海牙会议就逐渐结束了作为一个欧洲地区性国际会议的历史；再次，这时期的海牙会议是不定时的，是一种非固定性质的国际会议。第一次海

* 本文载《武汉大学学报》（社会科学版）1993年第3期。

牙会议于1893年召开，第二次会议于1894年召开，第三次会议于1900年召开，第四次会议于1904年召开，这之后由于海牙和平会议和海牙统一票据法会议的召开，更因第一次世界大战的爆发，会议中断了21年。因此，第五次会议一直到一战结束后的1925年才召开，第六次会议则于1928年召开。

第二阶段是从1951年第七次海牙会议开始的。第六次海牙会议以后，由于二战的爆发，会议不得不又一次中断23年之久。二战结束后，1951年召开了第七届海牙会议，这次会议决定将该会议改为常设机构进行工作。会议通过了《海牙国际私法会议规约》（于1955年7月15日生效），该规约正式确认了海牙国际私法会议作为一个政府间的国际组织的性质，每四年召开一次例会，开始致力于国际范围内国际私法的统一。这时期的海牙会议明显地呈现出下列特点：第一，海牙会议具有政府间国际组织的一般特征，如出席会议的代表由各国政府派出，会员国皆享有平等的投票权，会议经费由各国政府承担等；第二，海牙会议并不是超越国家之上的国际组织，它以条约、统一立法等形式所产生的统一国际私法规范，并不能直接对会员国产生约束力，只有在会员国自愿批准加入条约或者采纳统一立法后，这些国际私法规范才能对其生效；第三，海牙会议不是政治性质的政府间国际组织，而是一个专门从事国际私法国际统一的非政治性的政府间的专门性国际组织。会议参加的代表一般都是各国资深的国际私法学者、最高上诉法院法官以及其他具有国际私法专门知识的人士，会议对国际私法一些专门问题的讨论和研究，不涉及国际政治方面的问题。我们现今讲的海牙会议就是在这种意义上使用的。

与海牙会议由地区性的临时国际会议发展到由世界各地区几十个国家参加的政府间的国际组织相适应，其成立宗旨也由最初的统一欧洲国际私法转变为“从事国际私法规范的逐渐统一工作”。海牙会议所说的国际私法，主要是指冲突法，有关国际统一实体法规范则被排除在外。一般包括法律选择问题，国际民、商事案件的管辖权问题以及外国民、商事判决的承认与执行问题，此外还包括关于国际民事诉讼程序方面的其他一些问题，如国外送达、国外取证、承认外国公文的效力、给予外国人获取法律保护的充分待遇等。海牙会议所追求的实现国际范围内国际私法的逐渐统一，应是指实现真正国际范围内国际私法的逐渐统一，将世界不同法系、不同国家的国际私法逐渐加以统一，从而形成国际范围内的、统一的国际私法规范。

二、海牙国际私法会议的主要成就

海牙会议自1893年首次召开以来，已通过的公约草案约34个，其中有22个公约已经生效，其涉及的范围颇广，包括婚姻家庭、继承、国际民事诉讼、国际货物买卖合同、破产、产品责任、流通证券等方面的国际私法问题。

二战前的主要成就有：（1）在婚姻家庭法方面，通过的有《关于解决婚姻问题法律冲突的公约》（1902年）、《关于离婚及别居的法律冲突及管辖冲突的公约》（1902年）、《关于未成年人监护的公约》（1902年）、《关于婚姻在夫妻身份和财产上效力的法律冲突公约》（1905年）、《关于禁治产及与此相类似的保护手段的公约》（1905年）。这些公约都是关于人的身份、能力及有关事项，而且是以适用本国法为基础订立的。（2）在继承法方面，通过的有《关于继承和遗嘱的法律冲突的公约》（1904年）、《关于继承和遗嘱的法律冲突以及管辖权的公约》（1928年）。（3）在破产法方面，通过了《关于破产的公约》（1925年）。（4）在国际民事诉讼法方面，通过了《民事诉讼程序公约》（1896年、1905年）、《关于承认和执行外国判决的公约》（1925年）。

由此可见，海牙会议前四次会议的成就主要集中在婚姻家庭法和国际民事诉讼法领域。这主要是因为当时的实际需要和可行性而定的。如欧洲婚姻家庭问题突出；程序法分歧带来一些迫切需要解决的问题。另一方面是因为这些公约本身便于各国解决实践中所遇到的有关问题，而且这些公约所处理的问题与各国实际利益并无很大的冲突，容易在一般调和以后获得各国接受。直到1928年第6次海牙会议开始着手进行国际货物买卖合同法律的统一工作，才使其工作逐渐有了新的突破。

二次大战以后的主要成就和以往不同，除继续致力于婚姻家庭与继承方面的统一工作外，逐渐涉及有关财产以及其他特别急需统一国际私法规定的各项事项。（1）在婚姻家庭法方面，又通过了《关于对子女扶养义务的法律适用公约》（1956 年)、《关于承认和执行外国有关子女扶养义务的判决的公约》（1958 年)、《关于保护未成年人主管机关和法律适用的公约》（1961 年)、《关于收养的管辖权、法律适用和命令的承认的公约》（1965 年)、《关于承认离婚与司法别居的公约》(1970 年)、《关于承认并执行外国扶养义务判决的公约》(1973 年)、《关于扶养义务法律适用的公约》（1973 年)、《关于婚姻仪式及婚姻有效性承认的公约》(1973 年)。(2）在继承法方面，通过了《关于以遗嘱处分财产的方式法律冲突公约》（1961 年)、《关于遗产的国际管理公约》（1972 年)。(3）在合同法方面，通过了《关于国际货物销售法律适用公约》（1955 年)、《关于国际货物销售中权利转移的法律适用公约》（1958 年)、《关于在国际货物销售中选择法院管辖权的公约》(1958 年)。(4）在主体资格与代理方面，通过了《关于承认外国公司、协会、基金会法人资格的公约》(1956 年)、《关于代理的法律适用公约》(1978 年)。(5）在产品责任法方面，通过了《关于产品责任的法律适用公约》（1973 年)。(6）在交通法方面，通过了《关于交通事故法律适用的公约》(1971 年)。(7）在信托法方面，通过了《关于信托的法律适用和承认的公约》(1984 年)。(8）在保护儿童权益方面，通过了《关于国际诱拐儿童的民事方面的公约》(1980 年)。(9）在国际民事诉讼法方面，又通过了《关于民事诉讼程序的公约》(1954 年)、《关于废除要求认证外国公证书的公约》（1961 年)、《关于民商事案件司法及非司法文书国外送达的公约》(1965 年)、《关于选择法院的公约》(1965 年)、《关于民商事案件国外取证的公约》(1970 年)、《关于承认并执行外国民商事案件判决的公约及补充议定书》（1971 年)、《关于对涉外诉讼提供便利公约》(1980 年)。

这一阶段海牙国际私法会议的成就，还突出地表现在其会员国越来越多，而且与非会员国和有关国际组织的关系日趋密切。根据海牙会议规约第 2 条的规定，凡至 1951 年第七届海牙会议为止，业已参加过一届或多届海牙会议，并接受该会议规约的国家，都成为海牙会议会员国；其他那些对会议工作的法律性质感兴趣的国家，根据一个或多个会员国的提议，并在该提议送达至各会员国政府起的 6 个月内，由所有会员国投票表决，若多数会员国同意，而且该国还接受了海牙国际私法会议规约，则该国便被接受为会议会员国。1951 年以前的海牙国际私法会议，都只有大陆法系国家参加，除日本外，会员国都是欧洲大陆国家。1951 年以后，越来越多的国家开始对它产生兴趣，截至 1988 年 7 月底会员国已有 36 个。海牙会议还积极争取非会员国参加会议，成为会议会员国，或者积极邀请非会员国参加会议的活动。1951 年以前的一些海牙国际私法大会上，便有一些国家派观察员参加会议，这样不仅使非会员国对海牙会议的目的、性质和工作有了进一步的了解，而且扩大了会议本身的影响。1951 年以后，海牙会议不仅邀请非会员国派观察员出席每四年召开一次的海牙会议大会，而且还吸收一些非会员国派出的观察员参加会议进行国际私法统一工作的一些专门会议。

海牙会议在长期的实践中，与其他有关的国际组织保持着密切的联系。它通常根据所着手进行统一工作的国际私法问题的性质，邀请一些国际组织派观察员参加海牙会议制定多边公约的预备性会议或大会，使会议能够获得更多的信息和其他国际组织从事法律统一的经验。海牙会议与之保持合作关系的一般性国际组织有联合国法律委员会、国际贸易法委员会、欧洲会议、欧洲经济共同体、罗马统一国际私法协会等。海牙会议还与美洲国家组织、亚非法律协商会议等组织存在着互换文件和互派观察员的关系。海牙会议还在不断地开创与有关国际组织合作的新途径，如在修改 1955 年的《关于国际货物销售合同法律适用公约》的时候，曾与联合国国际贸易法委员会进行密切的合作。会议邀请了所有联合国国际贸易法委员会的会员国（不管是否海牙会议会员国）参加了 1985 年海牙会议召集的特别会议。海牙会议还有以下一些领域与许多专门性的国际组织保持一定的联系：如在家庭身份法方面，与民事身份国际委员会具有互换文件和互派观察员的关系；在信托的承认和有效性方面，会议曾接受国际财产让予银行派出的观察员。此外，海牙会议还与如国际会证联盟、国际律师协会等非政府间的国际组织具有一定的关系。海牙会议与有关国际组织的密切联系和合作关系，对扩大海牙会议，尤其是扩大海牙会议特定的统一国际私法公约的影响是具有十分重要意义的，有利于其加快实现国际私法逐渐统一的任务。

三、中国加入海牙国际私法会议的意义

我国于1986年11月、1987年3月分别派观察员参加了海牙会议特别会议。1987年9月正式作为海牙会议的成员国参与讨论和制定《死者遗产继承准据法公约》。我国作为联合国五个常任理事国之一和最大的发展中国家，它的加入将对扩大海牙会议的影响和在今后工作中进一步顺利地进行国际私法的国际统一化运动，完善我国的国际私法制度，促进我国社会主义市场经济体制的建立和完善，是极为重要的。

首先，当今世界是一个国际交往关系十分发达的世界，国家之间经济上的相互依赖关系越来越强。商品生产和交换日益国际化，各国在努力创造一个良好的国内法律环境的同时，十分注重国际法律环境的培植，而且国际社会通力合作，制定了大量普遍适用的、多边性统一实体法和法律适用法方面的国际公约。在国际竞争日趋激烈的情况下，如不经常注意改善其内国的法律环境，使其与国际社会的普遍实践相一致，就会导致在竞争中处于不利地位。

各国竞相改善其国内、国际法律环境的活动，使得国际私法在某些方面的国际化倾向得到了不断加强，像海牙会议这样致力于国际私法统一化工作的国际组织，越来越受到重视。为了使我国能在未来更加激烈和广泛的国际竞争中获胜，我们必须充分认识国际私法的这种发展趋势。一位美国教授在呼吁并提醒美国政府加入统一国际私法行列时指出："如果某一个世界会议通过了一个统一的法典，而并不包括美国的观点，那么美国立法者便不得不或者是接受一个外国间讨价还价最后形成的外国的模式或者是拒绝该统一法律，从而使美国落伍于国际统一，而招致法律分歧与法律冲突的不利的结果。"

其次，江泽民同志在党的十四大的报告中指出："高度重视法制建设，加强立法工作，特别是抓紧制订与完善保障改革开放、加强宏观经济管理、规范微观经济行为的法律和法规，这是建立社会主义市场经济体制的迫切要求。"自党的十一届三中全会以来，为适应国家实行对外开放政策的需要，我国的国际私法立法和司法活动得到了很大的发展，在广泛吸收国外先进的理论和实践的基础上，初步建立了

自己的国际私法制度。但由于是建立在计划经济模式上的，所以将难以适应我国建立社会主义市场经济和加入关贸总协定之后所出现的大规模国际经济贸易、技术、文化和人员交往以及激烈的国际竞争需要。我国加入海牙会议后，不仅能够使我们把握住当代国际私法发展的基本取向，在法律的国际交往上缩短我国与其他国家的距离，使我国国际私法制度进一步向国际社会的普遍实践靠拢，而且海牙会议的工作成果也会直接为我所用，为我国的法制尤其是国际私法制度的完善提供极大的便利。

第三，我国加入海牙会议，也为我们向外国介绍我国的国际私法理论与实践，学习吸收外国的有价值的理论与实践提供了一个很好的交流场所。

当然，我国加入海牙会议也向我们提出了新的要求。我国国际私法学界应与我国的外贸、外交部门配合，对海牙会议及其已经制定的，尤其是即将制定的条约进行认真、深入的研究，写成报告、建议等，以我国政府的名义反映给海牙会议。同时我们还应该积极主动地把我国的有关理论和实践向会议作介绍，以努力争取会议制定的公约能反映我国的立场和实践。更应该注意的是，为了使我国真正地和更多地从海牙会议获得收益，今后我国在派出出席海牙会议代表时，应多吸收有关的国际私法专家教授参加。

欧洲联盟国际私法的特征和发展前景*

欧洲联盟的发展壮大是当今国际社会的一个突出现象，其独特的法律秩序为法学界提供了新的研究课题。作为这种法律秩序的一部分，欧盟国际私法也足以引起学术界的注意。本文将在分析欧盟国际私法的特征的基础上，对其发展前景作些前瞻性的探讨。

一、欧盟国际私法的渊源

欧洲联盟国际私法是解决欧盟法律冲突的各类规范的总称。从欧盟法律体系及其各种社会关系的层次看，欧盟的法律冲突大致包括以下三种类型：(1) 共同体法与成员国法之间的冲突；(2) 共同体法与其他外部世界法律的冲突；(3) 欧盟各成员国国内法之间的冲突。欧盟的目标在于形成协调统一的一体化组织，它不可能允许存在有损其目标的法律的冲突，为欧盟自身对外交往的方便，欧盟在有意识地消除这些法律冲突。这些都是欧盟及其成员国立法努力的目标，同时共同构成了欧盟国际私法的整体。

欧盟国际私法是由具有不同效力的各种规范共同组成的。其主要表现形式如下：

（一）欧洲共同体基础条约及其修改中的国际私法规则

共同体基础条约及其修改协定中规定了共同体能力、共同体责任以及共同体内商品、服务、人员的自由流通、竞争等问题，这些规则

---

* 本文原载《武汉大学学报（哲学社会科学版）》1999 年第 1 期，合作作者为刘卫翔。

从传统私法的观点看是属于国际私法范围的。它们构成了冲突法的基础。此外，这些文件还规定了按照共同体的目标进行国际私法立法的原则以及共同体的特权与豁免、财产权、程序等问题。这些规定类似于各国宪法中有关国际私法的条款，是欧盟国际私法中效力最高的部分。

（二）欧洲共同体立法中的国际私法规则

共同体立法主要指法规、指令、决定及建议或意见四种。它们主要关心的是通过统一的法律或协调的措施保证法律的整体性和统一性，主要是统一实体法规则，但有的立法中，也包含有冲突法规则。从国际私法的意义上讲，共同体立法主要涉及如下事项：(1) 共同体职员及其他人员；(2) 人员流动；(3) 不正当竞争和竞争；(4) 知识产权；(5) 产品责任。当然，主要的立法还是法规和指令两种，因为决定的效力是有限的，而建议或意见则不具有法律上的约束力。

（三）判例及一般法律原则

由于欧盟的实践没有先例可以遵循，再加之各成员国本来就重视判例的作用，所以判例成为欧盟国际私法一个十分重要的方面。在欧洲法院和成员国法院的实践中，判例是判断案件的一种重要依据。尤其是对于基础条约或共同体立法中没有规定的事项，以及对于条约的解释问题，一旦法院提出系统的意见，就成为在该事项上的原则。如著名的“范根路斯”案和“科斯塔”案的判决确定了共同体法优先于成员国法的原则，已经成为共同体法的一项基本原则。

一般法律原则作为欧盟国际私法的渊源是同法院的判例分不开的。法院都将成员国法的一般原则通过判例吸收到共同体法中来，而且基础条约对此问题也已有规定，如《欧洲共同体条约》第215条第2款规定：“关于非契约责任，共同体应根据各成员国法律所公认的一般原则……给予赔偿。”

（四）国际条约

欧盟有关国际私法的国际条约目前主要是成员国之间的公约，如1968年9月27日签订于布鲁塞尔的《民商事管辖权和判决执行的公约》及其议定书、1980年6月19日签订于罗马的《合同义务法律适用公约》、1968年2月29日签订于布鲁塞尔的《关于相互承认公司和法人实体的公约》以及1995年9月12日签订于布鲁塞尔的《关于破产程序的公约》等。此外，在一定程度上，欧盟成员国用以解决成员国之间法律冲突的国际私法规则也可以认为是欧盟国际私法的组成部分。

二、欧盟国际私法的特征

欧盟国际私法有如下特征：

（一）欧盟国际私法是以统一国际私法为主体、以其他辅助立法为补充的庞大法律体系，它涉及的社会关系面比较广，涉及的法律层次比较多。

欧盟国际私法主要包括涉及共同体自身的国际私法规范以及其他的统一国际私法规范，在这两个部分中，无疑后者是主要的，它是欧盟国际私法的主体，也是欧盟国际私法最具特色的部分。欧共体国际私法也基本上涵盖了传统国际私法的各个领域，从身份关系到财产关系，从实体的权利义务到程序规范，从国际私法的基本制度到各个分支领域，都有所涉及。并且从联盟国际私法的渊源层次上讲，它既包括基础条约中的国际私法规范，也包括共同体机关颁布的专门国际私法立法以及其他立法中所涉及的国际私法规范，还包括各成员国共同缔结的国际私法条约。所以，总的来看，欧盟国际私法已经形成为当今世界颇具特色的、庞大而相对独立的国际私法体系。

（二）欧盟国际私法在性质上是国际法，准确地说是区域国际法。

因为欧盟国际私法是由各成员国共同制订或由共同体机关的立法通过并对各成员国适用的。它所规范的对象也主要是涉及不同成员国的民商事关系。因此，在这种意义上，不妨说欧共体国际私法是广义上的国际法。事实上，所谓国际法，其与国内法的重要区别之一就在于国际法的产生来自于各国的合意，而国内法则很明显是主权国家立法机关的事。欧盟国际私法具备国际法的特征，应该属于国际法。但它又不是全球性的国际法，而只是适用于欧盟的区域国际法。

（三）欧盟在统一国际私法的过程中，最为有效的手段是共同体立法，而通过各成员国缔结公约从而达到国际私法的统一则是困难重重，步履维艰。

如果从 1952 年欧洲煤钢共同体正式成立起算，距今已有 47 年了，就是从 1958 年欧洲经济共同体和欧洲原子能共同体的成立开始计算，至今也已有 40 多年的历程了。在这近半个世纪的发展中，欧洲共同体已是今非昔比了。共同体的机构、成员国、具体的政策都发生了重大变化。欧洲已经从经济上的联合开始逐步在政治、防务等方面实现联合。当今的欧洲共同体在许多方面呈现出联邦的特征。在这种情况下，以共同体立法来统一成员国的国际私法就变得切实可行。因为基础条约已经对共同体立法的效力作出了明确的规定："规则（法规）具有普遍适用性质。它具有总体约束力并直接适用于所有成员国。指令，为达到其目的，应对任何被针对的成员国具有约束力，但在形式和方法方面则由各成员国机构选择。决定，对它所针对的各方具有总体约束力①。"欧共体机构正是恰当地利用了这一规定，颁布了不少国际私法立法以及有关国际私法的规范。鉴于共同体立法的效力，这些规范可以很方便地对所有成员国及各国国民具有约束力，并由成员国的机构适用。

此外，欧盟各成员国也以缔结公约的方式进行着国际私法的统一工作。但与共同体立法相比，这种方式则进展缓慢。直到现在，除了《民商事管辖权及判决执行公约》和《合同义务法律适用公约》具有较大影响之外，尚无其他重要的国际私法公约得以通过。而且原来制定的许多公约或公约草案要么中途夭折，要么胎死腹中，如《相互承认公司和法人实体的公约》至今没有一个国家参加，等于是一纸空文；关于侵权法律适用公约草案从合同法律适用公约草案中分离出来后不见下文。

以立法方式达成统一，是以"宪法"的强制力为依据的，类似于一个国家的国内立法，同样具有较高的效力，它由有关机关通过生效后，就在相关的领土范围内具有必须遵守的效力，除非"宪法"有规定，否则不得有所减损。而各个国家的具体制度总有若干不同，再加上各国对若干具体问题的认识也会有所差异，当然，以公约方式实现

① 参见《欧共体条约》第 189 条。

统一，也不排除共同体机关的协调和指导，但由于公约的通过和生效需要各成员国同意并由一定数量的成员国批准，共同体机关的作用也就不如立法时发挥得充分。所以，在共同体统一国际私法的过程中，立法方式比公约方式来得更为有效、直接和便捷。

（四）欧盟国际私法对国际私法的新理论、新观念持积极的态度。

欧盟各国都是具有悠久法律传统的国家，其国际私法曾一度代表着世界国际私法的潮流，该地区也成为国际私法立法最为活跃的地区。但从 20 世纪尤其是第二次世界大战以来，在美国出现了一场国际私法“革命”，涌现了很多新的国际私法理论和方法。对于这种现象，欧盟并没有视而不见或者自以为是，而是积极地研究、采纳，如最密切联系原则的采用。另一方面，欧盟对海牙国际私法会议的成果也积极接受，如惯常居所连结因素的引进等，从而使欧盟国际私法处于国际私法发展的前沿，并保持不断的进步。

（五）在欧盟国际私法中，统一实体法占有很大比重，在这些领域，冲突法逐渐在退出。

欧洲联盟是当今世界颇具特色的一个区域性国际组织，它在机构设置及具体操作上颇似一个联邦制国家，共同体自身目前确实已具备了不少联邦制国家的特征。这种情况决定了共同体在统一各国法律时，能够以统一实体法这种方法方便地进行，而无需再借助于冲突法的作用。尤其是在经济关系中，因为共同体主要是一个经济共同体，其中心是共同的经济与社会政策，近期的主要目标则是经济与货币联盟。在共同体共同的经济和社会政策之下，其经济领域的法律制度也就易于趋于一致，所以在这些领域就出现了相当多的统一实体法，而冲突法在这些领域的作用则逐渐减弱。

出现这种现象是由欧盟的特殊情况决定的，与欧盟的特殊情况密不可分。它并不标志着冲突法逐渐在退出历史的舞台，也并不标志着冲突法的衰落。因为欧洲共同体只有 12 个国家，欧洲联盟成立后也只扩大为 15 个国家，除此之外，世界上尚有 170 多个国家不属于这个群体，这些国家之间，这些国家与欧盟或与欧盟成员国之间绝大多数仍然缺乏统一实体法可以依循，而且由于民族传统、国家主权等原因，这些国家统一实体法还是比较遥远的事情，所以冲突法仍将发挥其特殊的作用，精巧地坚定地维护各国自己的正当权益，又在无损于自己权益的前提下，发挥平等互利的对外关系。

另外，国际统一实体法的出现与发展，虽使解决法律冲突与适用问题多了一种新的手段和方法，但并未丝毫削弱冲突法在调整其他涉外民事关系方面的地位和作用①。因为远非在社会关系的一切领域内，都可以和适宜采取这种方法。例如在婚姻家庭和继承以及相关方面的问题上，不仅不同类型的国家有异，就是同一类型的国家也有较大差别，实体规范的统一就难以实现，而采用冲突规范调整这方面的社会关系，仍然具有重要意义。在国家消亡以前，法律冲突是不会因为在一部分国家之间在某些方面产生了若干统一实体法而完全消除的。在许多方面，冲突法仍将继续保留它的重要地位和作用。此外，广而言之，对于一些统一实体法公约来说，也并非所有的国家都参加进来，对于非参加国来说，仍要适用冲突规范。再者，缔约国对公约提出保留时，也使冲突规范重新发挥其作用。何况公约对它所要解决的问题，也不一定能作出全面和明确的规定，对公约未能解决的事项，仍应按照冲突法来解决。《联合国国际货物销售合同公约》就对此作了明确规定。在这些情况下，冲突法仍然有着广阔的适用余地。

（六）欧盟虽然通过了较多的统一实体法，但在许多领域，则无法以统一实体法来解决法律冲突问题。在有些方面仍然缺乏规定，这是欧盟国际私法不完善的地方。

统一实体法是国际私法发展的自然进展，是国际私法日趋完善的一个合乎逻辑的阶段。但它并不能解决所有的问题，有些方面目前适用统一实体法是不现实的，仍然需要适用冲突法。何况，目前欧盟统一冲突法仅在合同及程序方面比较有影响，这就给欧盟国际私法造成了许多空白。比如，在婚姻家庭、继承领域，在侵权领域，在物权领域，都缺乏明确的冲突规范。成员国之间的有关社会关系，仍需各成员国适用其本国的冲突规范予以解决，因而各国之间冲突规范的差异，又使这种解决方法的结果变得无法预见，不能确定，从而不利于共同体目标的实现，不利于共同市场的运行，因而欧盟国际私法仍需进一步完善和发展。

① 韩德培主编：《中国冲突法研究》，武汉大学出版社 1993 年版，第 13 页。

三、欧盟国际私法的发展前景

法律是社会政治、经济制度的维护者，只要国家存在，国际组织存在，法律就会继续存在并发展下去。另外，在欧盟国家，仍存有一些法律不一致的现象，这显然与共同体的目标不符，这些领域有必要进一步完善与发展，使欧共体国际私法形成一个完整的体系。

对于因不同法律制度所产生的法律冲突问题的解决来说，如果拿成文立法和判例法相比，前者更为有效也更方便。在欧盟，由于是在发展相对成熟的国内法律秩序上增加了一个新的法律体系，通过立法来解决法律冲突问题就显得更为实际和便利。

在通过成文法来统一或协调国内法的几种途径中，公约是最麻烦、最困难的，它在很多方面被证明是不合适的。所以，最后的选择只是在法规与指令之间。法规主要是一种统一（unifomity）的手段，而指令则主要用于协调（harmonization）。但其结果并没有什么实质性的区别。因为共同体立法的目的是在于减少现存的冲突，并防止新的冲突的产生。这种选择应该是实事求是的。

公约在统一国际私法方面还有诸多不便和不合适之处。（1）在制定或通过公约时，各成员国的代表只是相聚在理事会（meet in the Council），而不是作为理事会行使职权，因此在性质上，通过公约属于“非共同体行为”（non-Comm unity act），所以每一公约在其漫长的讨价还价过程中，实际上处于成员国的紧密控制之下。（2）负责准备和起草公约的专家是由成员国政府任命的，他们不同于共同体公务员，在多数时候仍定位于成员国公民，反映其本国的意志和主张，这样就不可避免地使谈判不断拖长，并随成员国间国际关系的变化而变化，还可能常常处于僵局状态，而只能通过妥协予以解决，此时在原则上、逻辑上都要作出让步，甚至在正义方面也要作出牺牲。（3）这些谈判只分配给委员会相关的从属作用，这一方面使公约达成的政策和规则难以达成完全的协调，另一方面也使委员会对其内容和方向具有相当大程度控制权、使作为法律逐步接近计划一部分的政策和规则难以协调。（4）公约通过后，尚需一定数量成员国的批准才能生效，多数公约的条款还可由成员国在批准或加入时作出保留，这些都在不同程度上减损了公约的效力。(5) 公约缺乏共同体立法在实施、监督等方面的强制力，有的还缺乏欧共体法院的解释权等因素也使公约在统一各成员国法方面不如共同体立法那么方便、有效。

以上几点原因也可以说明为什么每个公约在许多方面不管是在内容，还是与其他和它们互相作用的共同体立法的条款相比，都存在着不一致和缺憾。另外，公约的谈判及准备过程中弥漫着的保密气氛以及谈判的漫长时间又将外界，如学术界、评论者的批评或鼓励排斥在外，使公约条文不能广泛地吸收来自各方的意见。谈判者与外界缺乏必要的沟通，可能使公约忽略很多有益、积极的方面。

当然，这里强调公约不如共同体立法有效，并不是全盘否定公约。从共同体缔结的几个公约，尤其是已经生效的判决公约及合同公约看，通过公约统一共同体各国的国际私法也是卓有成效的，而且有时公约的作用是绝不可忽视的。现在的问题是，通过公约途径统一国际私法是一个涉及多国、多语种的谈判，即使人们有热情也愿意通过谈判达到一定的结果，但随着新成员国的加入，使共同体成员国的法律体系变得更加复杂，从而也使谈判的困难更大。事实上，如果不是某些成员国及委员会一些代表的坚持，已经通过的几个公约恐怕是已被历史的长河淹没得毫无踪迹而成为遗憾了。

但不可否认，欧盟要发展下去，就必须在其范围内进一步协调国际私法。这是一种法律上必须做的事情，这种协调是基础条约的精神所要求的，也是基础条约所产生的法律世界主义的一部分。根据《欧洲共同体条约》第100条和第235条的规定，不仅可以就国际私法的特定领域进行统一，而且可以把国际私法的特定领域与相关的实体法一起统一。关键是在立法建议的形成阶段，委员会的准备程序应该公开，并广泛地听取各方面的意见。这样才能保证立法的科学与有效。

从历史上看，欧洲联盟的国际私法公约可以说就是一面镜子，反射出欧洲联盟自身的发展过程。在60年代早期，制定各种公约的热情和动力非常类似于当时盛行的被罗马条约和巴黎条约所煽动起来的欧洲统一的渴望和情绪。随后，当民族骄傲、民族主义抬头，反对共同体扩张时，这种反应也在法律统一方面产生了消极的后果。所有的法律统一计划基本上于20世纪60年代后期开始放慢步伐，将国内法律制度纳入共同体综合法律体系受到了强烈抵制。但这不应一起受到指责。毕竟法律是经济基础的产物，并受政治制度、意识形态等其他方面的影响，它要反映它所深深植根的信念以及统治者的利益和主张，受这些因素所左右。我们也不能期望具有某种法律和社会传统的人们一下子放弃其固有的传统，转而支持那些作为谈判所达到的中立的、不具个性的、未经实验的替代品。

考虑上述几方面情况，笔者认为，欧共体“第一代”国际私法公约仍是成功的。尽管几个公约都存在着一些缺陷，但每个公约仍具有一些实际的益处，可以弥补撤销某些熟悉的国内规则的代价。这就是成绩所在。随着欧盟的进一步发展，这些公约本身也应在必要时进行修正和改进，其条款将因进一步的发展而及时得以补充，不管其形式如何，都将在联盟内继续着国际私法的统一化进程。

关于终止若干合同所涉及的几个法律问题*

一、关于我方要求终止合同的法律依据

（1）不能认为我方要求终止合同是一种“根本违反合同”的行为。1980 年 4 月 11 日缔结的《联合国国际货物销售合同公约》第 25 条明确规定，“一方当事人违反合同的结果，如果使另一方当事人蒙受损害，以至于实际上剥夺了他根据合同规定有权期待得到的东西，即为根本违反合同，除非违反合同一方并不预知而且一个同等资格、通情达理的人处于相同情况中也没有理由预知会发生这种结果”。我们的技术进口总公司不是代表国家而是以法人的资格缔结这些合同的，在缔结合同的当时，我方（或者任何一个具有同等资格，通情达理的当事人）显然是不能预见我国国民经济计划会作目前这样重大的调整，以致中技公司不能履行原来的合同。因此，根据这一规定，我方此次提出要求终止合同，完全不是什么“根本违反合同”

---

* 1980 年底至 1981 年初，我国因财政困难，决定将已签订的五个大型成套设备进口合同予以终止，外方公司要求赔偿一切损失，金额达××亿美元。国家进出口委特邀请韩德培教授、周子亚教授与李双元副教授三人进京咨询。他们的咨询意见被采纳后，经过据理谈判，外方作出让步，为国家节省了赔偿金额达数亿美元，并维护了我国“重合同、守信用”的崇高声誉。后因国家财政经济状况好转，五个终止的合同又均已恢复。本文就是他们所写的咨询报告，曾载《社会科学》（沪）1981 年第 4 期，后转载于国家教委高教一司编《高等学校哲学社会科学研究优秀成果选编（第一辑）》，此书于 1985 年 10 月由北京大学出版社出版。

——编者

的行为。

（2）由于不能归责于债务人的原因而造成的“给付不能”（或“履行不能”），可以使合同失去约束力而免除债务人的责任。这是罗马法的一条古老原则。后来在欧洲大陆法系中，又提出过“情势变迁保留条款”，认为一切合同的缔结，都包含着情势变迁的保留条件，即一旦在合同生效后发生情况的根本改变，使履行成为不可能时，是可以使原来的合同失去效力的。不过后来有些国家不认为它是契约的一个一般原则，而主张只能在个别特殊情况下予以援用。但到了20世纪，由于资本主义世界出现了政治经济严重不稳定的状况，在审判实务和法律学说中重又提出情势变迁对契约效力的影响问题。在英美法系中，把这种情况叫做“合同落空”。施米拖夫在《出口贸易》一书中，曾作了这样的说明：“当事人在签订合同时所谋求的商业目标，不是由于他们自身的过失，而是由于事后发生的情况而受到挫折。签订合同的时候所存在的那种情况，后来已经完全改变了，以致在一个有理性的人看来，合同当事人假如事先知道会发生这种变化的话，他们就不会签订这个合同，或者把合同订得不一样。”德意志民主共和国关于国际商业契约和商事仲裁的立法中所持的观点，也完全与此相同。施米拖夫认为：“根据这个原理的各项规则，凡当事人签订的合同依照法律认为是落空的时候，对于尚未到期的履约义务，当事人得予解除责任。”在施米拖夫引述的几种落空条件中，就包括有情况发生根本性变化和政府的“出口禁令”和“进口禁令”以及政府对某些货物的进出口“配额”等种种情况。在有关学说和立法中，甚至还指出合同标的在签约当时为合法，但事后因政府新的法律、法令的颁布而变为不合法时，也可作为终止合同的法律依据。如法国民法典就规定过债务内容为法律所禁止时，债务人得予免责。在实行计划经济的国家里，国家经济计划具有法律法令的作用，同样可以使某些债务失去效力，如捷克斯洛伐克50年代的民法典第298条规定，如为国家计划的需要所要求，国家主管机关得废除由法律关系所产生的对执行统一经济计划有重要意义的债务。

在有关契约责任的学说中，还有人提出过，债务人由于出现了缔约时未能预见的经济上的严重困难而致缺乏金钱履行债务的话，也可作为免除债务人履行责任的一种情况。不过对此，也有反对意见，认为这种情况，表面上虽然也是一种“给付不能”，但如果把它也作为债务人免责的根据，就会使债权人的权利失去必要的稳定性和保障，债权人的权利就会变得前途莫测。因此有的国家的民法（如保加利亚）就明确规定，“债务人不掌握履行债务的资金之情况，并不能免除债务人的责任”。但也有人认为在某些情况下，缺乏金钱履行债务也未尝不可构成免责的根据，如因战争或其他情况而造成资金与外汇的短缺。

根据上述种种在国际上有影响的学说，在我们这种实行计划经济的国家里，因国家经济的调整，国民经济计划的修改，而造成有关公司（法人）给付不能，即令不把它作为免责的根据，但作为要求终止有关合同的理由，我们认为是完全站得住脚的。

（3）原联邦德国及日本民法中的有关规定

在德国民法典中，关于债务不履行的责任条件，有下述一些规定：

第 275 条规定：“在债务关系发生后，非因债务人的过失致给付不能者，债务人免除给付义务。”

该法典同时在第 276 条中给“过失”下了一个定义，说：“怠于交易上必要的注意者为有过失”，并且在第 282 条中又规定“关于给付不能是否由于债务人的过失有争执时，债务人负举证责任”。这表明在德国民法典中，也是承认非由于债务人的过失而致“给付不能”者，是可以免除履约义务的，只不过债务人应证明自己为无过失。

日本民法原是模仿德国的，在这个问题上，与德国的主张也是一致的。如日本民法也明确规定，因不可归责于债务者的事由而使债权人遭受损害，债务人不负责赔偿。

（4）有关国际公约中的相应规定

1980 年 4 月 11 日签订的《联合国国际货物销售合同公约》第 79 条规定：“当事人对于不履行义务不负责任，如果他能证明此种不履行，是由于某种非他所能控制的障碍，而且对于这种障碍，没有理由预期他在订立合同时能考虑到或避免或克服它的后果。”

1964 年关于国际货物买卖统一法，也作了同样内容的明确规定。

可见，由于不可控制的以及不能预见的障碍而致给付不能可以免除债务人的责任，也是当前国际上所公认的原则。

(5) 更何况就在CCB (甲) 与CCB (乙) 两个长期合同的第十四章之三和第十二章之二中，都作了这样的明确规定："如果合同任何一方由于重要原因不能执行合同时，可在双方通过协商取得协议后(其中有一个提"取得一致")，提前终止合同。"

二、关于赔偿范围（直接损失与间接损失问题）

我们认为我方完全有理由坚持只赔偿直接损失或只进行合理的补偿。

(1) 这次我方要求终止履行的合同中，均有"本合同规定乙方向甲方支付的任何赔偿，仅限于甲方所受的直接损坏和损失，不包括间接损坏和损失"这样明确的规定。既然如此，根据对等原则，甲方（我方）在不能履约的情况下，即令给予对方以损害赔偿，当然也只能限于对方所受到的直接损失。因此，对方在来电或谈话中，提出要求我方赔偿一切损失，显然是站不住脚的。

(2) 我方甚至可以提出只进行合理补偿的主张。过去在联合国讨论到第三世界国家对外国公司实行国有化时的补偿问题时，一些发达国家曾提出应规定实行国有化国家要对外国公司进行"充分的"、"有效的"、"即时的"赔偿原则。他们的所谓"充分的"(adequate)赔偿，实际上就是指"完全的"、"全部的"(full)赔偿。这一主张遭到第三世界国家的强烈反对。第三世界国家的代表认为只能规定进行"适当的"、"部分的"补偿原则。结果在1962年联合国大会关于对自然资源永久主权的决议和1974年联合国大会通过的关于各国经济权利和义务宪章中，都规定只给予"适当的"补偿，亦即"部分的"补偿，或"合理的"补偿。这已成为国际公认的原则和惯例。国有化是将外国公司全部财产收归国有，其补偿额尚且如此。我方此次不能履行合同，完全是由于我方不能控制和无法预见的障碍造成的，应该更有理由提出对对方损失进行合理的补偿了。

(3) 这一问题中最困难的是如何划分直接损失与间接损失。为了解决这一问题，可先考察若干国家的有关规定。

苏俄民法典第117条关于损害赔偿的范围，是这样规定的："债务人不给付债务时，应对债权人赔偿因不给付所造成的损害。凡财产上的积极的损失，以及在通常流转条件下，可能失去的利益，均视为损害。”从这一条的文字看，“积极损失”似乎就是我们这里所讲的“直接损失”，而“在正常流转条件下可能失去的利益”似乎就是这里所讲的“间接损失”。

法国民法典第1149条则规定：“对债权人的损害赔偿……一般应包括债权人所受的现实的损失和所失去的可获得的利益。”这条中“现实的损失”似乎也就是我们这里所讲的“直接损失”。

美国1906年统一商法典第64条关于诉请赔偿因不受领物品所生的损害的规定中说：“损害赔偿的范围应包括由于买受人的违约而依通常情形直接地和自然发生的并能计算出的损害。”

而德国民法典第249条在给损害赔偿下定义时说，“负损害赔偿的义务者，应负回复损害赔偿的事故发生前的原来状态”。在第252条中，它同时又规定“应赔偿的损害包括所失利益”。

日本早先的民法和学说则认为：“损害赔偿之请求，其目的乃使赔偿其因债务之不履行，通常所可生之损害”，并且举例如下：一制造商（乙方）与甲方订立设备买卖合同，后甲要求终止履行，则乙方已投产的材料及付出的生产费用，当在甲方赔偿损失的范围之内。但如乙在与甲签约后，为准备原材料而向丙签订了订购契约，并在契约中规定如乙不履行合同，应向丙付出违约金，但并未将这一情况告诉甲，也未规定甲对此亦应负责任。现因甲不履约而使乙也不能履约。根据上条规定，乙对丙付出的违约金是不应计入甲对乙的损害赔偿范围之内的。

综上所述，凡属对方对第三方所负的义务（即令此种义务与我方和对方缔结的合同有关），都不应该包括在“直接损失”之中；所谓“所失的应得的利益如利润”等，依上引各家民法看，似乎都是与“积极的损失”、“现实的损失”相区别的，应属间接损失；更何况此次一个合同中也是把利润的损失和直接的损失同时并提的，这就从合同本身提供了把利润损失作了间接损失而排除在此次赔偿范围之外的正式根据，这一条对我方是极为有利的。事实上，对损害进行完全的赔偿（或补偿），在技术上也是有极大困难的，因为间接损害是难以计算和确定的。这类问题，如实际利益和可预期的利益之间的关系和区别，在民法上，本来就是早有争论的，因此最好仍然只提进行

"合理的"或"适当的"补偿。此外，在计算对方损失时，应扣除下列几个部分：（1）因为这是双务契约，故应减去受损害一方尚未履行部分所省去的一切开支；如××工程设备尚未制造，对方省去的这部分开支理应从损失中扣除；（2）对方接到我方通知后，必须采取合理措施以减轻损失；如果对方不采取此种措施而继续投料或制作，这种开支我方不应负责；（3）可以转让的材料或材料的价金，应予扣除。在德国民法典第324条有此种规定："双方契约当事人的一方负担的给付因他方的过失而履行不能者，该当事人不丧失对待给付的请求权。但该当事人因免除给付义务所节省的费用，或因免除给付义务，债务人得使用其劳动力于其他用途而取得的报酬，或有意怠于取得的报酬，应扣除之。"根据这一条后面部分的规定，对方甚至负有在接到我方不履行通知后将劳动力或材料及时投入其他用途的义务，以取得报酬，减轻损失，如果对方怠于取得此种报酬，我方应坚持予以扣除。

这在1980年4月11日《联合国国际货物销售合同公约》第77条中也有类似规定："声称另一方违反合同的一方，必须按情况采取合理措施，减轻由于该另一方违反合同而引起的损失，包括利润方面的损失。如果他不采取这种措施，违反合同的一方，可以要求从损害赔偿中扣除原可以减轻的损失数额。"

三、关于定金问题

各国民法一般都规定，定金是订约的证据，是履约的保证，因此如违约可归责于交付定金人时，丧失其定金（即不得要求返还），反之，如违约可归责于受领定金人时，定金应返还，甚至加倍返还。因为我方在许多合同中，虽明确规定为预付款，但在有的合同中并未这样明确规定，应防备对方将预付款作为定金对待。

关于“金鹰一号”案的几点看法*

涉外海事案件的管辖，目前国际上尚无统一的规定。虽有少数有关的国际公约，但参加的国家为数甚少，因此，这一问题仍由各国独立自主地加以规定。

关于我国“金鹰一号”案，可分两部分来处理。首先，关于碰撞问题，由于碰撞发生在我国港口，按照我国法律规定，我国法院当然有管辖权，并应根据我国法律加以解决，这是毫无疑义的。其次，关于“金鹰一号”船东在意大利法院申请扣押我国船舶所产生损害赔偿问题，有的同志认为，扣船与碰撞没有必然的因果关系，且其行为发生地和结果发生地均发生在意大利，我国法院没有管辖权。言外之意是扣船纠纷的解决，必须是意大利法院才有管辖权，我认为，这种观点十分值得商榷。

（一）认为扣船案与碰撞案没有必然的因果关系，而否定我国法院的管辖权，是对案件的有关事实没有正确的认识。扣船以及因之而造成的损害与船舶碰撞之间，关系十分密切，这是显而易见的，如果没有发生碰撞，就不会有扣船事件的发生，也不会因此而造成原告的损害。其间的因果关系，不言自明，不要求有什么“必然”性。有了这样的联系和牵连，就有足够的理由合并审理，合并管辖。提出所谓“无必然因果关系”，完全是节外生枝，毫无法律根据。

（二）否认我国法院的管辖权，是对我国有关法律没有正确地予以理解。我国民诉法有关合并审理的规定，在本案中完全可以适用。按照1982年《民事诉讼法（试行）》第109条和1991年民事诉讼法第126条规定，有三种情况可以合并审理。前两种情况是指当事人之

* 本文原载《法学评论》1992年第2期。

间有牵连关系，不论是原来的原告对原来的被告提出“新的请求”（即增加诉讼请求），还是原来的被告对原来的原告提出“反诉”，只要提出新的请求，就可以合并审理。这种情况下，后来的请求与原来的请求是否有牵连，都可以不问。只有第三种情况，即第三人提出请求时，才必须要求这种请求“与本案有关”，也就是与原案有牵连关系，否则不能合并审理。就扣船事件而言，不但当事人之间有牵连关系，而且所提出的请求也与原案有关，有什么理由认为不能合并审理呢？怎么能说合并审理“缺乏法律依据”呢？我认为，只有那种认为我国法院对扣船纠纷没有管辖权而应驳回××海运局追加诉讼请求的观点，才是真正的缺乏法律依据。

（三）如果说“行为发生地与结果发生地均在意大利”，似乎只有意大利法院才有管辖权，这种看法是站不住脚的。说“行为发生地在意大利”还可以，说“结果发生地在意大利”却很成问题。我们可以这样理解，结果就是指产生的损失，而受损害的正是中国的××海运局。我们也完全有理由说“结果发生地在中国”。退一步说，即使承认行为发生地和结果发生地均在意大利，也决不能因此就认为只有意大利法院才有管辖权，因为这种管辖权并不是一种专属管辖权，其他国家在一定情况下，也是可以有管辖权的，例如被告的本国或住所地就可以有管辖权。在该案中，我国法院以合并审理为依据，当然也可以有管辖权。提出“行为发生地与结果发生地均在意大利”，借以证明中国法院因此无管辖权，那就是大错特错了。

（四）我国法院不但对该案有管辖权，而且还有必要适用中国法律来处理损害赔偿问题。首先，我国法院既然有理由将扣船问题与碰撞问题合并审理，根据二者之间的密切联系，也就同样有理由一并适用中国的法律。只有这样，才能使这两个问题的处理彼此协调一致。其次，扣船行为虽然发生在意大利，但在意大利扣船完全是一种偶然的行为，而且我们认为这种行为是错误的、不当的。因此在该案中适用意大利法律显然是不合适的，也是没有必要的。再次，在该案中，受害的一方是中国法人，意大利法院根据加害一方的错误申请扣押了中国的船舶，如果再适用意大利法律来处理赔偿损害问题，显然是对受害方不利的。中国法院为维护我国法人的正当权益，也只有适用中国法律才能公平合理地解决问题。所以，在该案中适用中国法律是无可非议的，而且是十分必要的。我国法院可以根据《民法通则》中有关规定的基本原则来处理这一问题。

（五）目前一般国家在涉外案件中，特别为了维护本国公民或法人的正当权益，都是倾向于扩大自己的管辖权，而不是缩小或放弃自己的管辖权。我国法院在本案中行使自己的管辖权，是完全有法律依据的，并非毫无理由地扩大自己的管辖权。放弃自己应行使的管辖权，这种做法实在令人难以理解。如果在本案中我国法院放弃自己的管辖权，不依法维护我国受害方的正当权益，请问我国受害方又能到哪一国家去请求维护自己的正当权益呢？很多国家的法院，都是对自己的法律判例作扩大或比较灵活的解释，来行使自己的管辖权，以达到维护本国公民或法人的正当权益的目的。我国法院绝对不可以对此漠然视之。

读《涉外经济合同法》后质疑*

我国的1985年《涉外经济合同法》如果运用得好，对于有效地保障中外双方当事人的合法权益，促进我国同各国的经济交流与合作的发展，保证我国四个现代化建设的顺利进行，都会起重大的作用。我们必须努力学好这个法律，力求弄懂弄通，才能在实践中正确地运用它，认真地执行它。我们还要在学好这个法律的基础上，向外广泛地进行宣传，使国际上同我国进行经济交流与合作的广大人士对它有充分的了解，从而把我国的对外经济关系向前推进一步。除此以外，我们从事国际私法的教学和科研工作的同志，也只有把它弄懂弄通，才能把我们的本职工作搞好，在培养法律人才和推动法学研究方面作出应有的贡献。

但我对这个法律，看来看去，总觉得有些问题还弄不清楚。因此不揣冒昧，把我所想到的一些问题提出来，希望通过同志们的讨论和帮助，使我能把这些问题澄清一下。

（一）第2条规定了本法适用的范围，对合同的当事人和合同的性质都作了规定。在合同的当事人方面，本法只适用于一方为中国的企业或其他经济组织，另一方为外国的企业、其他经济组织或者个人之间所订立的合同。由此看来，一方为中国国家或中国个人的合同，不适用本法；另一方为外国国家的合同，或双方都为外国的企业、其他经济组织或者个人的合同，也不适用本法。再在合同的性质方面，必须限于经济合同，才适用本法，否则就不能适用。而在经济合同中，国际运输合同除外，这些都是比较清楚的。

这里的问题是：是不是上面所指的双方当事人间所订立的经济合

* 本文为1985年7月在全国国际私法学术讨论会上提交的论文。

同，不问合同订立地在何处，履行地在何处，标的物在何处，都应一律（或在原则上，或 prima facie）适用本法呢？从本条文字的规定看，似乎没有这个意思。但是下面第4条前半段却规定："订立合同，必须遵守中华人民共和国的法律"，这又怎样解释呢？所谓"订立合同"，看来就是指第1条所规定的经济合同，否则又是指什么呢？而且如不这样解释，那么下面从第二章起以下那几章，又适用于什么合同呢？如果真是这样的话，凡是有中方参加的涉外经济合同就得一律或在原则上适用中国法，国际上有这样的惯例么？也许有人会说，这里所说的"必须遵守中华人民共和国的法律"，就是指第5条第2款所规定的"在中华人民共和国境内履行的中外合资经营企业合同、中外合作经营企业合同，中外合作勘探开发自然资源的合同，适用中华人民共和国的法律"。我看《涉外经济合同法》，决不是只适用于以上三种合同，我们决不会仅仅为了这三种合同而来专门制定这个《涉外经济合同法》。那么，除了这三种合同外，还有什么经济合同应适用中华人民共和国的法律呢？恐怕就是指第1条所泛指的那些合同。这一点我就弄不清楚，因为不知道对那些合同是一律或原则上都适用中华人民共和国的法律呢，还是在一定条件下才予以适用。

（二）第5条第1款有关于当事人可以选择法律的规定。或许有人会根据这个规定来解围说，我国《涉外经济合同法》并不是要求凡是有中方参加的涉外经济合同都一律适用中国的法律，而是除第5条第2款所指的那三种合同应适用中国法外，还允许中外双方当事人自己选择法律的。第5条的规定实际上就是采用了国际上通行的所谓"意思自治"原则。乍一看，似乎问题解决得不错。但第5条第1款所用的文字是："合同当事人可以选择处理合同争议所适用的法律。"这里又来了问题了。按照通行的国际惯例，在一定条件下，当事人可以选择对合同适用的准据法。这种准据法可以是内国法，也可以是外国法。而这种准据法，不但可据以解决日后发生的合同争议，而且从订立合同一开始，就可适用它来作为订立合同、履行合同等的依据，不仅仅限于日后"处理合同争议"，第5条第1款的规定，是不是想借此限制对这种准据法（当然是指外国法）的选择，只允许它作为解决日后合同争议的依据，而不允许它作为解决订立合同及履行合同等一系列问题的依据？如果是这样的话，那么订立合同或履行合同等，可适用一种法律，而日后发生争议时又可选择适用另一种法律，如果这两种法律的规定并非一致，那么究竟应依据哪一种法律来解决呢？这不是在制造麻烦吗？对外国法的选择，是可以加以限制的，也应该加以限制。例如可以规定：如外国法适用的结果，“将损害中华人民共和国的社会公共利益”；或者说，“将违反中华人民共和国法律的基本准则或者我国国家、社会利益”（参看我国1982年《民事诉讼法（试行）》第204条），或者利用国际私法上的术语说，“将违反中华人民共和国的公共秩序”，就不得予以适用。除此以外，甚至还可再作若干强行性规定来加以限制，例如规定订立合同应当依据平等互利、协商一致的原则，不得采取欺诈胁迫手段等。有了这些规定，为什么不可以干脆写成：“当事人可以选择对合同适用的法律（或适用于合同的法律）”，而一定要写成“当事人可以选择处理合同争议所适用的法律”？难道除处理合同争议外，就不能对合同选择应适用的法律吗？这恐怕不能说是什么国际惯例吧。这种构想如果真有可取之处，我也赞成，但我对这一点仍有怀疑。

（三）第16条规定：“合同依法成立，即具有法律约束力。”这种字样，常见于我国一些法律文件和领导同志谈话中。但“法律约束力”这几个字，在这里是用得很不确切的。合同依法成立后，只对当事人有约束力，对其他人是没有约束力的。如果说它“具有法律约束力”，那就是说它和法律一样，对任何人都具有约束力，这是完全不对的。我曾经遇见一位外国法学家，他就很不客气地指出说：“这种说法是违背起码的法律常识的。”我只好表示同意他的看法，但心里却感到很难受。为什么不可以写成“合同依法成立，即对当事人具有约束力”，难道必须说成“合同依法成立，即具有法律约束力”，才能表示对合同的尊重吗？我真感到无法理解。

（四）为了弄清楚本法的适用范围，并希望在我国对外经济交往中能充分发挥它的作用，我觉得很有必要明确以下几点：

（1）在中国境内履行的中外合资经营企业合同、中外合作经营企业合同、中外合作勘探开发自然资源合同，应一律适用中国法。

（2）以中国的企业或其他经济组织为一方，外国的企业、其他经济组织或者个人为另一方的经济合同，如双方当事人同意选择适用中国法，就适用中国法。

（3）以中国的企业或其他经济组织为一方，外国的企业、其他经济组织或者个人为另一方的经济合同，如双方当事人同意选择适用外国法，可不适用中国法，而适用其选择的外国法。但选择适用的外国法，如适用的结果将会损害中国的社会公共利益，则不予适用，而代之以与合同有最密切联系的国家的法律或中国法。

（4）如前述双方当事人没有选择适用的法律，则适用与合同有最密切联系的国家的法律。

（5）我国广大内地的企业或其他经济组织与港澳地区（或未来的“特别行政区”）的企业，其他经济组织或者个人订立的经济合同，可参照适用以上的规定。

以上这几点是否妥当，请参加会议的同志们多提意见，批评指正。

1985 年 7 月 20 日

（注） 韩德培先生因刚从国外回来，尚未看到本法的实施细则。

论征用豪门富室在外国的资产及征用的技术问题*

毫无疑问的，我们的政府现在是在闹穷。八年的抗日战争结束之后，紧接着又是空前惨烈的“戡乱”战争。国家的财源既日形枯竭，于是政府的财政也就渐渐走近罗掘俱穷的地步。现在政府汲汲于乞援美国，希望美国快快给我们若干借款，原自有其苦衷。这次魏德迈将军来华考察，所到之处，政府的重要人员那样地侍候唯谨，奉若神明，也就是看在“钱”的情分上。虽然魏氏临行时曾将政府奚落了一番，但政府还是力图辩解自饰，以待好音。其实政府如要从开源方面解决当前的闹穷问题，纵不乞援美国，也并非全无办法。一个非常有效的办法，便是征用豪门富室在外国的资产。

报载全国经济委员会顷已决定征课一种所谓“建国特捐”。这虽不失为办法之一，但截至笔者执笔时为止，据报纸所透露的简单消息看来，这种特捐似乎并不“特”到怎样了不起的程度；而且征课的对象，还仅仅以自然人为限，而不及“法人”（例如公司），似乎又是故意开了一个“特”大的后门。这种特捐，对于所谓“豪门资本”，将不致有什么特别严重的影响，实在不足以满足今日国民的普遍要求。而以目前府库之空虚，国用之浩繁，单靠征课一点特捐，也恐怕不免杯水车薪，无济于事。

据8月23日合众社电，魏德迈将军曾在蒋主席官邸的一次茶会上表示说：中国私人在美国的资产总额达美金15亿元之巨。这是仅指在美国一国的中国私人资产而言。若将在其他外国的中国私人资产

---

* 本文原载《观察》第3卷第3期，1947年9月。

合并计算，其总额当还不止此数。这些资产中的绝大部分，必为豪门富室所有，殆可断言。记得傅孟真先生曾经说过：如将豪门资本没收充分，足敷稳定民国三十七年（1948 年）全国金融之用。这决非夸大之词。如果政府认真从这一笔巨大的资产上痛下决心，依照本文后面所建议的方式予以征用，其所得必大有可观，当属无疑，尚何须向外国求援，仰人家鼻息，看人家颜色？

近年舆论界对豪门资本的作恶多端，已开始公开的抨击，而在国民党的中全会，国民参政会，立法院院会，以及最近全国经济委员会所主持的座谈会中，也曾先后有人提出对付豪门资本尤其在国外的豪门资本的种种办法。然而，政府对于此点，至今尚未拿出任何切实有力的措施。是政府没有决心？还是技术上尚待研究？

政府如征用豪门富室在外国的资产，自然是一件轰动全国甚至全世界的大事。要做这样一件大事，就非具有极大的决心不可。根据以下的种种理由，笔者觉得政府应该具有这个决心：（1）过去我们总惯说：中国人只有大贫与小贫之分。在过去，这可说是事实。然而经过这八年的抗战和战后继续的混乱与不安，现在的中国人，已不再是大贫与小贫，而却已形成豪富与赤贫的显明对照了。这是一个非常不幸的现象，但却也是一个无可否认的事实。抗战前的大学教授们，可说属于社会的中上阶层，而现在却是："食难充饥，衣不蔽体，本身营养不足，妻儿啼饥号寒。"（北大清华教职员最近对教部朱部长之沉痛表示，见 8 月 25 日上海大公报社评）大学教授们的生活是如此，其他比这些教授们的生活更苦更惨的人，在全中国尚不知有多少。这些人现在对国家所能奉献的，就只剩有"营养不足"或瘦骨嶙峋的一条老命了；至于说到对国家经济财政上的负担，他们自然无能为力了。政府既需财孔亟，尤其需要大量外汇，难道不应当专从那些在国外有资产的豪门富室身上去打主意？（2）现在政府所实行的粮食"征实"和"征借"办法，完全是以农民为对象，要农民来负担。以"征实"与"征借"合并来说，他们在一年之内，便应与两年的负担。以稻谷 计算，他们今后一年之内应缴解的食粮，约八千万担，约占预计中今年全国秋季稻谷产量的百分之八强。再加上地方的征派，官吏的盘剥，及公粮在缴解过程中的种种损耗和用费，农民的真实负担，事实上总不致低于全国稻谷产量的百分之十二（参阅 8 月

21日上海大公报社评)。在农村普遍凋敝的今日，这是一副多么沉重的负担！而在另一方面，那些在外国有资产的豪门富室，究竟负担了一些什么？为什么不应当强迫他们多多负担，而偏在贫苦无告呻吟待毙的农民身上抽筋刮血？再说在这年头，通货继续膨胀，各种各样的"物"也都在继续涨价，唯有这"万物之灵"的"人"，却不但不会涨价，而且还在天天贬值。靠薪水维生的公教人员，眼看着每月薪水所能购买的"物"一天天在减少，而无可如何。毋怪北大教授周炳琳先生最近在招待朱部长的茶会上很愤慨地说：现在"戡乱"戡到我们身上来了。在今日的"戡乱"政策之下，"物"的涨价，"人"的贬值，就是无形中加重了一般国民尤其薪水阶级对国家的负担。但是那些豪门富室却有他们不受通货膨胀影响的国外资产听其调度，为其生利，供其挥霍。他们对国家的负担又在哪里？为什么不可以特别加重他们的负担，而却让他们逍遥自在，享受国家特殊的优遇？(3)抗战八年中，多少善良的老百姓，死亡的死亡，失踪的失踪，纵然侥幸未死，也都妻儿离散，田园残破，衣服用物几乎典买精光；抗战结束后，由于国家多故，疮痍遍地，大都仍是孑然一身，别无长物，靠着自己的血汗，辛勤劳作，艰苦度日。但是请问有几家豪门富室受过这同样的灾害？抗战中不但受害最少以至绝无，而且还乘机大发国难财的，还不是那些神通广大的豪门富室？试看抗战后举国上下，除了他们以外，有几个因个人能操纵金融，左右物价，并曾在不久的过去一度掀风作浪，使全国国民的生活都受到极度剧烈的震动？所以过去的抗战，可以说对于这些豪门富室，最为有利。今日的"戡乱"，也不妨作如是观。将来"戡"胜了，照样还是他们最占便宜。现在全国的一般老百姓，在征兵征粮之下，连他们仅有的一点人力和物力都要供奉出来，为什么不可以由政府把这些豪门富室在外国的资产拿出，以济国用？(4)这些豪门富室的资产，可说都是来路不正，或来路不明。中国尚非一个工业国家，新式工业，寥落可怜。这些资产，有多少不是他们利用特殊的权势，从巧取豪夺或贪赃枉法中来？我们如将他们历年的正常收入计算一下，他们的资产总一定有限，决不会有如现在引起中外注目之巨大数字。他们现既拥有如许资产，这就足够证明它的来路大有疑问，大不光明，用不着另举什么证据。如要一定举证，这个举证的责任应该由他们负起，就是由他们负责证明他们现有的巨额资产是从合法正当的收入积聚而来。假如他们举不出充分的证据来证明这一点，则政府征用他们的这些非分之财，岂得谓为过分？（5）从前军阀刮地皮，刮来刮去，他们所刮的民脂民膏，都还是放在国内，决不送到国外，所以还可算是中国人自家的东西，转来转去，老百姓还多少可沾点油水。现在这班豪门富室精明厉害多了。全国老百姓的脂膏，被他们少数人刮去以后，就一古脑儿的成外汇，送往国外，托庇于洋人的治下，倚仗着洋人的保护。不但中国的老百姓沾不到一点油水，就是中国政府也属无权控制，奈他不得。像这样将全国的大量财富窃为己有，再私行运送国外，使国家丧失了一大宗可以运用的资产，简直可视为一种叛国行为。政府如对此等资产予以征用，谁曰不宜？从以上诸种理由看来，假如今天我们能举行一个真正可靠的民意测验，恐怕不赞成征用豪门富室在国外的资产的人，为数决不会很多。政府如果不是一个专为维护豪门富室的利益而存在的政府，实在无须有所顾忌，而应拿出最大的决心，对豪门富室在国外的资产首先予以征用。

有了上述的决心，才应讨论到征用的技术问题。关于本文所说的征用资产，有几点必须先行略加解释。（1）所谓征用是指由政府征发自用，并无补偿。如将它和“征兵”“征粮”相提并论，大可简捷称之为“征资”或“征财”。（2）征用的对象，自以国内一般公认的豪门富室为限，但决不仅限于自然人。凡豪门富室以法人或其他团体的名义享有某种资产者，亦一律包括在内。（3）征用的对象，决不限于现金或存款，他如股票、公债股或其他有价证券、房屋、土地、林矿等一切可以变为资金的动产及不动产，也都包括在内。（4）征用的标准，如依美金计算，可即以 5 千元为征用的起点。5 千元以下者，免予征用。超过 5 千元者，第一个 5 千元（免征之 5 千元除外不算）或不足 5 千元者，征用共 50%；第二个 5 千元或不足 5 千元者，征用其百分之联席十；第三个 5 千元或不足 5 千元者，征用其 70%。如此依次递增，从第六个 5 千元或不足 5 千元者向后计算，就都是征用 100% 了。因此每人的资产，无论多至若干，经征用后所剩余的最高额，便决不会超过 1 万 2 千 5 百元。这 1 万 2 千 5 百元是“酌留家属生活必需费”之意。

要征用豪门富室在外国的资产，在技术方面，可能采取的方式约有以下几种：

第一是当事人自愿的方式，就是由豪门富室将他们在国外的资产总额，自动坦白地向政府申报，并听由政府加以征用。但是，谁敢相信，并担保他们能这样慷慨？这种方式，不啻与虎谋皮，事实上决难奏效。所以这种方式，殊不足取。

第二是外交的方式，就是由我国政府请求外国政府协助，将豪门富室在该国的资产，代为征取，再转移给我国政府。假如这在事实上可以做到，定可省却不少的麻烦。无如在事实上，这却是万难做到的。一般人都明白，我国豪门富室的资产，现在多系集中于美国一国。而美国这个国家，对于私有财产的保护，又极为周密。美国联邦宪法修正部分第5条和第14条，都曾以明文规定：任何人的财产非"依法"即依所谓 due process of law（此词含义甚广，照美国法院的解释，不仅指正当的法律程序问题而言，且兼及正当的法律内容或实体问题，故勉强笼统地译为"依法"）不得加以剥夺。假设美国政府徇中国政府之请，贸然做去，美国政府的行为，便足以构成违法行为。不但有关系的美国国民，可向美国法院起诉控告，就是有切身利害的中国豪门富室，也同样可向美国法院起诉控告，受法律上与美国国民相同的保障。因此我们可以推想，美国政府决不致接受中国政府的这种请求。所以这种方式也不足取。

第三是司法的方式。这又可再分为两种方式来说：一种方式是由政府以追索应纳的税捐为理由，把豪门富室当被告，去向美国法院起诉。然依美国法院的判例，这种涉及执行外国即中国征税法律问题的案件，它们是不予受理的。所以这第一种方式是行不通的。另一种方式是由政府先依司法程序从国内法院取得一个判决，然后再持此判决请美国法院予以执行。但美国法院也可能根据种种理由予以拒绝。他们可以说这是涉及执行中国即中国征税法律问题的判决，所以不予执行。它们也可以说中国政府征用资产的这种办法，是违背美国法院所在地的所谓公共秩序（Public policy），所以不予执行。它们甚至还可根据美国法院对管辖权（jurisdiction）的观念，说中国法院无管辖权，而不予执行。所以这第二种方式，也是很难行通的。可见这种司法方式，也不合宜。

第四是政府强制的方式。上面所举的三种方式，或须赖豪门富室当事人的自愿，或须赖外国政府或法院的协助，都属难于采用，已如上述。至于这第四种方式，却主要有赖于中国政府自己行使其强制的力量。这种方式着重于以下几点：（1）首先由中国政府与外国政府协商冻结国人在外国的一切资金，并宣告冻结之日起，他们所有关于在外国资产的一切权利转让行为，须经中国政府核准，始生效力，如此庶可防止豪门富室的资产发生隐匿或逃避情事。（2）迅速开始调查国人在外国的资产实况，而对于豪门富室用别名或他人名义所存的存款及购置的产业，尤须特别严密查察；并须用重金悬赏的方法，奖励中外人士的告密。（3）公布调查所知的豪门富室的姓名及其在外国的资产数额，限期命其依征用标准如数缴纳；允许其在规定时期内提供真实可靠的反证，以证明其资产的来源为合法与正当。（4）严禁上述的豪门富室当事人出国，必要时得加以看管。其已出国者，须限期令其回国。如无正当理由而逾期不回者，即吊销其出国护照，或于可能情形之下，委托外国政府遣送回国。凡可能为其财产继承人之亲属，亦同；因恐万一当事人死亡，其继承人仍可以在国外依外国国际私法上之规定，而安然享有其继承之财产。（5）凡抗命不于规定期限内，依政府所定的征用标准，缴纳其应缴纳之资产数额者，以严刑处罚，并得处以极刑。如此始足以儆戒其余，而使其闻风就范。

这最后一种方式的主要特点，便在将豪门富室的当事人，严禁于国境之内，再用政府强制力量，逼迫他不得不把他在外国的资产自行拿出，听受政府的征用。傅孟真先生论及他所痛恨的豪门富室时，曾主张“摒诸四夷不与同中国”。对于傅先生疾恶如仇的态度，笔者是十分赞佩的，但对于这种迹近“放生”的办法，却不敢附和。这第四种方式，是一种以人为质的方式，实施起来，较诸其他三种方式，应该易于生效。

政府目前似乎尚无征用豪门富室在外国的资产的决心。笔者无已，倒颇属望于今年年底的国民大会。这一个代表国民的伟大集会，如果真为国民和国家的前途着想，除了通过宪法而外，有两件最大的事极值得努力去做：一是迅速地切实设法觅至全国的和平，二便是坚决地主张征用豪门富室在外国的资产，并严密地监督其实施。假如这两件事能因此一并实现，则征用所得的这笔巨资，可以不致再送入枪膛炮口里去，而可用诸经济及文化事业的积极建设方面，那就是我们国民和国家的无上幸运了。

8 月 30 日

评中美商约中的移民规定*

美国对于中国人入境，向有种种极严厉的限制。过去有名的所谓“排华律”（Chinese Exclusion Acts），便是专为限制中国人入境而设的。此次中美两国签订商约，规定中美两国国民彼此在他国境内，得依平等互惠的原则，享受种种权利。但是中国人“进入”美国所受的那些限制，在此次商约中是否已完全取消，或已获得于我们有利的重大修正，实在是一个值得注意和研究的问题。假如中国人仍不能比较自由地“进入”美国，则商约中对于“进入”美国以后所享受的那些权利之种种规定，便都成纸上空谈，徒为词费。按中美商约于去年 11 月 4 日签字公布以后，即曾引起我国各方面的种种评论。作者细察这些评论的内容，对于此一问题——即移民问题，似多未加注意。虽然 12 月 24 日大公报载有沈作乾氏的一篇“中美商约中的移民条款”，但该文所述，并未能将此一问题之症结所在，剖示国人，故仍不免令人有“隔靴搔痒”之感。作者兹拟专就此一问题，略抒管见。

中美商约对于移民问题，系规定于第二条内。商约第二条共有四款。照第一、第二两款的规定，缔约国一方之国民，得享有“进入”他方领土之权利，以从事并经营商务、制造、加工及所定其他之种种事业与职业。而照第 3 款的规定，上述“进入”他方领土之权利，且应享受最惠国国民之待遇，即不得低于任何第三国国民所享受之待遇。这三款的规定，从约文上看来，确可谓平等互惠，不折不扣。但是第 4 款的规定，如细加分析，却使人禁不住要对所谓“平等互惠”发生大大的疑问。

---

* 本文原载《观察》第 1 卷第 24 期，1947 年 2 月。

第4款前段的规定是这样："本约中任何规定，不得解释为影响缔约任何一方有关入境移民之现行法规……"拿法规的眼光来看，这种规定可说是一个"但书"规定，而且是一个异乎寻常的"但书"规定；因为这一款所加的限制，不仅是为着前三款的规定而设，而是为着全部条约的规定而设，所以不云"本条约前三款之规定"，而云"本约中任何规定"。其适用范围，既如此广泛，所以我们对于这种规定更应特别重视，不容轻轻放过。

我国法律对美国人来华，并未设定任何不合理的限制。但是美国现行的移民法规，却特别对中国人仍保留着极不公平的待遇。已往专为中国人而制订并已施行多年的若干"排华律"，虽经美国国会通过于1943年12月17日由故总统罗斯福批准废止其一部或全部，但依美国"有关入境移民之现行法规"，中国人要想"进入"美国，受有种种极苛刻的限制，远不能与第三国国民所享受的待遇相提并论。我们如对这些限制知道一个底细，才能深刻认识第4款规定所含的重大意义。

诚然，第4款末段曾规定："且1917年2月5日为限制入境移民而划分若干地带之美国入境移民律第三节之各项规定，亦不得解释为阻止中国人及中国人之后裔进入美国"，看来似如外交部发言人所云："此种注明，亦可为中国人应不受歧视之一种保障。"（见11月16日《大公报》）然当1943年美国废止排华律时，上述1917年移民律第三节之规定（主要系将"排华律"之规定扩张适用于亚洲其他若干国家），照理就不该再对中国人适用了。1943年废止排华律的法案之所以未将上述1917年移民律第三节之规定，置诸废止之列，与其说是美国废止排华律之不彻底，毋宁视为立法技术上之一种疏忽。纵认在这次商约中，因我方提起美方注意，始注明1917年移民律第三节之规定，不适用于中国人民，这点成就也不能说是怎样了不起的收获，更不能说美国现行的移民法规对中国人的歧视待遇，已因此而完全消除。

美国现行的移民法规，对中国人之进入美境，依然有种种特别苛刻的限制。这些限制，既未因美国1943年废止排华律而取消，也未因这次中美商约之签订而变更。兹可分下列三点，略加剖述（关于美国现行的移民法规，因手边无原文可以引证，只能概括称之）：

第一，依美国现行的移民法规，除极少数特种情形而外（例如政府官员、游历者、以及专为求学而赴美之学生等），美国每年仅准许中国人105名进入美境。这是1943年废止排华律以后中国人才获得的一种“优待”，是依1924年美国移民律所定的分配办法，复据1920年美国户口调查的结果，以该年各国在美侨民之总数，与每年外国移民入美不得超过之最高额15万人，按比例计算出来的。这105名，就称为“配额移民”（Quota immigrants），是每年可以进入美国的分配定额。按1920年美国户口调查的结果，该年在美之华侨，为61 639人。然而实际上，其时在美之华侨，当绝对不止此数。在过去“排华律”实施期中，许许多多早已入境的华侨，因系“非法”入境，都是躲躲藏藏不声不响的蛰居各地，不敢露面，一到实行户口调查的时候，谁还敢向调查户口的美国官员申报登记，自讨没趣？所以1920年户口调查所得在美华侨之数字，断难认为正确，也就不足采为规定中国人“配额”的一个标准。再进一步说，假如真想发展中美两国国民间的友好通商关系，使两国国民真能彼此进入他方领土，从事并经营商务、制造、加工以及其他之种种事业与职业，以中国之大，每年仅可得105名的“配额”，而反观有些欧洲的小国，如匈牙利每年却可得869名的“配额”，捷克每年却可得2 874名的“配额”，无论就利害或就情理上讲，也都说不过去。这105名的“配额”，实在为数太小——小得太可怜了！

第二，中国人所获得的这个“配额”，不但为数太小，而且与一般第三国相较，还有更不利的地方。美国对于第三国之移民，除予以一定之“配额”外，且规定有所谓“非配额移民”（Non-quota immigrants）的优待办法。这种“非配额”就是说美国准许其人进入美国，而并不算在其本国所享受的“配额”之内。然而这种优待办法，却是中国人所享受不到的。试以第三国捷克为例。如上所述，捷克每年可有2 874名的“配额”，但是：

（一）假如有一美国人所娶之妻为捷克人，而欲携其妻入美居住，她便可获得“非配额”的优待，就是她可由美国准许入境，而毫不影响捷克所享有的那2 874名的“配额”。

（二）假如有一美国人嫁与一捷克人，而系在1932年7月1日以前结婚者，该捷克人如欲入美居住，也可享受“非配额”的优待。

（三）假如有一美国人在国外所生之子女，虽隶属于捷克国籍，倘其人欲携其子女入美居住，这些子女如年在21岁以下，也都可享受“非配额”的优待。

（四）假如有一捷克人，欲往美国传教，或任美国大学之教授，其人与其妻以及其十八岁以下之子女，也都可享受“非配额”的优待。

以上所举的这些优待办法，一般第三国国民都可享受，唯有中国人却不能享受。因之，凡是中国人，如想取得美国的入境签证而进入美境，就得一个一个地在那105名的“配额”中扣算。这105名的“配额”，就中国人说，乃是名副其实的105名，没有任何假借之余地。可是拿捷克来说，在名义上她固已享有2 874名的“配额”，而在实际上，每年捷克可以进入美国者，却还远在2 874名的“配额”之上。以此和中国人所享受的待遇相较，是何等尖锐刺目的一个对照！由此可知中国人所享受的待遇，是远不及第三国国民所享受的待遇。

第三，在美国现行的移民法规上，除以上所述者而外，中国人还有更受歧视的地方。试再以捷克为例。假设有一捷克人，侨居北美之加拿大或南美之巴西，或西半球之其他任何国家，他的后裔虽系属于捷克种，但系出生于上述之各国，这些后裔如想移入美国，他们都将被美国归入其出生地之国家所享有之移民“配额”中扣算。这也是说从捷克方面来看，他们都可说是“非配额”的移民，对于捷克所享有之“配额”——或说对于他们的祖宗所享有之“配额”，丝毫不生影响。美国对一般第三国国民的后裔，都是如此看待的。然而很不幸，她对我们中国人的后裔，却非如此看待，而却设了一个非常特殊的例外。依美国的法律，中国人的子女，无论出生于哪一个国家，只要他的父或母是属于“中国种”（Chinese race），他就必得在那105名的“配额”内才有移入美境的资格。美国的法律上曾特别注明，无论何人，如果他的血液内含有50%或更多的“华人血”（Chinese blood），他如想入美境，就必须在那105名的“配额”内去争取一名。“华人血”之如此作祟，恐怕不是国内许多同胞们所梦想得到的。

依美国的法律，中国人所享受的“配额”之中，还有75%应该让给住于中国本土的中国人优先享用。因此每年除中国本土而外，在世界各地（包括美国在内）的中国侨民，如想“合法”进入美国，就只能在剩余的25%，亦即26名的“配额”内打点主意。照一年前的估计，在美华侨之中，其于1924年7月1日以后“非法”入境，而仍“非法”居留该邦者，为数约在15 000人左右。他们天天都有被美国移民局拘捕并驱逐出境的可能。而这15 000人如想取得“合法”入境的资格，自亦非在这26名的“配额”之内等待不可。但要在每年26名的“配额”之内，使这15 000人个个都变为“合法”入境，算来势非等待到五千年以后不能达到目的。此真令人兴“俟河之清，人寿几何”之叹！

根据以上所述，我们可以明白美国“有关移民入境之现行法规”，对待我国国民，殊不公平，已极显然。如果我们在商约中还承认这种法规继续对中国人适用，而不受影响，则从我们中国国民的立场说，不特商约中第3条前3款所规定的那些进入、居住、经商等等权利以及所谓最惠国待遇，多将成为一边倒的片面享受，就是整个商约的价值，恐怕也将因此被冲淡了不少。可惜商约第2条第4款偏系作如此规定，实为一大憾事。诚然在第2条第4款内，尚规定缔约国任何一方，保留有“制订有关入境移民法规之权利”，似乎我们将来未尝不可利用此种规定，制订法规以作限制美国人来华之武器。但作者究不明白，我们在今日订约之时，是否已预存对美报复之意。假如已存心报复，则今日之签订商约，也就无多大的意义可言了。假如并不存心报复，那我们何不干脆主张放弃此种规定，而同时坚持美国现行的移民法规中，凡对中国人所规定之种种苛刻而歧视的限制，应一律停止适用，而代以最惠国国民的待遇？

战前华侨汇回中国的侨汇，每年总在四万万元以上，是我国平衡国际收支弥补国际漏卮的一大挹注。这些汇款，不是到外国去的官员、游历者、学生汇回来的（他们是去花钱的，不是赚钱的），而是在外国做厨子、堂倌、海员、洗衣作、剪发匠、汽车夫、杂货商……的那些华侨汇回来的。他们大都是以出卖劳力换取外汇的，有人说中国最有价值的出口，不是桐油、猪鬃、茶叶、皮毛等等，而是人口，作者亦深有同感。从国家的经济政策着眼，我们对于移民问题，应该很审慎的和别国商定一比较圆满的解决办法，不当听其自然，任人摆布。我们岂可容许美国现行的移民法规对中国人之歧视规定，仍照旧适用？外交部发言人曾云："美国国会于1923年通过法案，规定所有一切商约，必须明文规定不得影响现行移民律，以及将来制定移民律之权。"言外似谓我们不便主张美国改变其现行移民法规中对中国人之苛刻限制。姑不论美国国会的这种规定，乃属该国国内法上之问题，不能绝对持为对外之藉口。即以此次中美商约第2条第4款末段的规定而言，既可于商约中明定1917年移民律第三节之规定，将不适用于中国人民，则何以不可于商约中也明定所有美国现行移民法规中对中国人特别歧视之规定，对中国人将不复适用？我们又何必因美国国会曾有上述之规定，便自觉不便有所主张。

要之，中美商约第2条第4款关于移民问题的规定，并未能将美国对中国人入境的种种不合理的限制，彻底取消或作重大的修正，令人颇为失望。为了重视于我国有利的经济政策，为了维护我国在海外许多侨胞的切身利益，为了希冀中美两国国民真能彼此"友好往来，互惠平等"，作者以为关于移民问题，我们于有修改中美商约的机会时，应该提出力争以下的三点：

（一）假如美国不愿中国国民毫无限制的"进入"美国，美国便应允许增加中国国民每年入美之"配额"。

（二）凡"非法"入境之在美华侨，如以往在美并无犯罪之记录，而确系从事或经营正当之职业或事业者，应一律视为"合法"入境，准许其在美居住并享受其他种种权利。

（三）凡专为中国人或中国人之后裔而设之歧视待遇，应一概废止，不复适用。中国人所享受之待遇，不得低于任何第三国国民所享受之待遇。

国际私法*

国际私法（private international law） 调整具有涉外因素的民商事法律关系的法律规范的总称。不同国家的法律对同一法律关系的规定不同，因而产生法律冲突，国际私法就是通过对该法律关系的定性找出连结点，并根据其冲突规范确定适用哪个国家的实体法作为准据法以解决该法律冲突问题。因此，国际私法在英美国家又称冲突法或法律冲突法。关于国际私法的内涵，学术界存在着不同观点。一派学者认为国际私法就是由所有冲突规范组成的法律冲突法；另一派学者认为，随着国际民商事交往及有关公约、协定的增加，国际私法还应包括国际民商事统一实体法。

涉外因素 或称跨国因素、国际因素，指法律关系中的主体、客体或内容（权利与义务）这三个因素中至少有一个或一个以上的因素与国外有联系。在主体为涉外因素时，作为民商事法律关系的主体一方或双方当事人是外国自然人或法人（有时也可能是外国国家、国际组织或无国籍人）；在客体为涉外因素时，作为民商事法律关系的标的物是位于国外；在内容为涉外因素时，产生、变更或消灭民商事权利义务关系的事实是发生在国外。例如：（1）中国某进出口公司与某外国公司在中国签订一买卖合同，出售位于中国的货物，这是主体一方为外国公司，为涉外因素。（2）一个中国人继承一个在中国死亡的华侨遗留在国外的财产，这是作为客体的标的物——财产在国外，为涉外因素。（3）一个华侨在国外死亡，作为其亲属的中国人继承其位于国外的遗产，这是产生权利义务关系的事实——死亡发

* 该文系作者为《中国大百科全书〈法学卷〉》所撰写的相关词条。

生在国外，为涉外因素。在实际生活中，往往不仅是一个因素与国外有联系，而可能有两个或两个以上的因素与国外发生联系。例如，中国某进口公司与一外国公司在中国签订合同，进口一宗外国的货物，在这一法律关系中，就有两个涉外因素，即主体一方与客体都是涉外因素。又例如，中国某进出口公司与一外国公司在国外签订合同，进口一批外国货物，其中就有三个涉外因素，即主体一方、客体与法律事实都是涉外因素。

国际私法中的涉外民商事法律关系，除具有涉外因素的一般民事法律关系外，还包括具有涉外因素的商事法律关系，即广义的民事法律关系。一般民事法律关系是指平等主体相互之间的财产关系和人身关系，包括物权关系、债权关系、知识产权关系、婚姻家庭关系以及继承关系等。在一些国家中，具有涉外因素的公司法关系、票据法关系、海商法关系、保险法关系、破产法关系等商事法律关系，虽不属于一般民事法律关系，也包括在国际私法所调整的法律关系之内。例如，假设一个甲国人与一个乙国人在丙国签订一项由丁国船舶将在戊国的一宗货物运往己国，而以庚国的货币付款的合同，这时便涉及许多国家和它们的法律，法律的冲突问题就更加复杂了。

国际私法的法律调整方法 解决涉外民商事法律冲突问题的方法，可以分为间接调整方法和直接调整方法。

间接调整方法 就是在有关的内国法与外国法中选择适用一个国家的法律来确定当事人的权利与义务。如中国《民法通则》第 149 条规定：“遗产的法定继承，动产适用被继承人死亡时住所地法律，不动产适用不动产所在地法律。”这里只指出，关于遗产的法定继承问题，按照动产与不动产分别适用被继承人死亡时住所地法和不动产所在地法来确定当事人的权利与义务，而没有直接确定当事人的权利与义务。这就是间接调整方法。这种间接调整方法是国际私法所特有的调整方法。事实上，国际私法就是从采取间接调整方法开始产生出来的，并且一直到现在，间接调整方法仍然是调整涉外民商事法律关系的主要方法。规定这种间接调整方法的规范称为“冲突规范”。

直接调整方法 即直接确定当事人的权利与义务。例如，《联合国国际货物买卖合同公约》第 30 条规定：“卖方必须按照合同和本公约的规定，交付货物，移交与货物有关的单据并转移货物所有权”；第 53 条规定“买方必须按照合同和本公约的规定支付货物价款和收取货物”。这些规定都直接确定国际货物买卖合同当事人的权利与义务，都是直接调整方法。而规定这种直接调整方法的规范，就叫做“实体规范”。这种“实体规范”可以见之于国际条约或国际惯例中，又可以叫做“统一实体规范”。它是随着国际民商事法律关系的发展而产生和发展起来的。特别在第二次世界大战以后，这种国际统一实体规范获得了较快发展，不过它的重点仍然是在商事领域。

上述的间接调整方法和直接调整方法，都是国际私法调整涉外民商事法律关系所需要的手段，二者相辅相成，互为补充。不过，在国际私法学者中间，仍有不少人认为直接调整方法不应归入国际私法的范围，他们主张只有间接调整方法才是国际私法所特有并且是它惟一的调整方法。

另外，第二次世界大战以后，在欧洲还出现了另一新的观点，即认为一个国家的某些法律规范，如果对该国有特殊重大的意义，该国在涉外民商事法律关系中，可直接予以适用，而不必考虑依一般冲突规范这些法律规范能否适用。这就是说，这种法律规范的适用，不依赖连结因素（见连结点）的指引，而是自己决定自己适用的范围。法国国际私法学者称之为“直接适用的法律”。中国也有学者持相同的观点。

国际私法的性质　国际私法是国际法还是国内法，是长期以来争论的问题。在这个问题上，大体可以分为三大学派：认为国际私法是国际法的学者可称为“世界主义学派”或“国际主义学派”；认为国际私法是国内法的学者可称为“民族主义学派”或“国内法学派”；另外还有些学者认为国际私法具有国际法与国内法两重性，可称为“二元论者”或“综合论者”。

中国国际私法学者对国际私法的性质问题也有着不同的看法。需要首先解决的是“国际法”这个概念究竟何所指。按照传统的观点，“国际法”指“国际公法”，那么国际私法当然不是“国际法”，因为“国际公法”主要是调整国家与国家之间在政治、外交等方面的关系；如果“国际法”不是指“国际公法”而是相对于“国内法”而言，即“国内法”是指调整从国内生活中产生的社会关系的法律，“国际法”是指调整从国际生活中产生的社会关系的法律，那么国际私法在性质上就属于“国际法”了。在此，“国内法”与“国际法”是指法学的两大类型、两大领域或两大系统，国内法包括宪法、民商法、刑法、经济法等，国际法包括国际公法、国际私法、国际经济法等，这是从宏观的角度来理解“国际法”的。

中国的国际私法 在西方国家，国际私法出现较早。远在12～13世纪，意大利各城邦的法律不同，凡是涉及两个或两个以上城邦的民商事问题，就由国际私法解决这种“法律冲突”。后来在主权国家之间，由于各国的法律不同，凡是涉及两个或两个以上国家的民商事问题，也同样需要解决这种“法律冲突”问题，因而国际私法就逐渐发展起来，有的国家把它规定在民法典内，有的国家制定了单行的国际私法法规。尤其在第二次世界大战以后，不少国家纷纷制定国际私法，国际私法的法典化发展很快。

中国国际私法出现较晚。历代封建王朝主要采取闭关政策，国际私法自然无从得到发展。中华人民共和国成立以前，由于当时的中国还是一个半殖民地，在帝国主义国家的侵略和压迫下，根据所谓的领事裁判权，中国丧失了对涉外问题的司法管辖权，国际私法也就没有贯彻实施的可能。虽然1918年北洋政府公布了《法律适用条例》，但形同虚设。

中华人民共和国成立后，也仅在与个别社会主义国家签订的条约中有关于婚姻问题的规定，以及在少数“条例”中有关于外国人法律地位的规定。1978年中国共产党十一届三中全会以后，在改革开放的大方针下，中国对外交往日益频繁，国际私法立法有所增多，例如在《中外合资经营企业法》、《民事诉讼法》、《涉外经济合同法》、《继承法》、《民法通则》、《海商法》、《票据法》、《仲裁法》以及《合同法》等法律中，都含有国际私法的规定，但还不够健全、完善。已制定的一些国际私法规范还不够系统、全面，还有不少缺陷和空白，不能适应进一步扩大对外开放和未来发展的需要，亟待制定一部比较完整的国际私法。

中国国际私法学会是一个全国性的民间学术团体，在1993年12月就决定起草一部《中华人民共和国国际私法示范法》，以供中国政府有关部门和教学科研单位参考。几年来，经过反复修改，已完成第6稿，共166条。内容共分5章：第1章总则，第2章管辖权，第3章法律适用，第4章司法协助，第5章附则。这部《示范法》还被译成了英文，中文条文每条都有适当的说明。该《示范法》已于2000年由法律出版社出版。

冲突法（conflict of laws，conflicts law） 英美国家对国际私法的称谓。在调整具有涉外因素的民商事法律关系时，由于所涉及国家的法律对同一法律关系的规定不一，不同的规定从而发生冲突，冲突法因而得名。但在大陆法系国家，学者都采用国际私法这一名称。

严格说来，国际私法和冲突法是有区别的，因为除冲突法外，国际私法还包括其他一些问题在内。就依英美学者的主张，还应有管辖权问题与外国判决和仲裁裁决的承认与执行问题。依法国学者的主张，除冲突法外，还应有国籍、外国人的法律地位和管辖权问题。再依苏联和东欧不少学者的主张，除冲突法外，还应有外国人的民事法律地位、国际民商事统一规范、国际民事诉讼程序与仲裁程序等问题。但多数国际私法学者仍一致认为冲突法是国际私法的主要部分或基本部分。

冲突规范（conflict rule） 国际私法所特有的一种规范。冲突法就是由冲突规范构成的，是冲突规范的结合体。

结构 冲突规范是由三个部分构成的：（1）“范围”或称“连结对象”，是冲突规范所要解决的法律问题。（2）“连结点”或称“连结因素”，是指引应适用的法律的一种媒介或根据。（3）按照连结点的指引所要适用的法律，即“准据法”。例如，中国《民法通则》第144条规定：“不动产的所有权，适用不动产所在地法律。”在这一冲突规范内，“不动产的所有权”就是“范围”，是冲突规范所要解决的问题。“不动产所在地”就是“连结点”或“连结因素”，是指引所要适用的法律的媒介或根据。最后，“不动产所在地法律”就是按照连结点的指引所要适用的准据法。

类型 冲突规范可以分为以下 4 种基本类型：

单边冲突规范 这种冲突规范规定只适用内国法，或者只适用外国法。例如，1983 年《中华人民共和国中外合资经营企业法实施条例》第 15 条规定："合营企业合同的订立、效力、解释、执行及其争议的解决，均应适用中国的法律。"这就是一条单边冲突规范。实际上，规定只适用外国法的冲突规范是比较少的。

双边冲突规范 这种冲突规范并不具体规定适用内国法或适用外国法，而是结合实际情况，可以适用内国法，也可以适用外国法。如 1978 年《奥地利联邦国际私法》第 12 条规定："人的权利能力和行为能力，依其属人法"按照这条规定，如果某人是奥地利人，就应适用其属人法即奥地利法；如果某人为一外国人，就应适用该外国人的属人法即其本国法。

重叠适用的冲突规范 这种冲突规范规定有两个或两个以上的连结点，并且同时适用于某一涉外民商事法律关系。例如 1902 年海牙《关于离婚与别居的法律冲突和管辖权冲突公约》第 2 条规定："离婚之请求，非依夫妇之本国法及法院地法均有离婚之原因者，不得为之。"这表明离婚问题必须同时适用夫妇之本国法和法院地法，只有两者均认为有离婚原因时，才准许当事人离婚。

选择适用的冲突规范 这种冲突规范规定有两个或两个以上的连结点，但可选择其中之一来调整有关的涉外民商事法律关系。其中又可以分为两种：（1）无条件地选择适用的冲突规范。在这种规范中，人们可以任意选择若干连结点中的一个来调整某一涉外民商事法律关系。例如 1978 年《奥地利联邦国际私法》第 16 条第 2 款规定："在国外举行的婚姻，其方式依结婚各方的属人法；但已符合婚姻举行地法关于方式的规定者亦属有效。"这表明当事人在奥地利以外举行的婚姻，其方式可以依当事人的属人法，也可以依婚姻举行地法，没有什么限制。（2）有条件地选择适用的冲突规范。在这种冲突规范中，人们只能依顺序或有条件地选择若干连结点中的一个来调整某一涉外民商事法律关系。例如 1995 年《意大利国际私法制度改革法》第 26 条规定："婚约及违反婚约的后果适用订婚双方共同本国法，或者在没有共同本国法时，适用意大利法律。”这表明婚约当事人如有共同本国法，就适用该共同本国法，只有在没有共同本国法时，才可适用意大利法律。这里就有了条件的限制。

上述4类冲突规范，虽然涉及立法技术问题，但也不仅是一个立法技术问题。如果国家认为对某种涉外民商事法律关系特别需要依自己的实体法处理，就可采用单边冲突规范来适用自己的法律。如果国家认为对某种涉外民商事法律关系可以从宽处理，就可采用双边冲突规范或选择适用的冲突规范。如果国家要对某种涉外民商事法律关系从严掌握，则可以采用重叠适用的冲突规范，而且常要求重叠适用法院地法。所以具体采用哪一种冲突规范，还取决于一国在各种涉外民商事法律关系中所采取或追求的政策。

连结点（connecting point）　冲突规范借以确定涉外民商事法律关系应当适用什么法律的媒介或根据，又称连结因素、连结根据。例如，中国《民法通则》第144条规定："不动产的所有权，适用不动产所在地法律。"在这条冲突规范中，"不动产所在地"就是作为适用法律的媒介或根据，就是连结点。在调整涉外民商事法律关系中的不动产时，即以不动产所在地为连结点，适用该所在地法为准据法。每一条冲突规范必须至少有一个连结点，否则就不能把一定的法律问题和应适用的法律连结起来，就不可能指引某一国家的法律来确定当事人的权利与义务。连结点有以下几种：

国籍　1804年《法国民法典》颁布前，欧洲大陆国家都把"住所"作为适用属人法的根据。《法国民法典》改用"本国法"作为属人法，"国籍"就成为属人法的根据，代替住所成为适用属人法的连结点。德国由于民法典的制定完成了法律的统一，也放弃住所而改采国籍作为连结点。以后由于意大利孟西尼（Mancini）的提倡，这个连结点就为欧洲许多国家所采用。特别是人口移出的国家往往采用这个连结点，借以使其移出的国民仍与本国保持联系。至于当事人具有哪一国的国籍，应依有关国家的国籍法来确定，例如，一个人是否为法国人，应依法国国籍法确定。

住所　以住所作为连结点，起源于意大利法则区别说。意大利在12～13世纪各城邦都有自己的法律，称"法则"，各城邦间发生法律冲突时，只能以住所作为决定属人法的根据。英美法系国家以及拉丁美洲大多数国家，关于属人法问题，都适用当事人住所地法来解决。这些国家除沿袭旧传统外，还由于它们大多数是人口移入的国家，采用住所为连结点，可使外国移民在属人法问题上都适用内国法。关于住所这一概念的解释和确定，依大多数学者意见，应依法院地法来解决。第二次世界大战后，欧洲大陆不少国家在属人法问题上都逐渐采取住所地法代替本国法。海牙国际私法会议 1955 年以后通过的公约也放弃了本国法原则。

惯常居所　现在不少国家立法及国际立法不但放弃了本国法，而且进一步以惯常居所地法代替住所地法。其主要原因是各国对住所概念理解不同，规定也不同，适用惯常居所地法可以避免对住所解释和确定上的分歧。特别是现代各国间人口流动不断加速，人们的生活与惯常居所地比与本国或住所地关系更为密切，适用惯常居所地法便于法律关系早日确定，确保交易的安全。

物之所在地　关于物权问题，一般都适用物之所在地法。物之所在地指作为法律关系客体的标的物所在地。适用物之所在地法这一原则，早在 13 世纪就在意大利开始形成。但当时一般只把“物之所在地法”作为解决“不动产物权”的法律冲突原则，而“动产物权”则适用属人法原则。把“物之所在地法”作为解决“动产物权”的法律冲突原则，现在也已为许多国家所采用。

行为地　在国际私法中，有一古老原则即“场所支配行为”（locus agit actus），行为依行为地法，即以行为地作为连结点。行为地有合同订立地、合同履行地、婚姻举行地、遗嘱作成地、侵权行为地等等。特别是行为方式，如果依行为地法为有效，就总是有效的。

当事人合意选择的法律所在地　按照“意思自治”原则，当事人可以合意选择应适用的法律。这主要在解决涉外合同关系时采用。不少国家都在不同程度上加以采用。有的国际立法，例如，1980 年欧共体订立于罗马的《关于合同债务法律适用公约》，也已采用。

最密切联系地　为了用弹性的联系概念代替硬性的联系概念，在冲突规范中往往采取最密切联系原则，以最密切联系地作为连结点。所谓最密切联系原则，即以适用与法律关系有最密切联系或最实际联系或最重要联系的国家的法律作为法律选择的指导原则。这个原则最初适用于合同方面。1989 年《瑞士联邦国际私法》、1980 年欧共体《关于合同债务法律适用公约》都采用了这个原则。有些国家甚至把最密切联系原则作为解决涉外民商事法律关系的总原则，例如，《奥地利联邦国际私法》就将“最强联系”作为“总则”规定在第 1 章内。

特征性履行当事人所在地　关于合同债务的冲突规范，往往规定在当事人未选择法律时，适用应作特征性履行的当事人一方所在地的法律，这往往就是其住所地法、居所地法、营业地法或工厂所在地法。事实上，这就是最密切联系原则的具体体现。

职权行为地　这个连结点适用于程序问题。例如，法院的诉讼程序，适用法院地法。公证机关的公证程序、登记机关的登记程序，分别适用公证机关地法、登记机关地法。

定性（qualification，characterization，classification）　在涉外民商事法律关系中必须先确定所要解决的问题是属于什么法律范畴。又称识别。这种需要解决的问题有些学者称为“事实构成”或“事实情况”。在适用冲突规范时，首先必须明确这种“事实构成”或“事实情况”属于什么法律范畴，例如是属于合同问题还是属于侵权行为问题，是属于结婚能力问题还是属于结婚形式问题，是属于实质问题还是属于程序问题等。只有明确了这一点，才能进一步根据有关的连结点去选择应适用的准据法。在处理纯粹内国案件时，也要先解决定性问题，这比较容易进行，不会有什么困难。但在处理涉外民商事案件时，因为各国国内法互不相同，对于同一“事实构成”往往赋予不同的概念，将它归入不同的法律范畴，就可能产生定性的冲突，从而导致适用不同的准据法。例如关于未达到一定年龄的未成年人结婚应取得父母的同意，依有的国家的法律属于结婚能力问题，而依有的国家的法律却属于结婚形式问题。如果定性为结婚能力问题，就应该适用支配婚姻实质要件的准据法（这常常是指婚姻当事人的属人法）；如果定性为结婚形式问题，则通常应适用的准据法就是婚姻举行地法。究竟应依据哪一个国家的法律解决此定性问题，在学者中间有种种不同的主张。

法院地法说　这是德国 F. 康恩和法国 E. 巴丹主张的，也有很多国际私法学者予以支持。其主要理由是冲突规范是内国制定的，它所使用的概念是与内国其他法律中同一概念的含义完全相同，因此只能依法院地法作出解释。而且法官比较熟悉自己国家的法律概念，因而依法院地法进行定性，也简单易行，不需要外国专家的证明。

准据法说　这是法国德帕涅和德国 M. 沃尔夫主张的。他们认为，如果不依照准据法来进行定性，尽管内国冲突规范指定应适用外国法，结果也等于没有适用。但在准据法确定之前，不可能依准据法进行定性，因此很少有学者支持这种主张。

分析法学与比较法说　这是德国学者 E. 拉贝尔和英国学者贝克特等提倡的。他们认为，冲突规范是使法官能就涉及不同国家法律问题的准据法作出决定的规范，要使冲突规范发挥这样的作用，就必须根据所有法律制度对所涉及的问题的共同认识或普遍性概念来进行定性，而这种共同认识或普遍性概念只能建立在分析法学与比较法研究的基础之上。这种想法虽然合理，但很不现实，因为实际上很难做到，必然会增加法院的负担和困难。

个案定性说　这是苏联学者隆茨和德国学者 G. 克格尔提出的。他们认为定性问题没有什么统一的规则，应该根据冲突规范的目的，根据个案情况考虑决定。

功能定性说　这是德国学者 P. R. 诺伊豪斯提出的。他认为上述几种定性方法都是从法律结构上着眼，他主张用“功能定性”取代“结构定性”，就是按各个制度在法律生活中的功能来定性。

尽管有上述各种理论，但实际上各国法院一般都依法院地法进行定性，在一定情况下，也考虑与案件有密切联系的有关国家的法律制度。例如：（1）如果依法院地法定性，但法院地法中却没有关于该法律关系的概念，就应按照与该法律关系有关的外国法来进行定性。（2）特殊的涉外民商事法律关系，如动产与不动产的定性，总是根据财产所在地法进行定性的。

反致与转致（remission and transmission）　反致是指法院按照自己的冲突规范应适用某一个外国法，而该外国法中的冲突规范却规定应适用法院地法，结果便适用了法院地的实体法。这处反致在法文中也叫做“一级反致”（renvoi au premier degré）。转致是指甲国法院按照自己的冲突规范应适用乙国法，而乙国的冲突规范却规定应适用丙国法，因此甲国法院便适用了丙国的实体法。这种转致在法文中也叫做“二级反致”（renvoi au second degré）。广义的反致包括转致在内。反致和转致之所以发生，是由于有关国家的冲突规范所采用的连结点不同，并且一国在适用外国法时又认为应该把外国法理解为包括其冲突规范在内的法律这两个条件同时存在的缘故。

就反致而言，例如，一个英国人在意大利有住所，英国法院在审理这个人有无行为能力时，首先按照英国的冲突规范应适用作为住所地法的意大利法，但是，意大利的冲突规范却规定应适用其人的本国法即英国法。如果英国法院据此适用了英国法律，就形成了“反致”。

就转致而言，例如，一个德国公民在意大利有住所，死后因他留在英国的动产在英国涉讼，英国法院首先按照自己关于动产继承的冲突规范应适用意大利法，而意大利的冲突规范却规定应适用死者的本国法即德国法。如果英国法院据此适用了德国的实体法，就形成了“转致”。

间接反致　除上述反致、转致处，还有“间接反致”，即对于某一问题的解决，甲国法院依自己的冲突规范应适用乙国法，依乙国的冲突规范又应适用丙国法，而依丙国的冲突规范却应适用甲国法，结果甲国法院适用了自己的实体法。例如，一个阿根廷人在英国有住所，死于英国，在日本遗留有不动产，现在因此项不动产继承问题在日本涉讼。依日本《法例》第25条“继承依被继承人本国法”的规定，本应适用阿根廷法，但依阿根廷的冲突规范应适用被继承人的最后住所地法即英国法，而依英国的冲突规范却应适用不动产所在地法即日本法，于是日本法院适用了自己的实体法，形成“间接反致”。

双重反致　英国的判例，在反致方面还发展了一种独特的做法，称为“双重反致”或“外国法院说”。就是英国法院在审理特定范围内的涉外民商事案件时，如果依英国的冲突规范应适用某一外国法，英国法院就应“设身处地”地将自己视为在外国审判，再依该外国对反致所抱的态度，决定最后所应适用的法律。英国的这种做法没有其他国家采用。

福尔戈案　反致问题在国际私法中引起广泛的注意和讨论，是在

1878 年法国最高法院判决“福尔戈案”（Forgo's Case）以后。福尔戈是 1801 年出生于巴伐利亚的非婚生子，5 岁时随父母去法国，并在法国定居直至 1869 年死亡。他在法国留下一笔动产，但未立遗嘱。福尔戈的母亲和妻子都已死亡，又无子女。他的母亲的旁系亲属要求继承，因为依巴伐利亚法律他们是可以继承的。法国法院根据自己的冲突规范，应适用巴伐利亚法律，但根据巴伐利亚的冲突规范却应适用死者“事实上的住所地法”，因而反致于法国法。因此，法国法院接受这种反致，认为这笔财产依法国法为无人继承财产，应归入国库。从此以后，反致即引起学者们的热烈讨论和研究，并为不少国家的判例和立法所采用。

学理讨论　在理论上，赞成者和反对者都有，而且彼此争执激烈。赞成者的主要理由是，各国的国际私法有不同的规定，采取反致就是企图利用它可以对同一案件在不同国家都适用同一实体规范，取得一致的判决结果。至于反对方面的主要理由是，要实现各国判决结果的一致，只有在特定条件下才能实现，这就是一国接受反致而他国拒绝反致。如果他们都接受反致，就会出现“乒乓球游戏”，循环不已地相互推送，或者各依自己的实体法判决。因此，尽管有很多学者赞成反致，但仍然主张加以适当的限制。

立法、公约和判例　在立法和判例中，各国对反致的态度也很不一致。即使在抱肯定态度的国家中，也彼此存在差异，有的既接受反致，又接受转致；有的只接受反致，不接受转致；有的只在有限的民事关系上采用反致；也有的国家根本不采用反致。

在国际公约中，规定承认反致的有 1902 年关于婚姻法律冲突的海牙公约，1930 年与 1931 年关于汇票、本票、支票的法律冲突的日内瓦公约，以及 1955 年关于本国法与住所地法冲突的海牙公约。

先决问题（preliminary question）　又称“附随问题”（incidental problem），指法院在审理某一涉外争讼问题时，必须以解决另外一个问题为先决条件，该争讼问题称为“本问题”或“主要问题”（principal question），需首先解决的另一问题即“先决问题”。例如，一个住所在希腊的希腊公民未留遗嘱而死亡，留下动产在英国，其“妻”主张继承此项动产，但其他继承人否认她的妻子身份。本来，无论依英国的有关冲突规范（动产继承依死者住所地法）还是希腊的冲突规范（动产继承依死者的本国法），都应适用希腊的继承法，其财产的一部分应归属死者的妻子。但现在英国法院受理此案，必须先解决她是否是死者的妻子，他们之间是否存在合法的夫妻关系。因为他们是在英国按民事方式而不是按希腊法所要求的宗教方式结婚的。如依法院地法的冲突规范（结婚方式依婚姻举行地法）所指定的准据法（英国法），他们的婚姻有效，她可以取得部分遗产。但如依“主要问题”准据法所属国家（希腊）的冲突规范（婚姻方式依当事人的本国法），他们的婚姻无效，她就无权取得这部分遗产。这个先决问题的解决直接影响着主要问题的审理结果。

在学者中间，对解决先决问题的准据法，有两派不同的主张。一派以德国梅尔希奥、温格勒尔、沃尔夫等为代表，主张依主要问题所属国冲突规范来选择先决问题的准据法，因为这种解决方法能避免把两个本有相互联系的问题人为地割裂开来，以便求得与主要问题一致的判决结果，从而避免因诉讼地不同而判决结果不一致的情况发生。在司法实践中，英国、加拿大、澳大利亚和美国对先决问题大多采用这种解决方法。

另一派以德国拉佩（Rappe）、努斯堡姆（Nussbaum）等为代表，主张依法院地国的冲突规范确定先决问题的准据法，因为先决问题既是一个独立的问题，就应该与解决该主要问题的准据法一样，一概依法院地国冲突规范来解决，使法院地在法律适用上协调一致，否则，就可能牺牲国内的和谐来实现国际的和谐。1979 年美洲国家国际私法特别会议通过的《关于国际私法一般规则的公约》第 8 条就采用了这种方法。

20 世纪末的情况是，一般都力求避免根据片面的立场来进行统一的解决，而是谋求个别案件的合理解决，就是看先决问题是同法院地法还是同主要问题准据法关系更为密切，来决定是适用法院地国还是准据法所属国的冲突规范。

法律规避（evasion of law）　在涉外民商事法律关系中，当事人故意制造一种连结点，以避开本应适用的准据法，而使对自己有利的法律得以适用的一种行为。在法文中又称窃法舞弊（fraud à la loi）。

例如，甲国的法律禁止离婚，乙国的法律却允许离婚。甲国的公民二人为了达到离婚的目的，取得乙国国籍，在乙国实行离婚。如果以后因离婚问题在甲国涉讼，甲国的冲突规范是离婚依当事人本国法，但此二人已变更国籍达到离婚之目的，即发生法律规避问题。又例如，一公司营业地的法律对公司的成立规定极严，课税又重，而另一国家或地区的规定较宽，课税又少，于是当事人在该国家或地区申请成立了公司，然后在营业地营业。这里也发生法律规避问题。

在学说上，法律规避是一个独立的问题，还是公共秩序保留问题的一部分，在学者中有两派不同的意见。一派学者如克格尔、罗默尔、拉佩、努斯堡姆、葛茨维勒、巴迪福等，都认为它是一个独立的问题，不应与公共秩序保留问题混为一谈。两者在结果上虽然常常都是对本应适用的外国法不予适用，但它们在性质上却不相同。因公共秩序保留而不适用外国法，是着眼于外国法的内容；因法律规避而不适用外国法却是着眼于当事人的欺诈行为。但另一派学者如梅尔希奥、巴丹、贝尔特拉姆及沃尔夫等，认为法律规避也属于公共秩序保留问题，是后者的一部分。他们主张法律规避有损于内国的公共秩序时，应予以制裁，即不适用当事人意欲适用的法律，而须适用原应适用的法律；如果无损于内国的公共秩序，则不予制裁，即适用当事人意欲适用的法律。

关于法律规避的效力问题，在理论和实践上也存在着较大分歧，大致可归纳为3种情况：（1）绝对无效。欧洲大陆学者大多认为，法律规避是一种欺骗行为，因而在发生法律规避的情况下，就不应适用当事人所希望适用的法律，而适用本应适用的法律。在立法上，如1979年匈牙利国际私法第13号法令第8条规定："当事人矫揉造作或欺诈地造成涉外因素时，有关的外国法不得适用"。又例如1989年《瑞士联邦国际私法》第45条第2款规定："当事人任何一方为瑞士人或双方在瑞士有住所，其在国外缔结的婚姻予以承认。但在国外结婚显然有意规避瑞士法律规定的无效原因的除外。"（2）相对无效。大多数国家的立法都明确否定当事人规避内国法律的效力，而对规避外国法的效力则不作规定。例如南斯拉夫《冲突法》第5条规定："如适用依本法或其他联邦法可以适用的外国法，是为了规避南斯拉夫法的适用，则该外国法不得适用。"中国立法对法律规避问题虽无明文规定，但1988年最高人民法院《关于贯彻执行〈中华人民共和国民法通则〉若干问题的意见（试行）》第194条规定："当事人规避我国强制性或者禁止性法律规范的行为，不发生适用外国法律的效力"。至于规避外国强行法的行为是否有效，则未加规定。(3) 法律规避并非无效。法律规避问题虽然在欧洲大陆学者的国际私法著作中最常见的，但在英美国家的有关著作中却属少见。有些英美学者认为，既然冲突规范给予当事人选择法律的可能，则当事人为了达到自己的某种目的而选择某一国家的法律时，即不应归咎于当事人，如果要防止冲突规范被人利用，就应该由立法者在冲突规范中有所规定。不过，这种观点也受到了批评。如果承认法律规避的效力，必然造成法律关系的不稳定，影响社会的安定。美国《统一婚姻规避法》规定：在本州长期居住的人，如往他州或他国缔结为本州法律所禁止的婚姻的，其婚姻无效。

公共秩序保留（reservation of public order） 当内国法院按照冲突规范本应适用外国法时，如该外国法的适用将违反内国的公共秩序，内国法院就可据此为理由而拒绝适用。这种对外国法适用的限制，德国国际私法学者称为"保留条款"（vorbehalts klausel）。法国学者称为"公共秩序"（ordre public），英美学者称为"公共政策"（public policy）。

公共秩序保留的不同情况 对外国法不予适用，有3种情况：(1) 按照内国冲突规范原应适用的外国法，如果予以适用，将与内国关于道德、社会、经济、文化或意识形态的基本准则相抵触，或者与内国公平、正义观念或根本的法律制度相抵触，则不予适用。例如，1929年阿尔巴尼亚法律曾允许实行一夫多妻制，如果那时一个阿尔巴尼亚男子在阿尔巴尼亚结婚后，还要在另一实行一夫一妻制的国家再结婚，尽管该另一国家的冲突规范规定婚姻实质条件适用当事人本国法，仍会以违背其公共秩序为理由而不适用阿尔巴尼亚的法律，不允许他再结婚。(2) 一国法律中有一部分法律规则，由于其属于公共秩序的范畴，在该国内有绝对效力，从而不适用与之相抵触的外国法，公共秩序保留从而肯定和维护了内国法律的绝对效力。例如《德国民法典》第123条规定："凡因欺诈或胁迫而为的意思表示应为无效。"订契约时如一方有胁迫或欺诈的事情，他方可以撤销所订的契约。德国法院认为这是有关该国公共秩序的规定，因而在这个问题上将绝对适用自己的法律，而不管契约的准据法是否承认这一撤销的原因。（3）按照内国的冲突规范应适用的外国法，如果予以适用，将违反国际法的强行规则、内国所负担的条约义务或国际社会所一般承认的正义要求时，也可以根据适用该外国法系违反国际公共秩序为理由而不予适用。例如，按照1966年《消除一切形式种族歧视国际公约》，种族歧视的法律应认为是违反国际法强行规则的法律，从而在外国不能得到适用。

公共秩序保留的理论与实践 各国国际私法学者都肯定公共秩序保留是必要的，但它在国际私法中的地位和内容，在理论与实践中仍有分歧。

理论方面 最早就有德国萨维尼和意大利孟西尼两个学派不同的看法。萨维尼是"法律关系本座说"的创立者。他认为某一涉外民事法律关系的本座如在外国，就应适用该外国法，但也同时认为外国法的适用在一定条件下是可以排除的。他把任何国家的强行法分为两类：一类是纯粹为了保护个人利益的，如那些根据年龄或性别而限制当事人的行为能力的规定；另一类是不仅为了保护个人利益，而且也是根据道德上的理由或者政治上、司法上、国民经济上的公共幸福而规定的。前一类法律虽不能因个人的约定而排除其适用，但根据冲突规范须适用外国法时，它就应让位于外国法；而后一类法律则在判定该法律的国家内绝对适用，排除外国法适用的可能性。可见，萨维尼把后一类强行法视为公共秩序法。不过，他认为公共秩序只是国际私法基本原则的一种例外。

孟西尼认为国际私法有3个基本原则，即国籍原则、公共秩序原则和意思自治原则。这样公共秩序就被提到基本原则的高度。孟西尼也将法律分为两类：一类是为个人利益而制定的，应以国籍为标准适用于国籍所属国的所有公民，不管他们出现在哪个国家；另一类是为保护公共秩序而制定的，必须依属地原则适用于其所属国家领域内的一切人，包括内国人和外国人，而属于这类法律范畴的事项根本不适用外国法。孟西尼学派列举这类法律如下：宪法、财政法、行政法、刑法、警察和安全法、物权法、强制执行法、道德法、秩序法。

立法方面　各国关于公共秩序的措辞不尽相同。例如 1804 年《法国民法典》第 3 条规定："有关警察与公共治安的法律，对于居住在法国境内的居民均有强行力。" 1896 年德国《民法施行法》第 30 条规定："外国法的适用，如违背善良风俗或德国法的目的时，则不予适用。" 1898 年日本《法例》第 36 条规定："应依外国法时，如其规定违反公共秩序或善良风俗，不适用。" 1963 年捷克斯洛伐克《国际私法和国际民事诉讼法》规定："适用外国法的结果，同捷克斯洛伐克社会主义共和国的社会制度、政治制度及法律原则相抵触时，不予适用。" 1966 年波兰《国际私法》、1979 年《奥地利联邦国际私法》、1992 年《罗马尼亚关于调整国际私法法律关系的第 105 号法》、1996 年列支敦士登《关于国际私法的立法》等，都有相关规定。这些规定反映了各国对公共秩序的措辞虽有差异，但理解基本上是一致或相通的，只是有的理解含义较广泛，有的理解较狭窄。

在立法内容方面，关于确定违反公共秩序的标准，有的国家以外国法的内容为标准，有的国家则以外国法适用的结果为标准；有的国家仅仅规定了外国法的排除，另外一些国家还规定了外国法排除适用后的解决方法。但也有学者认为，这种做法会助长滥用公共秩序的错误倾向，因此他们主张应根据案件的具体情况妥善处理，必要时也可考虑适用与该外国法有密切联系的另一外国法。

中国 1986 年颁布的《民法通则》第一次在国际私法中全面规定了公共秩序保留制度。该法第 150 条规定："依照本章规定适用外国法律或者国际惯例的，不得违背中华人民共和国的社会公共利益。"中国的公共秩序保留条款不仅指向外国法律，而且还指向国际惯例，这是中国所特有的。

外国法的查明（ascertainment of foreign law）　一国法院在审理涉外民商事案件时，因依冲突规范应适用某一外国法而发生的对该外国法有关内容的查明。各国对这个问题的解决，主要有以下几种不同的办法：

（1）当事人举证证明。英美普通法国家和部分拉丁美洲国家采取这种做法。它们把外国法看作“事实”，必须由当事人主张和证明。例如，英国法院不仅把英联邦各成员国法、甚至苏格兰法都当作外国法，认为是事实，须由当事人主张和证明方可适用。在美国，过去按照传统的观点，不但外国法、甚至同一国内另一洲的法律，也都作为事实必须由当事人主张和证明。但近年按照制定法的规定，法院也有权对另一州的法律作司法解释。至于外国的法律，有些州仍把它作为事实问题来处理，须由当事人主张和证明。不过也有些州采用了1962年《统一州际私法和国际诉讼程序法》，准许法院把外国法作为法律来处理，法院在确定外国法时，可考虑任何有关的资料或来源。

（2）法官依职权查明，无须当事人举证。一些欧洲大陆国家，如奥地利、意大利、荷兰及一些东欧国家，还有拉丁美洲的乌拉圭等国家，都认为外国法也是法律，法官应当负责查明外国法的内容。例如1979年《奥地利联邦国际私法》第4条规定：“外国法应由法官依职权查明。可以允许的辅助方法有：有关的人的参加，联邦司法部提供的资料以及专家的意见。”

（3）法官依职权查明，但当事人负有协助的义务。采取这种做法的，有德国、瑞士、土耳其、秘鲁等。它们主张对外国法内容的查明，既不同于查明内国法的程序，也不同于查明“事实”的程序。原则上应由法官负责调查，但当事人也负有协助义务。例如1989年《瑞士联邦国际私法》第16条规定：“外国法的内容由法院依职权查明。为此可以要求当事人予以合作。有关财产的事项，可令当事人负举证责任。”

中国虽无明文规定，但最高人民法院在司法解释中曾表明：①由当事人提供。②由中国驻该国的使、领馆提供。③由该国驻华使、领馆提供。④由中外法律专家提供。以后，又增加了一个途径：由与中国订立司法协助协定的缔约对方的中央机关提供。

如果采用一切可能的办法仍不能查明外国法的内容，各国解决的办法并不一致。按照各国的立法和司法实践，共有以下几种解决办法：①直接适用内国法。②适用同本应适用的外国法相近似的法律。③驳回当事人的诉讼请求。④适用一般法理。

自然人权利能力的准据法（applicable law for capacity for rights of natural persons） 根据冲突规范，解决自然人的权利能力问题应适用的某一国家的实体法。

一般权利能力 自然人在法律上能够享有权利并承担义务的资格。依现代国家的法律，自然人的权利能力始于出生，终于死亡。其准据法主要是属人法。

出生 一个人出生后从什么时间起才具有法律人格，从而具有这种权利能力，各国法律规定不一。例如按照1896年《德国民法典》第1条、1907年《瑞士民法典》第31条、《日本民法典》第1条规定，从出生完成时起，亦即与母体完全分离时起，即具有这种权利能力。《法国民法典》第725、906条规定，除出生完成外，还必须有生存能力，才能具有这种权利能力。还有的国家，如《西班牙民法典》第30条规定，与母体分离后还必须生存至少24小时，才能被赋予这种权利能力。在国际私法上如果发生法律冲突时，各国法律和学说大都认为应以出生者的属人法为准据法。这在大陆法系国家指当事人本国法，英美法系国家指当事人住所地法。

失踪 就死亡而言，最具有实际意义的是解决人的失踪问题。第一次和第二次世界大战中由于大批人失踪，这一问题曾引起人们的格外重视。各国法律的有关规定，大致可以分为三种类型：（1）依英美法系国家所采取的制度，一个人失踪后经过一定期限，例如依英国判例法经过7年，就可对失踪人为死亡推定。（2）依法国制度，失踪人生死不明经过一定期限，就可对他为死亡宣告或不在宣告（declaration d'absence），并使之产生某些与死亡相似的法律后果。一些仿照《法国民法典》制定本国法律的国家大都采用这种制度。（3）依1896年《德国民法典》的制度，失踪人失踪后一般经过10年，法院即可为死亡宣告，经宣告后可产生死亡的法律后果。1991年《中华人民共和国民事诉讼法》规定，公民下落不明满2年，利害关系人可申请宣告失踪。公民下落不明满4年，或者因意外事故下落不明满2年，或者因意外事故下落不明，经有关机关证明该公民不可能生存，利害关系人可申请宣告其死亡。对于失踪，大多数国家都认为遇有法律冲突，一般应依失踪人的属人法来解决；其司法管辖权原则上也应属于失踪人的本国或其住所所在地国家。但依一些国家（如日本、德国）的法律，对于外国失踪人，内国法院亦可就其在内国的财产，或应由内国法决定的法律关系，依内国法为失踪宣告或死亡宣告。

为了澄清第二次世界大战中许多失踪人的命运，联合国于 1950 年 4 月 6 日曾制定《失踪人死亡宣告公约》。该公约对于有管辖权的法院、死亡宣告的申请、死亡时点的确定以及死亡宣告的效果等，都作了详细的规定。

特别权利能力 主要指一个人能够享有某种个别的或特定的权利的资格或能力。一个人必须具有一般的权利能力，才能具有特别的权利能力，前者是后者的前提。在国际私法上，关于特别的权利能力的准据法，须视不同的特定权利而决定，即须视不同的法律关系而决定。例如关于某项物权的权利能力，应以该项物权的准据法为准据法（如物之所在地法）；关于某项契约债权的权利能力，应以该项契约债权的准据法为准据法（如依当事人意思自治由当事人所选择的法律）；关于某项财产的继承的权利能力，就应以继承的准据法为准据法（如被继承人死亡时的属人法），等等。

特别权利能力的概念有时也指外国人在内国能够享有某种或某些权利的一种资格，即外国人在内国的法律地位，特别是民事法律地位。德国学者把内国关于外国人的法律地位的规定统称为“外人法”。关于外国人（包括无国籍人）在内国能否享有某种或某些民事权利，应完全依内国的法律及有关的条约来决定，与上述解决“特别权利能力”的原则无关。

自然人行为能力的准据法（applicable law for disposing capacity of natural persons） 根据冲突规范解决自然人行为能力问题应适用的某一国家的实体法。行为能力指自然人在法律上能够通过自己的行为取得权利和承担义务的资格。依一般国家的法律，一个人的权利能力始于出生，但一个人到成年后才具有行为能力，而各国规定的成年年龄又不相同，英国普遍法规定为 21 岁，日本、瑞士等国规定为 20 岁，捷克规定为 18 岁，从而就会发生法律冲突问题。在各国法律上，一个人有无行为能力或其行为能力是否受到限制，还往往有精神状态、婚姻状态等方面的原因。采取禁治产制度的国家，对于精神失常的人，得宣告禁治产，被宣告者即与未成年人同样无行为能力。有些国家还限制已婚妇女的行为能力。各国关于这方面的法律规定也不相同，也会发生法律冲突问题。为了解决上述法律冲突问题，在国际私法上就需要确定应当适用的准据法。

属人法　中世纪意大利后期注释法学派认为应以属人法作为解决行为能力问题的准据法，这在欧洲大陆早已成为国际私法中一条公认的法则。不过，在现代国家出现以前，这种属人法是指住所地法而言。直到19世纪初，《法国民法典》才首先确定依国籍来决定属人法这一原则。以后在意大利P. S. 孟西尼的影响下，这一原则又为1865年《意大利民法典》所采用。随着各国国内法律的统一及国家主权观念和民族主义思想的扩展，其他国家如德国、葡萄牙、荷兰、西班牙、南斯拉夫、罗马尼亚、波兰、捷克、日本以及拉丁美洲一部分国家，都以当事人本国法为属人法。另外一些国家，如英美法系国家和丹麦、挪威、冰岛以及拉丁美洲一部分国家，仍然以住所地法为属人法。1928年美洲国家在泛美会议上通过的《布斯塔曼特法典》本拟调和这两种不同的原则，但未能成功，结果只得在第7条中规定："各缔约国得以住所地法、本国法或依其内国法已经采用或将来采用的法律作为属人法而适用之"。

对属人法适用的限制　以属人法特别是本国法作为行为能力的惟一准据法，对内国交易的安全有时不利，因为在一国境内与外人进行交易时，很难了解对方依其属人法是否有行为能力，从而决定其行为是否有效。因此，为了保护内国交易的安全，不少国家对属人法的适用都有一定的限制。例如1896年德国《民法典施行法》第7条规定："外国人在德国为法律行为，如依其本国法对该行为无行为能力或仅有限制行为能力，但依德国法有行为能力，应依德国法认为有行为能力。"这一规定，旨在保护内国交易的安全，故不适用于在德国境外进行的交易，也不适用于关于亲属法、继承法及处理在外国的不动产的法律行为。这种规定曾以不同的形式被日本、瑞士、意大利、葡萄牙、希腊、泰国等国家所采用。中华民国时期1918年北洋政府的

《法律适用条例》也作了类似的规定。这一规定的精神，还更充分地体现于1930年《解决汇票和本票的某些法律冲突公约》及1931年《解决支票的某些法律冲突公约》中。该两项公约除采取本国法原则外，又规定依本国法为无行为能力人，而依其签署地国法律为有行为能力者，视为有行为能力。根据这种规定，只要签署地国法律认为有效，那就不但在签署地国内为有效，而且在其他缔约国内也同样为有效，只有当事人本国可视为无效。

另外，如法国，虽无明文规定，但在判例中也确定了对属人法适用的限制。法国最高法院在1861年"李查蒂案"的判决中即曾认为：只要法国人与对方进行交易时是"善意的"，即使对方依其本国法为未成年而无行为能力，其所缔结的合同仍属有效。这一判决所提出的解决方法与德国法有两点不同：（1）依照该判决，受保护的人只限于法国人，而德国法却没有这种限制。（2）该判决要求法国人必须是"善意的"，但德国法却没有这种要求。法国的这种解决方法，也被1948年《埃及民法典》和1949年《叙利亚民法典》所采用。

关于行为能力的准据法问题，欧洲大陆法系国家是在属人法与合同缔结地法之间寻求一折中的解决方法，英美国家则倾向于以合同缔结地法为准据法。美国曾有一些学者认为：根据美国法院的不少判例，缔结合同的能力除关于不动产者应依物之所在地法外，应依合同缔结地法。不但缔结商业性合同的能力是如此，就连当事人缔结婚姻的能力也是如此。不过也有一些学者提出了不同的看法。英国法院的判例对于这个问题虽尚无定论，但在学者中间，不少人认为缔结商业性合同的能力，应以合同本身的准据法亦即与合同有最密切联系的国家的法律为其准据法。这种准据法在很多情况下就是合同缔结地法。关于缔结婚姻合同的能力，则应依当事人的住所地法。至于是依当事人各方的住所地法，还是依双方结婚时准备定居甚至结婚后业已定居的住所地法，则尚有争论。至于有关不动产合同的行为能力问题，依物之所在地法解决。

法人权利能力和行为能力的准据法（applicable law for the legal capacity of juridical persons） 关于法人的权利能力和行为能力，按

照冲突规范所应适用的某一有关国家的实体法。

法人的属人法 法人是由法律赋予以独立的法律人格的。一个组织或实体在什么情况下才可以成为法人，具有法律人格即法人资格，各国法律规定很不一致。例如法国法律对于任何民事或商业性质的合伙，都可赋予独立的法律人格，而英、美及瑞士等国家的法律，即不认为合伙可以具有独立的法律人格。关于这种法律人格的有无问题或关于法人的一般权利能力的有无问题，如果发生法律冲突，在国际私法上，历来认为应依法人的属人法来解决。但确实法人的属人法的标准，在各国理论和实践中又有以下两种主张：

本座说 认为法人的属人法应依它的“本座”来决定；其属人法即其“本座”所在地的法律。但对本座又有两种不同的理解：一种理解认为本座是指管理中心地或称主事务所而言。一般说来，这里是法人的董事会作出重要决定和实行中央控制的地方，也是它完成许多重要的法律行为的地方，如签订关于收购原料、出售产品等的重要合同大都是集中在这里进行。欧洲大陆许多国家以及日本和南美阿根廷、巴西、墨西哥、委内瑞拉等国，都采取这种主张。另一种理解认为本座是指营业中心地或称开发中心地而言，就是公司进行生产、交易、投资或其他活动的地方，如工厂、矿山等。这种营业中心地可以同时分散在几个不同的国家，因而这种主张在实际上是很少采用的。

成立地说 认为法人的属人法应依它的成立地来决定，其属人法即其据以成立的那个国家（或法域）的法律，亦即它的成立地的法律。根据这种主张，法人是按照一定国家的法律创设起来的，它是从该法律而获得其存在的，因此，一个法人依什么国家的法律成立，该国的法律就是它的属人法。英美法系国家以及秘鲁、古巴、危地马拉、菲律宾等国，都采取这种主张。

不过，一个公司的创办人往往可能为了自身的利益，故意规避本国法律的较严规定，而选择在另一国家依该国较为宽大的法律成立法人。这种法律规避的情况在美国尤为常见，特别是规避本州的法律。第二次世界大战以后，国际上有一种明显的倾向，即主张以成立地和本座地相结合作为确定法人的属人法和承认法人的法律人格的一个标准。例如1951年第7届海牙国际私法会议制定的《承认外国公司、社团和财团法律人格公约》就规定：在一个缔约国内依该国法律注册成立的法人，其他缔约国应予以承认；但如其他缔约国认为其真正本座是在内国或甚至是在第三国内，则对依上述法律所取得的法律人格可不予承认。又如1965年10月9日国际法学会关于股份公司的决议，也有类似的主张。

法人的属人法不仅决定法人是否存在，是否具有独立的法律人格，是否具有一般的权利能力，它还决定：①法人机关的组织、其代表权的范围和限制、法人与社员的关系、社员的权利和义务。②法人能享有什么权利，即特别权利能力问题；能为什么法律行为，即行为能力问题。这不仅决定于法人的属人法，同时还决定于行为地法及其他应适用的法律。③法人的解散和效果，等等。

对外国法人的承认 法人虽然依其属人法具有独立的法律人格，但不是在所属国家以外的任何国家也当然具有这种独立的人格。一个外国法人通常必须经过内国的承认才能在内国作为一个法人而存在，才能被认为具有独立的法律人格。

法人的国籍 一个国家在承认外国法人以前，必须先解决该法人的国籍问题。确定法人国籍的标准，英美国家的学者一般主张以法人的成立地为标准，欧洲大陆国家的学者一般主张以法人的本座为标准。这和确定法人的属人法的标准完全一致。

承认的行政手续 大多数国家对外国法人的承认，并不需要有特殊的行政手续，只要外国法人依其属人法已经成立，内国即可予以承认，如英、美就是这样。但有些国家比较严格，外国法人必须经过行政机关的特别许可，才能予以承认。例如德国对于非商业性质的法人组织，就需要有这种特别许可，否则这种组织在德国境内就不具有法人资格，而对于商业性质的组织，如股份有限公司，则不需要有这种特殊的承认行为；又如法国甚至对商业性质的公司，也需要有特殊的命令才能予以承认。

承认的性质 承认一个外国法人，并不是把它转变为一个内国法人，而只意味着这个外国法人在内国也被认为有法人资格。这种承认只具有确认或宣示的性质，而没有创设的性质。应当认为某一外国组织是法人，或应认为它不具备独立的法律人格，而只是若干自然人的总和，应依该组织的属人法来决定。承认只是确认依外国属人法应认为是法人的外国法人在内国也是法人。

对外国法人权利能力和行为能力的限制 一个外国法人在内国被承认为法人后，虽具有法人的一般权利能力，但并不意味着就可自由地在内国享有任何权利或进行任何活动而不受任何限制。外国法人在内国能享有什么权利和进行什么活动，即它在内国的特别权利能力和行为能力的范围，除应受它的属人法的支配外，还必须同时受内国法的支配。除条约另有规定外，每个国家都有权自由规定外国法人在内国享有权利和进行活动的范围。例如有些国家规定外国法人不得在内国享有土地所有权，不管依其属人法它是否能享有这种所有权。还有些国家严格限制甚至绝对禁止外国法人在内国经营公用事业、金融、保险等企业。一个国家如何规定外国法人在内国的权利能力和行为能力，主要取决于各国政权的性质、各国的对外政策以及它与外国法人的本国的关系。一般的原则是：外国法人被承认后，可以在其章程的范围内，享有内国的同类法人所能享有的权利，但不能享有较内国的同类法人更多的权利。特别是外国法人如要在内国从事营业活动，内国完全可以根据自己的政策，分别按照各类法人的不同情况，加以限制甚至禁止。

法律行为方式的准据法（applicable law for the form of juristic acts） 根据冲突规范据以确定涉外法律行为的方式是否合法的实体法。

法律行为的有效成立，往往须具备两方面的要件：一为实质要件，一为形式要件。例如结婚是一种法律行为，有效成立的婚姻，依一般国家的法律，必须当事人达到结婚年龄，这便属于婚姻的实质要件；同时依有些国家的法律，还必须举行一定的仪式，这便属于婚姻的形式要件。所谓形式要件就是指法律行为有效成立所不可缺少的一种方式。关于法律行为的方式，在国际私法上也常常发生法律冲突，需要解决以什么法律作为决定法律行为方式的准据法问题。

场所支配行为法则 决定法律行为方式准据法的一项法则，即法律行为方式应依行为地法决定，只要它符合该法的规定，则不论在世界何处都应承认它是合法的。场所支配行为法则早在13世纪即由意大利法则区别说的学者提出，最初不仅适用于法律行为的方式问题，还适用于法律行为的实质问题。16世纪以后，它才仅仅指法律行为的方式而言。也有人认为在一国领土内为法律行为，就要服从该国的主权，所以在该国领土内所为的法律行为，就应该服从该国的法律。还有人认为当事人在行为地国为法律行为，就是自愿服从该国的法律。实际上，由于国际交往逐渐频繁，内国人常在外国为法律行为，外国人也常在内国或第三国家为法律行为，他们的法律行为的方式不可能一一依照其本国法的规定，为了进行国际交往的便利，场所支配行为法则已被广泛采用。

适用行为地法的强行性与任意性　有些法则区别说的学者认为"场所支配行为"法则是强行性的，是不能由当事人任意选择的。近代有些国家如西班牙、葡萄牙、阿根廷、秘鲁等国家的民法典就采取这种主张。《法国民法典》的草案本来有一条规定是采取这种主张的，最后定稿时把它删去了。法国法院在1909年以前，意见尚不一致，但在此后都认为这一法则是任意性的。近代绝大多数国家的法律也都采取这种观点，如德国、瑞士、奥地利、匈牙利、捷克、波兰、意大利、丹麦、挪威、瑞典、日本。

关于法律行为的方式，很多学者认为，允许当事人选择适用行为地法比强行适用较为合理。例如某一合同本身的准据法，如果不是行为地法，而是当事人另外选择的法律，就没有理由不允许当事人对该合同的方式也选择适用后一种法律。而且行为地法往往带有偶然性，也没有理由强迫当事人不管情况如何必须了解和适用行为地法。"场所支配行为"这一法则既具有任意性，则除行为地法外，首先可以适用的是支配法律行为本身的准据法，又称效果法。如德国1896年《民法典施行法》第11条规定："法律行为之方式，依其为行为目的之法律关系应适用之法律；但遵守为法律行为地之法律亦可。"又如1979年的《奥地利联邦国际私法》第8条规定："法律行为的方式，依支配该法律行为本身的同一法律；但符合该法律行为发生地国对方式的要求者亦可。"再依有些国家的法律，当事人除可适用行为地法外，不仅可以选择适用法律行为本身的准据法，而且还可以选择适用其他的法律作为法律行为方式的准据法。例如1940年《希腊民法典》第11条、1942年《意大利民法典》前加篇第26条，都规定可以适用当事人的共同本国法；1948年《埃及民法典》第20条、1949年《叙利亚民法典》第21条规定，可以适用当事人的共同住所地法。

英美法系国家的规定　英美法系国家，在法律上没有关于法律行为方式的统一法则，而是朝着承认“场所支配行为”这一法则的任意性的方向发展。例如关于合同的方式，英国法认为除结婚方式原则上应严格依行为地法外，一般合同的方式，不论是依合同订立地法或依合同本身的准据法（proper law，可译为自体法），都属有效。美国根据1971年《第二次冲突法重述》，合同的方式首先依当事人所选择的法律，但如符合订立地法的规定，通常也是有效的。又如关于遗嘱行为方式，英美判例原分动产、不动产区别对待，对于有关动产的遗嘱方式，是以遗嘱人的最后住所地法作为惟一的准据法；而对于有效不动产的遗嘱方式，则以物之所在地法为惟一的准据法。但通过立法上的重大改革，现在遗嘱人在方式上选择准据法的自由已大为扩大。根据英国1963年《遗嘱法》，不论遗嘱在何处订立，也不论是动产还是不动产，遗嘱的方式只要符合以下4种法律之一，即被认为有效：（1）遗嘱订立地法。（2）遗嘱人立遗嘱时或死亡时的住所地法。（3）遗嘱人立遗嘱时或死亡时的习惯居所地法。（4）遗嘱人立遗嘱时或死亡时的本国法。此外，关于不动产的遗嘱，其方式如符合物之所在地法，也是有效的。美国大多数州都有法规规定，遗嘱的订立如符合遗嘱人订立时的住所地法或订立地法，均属有效。又根据1969年《统一遗嘱验证法典》（由各州自由决定采用），书面遗嘱的订立，如符合订立时的订立地法，或遗嘱人订立时的住所地法、居所地法或本国法，均属有效。

关于票据上的行为方式的强行性规定　虽然绝大多数国家都承认“场所支配行为”这一法则具有任意性，当事人在法律行为方式上可以自由选择适用行为地法或其他有关法律，但关于票据的行为方式，依一般国家的法律，只应适用行为地法。票据上的行为不只一种，除开票外，其他如背书、承兑、拒付等等，都可视为单独的行为，就方式而言，都应适用各自的行为地法。“场所支配行为”这一法则在这里具有强行性。英国1882年《汇票法》第72条，中华民国时期

1918年北洋政府的《法律适用条例》第26条，德国1933年《汇票法》第92条以及1930年《解决汇票和本票的某些法律冲突公约》第3条都有上述规定。

设定或处分物权的行为方式适用物之所在地法　关于设定或处分物权行为的方式，依不少国家的法律，只适用物之所在地法，而不适用行为地法。如德国1896年《民法典施行法》第11条，日本1898年《法例》第8条，1942年《意大利民法典》前加篇第26条，都有这样的规定。英美判例关于动产和不动产的转让，不问是实质问题还是方式问题，传统上都倾向于适用物之所在地法。不过近几十年内，不少学者已对此提出强烈的批评。美国已有法规规定，甚至不动产的转让，只要遵守行为地的方式，即应认为有效。

消灭时效的准据法（applicable law for extinctive prescription）在涉外民事案件中，根据冲突规范的规定，据以决定债权人诉权是否因时效而消灭的法律。

消灭时效指债权人在一定期间内如不行使权利，其诉权（诉讼请求权）即行消灭的一种法律制度。由于各国法定消灭时效的期间长短不同，在国际私法上需要解决依哪一国法律作为准据法的问题。大陆法系国家认为消灭时效对债权本身影响重大，是属于实质问题，应依债权本身的准据法（又称效果法）解决。英美法系国家认为消灭时效只涉及诉权是否消灭，是诉讼法上的救济问题，属于程序性质，应依法院地法解决。所以，不少国际私法学者认为，要解决消灭时效的准据法问题，关键在于如何决定消灭时效的性质，并认为应定性为实质问题，依债权本身的准据来解决。因为如果定性为程序问题，从而适用法院地法，很容易助长一种“挑选法院地”（forum shopping）的倾向，使原告挑选时效期间较长的法院去起诉。如果依债权本身的准据法时效期间早已届满，而适用时效期间较长的法院地法，就剥夺了被告以时效进行抗辩的防御权利，显失公平。基于这种原因，英美法系国家的法院虽然一般仍然沿袭传统的观点，将消灭时效定性为程序问题，同时也设置了一些例外。例如美国法院认为债权本身的准据法如规定有“特别的”时效期间，法院即可将这种“特别的”时效期间作为实质问题处理。美国也有少数法院直接将消灭时效定性为实质问题。此外，还有一种新的趋势，即不采用定性的方法将消灭时效定性为实质或程序问题，而是衡量哪一个国家（在美国还指哪一州）对消灭时效这一问题具有最重要的关系或利益，从而决定所应适用的准据法。

物权的准据法（applicable law for real rights）　涉外物权关系依冲突规范所应适用的法律。一般以物之所在地法为准据法。

物之所在地法　就不动产物权而言，以物之所在地法为准据法，已成为一条普遍公认的原则。许多国家都已用明文加以规定。但就动产物权而言，则在过去一个长时期内，以动产所有人的属人法为准据法。中世纪意大利法则区别说的倡导者以及他们在欧洲一些国家的追随者，都认为这种物权应依动产所有人的住所地法来解决。所谓"动产随人"（Mobilia personam sequuntur）"动产附骨"（Mobilia ossibus inhaerant）以及"动产无场所"（personality has no locality）等等，都是反映这种主张的。有一些国家在它们的法典中也都作了这样的规定，如1794年《普鲁士国家的普通邦法》、1811年《奥地利民法典》、1865年旧《意大利民法典》和1889年《西班牙民法典》等都是。到了19世纪，这条法则被许多国家放弃，或在适用上受到了很大限制。现代欧洲大陆国家对于动产物权几乎都适用物之所在地法。在英美，特别是英国，这条法则保持的时间较长，但现在就动产物权而言，住所地法也只在很少的情况下才被适用，例如关于动产物权的继承问题，仍依被继承人的住所地法解决。但总的说来，物之所在地法之适用于物权问题（包括不动产物权和动产物权），已成为最广泛流行的冲突规范之一。

动产所在地转移　就不动产物权而言，物之所在地没有变化，适用物之所在地法没有困难。但就动产物权而言，由于物之所在地很容易发生变化，如物从一国被移到另一国家，以哪一个国家的法律为物之所在地法，须视不同的情况而定。假设依原来物之所在地法，某种物权已经发生，后将该物移到另一国家，而依该国法律这种物权却不可能发生，在这种情况下，依原来物之所在地法已经取得的权利仍然有效，并不受所在地变动的影响。例如某项动产在英国已经出卖，纵然占有尚未移转，依英国法所有权即已移转，以后该项动产被运往德国，而依德国的法律所有权的移转需要有占有的移转，在这种情况下，依英国法所取得的所有权继续有效，不受影响。再假设某种物权必须有一定事实状态的连续存在才能发生，而在此期间物之所在地却发生了变化，在这种情况下，原则上最后一个所在地的法律具有决定性的作用。就取得时效的期间而言，各国法律规定不一。依法国法为3年，依瑞士法为5年，依德国法为10年。假设某人在德国占有某物共达7年，后来将该物携往瑞士，由于依瑞士法取得时效的期间为5年，因而应认为取得时效业已完成。但假设他在法国住了2年，再将该物携往瑞士并在瑞士住了2年，然后又携往德国，由于按德国法的规定取得时效的期间为10年，则必须再过6年取得时效才能完成。

运送中的物和运载工具　对以下两种动产，不适用物之所在地法：①运送中的物，即从一国运往另一国的货物。大致说来，如果运送中的物可在某一特定地点停留相当的时间，而在这时假设转移所有权的话，就可依这个地点所在国家的法律来解决这种物权问题。但如这种停留的地点属于临时性质或为有关各方所不知情者，就不能适用这个地点所在国家的法律。在这种情况下，适用货物运输的目的地法或交货地法。②运载工具，特别是船舶和飞机。就海船而言，一般适用船舶的国旗国法或船舶的登记地法；就飞机而言，也适用同一原则。1948年《航空器权利的国际承认公约》和1963年国际法学会的决议，都规定关于飞机的物权适用飞机的本国法，亦即飞机的国旗国法或登记地法。

合同的准据法（applicable law for contract）　涉外合同依照冲突规范所应适用的法律。主要有两种主张。一种主张认为合同的准据法可由当事人自行选择，正像合同当事人在合同中可以自己决定相互间的权利义务一样。这种理论称为“意思自治”或“当事人自治”说。另一种主张认为合同的准据法不能由当事人自行选择，只能由法律加以规定；如果当事人自行选择，无异让当事人自行立法。“意思自治”派认为当事人自行选择合同的准据法，既是许多国家的法律规定的，所选择的又是某一具国家的即定法律，并不存在自行立法问题。

在当事人没有选择法律的情况下，就应选用与合同有最密切联系的国家的法律。为确定哪个国家与合同有最密切的关系，可能要考查下列情况：合同订立地，合同履行地，当事人国籍、住所或营业地，船旗国，物的所在地，对合同最有利的法律，合同中所使用的文字或规定的货币，当事人约定如发生争议应在哪个国家进行仲裁或应由哪个国家的法院审判，等等。对有关的各种情况进行全面考察与衡量以后，才能最后确定所应适用的法律。合同的准据法根据各种情况可能有：

合同订立地法　对合同适用合同订立地法由来已久。13 世纪，法则区别说就认为“场所支配行为”原则不但应适用于合同的方式，还应适用于合同的实体。近代一些国家的法律规定，在当事人无相反的意思表示时，可以将合同订立地法作为合同的准据法。如 1811 年《奥地利民法典》、1888 年《葡萄牙商法典》、1926 年波兰《省际法律冲突法》、1865 年和 1938 年《意大利民法典》及 1928 年美洲国家《布斯塔曼特法典》等，都有这样的规定。而且这在英国、美国、法国、比利时、荷兰、西班牙等国法院的判例中，也都得到了承认。对当事人双方不在同一国家而以通信方式订立合同时，如何确定合同订立地，有些国家的法律认为受要约人发出承诺的通知时，合同即告成立；有的认为承诺的通知必须到达要约人居住的地方，合同才能成立；还有的认为这种承诺的通知不但要到达要约人居住的地方，而且还要为他所知悉时，合同方告成立。这本是指国内法上合同成立的时间而言，但在国际私法上，一般国家认为这种合同成立的时间也就意味着合同订立的地点。一国的法院在确定合同订立地在什么地方时，一般都以法院地法为准。

合同履行地法　德国 F. K. von 萨维尼主张应以合同履行地法代替合同订立地法，因为合同履行地比较明确，对当事人更为有利。美国 J. 斯托里（1779～1845）也认为除应以合同订立地法作为合同的准据法外，如推定当事人的意思，应该适用合同履行地法，履行合同是合同的最终目的，合同履行地可以视为合同债务的重心所在。德国、瑞士和英美等国的判例，其他一些国家的成文法，以及南美国家订立的《国际民法条约》都确认合同履行地法是合同的重要准据法之一。但合同履行地有时也难于确定。例如一个关于从甲国运送货物往乙国并且还要通过丙国的运送合同，其履行地就涉及 3 个国家。这种情况说明不可能对各种合同都适用同一种准据法，而必须视不同的具体情况，分别适用最合适的准据法。

当事人的属人法　双方当事人如有相同的国籍时，这种共同的国籍也是确定准据法的一个重要依据。1865 年和 1938 年《意大利民法典》、1974 年《西班牙民法典》都规定，如果当事人对于应适用的法律未作表示或意思不明时，应适用他们共同的本国法。

对合同最有利的法律　有些国际私法学者认为合同当事人订立合同时，总是希望合同有效，因此，如果某种合同与两个国家有关，而依一国的法律为有效，依另一国的法律为无效时，则应以前一国家的法律作为它的准据法。这种法律就是对合同“最有利的法律”或“最有效的法律”。奥地利、阿根廷和尼加拉瓜的民法典都有这种规定。英、美两国法院的判例也显示有赞成这种主张的倾向。但有些学者认为最有利的法律未必是与合同关系最密切的法律，须十分慎重。

特征性履行　指合同关系中足以表示合同特征的履行行为，例如买卖合同中，卖方的履行行为就是“特征性履行”；租凭合同中，出租人的履行行为就是特征性履行。大陆法系国家如德国、荷兰、瑞士等已发展了一条规则，即在当事人对于应适用的法律无明白表示时，依据各种合同的“特征性履行”确定应适用的法律。如果双方当事人的惯常居所地或主要营业所是在不同的国家时，哪一方的履行是“特征性履行”，就应以哪一方的法律作为合同的准据法。欧洲共同体在 1980 年制定的《合同债务法律适用公约》中，采用了“特征性履行”这一标准。

上述合同的准据法都是解决合同的实质问题，即合同的成立及效力问题的。至于合同的方式问题，则一般除适用上述准据法外，可按照“场所支配行为”原则，适用合同订立地法。

侵权行为的准据法（applicable law for tort）　涉外侵权行为依冲突规范所应适用的法律。根据传统的理论与实践，解决方法主要有两种：一是适用法院地法，一是适用侵权行为地法。

法院地法　为 19 世纪上半叶德国法学家 K. G. von 韦希特尔（1797～1880）和 F. K. von 萨维尼所倡导。他们认为各国的内国法中关于侵权行为的规则与刑法相似，都具有强行的性质，任何国家都只能适用自己的侵权行为规则。这种理论受到很多国际私法学者的反对，认为他们将侵权行为规则与刑法混为一谈，而且以法院地法为准据法，也将鼓励当事人“挑选法院地”，以便有可能适用对自己最有利的法律，也不足取。但这种理论对英国法的发展具有相当大的影响。

侵权行为地法　一般国家历来对侵权行为基本上适用侵权行为地法。适用侵权行为地法的主要优点是：（1）能照顾侵权行为地国的特殊利益，因为该国对于发生在它境内的一切活动具有特别重要的利害关系，总要求它的社会政策和法律秩序能够得到贯彻和维护。（2）比较能符合于当事人的合理预期，因为他们在某国从事某种行为时，有可能根据当地的法律估计他们所负担的社会风险，这种合理的预期应该予以保护。欧洲大陆许多国家都适用侵权行为地法。1928年美洲国家《布斯塔曼特法典》第168条、《国际民法条约》1889年文本第38条和1940年文本第43条也都规定以侵权行为地法为侵权行为的准据法。

对侵权行为地法的限制　主要有：（1）依有些国家的法律，当事人如具有共同的属人法时，不论他们具有共同的国籍还是住所，都以共同的属人法代替本可适用的侵权行为地法。例如波兰1965年《关于国际私法的法律》第31条规定，非由于法律行为而产生之债，依债的原因事实发生地国的法律，但当事人如具有同一国籍并在同一国家有其住所时，则适用该国的法律。又如德国1999年修改后的《民法施行法》第40条规定：“如果赔偿义务人与受害人在责任事件发生时在同一国家有惯常居所，则适用该国法律。”（2）依有些国家的法律，为了保护一方当事人特别是本国公民，也可以限制侵权行为地法的适用。例如日本1898年《法例》规定：关于不法行为，在外国发生之事实，如依日本法律不认为不法时，不适用其原因事实发生地之法律（第11条）。又在外国发生之事实，虽依日本法律认为不法，若非日本法律所认之损害赔偿或其他处分，被害人不得请求（第11条）。③一国法院如认为适用外国法将违背内国的基本政策或法律的基本原则时，都可以根据“公共政策”或“公共秩序”，拒绝适用外国法并代之以法院地法。

侵权行为地的确定　如果侵权行为的有关事实发生于两个或两个以上的国家，则须首先确定什么地方是侵权行为地。例如，甲给乙写了一封诽谤丙的信，甲从 A 国发出此信，乙在 B 国收到，而丙住在 C 国。为了确定侵权行为地究竟是在哪一国，曾经有过 3 种理论：（1）侵权行为地是加害人的行为地，即其实施行为的地方。欧洲大陆过去许多学者都赞成这种理论，也有一些法院曾经采用这种理论。（2）侵权行为地是损害发生地。这是美国过去传统的理论。（3）凡有关事实发生的地方，包括行为发生地和损害发生地在内，都可认为是侵权行为地。因此，受害人可以自由选择对他最有利的法律所属的国家提起诉讼，从而侵权行为地就是最有利于受害人的法律所在地。

侵权行为自体法　这是 20 世纪 50 年代出现的关于侵权行为准据法的一种理论。即主张根据每个案件的具体情况确定所应适用的准据法，而不一律机械地适用侵权行为地法。这种准据法就是英国 J. H. C. 莫里斯所提出的“侵权行为的自体法”，这种观点在美国最为盛行。美国 W. L. M. 里斯为美国法学会主持编写的《第二次冲突法重述》明确规定：侵权行为当事人的权利和义务，应依与该行为和当事人具有最重要关系的国家的法律来决定。而在确定这种最重要关系时所必须考虑的因素包括：损害发生地、造成损害的行为发生地，当事人的住所、国籍，公司的成立地、营业地以及当事人关系的集中地。1963 年美国纽约州上诉法院在“巴布科克诉杰克森”一案中的判决，就是以上述观点为根据，没有适用侵权行为地法即加拿大安大略省的法律而适用纽约州法，因为法院认为在该案中当事人与纽约州具有最密切的关系。这一案件的判决，在美国国际私法学者中间曾引起广泛热烈的讨论，有些学者甚至说这是在国际私法领域内的一场“革命”。

无因管理的准据法（applicable law for voluntary service）　根据冲突规范解决涉外民事关系中无因管理所应适用的法律。关于无因管理的准据法，国际上有 3 种规定。

适用事务管理地法。如日本《法例》和《秘鲁民法典》就采取这种规定。又如《布斯塔曼特法典》第 220 条也规定：“对他人事务的管理，依实行管理地的法律调整。”

适用支配原法律义务或关系的法律。例如《奥地利联邦国际私法》第47条规定：“无因管理依此种管理行为完成地的法律；但是，如与另一法律义务或关系有密切联系，类推适用第45条的规定。”第45条规定：“依支配该义务的国家的实体规则。”

适用当事人共同本国法。例如《波兰国际私法》第31条规定：“当事人有同一国籍，又在同一国内有住所时，依当事人本国法。”

不当得利的准据法（applicable law for unjust enrichment）　根据冲突规范解决涉外法律关系中不当得利所应适用的法律。各国对不当得利的准据法有以下几种规定：

适用原因事实发生地法　如日本《法例》第11条规定：“因无因管理、不当得利或不法行为而产生的债权成立及效力，依原因事实发生地法。”又如《秘鲁民法典》第2098条规定：“因法律的实施，因无因管理、不当得利和不当交付某物所生之债，依原因事实发生地法或应发生地的法律。”《匈牙利国际私法法令》第35条规定：“不当得利及其法律上的后果，适用利益发生地法。”

适用支配原法律义务或关系的法律　不当得利行为往往起源于一定的法律关系。例如基于合同关系而为给付，后来合同被宣告无效或被撤销，这时就应适用支配该合同的法律来处理这种不当得利。例如《奥地利联邦国际私法》第46条规定：“不当得利的求偿权，依不当得利发生地国家的法律，但在履行法律义务或关系的过程中发生的不当得利，依支配该法律义务或关系的国家的实体规则。”

适用当事人共同本国法　例如1966年《波兰国际私法》第31条规定：“但当事人有同一国籍，又在同一国内有住所时，依当事人本国法。”又如《布斯塔曼特法典》第221条规定：“不当得利依各当事人的共同属人法，如无共同属人法，则依给付地的法律。”

可以适用多种法律　例如《瑞士联邦国际私法》第128条规定：“因不当得利提出的请求，由支配不当得利所由发生的实际的或假定的那种法律关系的法律支配……在没有这种关系时，这种请求由不当得利发生地国家的法律支配。当事人可协商决定适用法院地法。”

要大力加强国际法的研究*

同志们：

今天，我有机会来参加我国青年国际法学者研讨会，实在感到非常高兴和愉快，让我首先向参加会议的同志们表示热烈的欢迎，并对这次研讨会的召开表示衷心的祝贺！

中华人民共和国成立以后，我国的国际地位发生了根本性的变化，也就是说，国际地位空前提高了，我们国家在国际事务中起着越来越重要的作用。我国政府在国际活动中提出了一系列新的主张，对当代国际法的发展作出了重大贡献。例如，1954 年我国与印度、缅甸共同倡导的和平共处五项原则，已经成为当代国际关系的基本准则和现代国际法的基本原则。又如，周恩来总理宣布的中国政府对外经济援助八项原则，对于当代国际关系和国际法的发展，也有很重要的影响。在这样的情况下，照理说，我国的国际法研究应当是可以大大地发展，取得较好的成绩的。可是，很可惜，我国的国际法研究和整个法学一样，在相当长的时期内，在“左”的思想和法律虚无主义的影响下，几乎陷入停顿状态，以致我们的国际法学水平和其他国家相比，差距很大。在这么长的时期内，惟一值得称道的国际法著作，就是我们武汉大学过去的校长周鲠生先生的那部著作《国际法》。这部著作脱稿于 1964 年，周鲠生先生于 1971 年去世，而这部书直到 1976 年才出版，并且是内部发行，发行量也很小。周先生一生致力于国际法的教学和研究，对国际法科学在中国的建立和发展，作出了很大的贡献。他可以说成是我国国际法学界的开山祖师。1925 年以

* 本文为韩德培先生在首届全国青年国际法学者研讨会上的发言稿，1985 年 10 月载武汉大学国际法研究所编《国际法文集》。

后，凡是我国学习国际法的人，特别是一些有成就的人，几乎没有一个不是他的学生或私塾弟子。他的这部著作旁征博引，内容丰富、逻辑周密，一丝不苟，充分体现着他的渊博学识和严肃认真的治学精神。

粉碎“四人帮”以后，特别是党的十一届三中全会以后，党和政府坚决拨乱反正，纠正“左”的错误，这才给国际法的研究创造了有利条件，带来了新的生机。从十一届三中全会到现在的短短几年内，我国的国际法研究确实有了新的气象，出现了欣欣向荣、前所未有的好局面。比方说，我们成立了“中国国际法学会”，出版了《中国国际法年刊》，编印了国际法方面的各种教材和教学参考资料，撰写和翻译了数本国际法专著，发表了不少有关国际法方面的文章，还在大学里设置了国际法专业，成立了国际法研究所。此外，还进行了一些国际学术交流，我国的一些学者应邀到外国去讲学，我们也邀请了一些外国学者到中国来讲学。我们可以说，我们的国际法学，和整个法学一样，目前是处在中华人民共和国成立以来的一个最好时期。

但是，这并不是说一切都尽善尽美，什么问题都没有了，不是这样，远远不是这样。首先，第二次世界大战以后，在国际法上出现了一些新的部门、新的领域，例如新的海洋法、外层空间法、国际经济法、国际环境法等等。对于这些新的部门，我们还需要有一批同志进行深入的研究，以便迎头赶上。其次，在国际法方面，不同社会制度的国家对某些问题的看法总是有分歧，即使在同一种社会制度下，甚至在同一个国家的不同学者中，也往往有不同的观点，从而形成不同的学派。如何从马列主义的观点，理论联系实际地进行研究，建立具有中国特色的国际法学，我们还做得很不够，甚至还没有着手去做，还有待我们的国际法工作者和研究者作出坚持不懈的努力。第三，近几年来，随着对外开放和对内搞活经济政策的贯彻执行，我国的政治、经济、文化以及对外关系等方面，对整个法学研究工作提出了一系列新问题和要求，尤其在建立经济特区和开放了14个沿海城市与海南岛以后，我国与世界各国的经济技术合作与交流以及人民之间的友好交往，已经日益增加和更加频繁，这对我们的国际法研究工作就提出了许多新的课题，而研究和解决好这些课题，就能对我们的对外开放和四化建设起非常有益的作用。可是，我们的国际法研究，还远远未能跟上这种发展的新形势。第四，我们的国际法研究工作队伍还是太小。据估计，现在全国研究国际法，从事国际法工作的人（不包括正在学习的研究生），大约有200人。一个有10亿人口的大国，国际地位又这么高，只有200多人的国际法工作者，实在太不相称了。（而美国的国际法学会就有会员6 000人）在这200多人中，老一辈的国际法学者已所剩无几，而且即使活着的，年岁都在70岁以上或接近70岁。就说所谓中年，实际有一些已接近60岁，他们任务很重，有些由于过去被耽误了，还要加紧吸收新的知识，他们经常感到压力很大。所以培养新生力量，培养年轻一代的国际法工作者是当前刻不容缓的一件事。据我看来，这是关系到能否开创国际法研究新局面的一个重要问题。这就要靠培养研究生，培养进修教师，培养和提高年轻的、在职的国际法工作者来解决；要赶快提高他们的水平。第五，也就是最后一个问题，那就是图书资料严重缺乏的问题。图书资料，尤其是外文图书资料的缺乏是一个普遍存在的问题。重点大学缺乏，非重点大学更缺乏，北京相对来说好一些，但也感到缺乏，外地就更不用多说。武汉大学过去在这一方面是相当好的，法学，尤其国际法方面的图书资料是比较丰富的。但经过两次灾难以后，也同样感到很缺乏。这两次灾难，一次是1958年把武汉大学法律系合并出去；一次是“文化大革命”。现在由于外汇控制很严、手续麻烦和不便，需要的外文图书，既不容易买到，又很难及时到手，这对开展国际法的研究非常不利。现在人们对社会科学，包括法学在内，已经渐渐认识到它的重要性，不像过去那样“重理轻文”，“重理工而轻文法”了。但是，在购买外文图书时，对购买社会科学尤其国际法学所需的外文资料，也要像对购买自然科学方面的外文图书那样，舍得投点资，花点外汇，绝不能再厚此而薄彼。而且购买外文图书，也不必由中国图书进出口公司统一办理，这方面也需要权力下放。研究国际法的人，怎么能不阅读外文图书资料呢？怎么能关起门来与世隔绝地搞研究呢？以我们武汉大学来说，在学校领导的关心和照顾下，还买了一些外文图书，但是仍然远远不够，需要进一步补充、充实。我希望我国有关方面能认真地帮助解决这个问题。

以上这些问题，虽然都是问题，但我相信它们是可以解决的也是一定能够解决的。我之所以提出这些问题，就是希望我们大家先认清问题所在，然后有准备、有计划、有决心地解决这些问题。当然，其中有些问题的解决，还有待许多方面的共同努力。

现在，你们青年同志在这里举行青年国际法学者研讨会，并且提出了包括国际公法、国际私法、国际经济法等方面的一批论文，可见你们的研究成果是很可观的，这表明了你们为了推动和促进我国国际法的研究，已经做了很大努力，已经做出了很好的成绩，已经迈出了很重要的一步。像这样的研讨会，在我国建国以来还是第一次。你们的成绩说明我国国际法学界已经后继有人，年轻一代已在茁壮成长，这是非常可喜的现象。

1978年12月，邓小平同志在十一届三中全会开会以前的中央工作会议上讲话时说："要大力加强国际法的研究。"小平同志的这个讲话，实际上就是三中全会的主题报告。我们可以说，大力加强国际法研究是党中央对我们的殷切期望，也是我们国际法工作者和研究者的光荣职责。我希望我们的青年国际法工作者和研究者，在当前我国空前的大好形势下，勤奋工作，刻苦钻研，勇于探索，团结协作，为推动我国国际法的研究，提高我国国际法学水平，为创造具有中国特色的国际法学，为在和平共处五项原则的基础上，维护和发展我国与其他国家的平等互利的友好关系，为我国的对外开放和社会主义现代化建设，作出出色的贡献！

最后，预祝这次研讨会圆满成功！

1985年5月10日

The Law of the Sea Convention and New Developments of the Law of Treaties*

The Law of the Sea Convention, opened for signature in 1982, is the most significant fruit in the history of the development of international law in the 1980s. It has been generally accepted as a "Charter of the Sea" although it has not yet entered into force. Productive research about the Convention itself has been undertaken for more than a decade, but seldom has notice been given to the inter-relationship between the Convention and the development of the Law of Treaties at different stages. These developments seem to be reflected in three aspects: (i) the consensus formula adopted in the procedure for negotiation of treaty text; (ii) the reservation system; (iii) identification of peremptory norms (jus cogens). If a study on the Law of the Sea Convention is conducted with reference to developments in the law of treaties, something new and unable to be known by limiting the research within the Convention itself might, hopefully, be discovered.

I. THE THIRD UN CONFERENCE OF THE LAW OF THE SEA AND NEGOTIATING PROCEDURE OF THE LAW OF TREATIES

The negotiating procedure in the law of treaties has witnessed three pe-

---

* 本文系提交1990年4月北京第十四届世界法律大会宣读的论文,合作者为万鄂湘。

riods of evolution. The first period was dominated by the Unanimous Rule which was generally adopted in various kinds of international conferences before the First World War. Based on the traditional ideas of sovereignty and equality of states, the Unanimous Rule functioned progressively in protecting the independence and integrity of small and weak states. Afterwards, following the First World War, the League of Nations Covenant began to push the procedure in treaty negotiations to its second period of evolution — Majority Rule. This rule, adopted as a voting procedure within some international organizations, generated great efficiency and thus largely improved the international decision-making process. However, the Unanimous Rule has left its historic mark — the veto power of the 5 permanent members of the Security Council of the UN, which is arguably criticised as an obstacle to effective international decision-making.

In 1964 the "financial crisis" of the UN peace-keeping force presented an opportunity for the appearance of the Consensus Rule, which constituted the third period of procedural evolution. This rule represents a compromise between the two foregoing rules and has achieved favourable results within organs of the United Nations,① but its efficiency was not so impressive when it was used in adopting resolutions outside of international organizations, even where these were under the auspices of the General Assembly of the UN.

The first instance where the adoption of the Consensus Rule has had a material influence on the history of international law is at the Third UN Conference of the Law of the Sea. The reason why the consensus formula was adopted in preference to the other two rules is explained by the characteristics of the conference itself.

First of all, this conference, strictly speaking, was largely concerned with amending rather than creating new legislation for the international law

① See Li Haopei, "A Breakthrough in Law of Treaties: the Consensus Formula in Multilateral Diplomacy." pp. 60-61. in *Modern International Law* ed., by Huang Bingkun, (1988) Wide Angle Press Ltd. Hong Kong.

of the sea, since some individual conventions had already been concluded on various aspects of the law of the sea in or before 1958. ①Those conventions, after more than 20 years of practice, constituted the objective background for conciliation. In the absence of this material basis, it would hardly have been possible to overcome all the sharp contradictions between participant states to reach agreement according to the Consensus Rule.

Secondly, the conference attracted the largest number of negotiators in international conference history — more than 160 states and entities participated in the negotiations at different stages. Apparently, it was impossible to use the Unanimous Rule to adopt the final draft, and the use of the Majority Rule would not have guaranteed the participation of those few states with objections to the final draft, therefore the consensus formula was the only alternative.

Thirdly, a law-making convention such as the Charter of the Seas affected various conflicting and overlapping maritime interests of groups of states having different geographic locations, and with sharp contrasts in levels of economic development. Most of the disagreements evident at the conference were of a "collective" nature between groups of states, and this tended to facilitate group compromise.

Finally, the UN General Assembly took the voting procedure as a preliminary issue and established a dominant position for the Consensus Rule in the "Gentlemen's Agreement". ②This marked an important status for the Consensus Rule in the history of the Law of Treaties. According to the "Gentlemen's Agreement", the general goal of the conference was to ensure that the draft convention could enjoy the widest possible acceptance. In other words, the universal participation of negotiators in the draft convention was one of the main purposes. However, the integrity of the Convention as the result of a "package deal" was the other most important pur-

① See Cheng Degong, Modern International Law of the Sea, pp. 8-16, Social Science Press (1988).

② See 18 International Legal Materials (1974), p. 1199.

pose. Thus a concrete rule was needed to go hand in hand with the operation of the Consensus Rule so as to ensure the realization of these two purposes equally. As a result, Article 309 of the Convention came into play, which provides: "No reservations or exceptions may be made to this Convention unless expressly permitted by other articles of this Convention." The Consensus Rule formulated in the "Gentlemen's Agreement" set the basic goal, and the "reservations" rule functions to ensure the realization of this goal. Both rules interact to create a better environment for the application of the Convention.

From another point of view, however, the foregoing characteristics of the conference might well be disadvantages for the application of the Convention. First of all, the diversity of issues which need consensus agreement include: (i) the width of the territorial sea; (ii) innocent passage of warships; (iii) the delimitation of the continental shelf, as well as the jurisdiction of maritime disputes that have never before been resolved; and (iv) issues about the deep sea area system and reservation, and the protection of the maritime environment, issues which made their first appearance in this "legislative" conference. Even if general understandings could be gained on the issues, there is no guarantee that the compromise text could be accepted as a whole. As an example, the concession made by the developing states regarding jurisdiction on maritime disputes should have been greeted with a compromise in the deep sea mining regime on the part of the Western sea powers, but the latter took naked-power reservations to it with either unilateral action (national legislation) or multiple rejections (Mini Treaties made outside of the Convention), thus generating huge threats to the integrity of the final product.

Secondly, the universality of the participants to the conference enhanced the difficulty for the application of the Consensus Rule. A few states or entities might either refuse to join the process of negotiation or give thoroughly different interpretations to key provisions if they foresee that a negotiated result might be largely unfavourable to them. If such a different interpretation found support among other states or entities, thereby effectively forming a new interest group, the earlier compromise may well prove worthless in practice.

Thirdly, contradictory and overlapping group interests might create an opportunity to change the legal nature of declarations or statements within important provisions. This sort of change could conflict with the purpose of Article 310. For instance, the compulsory jurisdiction on maritime disputes is unacceptable to most of the developing states, including China. Surely it is likely that at least one third of the participant states would feel it necessary to make reservations to this provision by vague declarations or statements which invoked Article 310 or other related articles, when ratifying or acceding to the Convention. Such declarations or statements, not apparently limiting the legal effect of the related articles, might easily create a common cause among the states sharing the same intentions implied in the declarations or statements. In a dispute between a party which accepted the compulsory jurisdiction of the International Court of Justice of the UN and a party which did not accept the jurisdiction, such a declaration or statement containing the implied intention to limit the legal effect of certain articles of the Convention would not operate as a reservation clause. But, in a dispute between parties sharing a "united front" in respect of their qualifying declarations or statements, these might enjoy quasi-legal effect and work as a reservation clause to bind the disputing parties. Whether this would amount to a breakaway from the Convention, or would constitute a useful breakthrough in furtherance of the other purposes of the conference, is not clear.

Fourthly, as previously stated, the Consensus Rule established in the "Gentlemen's Agreement" set up two basic goals for the conference, one of which is the universal acceptance of the Convention, the other is the integrity of the convention as the consequence of it being a package deal. If examined more closely, these two goals are to some extent in conflict with each other. The package deal method makes it necessary to accept the Convention as a whole. This necessity is created by Article 309 which prohibits reservations or exceptions. But the existence of this provision will inevitably damage the other goal—universal acceptance of the Convention. Quite a few states consider it unacceptable to give up the right of reservation and would rather stay out of the Convention than accede to or ratify, without exceptions, a document which includes provisions totally unfavourable to them. Some states would be prepared to fly in the face of public opinion or international obligations by concluding Mini Treaties in conflict with the Convention. ①However, it still remains uncertain as to whether the conflicting purposes or goals is the outcome of the Consensus Rule itself, or the result of influence from other factors. A clear understanding on this issue is expected in the study of the interaction between the Law of the Sea Convention and the reservation system in the law of treaties.

Ⅱ. THE LAW OF THE SEA CONVENTION AND THE RESERVATION SYSTEM IN THE LAW OF TREATIES

The reservation system in multilateral treaties has witnessed three periods of its evolution just as the voting procedure in treaty negotiation has. The first period enjoyed the Unanimity Rule, which was adopted generally in multilateral treaties, before the International Court of Justice provided the advisory opinion on the reservation to the Convention on the Prevention and Punishment of the Crime of Genocide, in 1949. "Consent" was the mere test of validity in the reservation system, having the same purpose of protecting the independence and sovereignty of state parties as that of the negotiating procedure rule. Its second period began in 1949 and ended in 1969, during which time the reservation system turned from the Unanimity Rule to the Capability Rule (i. e. reservations contradicting the object or purpose of the treaty are prohibited). Under this rule, the effectiveness of reservations is the final goal of the system.

The Capability Rule dominated in the reservation system at this pe-

① *See* A. D. Amato, "An Alternative to the Law of the Sea Convention", American Journal of International Law, (1983) pp. 281ff.

riod, intertwining with the Majority Rule in negotiating procedure. The latter motivated the former, while the former resulted from the latter. In other words, the Capability Rule was decided by the Majority Rule. Multi-lateral conventions adopted with the majority Rule need to be complemented by a more flexible system for reservations so as to attract support from those states with different opinions. The only preliminary requirement is that the reservation should conform with the object and purpose of the convention concerned. However, the Capability Rule is not perfect. The difficulties in defining the purpose and object in most of the conventions often presents a threat to its effectiveness or validity and thus results in disputes arising from different interpretations.

The third period of the development of the reservation system began with the Flexible Rule, tentatively suggested by Woldock in his draft report on the law of treaties examined by the International Court of Justice in 1962. Although his report failed to serve as the final draft for a law of treaties, his suggestions set a firm basis for this rule to be adopted in the Vienna Convention on the Law of Treaties. According to the Flexible Rule, reservations or exceptions submitted by the parties can take effect as soon as one of the other parties accepts them expressly or by implication, and any one of the states parties can provide objections to the reservations or withdraw them freely at any time. The flexibility of this rule has not only successfully protected the independent and sovereign wills of the states parties, but also has facilitated the maximum number of members of the international community to participate in the conventions and promote international cooperation. The Flexible Rule also produces the same motivation as the Consensus Rule in negotiating procedure — eliminating obstacles and promoting universal cooperation.

Unfortunately, purely because of the adoption of the Consensus Rule in the negotiating procedure, the Flexible Rule in the reservation system has had to be abandoned despite its identical purpose. In contradiction to the Flexibility Rule, Article 309 of the Convention removed all flexibility. Actually, this provision pursues the same goal as that of the

Unanimity Rule; in other words, the purpose of the reservation system has now turned from "participation" to "consent" — which is one of the key factors for the Consensus Rule — but what should be especially noted is that "consent" requires no "unanimity" but rather, "acceptance as a whole".

In international practice, examples of prohibition on reservations or exceptions can be found in global conventions. Afticle 9 of the "Convention on the Abolition of Slavery, the Slave Trade, and Institutions and Practices Similar to Slavery" stipulates: "No reservations may be made to this Convention." In addition the Charter of the United Nations is, in fact, a convention which permits no reservations. The U. S. government attempted to make a reservation to the article relating to the address of the headquarters of the United Nations, but gave it up afterwards. ①Examining their contents, the two conventions are political in nature, some of the articles have been identified as jus cogens, thus it is an easy task to apply the prohibition on reservations. Looking into the negotiating procedures, these were concluded neither in a package deal nor as the result of the application of the Consensus Rule, so the integrity of the conventions was not the mere objective or decisive factor to rule out the right of reservation. But the history of the Law of the Sea Convention tells a totally different story. The drafters faced oceanic and economic interests encompassing various kinds of conflicts. If the compromise represented in the package deal reached by the different interest groups can be derogated from freely as the states parties accede to or ratify the Convention, its integrity is destroyed. To prevent this result. Article 309 freezes the "package" so as to preserve its original appearance.

But Article 309 will alternatively obstruct the realization of one of the purposes pursued by the Consensus Rule — the universality of acceptance by members of the international community. Since the Consensus Rule requires only a compromise, not unanimity, each single round of negotiations may leave a few states out of further negotiation, or encourage them to

① See M. M. Whiteman ed., 14 Digest of International Law (1970), pp. 138-139.

reserve their right to say no to the compromise provisions. These states place all their hopes on the final right of reservation, but Article 309 prevents this. Although there are 160 states and entities which have signed the Convention, only slightly more than one-fifth of them have ratified it. China, for instance, signed the Convention on the same day it was opened for signature, but has hesitated on ratification for 8 years, without final decision. After a study on more than 30 ratifications submitted by the states parties, we find many of them made declarations or statements according to Article 310, some of which openly expressed their subjective intention for reservations. ①Article 310 reads as follows: "Article 309 does not preclude a state, when signing, ratifying or acceding to this Convention, from making declarations or statements, however phrased or named, with a view, *inter alia*, to the harmonization of its laws and regulations with the provisions of this Convention, provided that such declarations or statements do not purport to exclude or to modify the legal effect of the provisions of this Convention in their application to that state." Notably, "harmonization" instead of "conformity" is used in the provision. In addition, a special note was attached to the Article: "This article is based on the assumption that the Convention will be adopted by consensus. In addition, it is recognized that the article can be regarded only as provisional pending the conclusion of discussions on outstanding substantive issues such as that relating to the delimitation of maritime zones as between adjacent and opposite states and settlement of disputes thereon, where the final solution might include provision for reservations." Two basic understandings on this note should be stressed:

(a) Article 310 admits of varying kinds of declarations or statements about the provisions of this Convention, the purpose of which is to harmonize the national laws and regulations with the provisions of the Convention. This implies that the procedure on consensus or compromise has not yet

① See Status of the UN Convention on the Law of the Sea, Table of Signatures and Ratifications as at 30 April 1986, Law of the Sea Bulletin, No 7, pp. 1-6, April 1986.

reached a deadline. State parties may express their opinions with the desire of being understood or having these opinions shared by other parties when ratifying or acceding to the Convention;

(b) Reservations are not absolutely precluded. At least on issues of delimitation of maritime zones between adjacent and opposite states, settlement of maritime disputes are still open for consensus. They might be the subject of reservation. It is obvious that Article 309 leaves room for further consideration, which may give hope that the signatories which have trouble with this provision and hesitate in ratification, could have their doubts removed. The feasibility of this, however, is open for further study.

If the states parties ratified the Convention with declarations or statements sharing so many similarities that they may be divided up into new interest groups, the members in the same interest group could easily come into a new agreement. For instance, Article 17 of the Convention provides: "Ships of all states, coast states or inland states, enjoy the right to innocent passage." The declarations or statements about the definition of "ships" may be divided into "that including warships" and "those precluding warships". Those states that have made the same declaration on this question will apply the provision in their dealings with each other according to their statements or declarations without threat from Article 309 or 310. According to the Flexible Rule for reservation system, the declarations or statements with the same contents, made by the states parties within the same interest group, may be viewed as "practical reservations". Those states which made objections to these declarations or statements may in fact be considered as the objecting states to "reservation". The provisions affected by the declarations or statements will not be modified in the relations between the declaring states and objecting states. Expressly submitted objections are rarely seen in practice, hence, tacitly recognizing the declarations modifying the provision may become factual reservation among those states parties sharing the same intentions. This flexible procedure for compromise dose not only enable the drafters to moderate the confrontations between the reserving states and objecting states, but also attracts as many signatory states as possible to ratify the Convention.

Ⅲ. THE LAW OF THE SEA CONVENTION AND JUS COGENS

Article 53 of the Vienna Convention on the Law of Treaties provides: "A treaty is void if, at the time of its conclusion, it conflicts with a peremptory norm of general international law. For the purposes of the present Convention, a peremptory norm existing in the international law system, but opinions are divided as to which norm of general international law is a norm from which no derogation is permitted and which can be modified only by a subsequent norm of general international law having the same character." No authority denies that there are actually peremptory norms existing or rules are accepted and recognized as a whole and which have a peremptory nature. Even if a concurrent view can be shared on the peremptory character of a few single rules, their absolute peremptoriness is often suspect. For instance, the principle of prohibition of threat or use of force in international relations provided in Article 2 (4) of the Charter of the UN is, perhaps, a generally accepted peremptory norm, but the inherent right of individual or collective self-defence recognized in Article 51 of the Charter, as well as the principle of self-determination of peoples, offers a comparative escape from the "peremptory" character of Article 2 (4). To resolve this dilemma, suggestions are submitted to redefine the peremptory norm so as to acknowledge the comparativeness of peremptory norms. International practice proves that no rule or principle in the international law system enjoys an absolute peremptory position because of the vast and continuous changes in time, place, and circumstances in the international situation. Theoretically sacred norms are often confronted with challenges which result in their loss of authority. This observation may be of some relevance in testing certain peremptory norm "candidates" in the Law of the Sea Convention.

Article 311(6) of the Convention declares: "States parties agree that there shall be no amendments to the basic principle relating to the common heritage of mankind set forth in article 136 and that they shall not be a party to any agreement in derogation thereof." Reading between the lines, this article shares something in common with Article 53 of the Vienna Convention on the Law of Treaties. We can even regard the former as the applicable provision of the latter.

The practical significance of Article 311(6) is that it declares that the principle of the common heritage of mankind is a peremptory norm which cannot be derogated from by any means. Third parties, including signatory states, have recognized its binding effect. This view has been widely shared by the international community. Almost all the developing states confirm this point of view. L. S. Ratiner, deputy director of the American delegation to the Law of the Sea Conference, referring to the function of this principle for the deep sea-bed mining system, pointed out that "if nations fail to sign, and instead sign an alternative mini-treaty regime, they will provoke global disapproval of the lawfulness of their mining claims. The President of the Conference has vowed to challenge any alternative mini-treaty before the UN General Assembly and to seek an opinion from the International Court of Justice. The resulting protracted litigation would have a chilling effect on sea-bed mineral investment."① The Australian delegate to the Conference admitted: "It is rather disputable to develop the deep sea-bed outside the Convention, the states so involved will invite hatred from the world majority."② President Xu Tongmei of the Conference publicly warned: "Any attempt by any state to exploit the resources in the deep sea-bed outside the Convention will invite universal blame from the international community and result in serious political and legal consequences."③

The foregoing views and related expressions show that the principle of

① Leigh S. Ratiner, "The Law of the Sea: A Crossroads for American Foreign Policy", Foreign Affairs, Summer 1982, p. 1017.

② A/CONF. 62/PV. 187, p. 41.

③ A/CONF. 62/PV. 193, p. 62.

the common heritage of mankind has been generally accepted by the international community as a whole as a peremptory norm with universal binding effect. It places the peremptory obligation not only on the states parties, but also on third states. If Article 309 of the Convention is said to terminate the reserving right of the signatory states to Article 136, then Article 311 (6) acts as a prohibition on all the states in the world from concluding other treaties or agreements which derogate from the principle of the common heritage of mankind. If Article 310 of the Convention leaves room for quasi-reservation and further consensus or compromise, then Article 311 (6) isolates Article 136 from the influence of Article 310. Responsibilities or punishments resulting from the violation of any provision other than Article 136 is of a contractual nature rather than a peremptory one, and only those states parties that are affected by the violation can participate in sanctioning enforcement action. Punishment of the action derogating from Article 136 shall be peremptory. Derogators will face "global disapproval", invite "hatred from the world majority" as well as "universal blame from the international community".

Unfortunately, international practice departs from the above-mentioned theoretical pattern for the notion of the common heritage of mankind. The theoretically established nature of the notion meets with fatal challenges from a concrete rule that is delegated from it. The parallel exploitation regime for deep sea-bed mining, for example, is contractulal rather than peremptory, thus indicating that the general principle is too general to guarantee the peremptoriness both for the delegated rule and for itself.

If the notion of the common heritage of mankind is strictly applied, the exclusive exploitation regime instead of the parallel one should be adopted so that no state or natural or juridical person other than the International Sea-Bed Authority can claim, acquire or exercise rights with respect to the minerals recovered from the Area. But the Authority, vested with no funds or technology, would have to change its status from an authoritative organ to a contractual party with states parties or Western consortia. Thus the benefit recovered from the exploitation of the deep sea-bed would be devoured by a few developed states and consortia, and the developing states would be left with "foreign aid" distributed through the Authority. All this evidences that the original purpose and object set by the notion of common heritage of mankind has been derogated from by the concrete regime for deep sea-bed exploitation provided for in the Convention.

However, this is only one part of the picture. The notion of the common heritage of mankind still keeps its original nature. In respect of unilateral legislation and coordinating mini-treaties, the International Sea-Bed Authority can declare them void for their derogation from the provisions of Article 136. In this case, the true legal effect of the principle of the common heritage of mankind should be considered as double-sided: to the concrete rules in the Convention, it is contractual; to unilateral and multilateral actions outside the Convention, it is jus cogens.

Ⅳ. CONCLUDING OBSERVATIONS

Varying conflicts between interest groups of states present at the Third UN Conference for the Law of the Sea promoted the overlapping evolution of negotiating procedure and reservation system in the law of treaties, but the trends of their evolution are shaped by two conflicting objectives. The integrity of the Law of the Sea Convention and the universality of representation of the Convention should be sustained equally without prejudice, otherwise neither of them can be ensured.

Article 309 of the Convention acts to freeze in place the result of the "package deal" procedure, but it is hopelessly inadequate to protect the universality of representation of the states members to the Convention. It is fortunate that Article 310 creates an opportunity for those states which are troubled by the prohibition rule on reservation to nevertheless ratify the Convention. Meanwhile, modern rules in the reservation system of the law of treaties provides a theoretical basis for its legitimacy to sustain the two conflicting objectives. China should make use of this opportunity.

The principle of the common heritage of mankind is a product from outside of the package deal. It is a peremptory norm functioning over unilateral legislation and coordinating mini-treaties. However, on the other hand, its absoluteness in binding effect is weakened by the concrete rule provided in the Convention. This countervailing rule is secured by Article 309 so as to defeat the theoretical basis for its peremptory nature in practice. In this case, a redefinition is proposed to label it as a comparative peremptory norm.

李大钊的国际法思想*

李大钊（1889～1927）是伟大的马克思主义者，中国共产主义运动的先驱，中国共产党的主要缔造者之一。他既是一个伟大的无产阶级革命家，同时也是一个学识渊博的学者、教授。他生前著述颇丰。在他短暂的38年辉煌人生中，辛勤耕耘，艰苦奋斗，给后世留下了大量宝贵的精神财富，其内容涉及政治、经济、哲学、史学、法学等各个领域。现在读来，仍感为经典佳作。

李大钊所处的年代，正是中华民族由沉沦到觉醒的时代。唤起民众之重任义不容辞地落在了李大钊这批忧国忧民、以振兴中华为己任的热血青年的肩上。鸦片战争后，中国历遭帝国主义的侵略、压迫，逐步沦为半封建半殖民地国家；中国人民的身上已不堪重负，又被压上了“第三座大山”。西方列强（东方的日本同属此列）无视国际法的基本原则，依靠其赤裸裸的武力迫使清政府签订了大量丧权辱国的不平等条约。它们在中国夺取租借地，设立租界，划分势力范围，建立领事裁判权制度，攫取了种种政治、经济特权，其所作所为在根本上都是违反国际法的。在事实上，西方列强和日本从来没有把中国看做主权平等的国家，而是视为“非文明”国家划在国际法的适用范围之外；换言之，西方列强假借“条约必须信守”这一国际法原则，通过种种不平等条约将中国纳入国际法的约束范围。1907年，李大钊“感于国势之危迫，急思深研政理，求得挽救民族，振奋国群之良策，乃赴天津投考北洋法政专门学校”。是时，在天津有三种学校正在招考：一系北洋军医学校；二系长卢银行专修所；三系北洋法政专门学

---

* 本文原载《武汉大学学报（哲学社会科学版）》1999年第4期（总第243期），合作作者为罗楚湘、车英。

校。而李大钊认为："军医非我所喜，放未投考。银行专修所我亦被考取，但理财致个人之富，亦殊违我素志，乃决心投考法政专门学校，幸被录取①"，毅然地选择了以法政救国的道路。

第一次世界大战后，"五四"运动期间②，觉醒了的中国人民终于发出了"外争主权，内惩国贼"的呐喊，要求废除不平等条约、收回租界、撤销领事裁判权等。作为"五四"运动的先驱及领导者之一，李大钊为唤醒民众，在"五四"前后写下了《警告全国父老书》、《美德邦交既绝我国不可不有所表示》、《我国外交之曙光》、《新中华民族主义》、《大亚细亚主义》、《大亚细亚主义与新亚细亚主义》、《秘密外交》、《秘密外交与强盗世界》、《再论新亚细亚主义》、《"大国民"的外交》、《中山主义的国民革命与世界革命》等时文。此外，他还与人合作翻译了日本法学博士今井嘉幸的《中国国际法论》（第一卷）。李大钊的民族主义思想，爱国主义思想及国际法思想在这些著述中慨然可见。今年恰逢"五四"运动80周年、李大钊诞辰110周年及国庆50周年，我们奉上此文以表达对"五四"运动的主要领导人、共和国之先烈、我国革命的先驱者李大钊先生的缅怀、敬仰之情意。

一、提倡民族自决

在国际法上，民族自决权主要是指在外国奴役和殖民统治下的被压迫民族有自由决定自己的命运，摆脱殖民统治，建立民族独立国家的权利。民族自决权为法国大革命所首倡。第一次世界大战后，经美国总统威尔逊和列宁倡导，曾作为处理战后问题的一项政治原则加以运用，并在某些条约中有所反映。但确立民族自决作为现代国际法的一项基本原则，则是第二次世界大战以后的事情③。虽然如此，我们

---

① 《李大钊文集》（下）人民出版社1984年版，第888页。

② "五四运动"当然不仅指1919年5月4日这一天的运动，乃是指中国接触了西洋文化所孕育的文化历程，"五四"不过是这一历程中的一个指标。见［美］周策纵著，周小平等译：《五四运动：现代中国的思想革命》，江苏人民出版社1996年版，第5页。

③ 韩德培主编：《现代国际法》，武汉大学出版社1992年版，第73页。

认为李大钊在当时的历史条件下，提出以民族自决的方式解决有关国际问题，解决西方列强在华的有关问题，反映出其独具的爱国主义思想和无产阶级革命家的远见与胆识。

李大钊认为，“今日世界之问题，非只国家之问题，乃民族之问题也”①；“我们反对欧洲分赃会议所规定对于山东的办法，并不是本着狭隘的爱国心，乃是反抗侵略主义，反抗强盗世界的强盗行为”；“我们若是没有民族自决、世界改造的精神，把这强盗世界推翻，单是打死几个人，开几个公民大会，也还是没有效果。我们的三大信誓是：改造强盗世界，不认秘密外交，实行民族自决。”② 他认为，在殖民地、半殖民地的历史条件下，国际问题（世界问题）、国家问题皆可浓缩为民族问题，而民族自决是解决上述问题最根本之方法。因此，为灾难深重的中华民族寻求独立、自主、平等之国际地位，他多次提倡“民族自决”。

李大钊的这个“民族自决”思想，具体地又分为：

（一）“新中华民族主义”

李大钊认为，“今日民族之问题，尤非苟活残存之问题，乃更生再造之问题”，“余于是揭新中华民族主义之赤帜，大声疾呼以号召于吾新中华民族少年之前”③，“今后民国之政教典刑，当悉本此自以建立民族之精神，统一民族之思想。此之主义，即新中华民族主义也”④。他认为，中华民族的复兴，必须首先是民族精神的建立，因为“国民的精神既已勃兴，而民族的运动遂继之以起”⑤；否则，民族的觉醒，民族的独立以及国家的复兴，都将是一句空话。可见，作为一个爱国者的李大钊，他首先是一个民族主义者。

（二）亚洲各弱小民族联合起来的“新亚细亚主义”

李大钊是一个民族主义者，但他并非一个极端、狭隘的民族主义

① 《李大钊文集》（上），人民出版社 1984 年版，第 301 页。
② 《李大钊文集》（下），人民出版社 1984 年版，第 1 ~ 3 页。
③ 《李大钊文集》（上），人民出版社 1984 年版，第 301 页。
④ 《李大钊文集》（上），人民出版社 1984 年版，第 303 页。
⑤ 《李大钊文集》（上），人民出版社 1984 年版，第 301 页。

分子。他认为，亚洲各弱小民族若要从西方列强中彻底解放出来，必须要有民族之间的联合。因此，他极力倡导“新亚细亚主义”。

首先，他的“新亚细亚主义”是为反对日本军国主义的“亚细亚主义”而提出来的。在李大钊看来，所谓“亚细亚主义”，“是并吞中国主义的隐语”，“是大日本主义的变名”；“这‘亚细亚主义’不是平和的主义，是侵略的主义；不是民族自决主义，是吞并弱小民族的帝国主义；不是亚细亚的民主主义，是日本的军国主义”。“妄倡‘大亚细亚主义’，实在是危险得很。这个危险，不仅足以危害日本，并且可以危害亚细亚一切民族，危害全世界的和平”。因此，“亚细亚人应该共倡一种新亚细亚主义，以代日本一部分人所倡的‘大亚细亚主义’……凡是亚细亚的民族，被人并吞的都该解放，实行民族自决主义，然后结成一个大联合，与欧、英的联合鼎足而三，共同完成世界的联邦，益进人类的幸福”①。

其次，李大钊同志所倡导的“新亚细亚主义”，是亚洲各民族的“自治主义”。李大钊同志发出“新亚细亚主义”的倡导后，有人著文予以反驳：“为什么不主张各民族直接联合起来，造成世界的联邦，却要各洲的联合作个基础？”对此，李大钊又把他的“新亚细亚主义”作更进一步的阐述：“我的‘新亚细亚主义’，是‘自治主义’，是把地域民族都化为民主的组织的主义，不是‘排外主义’，不是‘闭锁主义’。我们相信最善的世界组织都应该是自治的，是民主化的，是尊重个性的”；“世界上无论何种族何国民，只要立于人类同胞的地位，用那真正 Democracy 精神，来扶持公理，反抗强权的人，我们都认他为至亲切的弟兄。我们情愿和他共同努力，创造一个平等、自由、没有远近亲疏的世界。这是我主张的新亚细亚主义的精神。”②它是一种各弱小民族群起反抗殖民主义的模式，与其所追求的“民族独立”、“民族自决”是一脉相承的。可见，李大钊实际上主张的是，在世界上各民族无论大小强弱都一律平等的基础上，建立一个自由、Democracy（民主）的人类大同世界。在某种意义上来看，这就是中国当时包括李大钊在内的一大批无产阶级革命者所为之奋斗的最终目

① 《李大钊文集》（上），人民出版社 1984 年版，第 609～611 页。

② 《李大钊文集》（下），人民出版社 1984 年版，第 108～112 页。

标——共产主义社会的理性概念。

二、反对秘密外交，反对“以夷制夷”，提倡独立、自主、平等、务实的外交

（一）反对秘密外交

国家间的关系必须通过外交形式予以反映。在中华民族饱受西方列强凌辱时期，实际上是无独立与真正的外交可言的。此乃人们通常所说的“弱国无外交”。在此背景下，中国深受其害的是秘密外交。而秘密外交最直接的后果，即为秘密条约。

西方列强间经常签订秘密条约来划分其在华的势力范围或达到其他某种目的。秘密条约是指政府背着人民秘密缔结的条约。条约史上把这个名词通常理解为第一次世界大战前夕和大战时期各帝国主义国家政府之间胁迫一些国家所缔结的秘密条约。如 1918 年 2 月苏联与中欧同盟国宣布停战，双方公布并废除了从 1907 年到 1917 年沙皇政府签订的一系列俄日秘密协定。在这些协定中，日俄两国打算从中国攫取满洲和蒙古，阻止中国接受其他列强的政治援助①。又如英、法、意三国 1917 年 2 月与日本签订了秘密协定，保证在战争结束后“支持日本有关德国在山东权利的处理的主张”②。可见，中国的利益经常被秘密外交、秘密协定所出卖。

李大钊坚决反对秘密外交。他认为，“世间一切罪恶，都包藏在秘密的中间，罪恶是秘密的内容，秘密是罪恶的渊薮”③。对此，李大钊愤怒地指出，“强盗政府们要根据秘密外交拿人类正当生活的地方，当作他们私相接受的礼物，或送给那一个强盗国家、强盗政府，作扩张他那强盗势力的根据”。对于他曾寄予厚望的美国总统威尔

① ［美］周策纵著，周小平等译：《五四运动：现代中国的思想革命》，江苏人民出版社 1996 年版，第 99 页。

② ［美］周策纵著，周小平等译：《五四运动：现代中国的思想革命》，江苏人民出版社 1996 年版，第 116 页。

③ 《李大钊文集》（上），人民出版社 1984 年版，第 646 页。

逊，他斥责道："威尔逊君！你不是反对秘密外交吗？为什么他们解决山东问题，还是根据某年月日的伦敦密约，还是根据某年月日的某某军阀间的秘密协定？须知这些东西都是将来扰乱世界平和的种子。"他得出的结论是，"这强盗世界中的……秘密外交这一类的一切强盗行为，都是我们的仇敌啊！"①李大钊将秘密外交视做强盗世界中的强盗行为，对其深恶痛绝。

李大钊还将有无密约作为考察他国"是否以平等待我之民族"的一个标准。"至于国民政府与苏俄之外交关系……惟据我所知，则确无何等密约……如其联俄政策之维持而有待于密约者，则俄已不足以平等待我之民族，尚何友谊之可言"。②

与秘密外交相反的，是外交公开与国民外交。但李大钊深知，要真正做到国民的外交，是何其困难。因为"没有国民的政府，哪有国民的外交"？③

（二）反对"以夷制夷"

"夷"旧时外国或外国人之称谓也。"以夷制夷"曾被清政府、北洋政府用作对外的信条，他们希望通过"以毒攻毒"之方略达到对外国在华势力起到一种相互牵制、相互制衡的目的。对此，李大钊严肃地指出：这种丧失自立性的耻辱，比丧失土地山河的耻辱，更要沉痛万倍；在那"以夷制夷"四个大字下讨一种偷安苟且的生活，这是民族的莫大耻辱！

---

① 在李大钊的其他有关论著中，可以看出，他对美国总统威尔逊对于世界和平之作用曾寄予的莫大之希望。他说，"然吾人终信平和之曙光，必发于太平洋之东岸，和解之役，必担于威尔逊君之双肩也。今且拭目俟之"（见《李大钊文集》（上），人民出版社1984年版，第285页）。的确，"第一次世界大战期间及以后的时期，世界，特别是亚洲盛行民族主义和要求民主的情绪，威尔逊的政治理想主义，诸如他所提倡的废止秘密外交、保障小国的政治独立以及民族自决等，对中国知识分子有着很大的吸引力"（见［美］周策纵著，周小平等译：《五四运动：现代中国的思想革命》，江苏人民出版社1996年版，第10～11页）。

② 《李大钊文集》（下），人民出版社1984年版，第892页。

③ 《李大钊文集》（下），人民出版社1984年版，第664页。

（三）倡导独立、自主、平等、务实的外交

“近闻国务会议，对于德国新潜水艇战策，已决定进言忠告，劝其变更日前之宣言，是我政府对于德国已表示不赞成之态度。此等表示实为我国数十年来于外交历史上，特放一线曙光也。……倘若我国外交从此振刷精神，奋起直追，将来国势之转机，未始不基于今日也。”① 这可能是自鸦片战争以后，我国外交史上第一次对西方列强说“不”。对此种独立、自主、平等之外交行为，李大钊深切地称之为“我国外交之曙光”，“国势之转机”之起点。将外交行为与国力的强弱相联系，李大钊对以往的弱国外交深感如此的切肤之痛！

在同一天发表的另外一篇文章中，又反映出李大钊主动、务实的外交思想。“以为中国外交之政策，莫善于清静无为，任他列国相贱，而我皆一视同仁，无偏、无党……不来意外之倚。……以中国之大，人民之众……而欲曰与人无仇、与世无争，不亦谬乎？且恰纵吾不与人争，奈人欲与我争何？……试思我国之与列国之定国通商也，开口岸也，设租界也，赔款也……何一发端自我？”因此，“今既明知处分之不可逃，则当深思远虑，筹其所以对付之方法。”② 李大钊主张，在对外关系中，中国应采取一种主动、务实之办法，在中国是否加入“联盟国”问题上，“应迅与诸联盟国接洽，表示加入之态度，并与磋议加入之办法”。他认为，“良以吾国今日外交之制胜，不在疆场之耀武，而在帷幄之运筹；不在以军事上之策略，定攻守进退之方针，而在以国际上之明察，审离合变迁之大势。”③

三、废除不平等条约

不平等条约是指破坏别国主权和领土完整，掠夺和奴役别国人民

① 《李大钊文集》（上），人民出版社 1984 年版，第 276 页。
② 《李大钊文集》（上），人民出版社 1984 年版，第 274～275 页。
③ 《李大钊文集》（上），人民出版社 1984 年版，第 299 页。

的条约。这是帝国主义、霸权主义推行侵略扩张政策的一种工具。它所确定的权利集中在强国的缔约一方，义务则集中在弱国及附属国的缔约另一方。不平等条约违反平等互利原则，从根本上背离了国际法，属于非法条约。从1840年鸦片战争到第一次世界大战时期，西方列强强迫中国签订了许多不平等条约。李大钊积“数年研究之结果，深知中国今日扰乱之本原，全由于欧洲现代工业勃兴，形成帝国主义，而以其经济势力压迫吾产业落后之国家，用种种不平等条约束制吾法权税权之独立与自主”①。因此，李大钊指出，此等不平等条约如不废除，则中国将永不能恢复其在国际上自由平等之位置。而这些不平等条约中，具有最深远之危害的，首推法权与税权这二项。因此，废除不平等条约，应从收回法权和税权开始。

（一）废除治外法权

治外法权有两种含义：其一，指临时居住在一国的外国人所享受的一种法律上特权或豁免。英文为 exterrito riality。其二，指一国在他国境内所行使的管辖权。英文为 extraterrito rial jurisdiction。亦即领事裁判权（Consular jurisdiction）。这种特权地位或制度是对国家属地优越权的侵害，是不平等条约的产物。② 我们通常所说的反对治外法权，就是在上述第二种意义上说的。领事裁判权在中国首次规定于1843年中英《五口通商章程》（又名《虎门条约》）。1844年中美望厦条约、中法条约，1847年中瑞条约、中挪条约，1858年中俄条约，1895年中日马关条约等，又加以明确扩大。除条约外，通过援引最惠国条款使得在华享有领事裁判权的国家达20多个。领事裁判权使中国的国家主权受到严重损害。③ 李大钊还在天津北洋法政专门学校求学之时，就深受当时执教该校的日本教员今井嘉幸的影响。对中国领事裁判权颇有研究的今井博士经常告诉这些中国学生，“中国将来，

---

① 《李大钊文集》（下），人民出版社1984年版，第889~890页。

② 《法学词典》，上海辞书出版社1984年版，第598页。有关“治外法权”与“领事裁判权”之解释，还可参阅《周鲠生文集》，武汉大学出版社1993年版，第140、158页。

③ 余先予主编：《国际法律大词典》，湖南出版社1995年版，第155页。

必当撤去领事裁判权，诸君研究法学，宜预为之备”。①李大钊后来在日本留学期间，专门花费时间将今井嘉幸的这本研究“各国在中国之外国裁判权及外国行政地域”的专著翻译介绍给国人，可见其用心良苦。正如进步党领导人汤化龙在该译著叙文中所指出（李大钊1916年回国后，曾任汤化龙秘书）：“张君润之李君大钊留学日本东京……盛称日本今井嘉幸氏所撰中国国际法一书。谓将以课余从事翻译，为谋国者之考镜。并唯予有以扬榷之。伟哉二君！可不谓吾国之有心人乎？”

（二）收回税权

关税是指国家对进出口商品所征收的税；它也是一国主权的象征。自鸦片战争后，《南京条约》一签订，中国关税就失去了自主权，而且中国关税受西方列强的操纵和把持，成为对我国进行经济侵略的工具。

李大钊认为应把关税自主与废除不平等条约相联系。五卅运动后，当北洋政府召开由西方列强参加的所谓关税会议时，李大钊在北方领导了声势浩大的关税自主运动，反对关税会议。“大钊同志本人，曾亲自联络各团体对关税自主问题举行了讨论会，并亲自在‘马克思学说研究会’中发表演说……又在北大等校教职员中发起了要求关税自主的签名运动。在他的领导下，《政治生活》连续发表了七八篇文章……指出……‘要想真正能得到关税自主，只有民众以自己的力量实行革命以后，自己宣布关税自主。’‘我们应该在取消一切不平等条约运动之下高喊收回关税自主权，更应该在打倒帝国主义、打倒媚外军阀民族革命的口号之下高喊收回关税自主权。’”②

综上所述，中国共产党的先驱者们从他们的青少年时代开始，就把争取我国的国际地位、建立世界政治经济新秩序作为自己毕生的奋斗纲领和目标。

历史翻开了新的篇章，中华人民共和国的诞生标志着中国人民从此站起来了，巍然屹立在世界的东方。李大钊等老一辈无产阶级革命

① 《李大钊文集》（上），人民出版社1984年版，第125页。

② 《李大钊传》，人民出版社1979年版，第185页。

家们为之终生奋斗的理想有些已经实现，有些正在逐步地实现着。在中华人民共和国建国50周年之际，在改革开放的今日，国际国内形势发生了翻天覆地的变化，然而我们更加怀念李大钊等先哲们，他们的精神犹在，仍在激励着全国人民沿着有中国特色的社会主义道路阔步前进，努力把我国建设成为一个强大的、立足于世界之林的法治国家。

关贸总协定与中国*

一、中国与关贸总协定的历史关系

中国是关贸总协定创始缔约国之一，但由于历史的原因，中国与总协定中断联系达四十多年。现在，我国正在为恢复总协定的缔约国地位而同该组织进行磋商和谈判。这里，先讲一讲中国与关贸总协定的历史关系。

1946 年 12 月 6 日，美国为筹建“国际贸易组织”，邀请了 15 个国家进行关税与贸易谈判，其中就有中国。当时的中国政府接受了邀请，参加了谈判。1947 年 10 月 30 日，中国签署了关贸总协定的最后文件。1948 年 3 月 4 日，中国政府在哈瓦那召开的联合国世界贸易和就业会议的最后文件上签字，并当选为“国际贸易组织”临时委员会的执行委员。1948 年 4 月 21 日，中国签署了《关贸总协定临时适用议定书》，从同年 5 月 21 日开始，正式成为总协定的缔约国。

1949 年 10 月 1 日，中华人民共和国成立，中华人民共和国政府成为代表中国人民的惟一合法政府，但由于种种原因，未能及时继承中国在总协定的缔约国地位。中国在总协定的合法地位仍为台湾当局所占据。1950 年 3 月 6 日台湾当局通知联合国秘书长，决定退出总协定。中国政府认为，1949 年中华人民共和国成立并没有改变中国作为国际法主体的地位，台湾以所谓国民党政府自 1949 年 10 月 1 日

---

* 本文系为武汉大学建校一百周年而作，载《武汉大学学报》（社会科学版），1993 年百年校庆特刊，又载入武汉大学法学院编《市场经济与社会主义法制建设》一书中，该书于 1993 年 10 月由武汉大学出版社出版。

起就无权代表中国，因此台湾当局的退出是非法的，无效的。但台湾当局在1965年3月8日经重新申请又获准以“观察员”身份列席总协定会议。1971年10月25日联合国大会通过决议，“决定恢复中华人民共和国的一切权利，承认中华人民共和国政府的代表是中国在联合国的惟一合法代表，将蒋介石的代表从其非法占据的联合国及其他一切有关组织的席位中驱逐出去”。根据这一决议，总协定于当年11月19日取消了台湾的“观察员”资格。从此，中国回归总协定的最重要的障碍被清除了。

联合国这一决定作出后，中国本应作出努力，争取以恢复其在联合国粮农组织和联合国贸发会议等组织的地位的同样方式，恢复在总协定的地位。但由于种种原因，特别是由于对总协定的复杂的契约性质缺乏了解，中国当时没有朝这一目的有所作为。直到1980年，才开始与总协定进行直接接触。中国的贸易官员参加了关贸总协定举办的商业政策培训班。之后，中国官员定期参加类似的培训班。中国官员与总协定秘书处的接触也更加频繁。1980年，中国政府参加联合国贸发会议赞助的发展中国家、纺织品出口国家之间的合作计划，促进了中国有效地参加纺织品谈判，特别是1980年有关《多种纤维协定》第二次延长的谈判。1983年12月15日，中国成为1983年12月15日生效的《多种纤维协定》的签字国。这样就为进一步密切与关贸总协定的关系铺平了道路。

1982年，中国曾表示希望派代表作为观察员出席关贸总协定缔约国大会，这一要求被接受了。这件事经常被一些人误解为中国愿意按照总协定第33条规定的加入程序“加入”总协定。事实上，中国在与总协定恢复关系的各个阶段，都曾反复阐明自己的立场，即中国参加总协定的一切活动，“不影响中国有关在关贸总协定的法律地位问题上的立场。”

二、中国恢复总协定地位的进程

1986年7月10日，中国驻日内瓦代表团钱嘉东大使照会总协定总干事邓克尔，正式要求恢复中国在总协定的缔约国地位。随后，在总协定理事会的议程上临时增加了“中国的缔约国地位”一项，钱嘉东在会上强调指出中国恢复在总协定缔约国的地位，不仅有利于中国，而且也有利于所有缔约方。

同时，我国确定了参加总协定的基本原则：第一，采取恢复方式；第二，力争以关税减让作为承诺条件；第三，坚持以享有发展中国家待遇的地位来进行谈判，并承担与我国经济贸易水平相适应的义务。

1987年2月，钱嘉东致函总协定总干事邓克尔，递交《中国对外贸易制度备忘》要求他转发给缔约各方，并要求将此事列入理事会的议程，以正式开始中国恢复的程序。为此，总协定理事会主席三次进行非正式磋商，邀请主要缔约方和中国代表参加，讨论是否成立审议中国恢复要求的工作组及工作组的职责范围和主席人选。最后就成立工作组一事达成一致意见，成立“中国的缔约国地位工作组”，其职责范围是：审议中国的外贸制度，起草确定相应的权利与义务议定书，提供进行关税减让表谈判的场所，讨论有关中国与关贸总协定的其他问题，包括缔约方作决定的程序问题，并向理事会提出建议。

从1987年10月至1988年9月，中国工作组先后召开五次会议，全面审议《中国对外贸易制度备忘录》，主要缔约方提出我国外贸制度仍有很多不符合总协定的地方：由于中国实行的是计划与市场相结合的经济制度，价格不完全由市场来决定；重复使用多种贸易限制措施，关税在外贸体制中未起到中心作用。这些措施包括指令性和指导性计划、经营范围的限制、行政部门的政策性指导、国家定价不合理、严格的行政审批、外汇管制、进出口许可证和进口替代等多层次的限制措施。缔约方尤其抱怨我国外贸制度缺乏透明度。为此，缔约方对中国恢复总协定地位提出五项要求：（1）外贸政策法规的全国统一性；（2）外贸政策法规的透明度；（3）非关税措施的合理性，即符合总协定的要求。我方需承诺大大改善进口管理体制，保证以关税作为主要保护手段；（4）承诺价格改革时间表；（5）在完成价格体制改革之前，接受选择性保障条款（选择性保障条款就是说当其他缔约国认为我国没有履行义务时随时可对我国采取行动，这种保障条款只适用于中国）。

1988年12月，总协定秘书处按照中国工作组第五次会议要求，依据中方提供的书面材料和答疑，起草了一份关于中国外贸制度情况的综合文件。在1989年2月和4月举行的第六次、第七次中国工作组会议上，对综合文件进行了综合评估工作，并对我国恢复议定书的基本问题进行了一般性讨论。

西方一些国家以1989年中国的政治风波为借口，对中国实行制裁，使中国恢复总协定缔约国的工作在1989年至1990年间陷入停止状态。

1991年10月19日，中国政府总理李鹏致函与我国有外交关系的总协定各缔约国首脑和总协定总干事，表明我国政府积极参与多边贸易体制的决心，参加关贸总协定中国既享受权利，也承担一切应承担的义务，希望推动中国恢复总协定缔约国地位的谈判工作，并阐述了中国对台湾作为中国的单独关税区参加关贸总协定问题的立场。

1992年2月中国组在日内瓦召开第十次会议，40多个国家代表出席了会议。中国代表在会上介绍了中国治理整顿宣告结束的情况，强调中国将实行社会主义市场经济。就外贸体制改革情况而言，中国代表介绍了中国已取消出口补贴，并对外贸企业按照国际惯例实行自负盈亏。今后改革的重点是进口管理体制，包括逐步将关税总水平降到总协定要求的发展中国家应有的水平，取消进口调节税；尽快制订《外贸法》和《反倾销法》等法规，使中国的外贸管理法制化；减少进口许可证管理范围；增强进口管理的透明度。中国代表表示，愿意立即开始与关贸总协定缔约国展开关税减让谈判。这次会议使中国恢复总协定缔约国地位的进程取得了重大进展，对议定书初步条款的范畴和内容进行了实质性谈判。在年底举行的第十一次会议上，对议定书的基本内容已经得出一致意见。各缔约国均表示支持中国重返关贸总协定，恢复的道路上已没有什么大的障碍，中国恢复总协定缔约国地位，已是为期不远了。不过，究竟何时“返关”并不完全取决于我们。乐观的估计是在本年年内，但也很难说。

三、重返总协定对中国的好处

我国为什么要重返关贸总协定？我国重返关贸总协定究竟有什么好处？这需要进行一些分析才能搞清楚。

第一，我国重返关贸总协定有利于加强我国在世界经济生活中的作用。我国是联合国安理会的五个常任理事国之一，对世界上所有重大国际事务均有决定权，可以说，没有中国政府的参与，就不可能顺利解决重大国际问题。与此同时，中国也是世界三大经济组织中的两个——世界银行和国际货币基金组织的正式成员，中国在未来世界经济中将占有愈益重要的地位。中国资源丰富，人口众多，市场广阔，没有中国的参加，世界多边贸易体制是不完整的。早日恢复我国在关贸总协定的地位，不仅有利于加强我国在世界经济、贸易、金融等领域中的作用，而且也能使总协定的普遍性原则得以进一步体现。目前，“乌拉圭回合”正就在关贸总协定基础上建立一个更加全面的多边贸易组织进行谈判，我国也只有尽快重返总协定，才能取得资格参与多边贸易组织的筹建，才能在推动国际经济新秩序的建立方面取得更多的发言权和主动权。

第二，我国重返总协定有利于扩大我国的对外经贸事业。建国以来，与关贸总协定关系长期中断，使我国只能在比总协定规则苛刻的条件下同各国发展贸易关系，而我国目前与总协定成员国的贸易已占我国对外贸易总额85%以上。总协定的规则不能有效地适用于我国与世界各国间的贸易关系，这种不正常现象妨碍着中国同世界各国经济贸易关系的发展。恢复缔约国地位将使我国对外经济贸易能够在真正平等互利的基础上得到进一步发展。

第三，我国重返总协定有利于我国享受多边、稳定和无条件的最惠国待遇。我国目前和一些国家在双边的基础上签订了若干相互享有最惠国待遇的贸易条件和协定，其中有些最惠国待遇是不稳定的。如果我国恢复在关贸总协定中的地位，按照关贸总协定的多边最惠国条款，我国即可自动地在所有关贸总协定缔约国中享有长期稳定的无条件最惠国待遇。这种多边的最惠国待遇同两国之间的双边最惠国待遇相比，更具有稳定性，也不存在期限问题，而且包括的范围更广。这显然有利于实现出口市场多元化，有利于我国更多的产品进入国际市场特别是西方市场，扩大我国的出口贸易。

第四，我国重返总协定有利于我国利用总协定多边贸易体制解决国际贸易争端。在当今世界上，各国贸易保护主义仍很严重，如果能利用总协定解决争端的多边机制，协调和处理同其他缔约方之间的贸易纠纷，即可加强我国谈判地位，较为有利于与我国的贸易伙伴磋商和解决贸易争端，改善我国的贸易待遇，维护我国的经贸权益。如中美之间的贸易磨擦是起因于美国对华的贸易歧视政策。美国1974年的贸易法第402节规定，美国政府每年审查非市场经济国家的移民政策，根据该国的移民政策的实施情况，决定是否对该国的最惠国待遇中止或延长。美国政府就以此为借口，利用什么人权等问题，力图阻挠对中国实行无条件最惠国待遇。由于中国尚未恢复总协定缔约国地位，这种问题不能通过总协定多边争端解决机制来解决，而只能通过双边贸易谈判来解决。但是如果我国重返总协定，就可按照总协定的规定公平合理地来解决，避免这种不平等的歧视性待遇。

第五，我国重返总协定有利于实现我国的祖国统一大业。目前，香港和澳门已经由中英、中葡联合声明确认，作为关税区成为总协定的缔约方。如果港澳回归祖国后留在总协定之内，而中国作为对其外交事务负责的主权国家仍未参加总协定，那对内陆和香港、澳门参加国际贸易都会产生诸多不便。还有，目前台湾正以台澎金马单独关税区名义申请入关，如果台湾捷足先登，不仅有损我国形象，而且妨碍祖国的统一大业。因此，我国重返总协定将会有利于我国完成祖国统一大业。

第六，我国重返总协定可以使我国享受到总协定为发展中国家规定的一切特殊的优惠待遇。例如：为发展国内某一特定工业或产品，可使关税率保持一定的弹性，不受关税减让的约束；遇到国际收支有困难时，可使用进口数量限制措施等等。前面已经谈过，就不多讲了。

第七，我国重返总协定有助于我国更广泛地开展对外经济合作。总协定目前已不限于对商品进出口贸易的调节，已开始着手对其他无形贸易的调节。如在服务贸易、知识产权、投资措施等方面正在制定一些规则。我国重返总协定将有利于我国在这些方面的对外经济技术合作和劳务输出。

第八，我国重返总协定还有助于我国深化经济体制改革，扩大对外开放。总协定以市场经济为基础，以自由竞争为基本原则。我国重返总协定，就必须逐步建立符合社会化商品生产的市场经济体制及其运行机制，就要在企业制度、进口体制、价格体制等方面与国际惯例接轨。这将促进我国的经济体制改革全面深化。同时按总协定原则办事，在公平基础上竞争，可促使我国企业在国际竞争中提高经济效益，更好地参与国际分工和国际竞争。此外，总协定拥有比较齐全的、权威的世界贸易以及国别贸易资料，并可提供技术援助和咨询服务。这将有利于我国在对外经济贸易方面的政府与企业决策更加科学、及时，从而进一步促进我国的对外开放。

总之，我国重返关贸总协定是可以获得多方面的好处的。这对我们来说，既是一种机遇，也是一种挑战。

四、重返总协定对中国的挑战

这种挑战，主要表现在以下几方面：

第一，对我国外贸体制，特别是进口体制的影响。关贸总协定是以市场经济为基础、以自由贸易为基本原则来评估中国的外贸体制的。自改革开放以来，我国外贸体制虽然已经进行了几轮较大的改革，特别是1991年1月的外贸体制改革，使得外贸经营机制朝着符合总协定规则要求的方向迈进了决定性的一步。但是，这些改革着重于出口体制方面。为了积极推进我国恢复总协定地位的进程，我国决定从1992年1月1日起单方面降低225种进口商品关税，3月底取消进口调节税；二三年内使进口许可证减少2/3，同时准备同缔约方谈判进行较大幅度的关税减让。从短时期看，无论是降低关税水平，还是减少进口管理中的行政性干预，都是对我国外贸体制以至整个经济体制的重大冲击，都会给全局带来相当程度的不适应。

第二，对国内产业和市场的冲击。多年来，国内市场在相当程度上依靠着高关税和许可证的保护。据统计，我国对电子、化工、医药等部分产品征收高达130%～300%的关税。在全部53种进口许可证涉及的产品中，这些行业占2/3。我国要恢复关贸总协定的缔约国地位，必须承担必要的“入门费”来换取其他成员国的关税减让。当然，在一定时期内，我国可以适用“对幼稚工业保护”和其他非关税限制等手段来实施对部分民族工业行业的保护。但是，无论采取何种方式和手段，对本国产业和市场的保护程度和范围都会相对减弱；而且开放国内市场是我国产品更多地进入国际市场必须付出的“代价”，也是发展趋势。其结果，有些竞争力不强的产业和产品，就难免不在被淘汰之列。有些企业可能要倒闭，工人要失业。这样，研究新的保护手段，同时促使国内企业尽快增强竞争力，就成为今后工作的关键所在了。

第三，对国内社会经济等综合承受能力的挑战。我国重返关贸总协定，在获得利益享受权利的同时，也需要承担相应的义务，以保持各缔约方之间利益的基本平衡。缔约方对我国恢复总协定地位时要我国承担的义务主要有：在享受最惠国待遇的同时，也向其他成员国提供最惠国待遇；降低关税税率；不得任意实行进口限制或其他贸易限制措施；增加国家外贸政策和法规的统一性和透明性；加强贸易措施及其管理的合理性；并通过改革建立一个能适应国际市场供求关系的合理价格体制等。这些都是对我国社会经济等综合承受能力的严峻挑战，是需要我们认真对待的。

五、中国应有的对策

针对以上所说的挑战情况，我们认为我国应采取以下的对策：

1. 要加快外贸体制乃至整个经济体制的改革进程，为民族工业的发展创造一个较好的环境。具体说来，政府应以建立国内充分竞争市场机制为目标，从宏观到微观对整个经济体制进行全方位改革。一旦重返总协定，国内市场同时也就是国际市场的组成部分。政府必须从政企分开、打破地方封锁与部门行业保护及调整地区政策等方面入手，全面转换政府机构职能和企业经营机制，在全国市场统一的基础上，实现要素自由流动，优化配置，建立与市场经济体制相适应的一整套管理体制，既履行作为总协定缔约国的义务，也更有利于享受总协定缔约国的权利。

2. 要有效地运用灵活关税制或差别关税保护民族工业。目前，关税对发达国家来说，不再是贸易保护的强有力手段，但是发展中国家运用总协定认可的灵活税制对本国工业加以保护，仍然十分有效。因此，我国在交纳参加总协定的“入关费”、降低关税税率的同时，要根据产业定位政策，区别不同产品的技术发展水平和产业内不同产品的竞争力的强弱，实行灵活的差别关税。对于国内正在发展的产业和产品，例如电子、化工、医药等行业的产品，关税应该少减或不减，实行保护；对于国内已拥有相当技术水平、竞争力较强的产业和产品，例如纺织、服装、轻工、玩具等，关税减少幅度可以大一些。这样才能有效地保护我国的民族工业。

3. 要推动企业在新的竞争环境中培育出自我生存和发展的能力。进入关贸总协定意味着国际和国内两个市场将面临逐步走向统一的过程。在新的环境中，保护只可能在一定时期和一定限度内发挥作用，而竞争却是绝对的。因此，提高企业的竞争能力才是根本出路。国际性竞争是科技和实力的竞争。我国应切实尽可能地增加新技术产业的开发经费。据统计，1991 年美国医药科研经费为 93 亿美元，而我国相同行业的科研开发经费，不仅数量太少，而且相当分散，形不成拳头。我国应迅速采取措施，鼓励化工、医药、电子等产业建立行业集团，形成自主开发的创新机制。企业要在技术、管理、市场以及人才等方面下功夫，以迎接进入总协定的挑战。

4. 要建立健全有助于保护和促进国内工业发展的法规体系。多年来，我国习惯于利用行政性措施控制经济。关贸总协定已明确提出要我国进一步提高政策法规透明度，因此我们必须加快健全各项有关法规。我们要把这一压力变为动力，加紧制定一些必要的法规。例如，我国面临世界贸易保护主义的盛行，可以考虑制定我国的《反倾销法》、《反补贴法》，以保护我国的民族工业免遭外国产品的不正当竞争。我国还可参照国际公认的产品认证制度，制定我国的《产品认证法》，这不仅有利于促进我国企业按照国际标准生产产品，而且还会通过我国规定的各种技术标准，阻止那些不符合我国安全标准的外国产品进入我国国内市场。事实上，制定这些法规在许多国家尤其是发达国家早已成为其外贸政策的一部分，而在我国至今尚未引起重视，是需要赶快努力赶上的。

5. 要注重培养与关贸总协定相关的人才。参加关贸总协定并不保证参加国一定能从总协定中自动地享受到总协定的好处，而只是给参加国一个竞争的机会。关贸总协定只是一个框架，其中许多规则是繁杂含糊甚至有很多漏洞。能否在竞争和谈判中获胜，取决于人才，即一批对总协定有深入研究和透彻了解，同时又熟练掌握谈判技术的人才。在某种意义上，总协定被称为“讨价还价的总协定”。一批高水平的人才往往能在谈判中给参加国带来更多的实惠。由于我国只是近年来才开始恢复总协定缔约国地位的准备工作，时间不长，这方面的人才十分缺乏。而我国的主要谈判对手美国及其他发达国家，却拥有一大批一辈子吃关贸总协定谈判饭的人才。因此，我国加紧培养与总协定有关的人才是一件刻不容缓的事。当然，不止上述的谈判人才要培训，其他方面与总协定有关的人才也同样需要加紧培养。

6. 要加强对总协定的研究和宣传。从目前情况看，我国对总协定的研究和宣传，仍属初步阶段。由于总协定涉及面较广，条文又艰深难懂，就有必要鼓励进行对总协定的研究工作，为决策部门、实际工作部门、企业家们提供咨询意见和及时有效的建议。另外在宣传方面，还需要在全社会扩大宣传有关总协定的基本知识，使得我国各行各业的人都有充分的思想准备，以便适应重返总协定后环境的重大变化。

六、结　语

总的来说，我国重返总协定，既有机遇，又有挑战，可谓机遇与挑战并存，利益与风险同在。我们只要能抓住机遇，采取适当对策，有准备地迎接挑战，就能化险为夷，在迎接挑战中取得胜利。从短的时期看，似乎可能弊大于利，但从长远方面考虑，必然是利大于弊。只要我们脚踏实地，沉着应战，我们就一定能安全地渡过这一难“关”，达到成功的彼岸。毛主席曾经在他的一首词中这样写道：“雄关漫道真如铁，而今迈步从头越。”现在就是我们“迈步从头越”的时候了。让我们增强信心，奋力拼搏，使我们的经济建设这个中心工作，在重返总协定后，更顺利地向前推进，取得更辉煌伟大的成就。

关贸总协定及其基本原则与规则*

一、导言

“关贸总协定”就是“关税与贸易总协定”的简称。英文原文为“General Agreement on Tariffs and Trade”，简称为“GATT”。它既是一项含有一整套多边贸易原则与规则的国际协定，又是缔约方之间相互进行谈判和解决争端的场所和国际经济组织。关贸总协定现有缔约方103个（截止到1991年10月），另外还有30多个国家和地区事实上在实施总协定规则。它们之间的贸易量占全世界贸易量的90%以上。关贸总协定已被绝大多数国家承认为国际贸易制度和贸易秩序的基本法典，已成为国际贸易中各国应遵循的基本准则。关贸总协定的宗旨是突破国际间贸易壁垒，以推动国际间贸易的扩大和发展。它是当代世界调整经济贸易和金融的三大支柱之一，与另外两大支柱——国际货币基金组织和世界银行相比，它的调整范围更广，影响更大。这样一个重要的国际经济组织，又被广泛地称为“经济上的联合国”。

我国对外贸易的85%以上，是和总协定缔约方往来的。我国本是关贸总协定的23个创始缔约国之一。但由于历史的原因，中国同总协定的关系中断了四十余年。现今世界上，没有哪一个国家能独立于国际环境而自行发展。中国于1978年确定了改革开放的基本国策，积极推动国际经济合作，参与国际交换，以促进国民经济的高速发展。为此，我国于1986年正式申请恢复关贸总协定缔约国的地位。

---

* 本文原载《法学评论》1993年第3期。

经过几年来的谈判，可以预料，我国重返关贸总协定，已经是为期不远了。

正如李鹏总理所声明的那样，我国参加总协定既享受权利，也承担义务。毫无疑问，这对我国的经贸发展以及其他许多方面都将产生深远的影响。可以说，它既给我们带来难得机遇，同时也向我们提出了严峻的挑战。为了做到有备无患，我们就必须对关贸总协定的有关问题进行比较深入的研究，具有比较全面的理解。特别是我国的企业家们，即将面临国际经济的严酷竞争，只有通过充分理解和掌握总协定所涉及的一些问题的基本知识，才能在这种竞争中，有准备地奋力拼搏，使之立于不败之地，并能抓住机遇，在迎接挑战中取得胜利。

二、关贸总协定是怎样产生的

（一）成立背景

人类在短短的三十多年间，就经历了两次空前浩劫的世界大战。大战中，各国政府为取得战争的胜利，都扩大对经济的统治权，以集中有限的社会资源保证战争的需要，维持国内民众最基本的生活水平。因此，战后各国政府无论是对经济资源的控制，社会产品的分配，还是对国际贸易的管制，对各种进出口的限制，都带有浓厚的战争色彩。尤其是为了恢复本国经济，迅速赢得战后国际市场的优势竞争地位，各国政府都依然维持对进口货物的高额关税，对外国产品的进口严加限制，以刺激本国产品的发展。应当说，战时的经济管制政策，对战争而言是完全必要的。但在战争结束以后，在相对和平的国际环境中，依然维持这套政策，不仅阻碍了国际市场的正常交往，大大降低国际经济发展的利益，而且对刺激本国经济复苏，提高本国人民的生活水平，也是极为不利的。因此，根据战后特别是二次大战后国际贸易发展的需要和规律，就迫切要求建立一个公正、自由、具有国际规范性和约束力的贸易体制，给世界经济发展创造一个良好的国际贸易环境。

应该指出的是，在创造这样一个国际贸易环境中，美国起了特别重要的作用。因为，二次大战后，美国利用它在战时取得的军事优势，取得了经济上的压倒优势。当时，美国工业生产占资本主义世界的1/2，出口贸易占1/3，黄金储备占3/4。强大的经济实力，使得美国全球扩张的梦想，急剧地膨胀起来。美国强大的国内生产能力，使得美国不断寻求海外市场；扩大出口对美国而言就具有特别重要的战略意义。而且，美国所需要的工业生产原料，特别是矿产，有不少还需要从外国进口。因此，无论从美国对外经济的扩张而言，还是从美国对外国原料的依赖状况而言，美国都急需建立一个更加自由、更有利于其对外扩张的国际贸易体制和秩序。

若干年来，有些人曾经认为关贸总协定是美国霸权主义的产物，这当然也有一部分道理。但是，从关贸总协定成立以来的情况看来，应该认为国际贸易本身发展的需要和规律，才是关贸总协定赖以建立、生存和发展壮大的根本性原因，这也正是关贸总协定得以成立的主要历史背景。

（二）成立经过

美国在二次大战期间就开始策划战后新的世界经济体制。1941年美国总统罗斯福和英国首相丘吉尔发表的大西洋宪章（The Atlantic Charter），就提出了促进国家间经济合作，建立以不歧视为基础的、多边的、自由的战后世界经济结构和贸易体系。1944 年，在美国的倡导下，就在美国新罕布什尔州布雷顿森林，召开有 44 国参加的国际货币金融会议，通称布雷顿森林会议，准备在二次大战后成立 3 个国际经济组织，即国际货币基金（International Monetary Fund）、国际复兴与开发银行即世界银行（World Bank）和国际贸易组织（International Trade Organization），以便促成战后各国经济的恢复和发展。

关于国际贸易组织，1946 年 2 月，联合国经社理事会便通过了关于召开世界贸易和就业会议的建议，并成立筹备委员会，着手建立世界上最大的经济贸易组织。1947 年 4 月至 10 月，美、英、中、法等 23 个国家参加了在日内瓦举行的世界贸易和就业筹备委员会第二届会议，会议修改并完成了《国际贸易组织宪章草案》，并通过谈判达成了 123 项有关关税减让的多边协议。为了使关税减让的成果尽快履行，参加国将拟议中的国际贸易组织宪章中的一些有关贸易政策的条款摘出，汇成一个单一的协定，并将各国达成的关税减让协议列为各国的关税减让表，构成该协定不可分割的组成部分。这个协定被命名为“关税与贸易总协定”。同年10月，23国达成《关税与贸易总协定临时适用议定书》，宣布在国际贸易组织宪章生效之前临时适用关贸总协定。

1948年，世界贸易和就业会议在古巴哈瓦那正式通过了《国际贸易组织宪章》（亦称《哈瓦那宪章》）。该宪章正式倡议成立国际贸易组织，作为国际贸易规则、条例的起草机构，协调各国的贸易政策，监督和仲裁各国的贸易活动和冲突，以促进世界贸易的发展。本来，《宪章》一经各国议会批准，即应正式生效，同时《关贸总协定》作为临时适用的条款也就不再执行。但由于个别贸易大国的国会（特别是美国国会）以种种理由不予批准，致使《宪章》不能正式生效履行，因而成立国际贸易组织一事便半途而废。于是作为临时性安排的《关贸总协定》从1948年1月1日起生效，以至于今日，发挥着全球的多边贸易协定和国际贸易机构的作用。

根据以上所述，可以这样说，目前国际上只有一个真正以法律形式调整国际贸易与贸易关系的规则与程序并体现成员国之间权利与义务的体制，这一体制就是关贸总协定。尽管《哈瓦那宪章》中原来规定的某些问题，在关贸总协定中未能体现出来，显得有某些不足之处，不过经过多年来的修订和补充，它毕竟还是当今世界上惟一的具有全球性的国际贸易行为准则，是推行多边贸易自由化的总括性的国际条约。

（三）组织机构

关贸总协定本身虽然没有对组织机构作出专门的规定，但在实践中它却建立了一套独特管理制度和必要的组织机构。目前，其主要机关有：缔约国大会、缔约国代表理事会、委员会、工作组与专家小组。

1. 缔约国大会。缔约国大会是关贸总协定的最高权力机关，通常每年举行一次。在个别情况下，一年也可召开两次。缔约国大会拥有广泛的职权，几乎涉及总协定的所有条款和范围。其中主要有：举行关税和贸易谈判，协商与此有关的一切问题并作出建议；采取联合行动实施协定和促进其目的的实现；解释和修正总协定条款及其他协议、决议；建立新的体制结构；检查执行情况和有关的国内措施；解除某个国家的协定义务，批准实行进口限制及区域安排等特别措施；接受新会员国；调查解决贸易争端和召开部长级会议等。大会实行一国一票原则。实际上只有重要的问题（例如解除某个国家的义务），才进行正式投票，在没有反对意见的情况下，大会决议多以协商同意方式即所谓“一致同意”方式来决定。1982 年大会曾重申一致同意决定仍为解决贸易纠纷的有效传统方式。

2. 缔约国代表理事会（Council of Representatives）。这是总协定最重要的行政机构之一，由缔约各国驻日内瓦总部的代表组成。理事会每年不定期地举行 5 ~6 次会议（1981 年多达 9 次），处理大会休会期间的日常事务和其他紧急问题，向下届大会报告，并建议大会采取适当的行动。理事会的职能范围也很广，除无权批准解除某个缔约国的协定义务外，它有权处理在缔约国大会上可能处理的一切问题。如果一缔约国认为理事会的决定损害了它的贸易利益，该国有权以书面形式向缔约国全体申诉，并有权要求在申诉期间停止执行理事会的决定。

3. 委员会、工作组与专家小组。总协定组织结构的一个重要特点是，在该协定条款没有规定的情况下，根据实际需要，设立若干常设或临时的附属机构，形成一套基本完整的委员会制度。这些委员会处理具体的或特别的专门事项。如工业品、农产品委员会，贸易与发展委员会，贸易谈判委员会等。其中贸发委员会与发展中国家有极为密切的联系，是当今总协定组织中最重要的机构之一。其主要职责是：就贸易政策和发展政策，包括对发展中国家有特别利益的领域中的贸易自由化问题，进行检查、协商、谈判和处理。缔约国大会曾于 1979 年通过决议，同意给予发展中国家缔约国以更优惠待遇，允许它们为国际收支或发展目的而采取必要的贸易保护措施，并就通知、协商、监督和解决争端等事项作了规定。贸发委员会对这些决议，负主要的监督责任。

此外，缔约国大会或代表理事会，还为处理争端或完成其他特定的任务而设立各种工作组或专家小组。这些工作组向理事会提出报告或结论，理事会一般都通过这些报告或结论。工作组向所有对它感兴趣的成员国开放。这表明工作组的结论也是某种一致同意的结果，从而使理事会更加容易通过这些结论。

在处理成员国之间争端方面，专家小组具有特别重要的意义。专家小组的成员是以独立的专家身份，而不是以其政府代表的身份进行工作的。他们具有专门知识，而且每个小组只处理一个案件，处理完后即解散。所以他们不代表任何国家的利益，而仅仅是关于某个特别问题的专家或"客观的法官"，以个人的身份独立办事。不过，实际上由于他们通常都是各国驻总协定组织总部的代表，在调查处理贸易纠纷中，也很难说他们或多或少受其各自政府的态度的影响。

4. 秘书处。这是总协定的日常事务机构，其职责是为大会和多边贸易谈判的筹备和召开以及其他机关的会议进行组织和提供服务，搜集与交流信息，提供咨询和帮助，促进有关贸易和发展问题的研究，安排预算等。秘书处由总干事（Director-General）领导，下设副总干事和助理总干事。秘书处设在日内瓦，现有工作人员约400人。现任总干事是瑞士籍的阿瑟·邓克尔（Arthur Dunkel）先生。

三、关贸总协定的基本原则与规则

前面说过，关贸总协定既是一项含有一整套多边贸易原则与规则的国际协定，又是缔约国之间相互进行谈判和解决纠纷的场所与国际经济组织。作为一种国际协定，它共有四个部分，38条。它的主要原则和规则，可以概括为以下几项：

（一）以市场经济为基础，自由竞争为基本原则

关贸总协定的框架和它的运作，都是建立在市场经济和自由竞争的基础上的。关贸总协定的其他原则，以及随后所作出的各种调整，都是这项原则的延伸和体现。尽管二次大战后，国际贸易经历过几度冲击和磨难，包括保护主义的严重挑战，关贸总协定依然顽强地维持着正常秩序和基本格局。在这方面，关贸总协定的作用和贡献，是不容低估的。这项原则的主要表现是：

第一，大规模地减少政府的干预，由市场决定企业的发展。因此，关贸总协定规定了极其严格的条款，将政府对本国经济的种种行政性保护措施，诸如进出口许可证制，进口数量限制，补贴性出口

等，都作了规范性约束。不过，在这方面，总协定也有一定的局限性。例如美国作为国际自由贸易最热烈的鼓吹者，面对日、德等国工业化产品咄咄逼人的攻势，以及发展中国家轻工、纺织品的激烈竞争，为了维护其本国利益，几次要求展开贸易谈判，以新的规则求得对自身的保护，这就是对自由贸易精神的一种挑衅和背离。关贸总协定面对现实贸易的变化，即使是在市场经济的基本原则上，有时也不得不表现出一定程度的妥协性。因此，我们可以说，减少政府干预的基本原则，在不同国家，在不同时期，都有一些不同的表现形式。尽管如此，关贸总协定所体现的自由贸易精神依然是在这种曲折过程中不断地顽强地表现着自己的。

第二，市场准入。关贸总协定在运作过程中对自由贸易精神的最显著表现，莫过于在市场准入这一问题上了。如果国际间的产品，不能相对地进入对方国家的市场，或者一国可以自由地进入另一国，而另一国却没有对等的权利，甚至完全封锁本国市场，一味向别国展开大规模倾销，势必严重损害国际贸易公正竞争的原则。因此，关贸总协定在其先后完成的七轮贸易谈判回合中，市场准入问题都是焦点之中的焦点。而且正是通过这样几轮艰难的谈判，国际贸易市场才有今天这样相对的完整性，开放贸易的范围才能从初级制品扩展到加工制品，从第二产业扩展到第三产业，从物质制品扩展到产权保护等各个领域。

（二）非歧视原则

非歧视原则是指各成员国之间的贸易应当在非歧视的基础上进行，各成员国在相互的贸易关系中不应当存在差别待遇。这一原则主要是通过最惠国待遇条款（Most-Favoured-Nation Clause）和国民待遇条款（National Treatment Clause）来实现的。

最惠国待遇条款要求每一缔约国应当以同等的态度对待所有其他缔约国。按照总协定第1条的规定，缔约国相互之间应当给予无条件最惠国待遇。每个缔约国给予任何一个国家（不论是不是缔约国）的优惠、特权和豁免，都应当立即无条件地扩及于所有缔约国，使所有缔约国都能享受同等的优惠待遇。最惠国待遇条款是关贸总协定自由贸易精神的基本体现，也是总协定的基本原则。它的核心要素就是：缔约国的贸易不能因政治、经济或种族等原因，而有任何歧视性的表现，而且这种非歧视性，必须是对任何一个缔约国都是平等的。同时，它的另外一个重要意义还表现在，缔约国内部的最惠国待遇必须是不附加任何政治前提或条件的。换句话说，一方不得要求另一方承诺超出总协定要求的条款，以此作为最惠国待遇的条件。目前，美国执行中美双边协定给予中国的就是有条件的最惠国待遇，每年要经国会审议一次，看中国是否实行自由移民政策或人权状况如何等，这既不符合总协定多边贸易制度的原则，也不符合中美贸易协定的规定。实际上这是一种强权政治的表现。

不过，总协定也规定在某些特殊情况下，可以例外地不适用上述最惠国待遇。主要例外是：（1）最惠国待遇不适用在总协定签订以前早已存在的特惠关税（如英帝国特惠制）、关税同盟（如比、荷、卢关税同盟）、自由贸易区（如欧洲自由贸易区）以及毗邻国家之间对边境贸易所给予的优惠待遇；（2）经总协定成员国同意，为了使发达国家能对发展中国家实行普遍优惠制（指由发达国家承诺对发展中国家或地区输入的制成品普遍给予非歧视的、非互惠的特别优惠待遇，即优于最惠国待遇的、非互惠的特别优惠制度），它们将放弃要求享受最惠国待遇，即承认普惠制待遇只适用于发展中国家，其他非发展中国家的成员国不能援引最惠国待遇条款要求享受此项优惠待遇。

国民待遇是指缔约国之间对来自另一缔约国的进口货，在国内税或其他国内商业规章要求等方面，应与本国产品同等待遇，也就是使进口产品在一个缔约国内的市场上与其国内产品处于同等的竞争地位。其目的是为了防止缔约国采取迂回的保护主义措施。例如，在征收国内税或国内销售、运输及经销等方面对进口货采取歧视待遇，以达到限制其他缔约国商品进口的目的。如果说，最惠国待遇的基本要求是对一切缔约国的进口商品进入国境时实行无差别待遇的话，那么，国民待遇的基本要求就是对一切缔约国的进口商品在其进入国境之后，在国内税收、销售、运输等各方面实行无差别待遇，使之享受与本国产品同等的待遇。

从发展的趋势看，这套将世界各国的国内市场日益密切地同国际市场对接（即彼此接轨）的规则，只会越来越周密，产品直接渗透到国内市场的空间将会越来越扩大。惟一有效的应付办法，只能是提高国内产品的竞争力。

（三）关税保护原则

关税保护原则就是各缔约国对其本国工业的保护，只能通过关税来实现，而不能采取其他非关税措施。换言之，各缔约国只能通过制订关税税则对某些商品征收较高的关税来调节进口，以达到保护本国工业的目的，但不能采取实施进口限制或其他非关税形式的保护手段来达到这一目的。这一原则使保护的程度一目了然，容易对各国的保护手段进行比较，使进行贸易减让谈判有明确的衡量标准。

总协定承认关税为惟一重要保护手段，并不是要缔约国高筑关税壁垒，而是要通过举行关税减让的谈判逐步降低关税，通过约束关税减让水平为世界贸易提供一个稳定的可以预见的基础。稳定性主要体现在，缔约国之间通过谈判达成关税减让，减让的税率幅度均须列入减让表，作为总协定不可分割的组成部分。缔约国的关税税率被约束在减让的水平上，不得随意提高。总协定规定每隔三年，只要减少税的一方提出要求，便可对约束税率进行重新谈判。但是税率的高升必须由其他产品税率减让来补偿，所以实际上谈判回升关税的情况极其罕见。关税谈判在双边基础上进行，但根据最惠国待遇原则在多边基础上实施，也就是说双边关税减让多边化，使自由化的结果逐步扩散，从而使缔约国的关税水平逐步下降，以促进世界贸易的发展。

（四）公平贸易原则

这一原则主要是指反对倾销和反对出口补贴，即允许缔约国采取措施来抵销倾销行为和出口补贴对进口国所造成的损害。

所谓倾销就是企业以低于产品的正常价格在国外市场销售，以打击竞争对手，占领国外市场。倾销的主要目的，往往是同行业的竞争一方，为扩大市场占有份额，使其产品能在对方市场中获得垄断地位，不惜以低于对方乃至低于成本的价格，在市场中销售其产品，企图以暂时的利润损失，夺得市场的垄断地位，以求以后恢复其正常价格。特别是一些跨国大企业，往往以其雄厚的财力，支撑庞大的市场销售费用，承受暂时利润的损失，使其对手不得不退出市场，从而谋取长远的市场利益。进口国国内相同产品的生产者，自将遭受沉重的打击，连进口国消费者的利益最终也会受到严重的侵害。这是一种不公平的竞争手段，进口国可以征收反倾销税来抵销倾销所造成的损害。这里要附带说明的是，征收反倾销税本来是要保证贸易的公平进行的。总协定对此是有严格的规定的。可是由于我国尚未被视为关贸总协定的成员国，同时也由于我国企业过去不很了解外国有关反倾销的法规，有不少发达国家往往对我国产品以反倾销为名，不按总协定的规定，征收很高的反倾销税，使我国蒙受很大的损失，也大大影响了我国的出口贸易。

所谓出口补贴是指政府或同业工会为降低出口商品的价格，加强其在国外市场的竞争力，对某些出口商品给予现金补贴或财政上的优惠待遇的一种奖励出口的办法。由此可见，出口补贴的方式有两种：一种是直接补贴，即对某些商品的出口直接付给出口商以现金补贴。第二次世界大战后，美国对其农产品出口，因国内价格高于出口价格，就通过商品信贷公司给予现金补贴，从而扩大了美国剩余农产品的出口，使不少国家（如欧共体国家）深感不满。另一种出口补贴方式是由政府给予财政上的支持。例如有些国家规定，对于为加工出口而进口的原料、半制成品，实行暂时免税进口，或在出口时退回其进口的关税，或对某些商品的出口商减免出口税和国内捐税等。这些办法都是为了降低本国出口商品的成本，扩大出口商品的销路，增强本国商品在国际市场的竞争力。按照总协定的规定，进口该产品的缔约国可对其征收反补贴税。不过，总协定对征收反补贴税提出两项基本条件，即（1）存在着接受补贴的事实；（2）对进口国国内某一工业造成重大损害。

（五）一般禁止数量限制原则

一般说来，实行进出口数量限制都是违反总协定基本原则的。实行数量限制就是限制外国产品进行竞争，窒息价格机制的作用，从而阻碍市场经济在国际贸易中发挥作用，所以受到禁止。但是总协定允许禁止数量限制在某些情况下可以有例外。主要的例外是：（1）国际收支陷于困难，当某个缔约国在国际收支方面遇到困难时，可以暂时采取进口数量限制措施，以遏制进口的增长，但不得超过为保护国际收支所必要的程度，而且当国际收支的困难不复存在时，应立即取消这种限制措施。（2）发展中国家由于发展经济，进口要求扩大，而致使外汇储备下降，可以采取某些进口数量限制措施。采取这种数量限制措施必须通过协商程序，就限制所造成的影响交换意见，并请国际货币基金组织就实施限制国家的国际收支状况提出评价报告，证实确有困难，方可允许实行限制。（3）为了稳定本国农产品市场，在某些情况下，也允许对农产品的进口实施数量限制。

（六）贸易政策法规的全国统一实施和透明原则

总协定为了使各国的贸易关系能在公开的基础上进行，对缔约国各方制定的有关进出口的贸易政策法规，也规定了相应的统一规则。主要规定如下：（1）原则上所有政策法规都应提前公布，使缔约国有一定时间来熟悉这些政策法规，并可以针对有悖于总协定的规定提出质疑。政策法规的提前公布，然后开始正式运行，有利于其他缔约国调整本国的出口政策，也使企业熟知其运作习惯和具体情况。这种透明度可以减少贸易过程中一些不必要的阻碍和麻烦。但总协定不要求公开那些妨碍法令的贯彻执行、会违反公共利益或会损害某一企业的正当商业利益的机密资料。（2）缔约国的政策法规必须是完整、统一的，不能对不同部门、不同地区采取不同的政策，人为地造成国内市场行为的不一致，增大国际贸易的难度。

（七）例　　外

以上这些基本原则和规则，就是总协定赖以运作的基础和前提所在，而且是每一缔约国都必须遵循的，但也有一些例外。这些例外是：

（1）国际收支平衡例外。当某个缔约国在国际收支方面遇到困难时，可以暂时实行进口限制。对发展中国家的要求更宽容一些，可以允许发展中国家保持足够的外汇储备，以满足发展需要和维持其金融地位。但是依据国际收支平衡理由实行限制，必须由国际货币基金组织作出评价报告，并由总协定成立工作组定期进行审查，国际收支改善后，应即取消限制。

（2）幼稚工业保护例外。为了建立一个新的工业或为了保护刚刚建立尚不具备竞争能力的工业，可以实行进口限制。什么叫幼稚工业，还没有明确的定义。通常采取申请、由缔约国审议批准的办法予以确认，对被确认的幼稚工业可采取提高关税、实行许可证、临时征收附加税等办法。一般地说，不能笼统地说整个工业都是幼稚工业，必须视具体行业的实际情况而定。

（3）保障条款。某一具体的产业由于受到突然大量增加的进口产品的冲击而造成严重损害，如严重开工不足、工人失业、利润率大幅度下降或亏损等情况，可以实行临时性进口限制。但该产业有义务进行结构调整。紧急保障措施一般为一二年，但可延长到四五年。

（4）关税同盟和自由贸易区的例外。关税同盟或自由贸易区成员之间互相给予的贸易优惠，可以不必同时给予非成员国。欧共体、欧洲自由贸易区和美加自由贸易区就是按照这一原则相互给予优惠的。

（5）安全例外。缔约国可以为了国家安全和社会公德禁止火药、武器、毒品、淫秽出版物等的进口。

（6）对发展中国家的特殊优惠待遇。允许发展中国家关税制度有更大的弹性，发展中国家相互进行关税减让而不必同时对发达国家给予同等的减让，允许发展中国家在一定限度内实行出口补贴，允许发展中国家可以享受普遍优惠制等。

论改革与加强关税及贸易总协定多边贸易体系*

一、关贸总协定的成就与缺陷

关税及贸易总协定是众多国家承认的战后国际贸易制度和贸易秩序的基本法典。没有这些贸易行为准则和程序，尤其是无条件的最惠国待遇原则及非歧视原则，各国政府将一如20世纪30年代所经历的那样，重新诉诸于“以临为壑”的政策，再次陷入国际贸易混乱。总协定避免了这种经济灾难，它对世界贸易的贡献功不可没。

40多年来，缔约各国通过总协定机制进行谈判与磋商，协调国际国内贸易政策，有利于减少歧视待遇和加强联合反对贸易保护主义。在工业品关税领域，总协定取得了有目共睹的成就，先后主持并进行了8个回合多边谈判，降低并稳定了关税。主要工业化国家已将90%的工业品关税固定在4%～6%的水平，以最惠国待遇为基础，对所有缔约国实施。关税壁垒已不是首要矛盾，多边贸易谈判的目标开始转向非关税领域。总协定先后采取了一些优惠发展中国家的措施，它们的经济发展问题逐步受到重视。虽然某些措施实施不力，但与过去相比，毕竟有所前进。尽管总协定组织仍然存在许多问题和缺陷，它对各国依然有很大的吸引力。它从1947年的23个创始国发展到目前的98个正式成员，包括事实上适用协定规则的国家在内，涉及130多个国家和地区，而且在继续扩大。除少数西欧和东欧国家

* 本文原载《武汉大学学报》（社会科学版），1991年第2期，合作者为张克文。

外，1955年之后加入者几乎全是发展中国家，它们的参加显著地改变着总协定多边体系的面貌。然而，总协定毕竟是40年前为适应当时的国际经济关系而制定的，虽经几次重要修订和补充，仍不能体现当今的世界经济关系和贸易结构。其决策权事实上操纵在美、日、共同体等发达国家手中，有关重要事务的谈判主要在它们之间进行。这些国家与占2/3以上的发展中缔约国没有共同的政治利益，经济上难以采取一致行动，政治与经济政策的不同亦使得总协定条款的解释存在分歧。某些规定过时，缔约国数目大增，结构的改变，异乎寻常的例外和灵活性以及解决争端不力等诸多因素，使一些基本的原则未得到有效的执行，其根本宗旨甚至遭到破坏。随着70年代末期以来世界性贸易保护主义的抬头，总协定多边贸易体系正处在一个紧要关头，面临重重困难和考验，其中两个最大的问题是关于发展中国家以及贸易保护主义问题。

二、总协定与发展中国家

作为一项多边条约和国际贸易组织，不可能说总协定对发展中缔约国无利可言，也不可能说它们毫无所得，否则，它们就不会积极加入。在总协定体系内，发达国家自1971年起，向发展中国家提供有限但也不无好处的普惠制关税优惠；免除其某些最惠国待遇义务，准许为保护国内新建工业而改变约束税率，撤回减让或其他义务；因国际收支困难可实行进口限制，并且可以不受禁止对制成品给予出口补贴的约束。但这些便利措施有诸多限制条件和适用程序，距离发展中国家的需要和愿望，或者同发达国家的收获相比，相差甚远。一个重要的历史事实是，发展中国家占现有缔约国的2/3以上，在总协定缔结时大都未获得政治独立，它们中间的80%没有参与协定的谈判起草工作。因此，由美、英发起的《关税及贸易总协定》主要是规范和处理发达国家的贸易事务。它们在数量上虽居少数，却占世界贸易总额的绝大部分。许多发展中国家在经济上至今尚未完全独立，未摆脱对大国的依附关系。双方都知道，没有贸易大国，总协定就可能解体，所以，发达国家一直以牺牲中小国家的利益来维持自己的发展和繁荣。

总协定对于发展中缔约国到底是“好”还是“坏”，很难截然定论，不过，有两点是应该明确的。总协定只不过是成员国意见的一种反映，如果含有引起反对之处，或者没有订入发展中国家所希望的内容，那不是协定的过错，而是在该组织中最有发言权的缔约国的责任。其次，如果发展中国家轻易相信通过形式上的变化而不是彻底的改革，总协定就会根据其意见改变国际贸易规则，那就太天真了。贸发会议第一届大会就是一个教训。当时接连以压倒多数通过决议，但毫无用处，因为如果某项决议真的有意义，主要发达国家就采取联合反对行动，以维护自己的既得利益。

有学者认为，尽管有许多障碍，发展中国家还是从总协定中获得了实际利益，其出口产品得到了工业国家关税减让的全部好处，而且总协定反对大国的贸易保护措施，但对于发展中国家的贸易政策实际上未赋予特别的法律义务。发展中国家争辩说，总协定的贸易自由化原则及制度不符合其经济结构、发展水平、财政和贸易需要。例如无差别的最惠国待遇原则仅适合并有利于工业化国家，非但不能改变历史给它们造成的贫困，反而加强了对它们的歧视。7 个回合谈判降低了发达国家的关税水平，扩大了西方国家间的贸易，发展中国家则因谈判地位较弱，未能使大国削减对某些重要产品的关税与非关税壁垒。它们的已加工产品、原料和农产品出口受到歧视，在其有竞争力的领域，继续遭受西方国家的高关税与其他限制，严重阻碍其出口贸易，使缩小贫富差距的愿望适得其反。某些西方人士亦认为，发达国家的贸易政策和总协定规则是第三世界国家发展缓慢的主要原因。因为发达缔约国所维持的贸易壁垒太多，在总协定内对发展中国家的主要创汇产品的关税减让太少，大国要求互惠减让，无力提供减让的贫穷国家的所得可想而知。此外，多边谈判主要是在美、日及欧共体之间进行，谈判有成为发达国家事务的危险倾向。它们建议寻求一种办法，促使大国向发展中国家作出新的关税减让，降低富国对贫国的贸易壁垒。

缔约国大会自 1955 年起，允许发展中缔约国为发展与财政收支目的而背离某些规则，实践证明这并非促进其经济增长的适当方法。总协定第四部分的生效以及普惠制和“授权条款”前进了一步，但并没有产生预期的效果。没有奏效的原因之一是总协定不能强迫发达国家按照某种方式行事。协定第36条第8款和东京回合“授权条款”均规定，发达国家不能指望发展中国家提供对等、互惠的减让，实际上也无权强迫发达国家作出单方面减让，而且它未就关税优惠问题提出具体的政策要求。这样，发达国家就没有法律义务将所有发展中缔约国都列为优惠对象。后者作为多种产品的买卖者进入国际市场，在世界经济中的作用越来越重要，可是，它们中的大多数在世界生产与需求的增长中所得甚微。连续多年的初级产品价格下跌，欧共体和美、日等大国的巨额农产品出口补贴等，使主要生产和出口初级产品与农产品的第三世界各国蒙受重大损失。发达国家按产品加工程度征收关税的政策进一步强化，非关税保护空前猖獗，在多边体系外采取的进口数量限制措施加强，特别是对半制成品和制成品实行高度保护，这些均对发展中国家构成出口障碍与威胁。因经济衰退、贸易条件恶化及保护主义的影响，它们预期的出口收入从未实现，面临持续的巨额贸易赤字。它们既迫切需要进口，却又无力支付，不得已而实行进口数量限制，以缓解贸易逆差。为保护国内工业免受它国竞争的影响，许多发展中国家也设立了多种贸易壁垒，但它们的组织结构大都落后，缺乏训练有素的专业人员管理技术复杂的关税壁垒，多采用比较容易管理的非关税措施，而后者却是总协定所一般禁止的，而且易遭致他国的报复行动。

归根到底，发展中国家进口的多少不在于其单方面的决策，主要取决于发达国家的态度。如果发达国家从发展中国家进口多，它们向后者的出口也会相应增长。反之，如果发展中国家从发达国家买得多，自身的初级产品销售就难增长。欲求得经济的稳步发展，发展中各国应进行经济结构调整，把资源转向生产进口品或进口替代品，减少对西方国家的依赖。发达国家和新兴工业化国家则应向它们开放市场，减少贸易壁垒，使其产品能顺利进入世界市场。这样做既可增加其外汇收入，促进经济发展，亦可扩大发达国家的出口市场。因为发展中国家的出口收入和国际收支状况的改善，将使之有能力支付更多的进口商品。在现代经济中，谁都不可能孤立地发展，只有多出口才能多进口，不可能只进不出或只出不进。南北国家的合作、协调与共同发展是历史的必然，双方均应为此而努力。

第三世界国家当前在贸易、生产、资金及技术等方面，在很大程度上仍处于依附地位，这固然是贫穷落后的重要原因，而世界经济形势恶化，保护主义以及流向这些国家的援助资金减少等国际因素，亦是不容忽略的重要原因。这种趋势在总协定和联合国贸发会议内引起了第三世界对国际贸易制度及其活动的激烈抨击。如在其他国际组织中一样，总协定的历次谈判和贸发会议的讨论均以南北对立为特征。经济目的与政治目的交织，产生各种新的歧视，所以，发展中国家坚决要求举行全球贸易谈判，改革国际金融和贸易的体系与结构，改善贸易条件、贸易规则及其实施办法，以期得到实际利益。

三、当前国际贸易的主要障碍

关贸总协定的行为准则可以概括为三大原则：以最惠国条款为中心的非歧视原则，开放市场（禁止除关税以外的任何形式的保护）以及公平贸易原则。遗憾的是没有一条完全实现。纵然不少条款都禁止歧视待遇，它仍是复杂而又不完善的法律文件。如果某个缔约国执意拒绝履行或逃避协定义务，并非难事。各国对总协定的不满不仅因为其例外、免责及其他原则与规则的不恰当或不充分，而且主要因为它被某些国家曲解和无视，危害最甚者当数贸易保护主义。缔约国越来越关切由总协定原则、规则和程序所代表的国际贸易制度的现状与未来。

热衷于贸易歧视的国家视而不见报复的危险，多以区域合作为掩护，树立众多的非关税壁垒。发达国家自恃实力雄厚，不怕小国报复，后者因经济落后，报复于己不利，于是大国更有恃无恐。据总协定秘书处1976年统计，各国采取的非关税保护措施多达900余种，仅欧共体国家的进出口限制措施就超过700种；日本号称关税最低，但其非关税壁垒居各国之首。根据世界银行报告统计，非关税措施近年已达2 500种之多。各类贸易战层出不穷，贸易保护主义严重地危害着世界贸易的发展。

贸易保护主义主要采用以下非关税壁垒措施：进口数量限制，如进口许可证和进口配额，有秩序销售协议及自愿出口限制等；征收反补贴税与反倾销税；技术、卫生、安全标准及生态环境保护；海关估价及税目；政府采购和政府专营；国内行政法规和政府管理程序等等。几乎所有国家都奖出限入，补贴出口，牺牲他国以获利，形成了一种恶性循环。总协定法律机制的作用本来是防止和消除这些相互危害的贸易政策，但在废除非关税壁垒和抑制保护主义方面几乎无所进展。东京回合多边协议的效果很小，只对签署国有效，而且在农产品贸易方面几乎完全避开了总协定。美国和欧共体因努力扩大农产品出口而反对总协定规则的运用，纺织品贸易越来越多地受到“自限”和“有秩序销售安排”的制约，总协定组织对之心有余而力不足。它虽曾多次讨论保护主义对世界经济和多边贸易体系的危害，1982年缔约国部长会议宣言甚至布置制订解决办法与加强总协定实力的手段，至今尚未提出统一的方案，保护主义依然故我，有增无减。

实行贸易保护者都认为这样做是为了保证就业，保障国家安全和新建工业。这多半是一种辩解和掩饰，其实际效果却事与愿违。它们因保护而得到暂时的有形利益，将为此而付出长远的无形代价，最终将尝受苦果。个中原因之一是从保护得到的利益是集中的，有立竿见影的效果；付出的代价则是无形的，分散于社会的各个阶层，且大多数弊端来得较慢，近期内不很明显，不为人们所注意。它保护了某些工业部门及部分工人就业，却惩罚了大量的消费者、纳税人和出口行业的股票持有者。因为在自由进口商品的情况下，消费者有选择商品的余地，毋须付出更高的价格；其他产业部门可能不得不裁员，纳税人将缴纳更多的税款以资补贴；股票持有者则因其公司出口产品市场缩小而受到损失。这些受害者很少知道自己正在为贸易保护而承担损失，仍积极支持政府采取保护政策。贸易保护不但不能长久地保证就业机会增加，反而经常会减少就业或阻碍创造新的就业机会，将阻碍经济增长，使实际收入减少，从而损害某些出口工业。从长远看，为贸易保护最终所付出的代价将是经济和政治性的。它使国际关系更难处理，贸易争端频举，加剧国家间的摩擦与不和。英联邦保护主义问题专家的一份报告指出：那种影响贸易和投资的变化不定的保护态势，正好产生了促使对自由贸易的更大侵害，从而在螺旋式的恶性下降中繁殖造成更加动荡局面的条件。

西方国家试图通过贸易限制与保护来逃避经济改革，这对从根本上解决其各种困难和危机毫无帮助，在经济上是目光短浅行为，将会拖延问题的解决并使之复杂化。保护的时间愈长，损失就越大，最后进行调整将耗费的气力也更大。明智的作法是放弃保护政策，根据生产和就业情况积极地进行经济改革或产业结构调整，这是当前世界性的潮流。发达的工业化国家应当作出努力，停止其贸易活动与政策上的危险倾向。发展中国家将会继续致力于取得实际的贸易利益，但也应在发达国家承担主要义务的前提下，适当减少贸易壁垒，换取改善其产品进入发达国家及其他国家的条件。这并不意味着对等削减或等量交换，只是根据其能力承诺部分义务而已。贸易大国对于总协定制度的实施应负主要责任，如果它们放松近10年来采取的保护与限制措施，必将有助于形成信任的气氛，加速发展中国家向贸易自由化方向前进。

在可预见的将来，贸易保护是不会消失的，但有可能使之光明正大，更可预测，使之以其他方式尽量减少危害。国际多边贸易体系能够而且必须遵守统一的贸易规则，将贸易置于公平竞争而不单是平等的基础之上。缔约国贸易政策必须是开放的，限制措施须公开，以便于评估它对整个国际贸易的影响。缔约国均应履行其抵制保护主义的承诺，承认非歧视原则是总协定的核心，而贸易政策只是经济总政策的一部分，这就需要公认的、有效的多边规则来管理和监督贸易政策。因此，应对总协定及整个国际经济和金融体系加以改革。

四、改革与加强总协定多边贸易体系

成立总协定的初衷是希望维护一个统一的国际贸易制度，如今这种动机和热情已大为消退。现存的许多关键性规则或因程序原因而对公众保密，或因不切实际或条款不明确而使各国能够随心所欲。发达国家制订对己有利的规则，使落后国家难以运用，后者则采取防护政策，双方意见南辕北辙而致总协定规则得不到遵守。违反最多且树先例者是贸易大国，因而难以禁止循例而行，缔约国凭藉经济力量为达预期目的而无视协定规则存在的心理，已成趋势。由于多边贸易制度所能带来的利益遥远而不确定，各国遂以国家利益决定贸易政策及活动原则，其结果使贸易歧视与保护愈演愈烈，双边贸易关系愈显重要，使维护总协定体制和规则处于“次要”地位。多边贸易体系目前面临两大问题，一是世界贸易增长缓慢，对发达国家不利，对发展中国家更是灾难性的，严重削弱它们促进生产、改善本国经济、调集外资和支付必需品进口的能力。二是世界贸易体系面临严重困难，其开放性和秩序性近20年来屡受侵害，“如果再遭受几次严酷打击，就可能重新陷入30年代那种混乱状态。”建立总协定本是为了防止世界贸易重蹈复辙，但其诸多规则已不起作用，该组织及其他机构亦不足以处理许多新的贸易问题。美国学者伊万斯（John Evans）曾指出，战后贸易体系和经济组织正在经历严峻考验，总协定及其贸易规则正在不情愿地改变着。曾任东京回合谈判美国代表团法律顾问的格雷厄姆教授（Thomas Graham）尖锐地指出：“战后贸易制度……正在走向灭亡。”这绝不是耸人听闻，而是完全可能的事。所以，总协定所面临的形势是严峻的，若不认真对待并实际解决，难免会导致一场新的经济灾难或贸易大战，甚至引起政治冲突。

摆在各国面前的道路有两条，一条是搞使竞争变形的贸易保护主义，使经济衰退；另一条是改革多边贸易体系，提供开放的贸易机会，恪守共同接受的贸易规则，使普遍的经济增长充满希望。出路只有改革，诚如人们所说，一个开放性的贸易体系犹如一辆自行车，要保持平衡就必须不停地驱使其向前运动。世界经济正处于一次全面、持续的低速增长和收缩危机，所有国家都受其害。如果各国仍为自保而退缩或图谋私利，结局将是相互伤害，加剧集体与自身的困难，多边贸易制度将加速走向毁灭。各国应当选择适合自己发展的政策，进行积极的经济调整，纠正国际国内的不公正、不平等行为。对此，工业化国家无疑应承担更多的责任。在国际一级进行调整，首先需要合理有效的贸易体系及规则，使之在竞争条件变化迅速的今天，能够解决实际问题和调解争端。因此，改革总协定规则和组织结构，重新承诺义务，加强它所规定的开放性贸易体系的纪律是当务之急。维护现存制度中的共同利益超过各国间的任何分歧，所以，它是绝大多数总协定国家和非缔约国的共同愿望。

围绕总协定的改革问题，法律和经济学家提出了很多有价值的意见，总干事曾组织7位知名的经济和金融界权威人士进行长达两年的考察研究，1985年发表的著名的“七贤报告”即《争取较好未来的贸易政策》，提出了改革多边贸易体系与解决当前危机的15点“行动建议”。综合各种立场和观点，我们认为，总协定应结合历史经验与现代实践，在下述方面进行改革。

（一）加强非歧视和最惠国待遇原则的效力，增加总协定及各国贸易政策的透明度和可预见性；建立有效的限制规则、保障与监督机制，抑制保护主义。多边贸易体系的根本基础在于所遵循的原则，最重要的是非歧视待遇，而透明性和可预见性可使各国确切知道其规则究竟是什么，以便监督执行。所以，总协定及国家贸易政策必须充分公开，限制并严格免责条款的适用。如果必须为特定工业采取保障措施，应无差别地适用于所有缔约国，且须规定期限并置于经常的国际监督之下。为此，有必要制定程序和时间表，取消违背总协定的限制进口措施和协定外安排，例如“自愿出口限制”及“有秩序销售安排”等。

（二）制订农产品与纺织品贸易规则，以公平原则为基础进行此等贸易。总协定的最大缺陷或失败之一是农产品贸易问题，没理由将如此大规模的商品排斥在总协定条款之外。乌拉圭回合将其列入谈判议题之内，但问题之多和棘手程度使之不可能在各方面同时取得进展。作为开端，缔约国应承诺不采用新的保护政策或不增加现行保护措施，逐步全面取消农产品出口补贴，不对个别国家或个别产品提供特殊优待，实行公平竞争。数量限制、免除义务及例外事项应受总协定和将来的新规定制约，纺织品与服装贸易应完全受总协定一般规则的约束，这一领域的非关税限制必须是非歧视和有期限的。多种纤维协议是针对发展中国家的部门性与歧视性安排，应当修改此项违背总协定精神的协议。

（三）修正、补充或重订某些重要条款。保障条款的滥用是发展贸易的一大障碍，出口补贴已成为不公平竞争的主要根源，某些区域协定违背促进自由贸易的宗旨，数量限制被歪曲利用，都应加以修正、补充或重订，以澄清和完善补贴、反补贴与反倾销规则，严格关税联盟和自由贸易区条件，制订新的保障法规与管理程序，减少“灰色区域”即进口数量限制；改进东京回合非关税壁垒守则，鼓励发展中国家签署。此外，应当增补或制订新的“国营贸易企业”条款，特别是关于计划经济国家的贸易问题，以适应社会主义国家加入总协定体系的迫切需要。

（四）注重对发展中国家的发展援助，执行优惠决议，进一步向其提供关税减让。发展中国家是总协定乃至世界经济与政治舞台上一支不可忽视的力量，为改变其贫困状况，总协定应采取措施稳定初级产品价格，督促发达缔约国切实履行关于优惠发展中国家的决议和普惠制，向它们开放市场并削减贸易壁垒，特别是农产品限制和关税强化措施，使之能够发挥某些竞争优势。在制成品及半制成品领域中，发达国家有继续减让关税的余地，今后应主要降低对发展中国家有重要出口利益的产品的进口税率，各国期望总协定在上述各方面能取得进展。

（五）强化解决争端的程序与职能。总协定组织无专门处理贸易纠纷的职能机构，解决争端不力是突出的缺陷，须加强在调解、仲裁、揭露与处罚违约者方面的程序，建立有力的监督机制，对违约者施加压力或进行必要的贸易干预，以提高缔约国在贸易行为上的责任心，促使其本着善意和经济睦邻精神来执行多边协定规则，这对中小国家尤有裨益。为此，总协定需订立新的有效规则，强化和完善不适应贸易发展的协商、调解和申诉程序，建立由非政府代表组成的常设专家机构，取代遇案而设的临时仲裁小组。

（六）健全组织机构。总协定目前需要增设新的组织机构，以加强其国际贸易“法典”和论坛的作用及地位。例如，建立常设的部长会议机构，按地区分配名额，每2年举行一次会议，对重大国际贸易问题进行处理和决策等。

上述措施只是就总协定和现行国际贸易制度而言，它们只有同建立国际经济新秩序相配合，彻底改革国际经济与金融体系，才能长远地奏效。

五、建立新的国际贸易组织与国际经济新秩序

总协定是缔约国之间的契约性文件，尽管事实上已发展成为国际贸易组织，却仍然非常松散，至今仍是根据1947年签署的“临时适用议定书”进行活动，缺乏牢固的法律基础与组织基础。许多国家对它不太信任，其他国际组织亦不能将任何改变强加于它。发展中国家认为它没有代表其利益，发达国家则忽视总协定，重要问题都先在“经合组织”中讨论决定，从而削弱了它的作用和权威。另外，总协

定本身留下的真空只能由其他国际组织填补，较突出的是联合国贸发会议。总协定与贸发会议共同管理的“国际贸易中心”是两个组织惟一的合作形式，由于前者以“富人俱乐部”闻名，后者以“穷人俱乐部”著称，合作是有限的。它们与国际货币基金和世界银行之间也需要密切合作与协调活动，但都不能彻底解决世界经济与贸易的困难和顽症，因为人们认为当前形势的严重性同1944年的情况相差无几。那时人们对30年代的经济灾难所怀的恐惧心理，促成了布雷顿森林体系的建立。当时各国都认识到需要建立新的经济秩序，而今，这种必要性和迫切性无论如何强调都不过分。1974年联大就建立国际经济新秩序，包括改革国际贸易制度，接连通过三项决议，这是历史的必然，而总协定组织显然无力承担这一重任。

自东京回合以来，总协定的基本问题是如何使多边贸易机制的运转及其决策更加有效。在发达国家心目中，只要仍受“与其经济力量不相称”的一国一票表决权的约束，它们就不会相信总协定制度有什么特别的作用和权威，主张在该体系外另作贸易安排。发展中国家虽对总协定大失所望，却又需要它，所以要求改革其决策机制和基本规则。双方都希望改革，具体观点却相背，欲使之吻合，将有很长的路要走。第三世界国家在20世纪60年代曾经呼吁，希望把总协定改造成向联合国负责的专门机构，成立由世界各国参加的，在联大领导下的广泛的全球性贸易组织，今天仍有这种必要。一个贸易组织不应是纯粹讨论与建议的讲坛，当是能够制订贸易原则、政策和法规，审查、评价及监督缔约国贸易活动，进行谈判与横向国际合作，并能就采取行动作出决议的世界性国际贸易机构。作为建立国际经济新秩序的一个重要组成部分，根据现实和发展趋势，关贸总协定与贸发会议应当合并建成一个贸易组织。另一方面，必须改组或重建以布雷顿森林协定为中心的国际经济和金融体系。这无疑将是一个艰难曲折和充满斗争的过程。发达国家可能持反对立场，因为那样将动摇它们在战后国际经济“三大支柱”之内的统治地位。然而，占世界人口绝大部分的第三世界国家应满怀信心，为实现这些正当的要求而努力。当然，总协定在近期内仍将是国际经济制度中极为重要的贸易组织，目前最紧迫的是改造和加强总协定体制，注入新的活力，使之适应现实需要。这是建立新的贸易组织和重建国际经济新秩序的重要内容，做到这一点可为实现最终目的奠定坚实的基础。

世界市场每年的贸易额已接近 14 000 亿美元，占地球上全部生产或制造物的1/6。任何国家或集团都无法以统治他国或与世隔绝的办法而最终保全自己，也无法孤立地解决其贸易问题，只有得到世界的保证，才能取得稳步的发展。这是世界经济不可避免地越来越相互依存的趋势，所有国家都明白这显著而勿需强调的客观事实。这种依存关系意味着各国必须进行国际合作，共同承担克服保护主义的义务，加强和改革多边贸易体系并最终建立新的国际经济秩序，才能实现总协定关于提高生活水平，保证充分就业，保障实际收入、有效需求和经济的全面发展与持续增长，扩大世界资源的充分利用，扩大商品生产与交换的贸易自由化等最初目的和宗旨。

我们对《多边投资担保机构公约》的看法*

据世界银行1987年10月30日报道，多边投资担保机构公约已有签字国62国，其中批准国20国（一类国家5个，二类国家15个），认缴资本总额占多边投资担保机构公约法定资本的23.443%，没有批准公约的国家表示，要尽速认缴剩余的9.89%，以便使公约在1988年4月30日之前生效。公约生效在即，现就我们所掌握的资料，谈谈我们的看法，供领导决策参考。

建立多边投资保证机构公约，固然是保护资本输出的发达国家投资者的利益，但从总的方面来看，对发展中国家也是有利的。它可以鼓励发达国家对外投资，使发展中国家能较多地吸收和利用外国投资，从而也有利于促进国际资金的流动。当然，公约规定也不够完善，存在不少缺陷，如关于争议处理的法律适用问题，是否可以适用东道国法和国际法规则，公约无明确规定；又如代位权是否应有限制，等等。

一、我国批准公约的好处

1. 有利于消除投资者对非商业风险的忧虑，改变投资者对我国投资环境的看法，增强投资者对我国的信任感，有利于数量上吸引更多的投资。尽管我国投资机会多、优惠多、利润率高，但由于投资者对非商业风险的忧虑，不管这些风险是否存在，会使许多投资者望而生畏，裹足不前，而宁愿投资于投资机会较少、利润率较低、但他们

* 本文合作者为姚梅镇，是应财政部需要提供的意见稿。

认为非商业风险较小的发达国家。如果我国批准公约，将大大有助于消除外国投资者的这种忧虑，为我国七五期间吸收所需的大量外资创造条件。

2. 批准公约有利于我国吸收质量上更适合于我国的外资。对一项投资进行担保时，须对投资进行审查，其标准有四：（公约第 12 条〈d〉）（1）必须是经济上合理的投资；（2）必须是具有发展性质的投资；（3）必须是符合东道国法律的投资；（4）必须是与东道国宣布的开发目标和重点一致的投资。经机构按上述标准审查甄别之后，将有利于提高外国投资的质量，并符合我国利用外资的政策目标和经济效益。

3. 批准公约，我国仍握有主动权。根据公约第 15 条，对于一项投资是否予以承保，就什么险别进行投保，我国具有最终的决定权。但须注意第 38 条规定的“不反对即为同意”的原则。

4. 批准公约不会使我国承担多于双边条约的义务。我国与外国政府所订的一系列双边条约已就投资保护的几个主要问题，作了明确的规定，而公约则规定得灵活而留有余地。例如，最使我国感到困难的货币转移险也不会因参加公约而对我国不利，因为我国可以援引公约第 11 条（C）（ii）的例外条款，即担保合同缔结之前，我国已存在并实行外汇管制的法律和法令，不在担保之列。又如，战争险，在我国与一些国家的投资协定中没有列入，但我国 1984 年 1 月 8 日与加拿大的投资保险协定和换文中，已将战争险列入政治风险，并不因参加公约而承担双边条约以外的义务。其他国家仍可能根据最惠国待遇原则要求我国承担类似风险。

5. 公约的解释及实施的许多具体问题，正在起草实施细则。不容讳言，公约原来是由资本输出国等发达国家所倡导，主要是有利于发达国家的。但我国如参加公约，可以争取发言权，在制定及修改实施细则等方面，提出积极意见，使公约的规定及其实施更符合发展中国家的利益，进一步改善南北关系，促进国际经济交往的正常发展。

6. 依公约规定，多边投资保证机构同投资者间的保险合同，须经东道国政府认可。我国参加公约，关于风险的范围、解释及该承保事项是否恰当合理，我国政府仍享有主动权。

7. 从长远看，我国为了拓宽国际经济交往的渠道，就不仅仅是接受投资国，也要发展对外直接投资（现已有些实践），利用机构分担海外投资风险，也不无必要。

二、应注意的几个问题

1. 我国为批准公约，我国认股，需要缴纳3 138万特别提款权（SDR），其中1/10用现金支付，即318.3万SDR，其中1/4可用人民币支付。我国认缴的份额占机构法定资本的3.138%，在二类国家中居第一位。全体二类国家共128，也只占机构法定资本的40.527%，而且公约生效三年后，要使两类国家各占50%，届时我国认缴资本还会有所增加。这一情况，请主管机关综合我国利用机构的情况和我国从机构的可能受益的情况，权衡得失，予以考虑。

2. 我国批准公约后，投资者可能提出先由机构担保，再进行投资，从而形成机构担保为直接投资的先决条件。

3. 要注意担保条件的研究。公约第11条已将风险的范围扩大，如“违约”就不属于传统的风险，而关于违约的解释，更容易引起争议，这对接受投资的发展中国家是不利的。固然据公约第15条规定，我国可以决定对机构指定的风险是否予以担保，以及就什么险别进行担保，但依第16条，关于担保的条件，风险的范围是根据机构董事会的条例来确定的，这就有必要仔细研究条例和细则，防止机构任意扩大风险范围。这种扩大风险的苗头已见诸机构筹备委员会的施行细则中（如违约，战争险、征用险等），值得注意。

4. 关于争议的解决问题。关于机构与会员国（东道国）间因行使代位权等所引起的争议，依公约第57条规定，应依公约附件Ⅱ所规定的程序解决，即双方谈判不能达成协议时，无论依调停程序或仲裁程序，除公约另有规定或当事双方另有协议外，均应依照（不是参照）1965年《解决国家和他国国民间投资争端公约》（《华盛顿公约》）的调停或仲裁程序，提交“解决投资争端国际中心”解决。我国目前尚未参加1965年华盛顿公约，如参加该公约，在处理争议时，就会遇到中心管辖权、当事人资格，特别是法律适用等一系列比较复杂的问题，应如何解决、对待，值得研究。

因了解的实际情况不多，只能提出几点意见，仅供参考。

1987 年 12 月

海牙国际法学院*

海牙国际法学院（L'Académie de Droit International de la Haye）正式创办于1923年。在海牙设立一个国际法学院的计划，可以追溯到20世纪初德国国际私法学家巴尔和瑞士国际法学家尼波尔德的倡议。这个倡议在1907年海牙和平会议上得到会议主席俄国外交部长聂利道夫和罗马尼亚首相斯图尔扎的支持，并得到参加国代表的赞成，由卡内基和平基金会组成的执行委员会和国际法学会成立的顾问委员会进行筹备。1914年10月通过了学院的组织规章，学院宣告成立，但由于第一次世界大战爆发，学院在1923年7月14日才正式开始工作。

学院设在荷兰海牙的和平宫内。和平宫有四个重要的国际法机构，除国际法学院外，还有国际法院、常设仲裁法院和和平宫图书馆。学院经费来自私人捐助，主要是卡内基和平基金会和荷兰国际法学家阿塞和荷兰人戈库普。

国际法学院是一个国际法教学和研究机构。它的宗旨是：通过法律争取和平。为了实现这个宗旨，学院采取两个方针：1. 国际化：学院的讲员，学员及研究人员都来自不同国家，只重视学术素养，不问学术流派和政治信仰。这就使不同观点的人能交流意见，有助于国际法的发展并使国际法保持世界性，以利于国际和平的维持。2. 现实化：学院的一切活动，特别是在讲课和研究中特别注意国际社会的现实，揭示国际法律组织的不完备、国际机构的弱点、国际法的阙漏，同时力求探讨可能的改进，以推动国际法的发展。

学院的管理机构有二，即董事会和管理委员会。董事会由董事长

* 本文原载《中国国际法年刊》1982年创刊号。

一人、副董事长一人和董事 14 人组成。其任务主要是每年选定学院讲课的讲员和题目。现任董事长是阿哥（意大利人，现任国际法院法官，国际法学会会员）；副董事长是拉克斯（波兰人，原国际法院院长，现任国际法院法官，国际法学会会员）。其他董事 14 人，包括有法国国际私法学家、巴黎法律、经济与社会科学大学教授、国际法学会会员巴迪福；比利时国际公法学家、卢万天主教大学法学院教授、国际法学会秘书长德·维舍尔；日本原驻联合国大使、联合国国际法委员会委员鹤冈；莫斯科大学教授、原联合国国际法委员会委员、国际法学会会员童金；现任国际法院院长、国际法学会会员瓦尔多克等。

管理委员会由主任一人，委员四人组成，其任务为照管学院的一切事务，其中最重要的是财务。现任管理委员会主任是前荷兰外交部长罗伊曾。学院设秘书长一人，协调上述两委员会的秘书工作。现任秘书长是法兰西学院教授、国际法学会会员杜皮伊。

学院在每年 7、8 两月举办两期讲座，时间共六周，前 3 周专讲国际私法，后 3 周专讲国际公法。讲座采取讲授和讨论会两种方式。讲授时用法语或英语，但同时分别译成英语或法语。课程分基础课和专题课两种。担任基础课的都是知名的国际法学者。例如，在 1980 年，讲国际私法基础课的是波恩大学法律系名誉教授拜茨克，讲国际公法基础课的是原国际法院院长、现任国际法院法官拉克斯。担任国际私法专题课的有：哈佛法学院教授冯·迈伦讲“外国判决的承认，管辖上的要求”；华沙大学教授约德洛夫斯基讲“关于社会主义国家与西方国家间民商事件司法协助的公约”；鹿特丹的伊拉斯摩大学教授舒尔茨讲“国际私法上的销售”；牛津大学克伯尔学院研究员诺思讲“亲属法方面国际私法规则的发展”；蒙特利尔的麦吉尔大学教授克勒波讲“比较国际私法中的民事责任”；日内瓦高级律师拉利夫讲“国家或国家企业与私人间的契约的最新发展”；里斯本法学院教授柯拉科讲“国际私法上公司的国际组合”。担任国际公法专题课的有：巴黎-农太尔大学教授蒂里讲“国际法院判决中涉及的国际组织的决议”；雅典前潘第乌斯政治学院院长特内基底斯讲“联合国采取的反对种族歧视的措施”；英国外交和联邦事务部法律顾问辛克莱尔讲“主权豁免的最新发展”；墨西哥外交部长卡斯塔尼达讲“新海洋法中专属经济区的各种的概念”；纽约大学法学院教授默伦讲“国际官员的地位与独立性”；前联邦德国弗莱堡大学教授马尔考夫讲“国际空间法的渊源”；荷兰莱顿大学教授戈德胡伊斯讲“外层空间和空气空间的界限”；加拿大蒙特利尔空气与外空法研究所所长马特讲“通讯卫星”。

海牙国际法学院所开的课程，除有讲授提纲发给听讲人外，讲稿一般都在《海牙国际法学院讲演集》发表。自1923年起，除第二次世界大战期间停刊外，到现在为止，已经出版了160多卷，是学习和研究国际法的重要参考书。

想到海牙国际法学院听课的人，必须至少学过三年法律，或具有该学院所认可的国际工作经验。学院设有奖学金，申请者必须提交一封国际法教授的推荐信和本人科研著作。每年3月1日前向秘书处申请。每个国家每年获得的奖学金名额不得超过两名；一个人一生中只能领受奖学金一次。

自1957年起，学院设立国际法和国际关系研究中心，每年接纳世界各国对国际法或国际关系学有相当造诣的少数学者进行六个星期的研究。1967年起，学院每二三年举行一次有关时事的国际法问题学术讨论会。学院另外还举办攻读博士学位的研究生的奖学金。特别值得一提的，学院从1969年起，实行一种国外规划，派送若干教授和专家前往非洲、拉丁美洲和亚洲讲学。他们在三个星期之内，集中讲授一些特别与当地有关的国际法专题，并举行讨论会。参加听讲者，不限于当地国的人员，附近的国家也可派人听讲。从1969年以来，这种形式的的讲座，先后曾在摩洛哥、哥伦比亚、伊朗、新加坡、阿根廷、喀麦隆、泰国、委内瑞拉、肯尼亚、日本等国举办过12次。

第 二 编

环境法篇

The Environmental Problems and Legislation in China*

Chapter 1 OUTLINE OF CHINA'S SOCIETY

Ⅰ. The Geographical Background

1. Area and Land

Area: about 9. 6 million square kilometers

Land: China has a vast territory including the continent and islands. It covers so large an area that it extends from the mid-line of the principal navigation line in the center of the Heilongjiang River near the Mohe River in the north (53° north latitude) to the Nansha Islands in the south (4° north latitude), and from the Pamirs (73° east longtitude) in the west to the place where the two rivers, the Heilongjiang River and the Wusuli River, join in the east (130° east longtitude).

Administrative Divisions in China:

The whole nation is divided into 22 provinces, 5 autonomous regions and 3 municipalities directly under the Central Government.

---

* 本文合作者为肖隆安，1984年6月在日本亚太地区环境与发展相结合专家会议上提出，并发表于该大会会刊。

2. The Climate

China, with the Pacific in front of it and the continent of Asia behind it, belongs to the temperate zone of monsoon climate. But the climate varies greatly from region to region because of the vast territory and its complicated geographical features. The southern part of China, including the Leizhou Peninsula, the Hainan Island, the Nanhai Islands, Guangdong Province, Taiwan Province and the southern part of Yunnan Province, belongs to the tropical climate. It has abundant rainfall, long summers but no winter. The Heilongjiang area in the northeast of China is part of the frigid-temperate zone with a cool summer and a severe cold winter. The eastern part of China from the Changjiang (Yangtze) River Valley to the Haihe River Basin belongs to the temperate zone with the four seasons clearly demarcated. The northwest, i. e. Inner Mongolia, Xinjiang Region, etc., belongs to the continental climate. In these areas, there is a wide daily range of temperature and rain comes only in small amount. In the areas of the southwest, including Yunnan, Sichuan, Guizhou and most of Guangxi, the weather is warm in winter, cool in summer and it is like spring all the year round. The climate of the Tibetan Highland is frigid, but there is plenty of sunshine. In brief, most parts of China lie in the temperate monsoon belt. The climate is warm, the rainfall is moderate and the four seasons are clearly demarcated.

II. Social Situation

1. Population

China is a country with a large population. According to the third census throughout the country in July, 1982, China's population is 1 031 882 511, being about 22. 6% of the world population, which is over 4. 56 billion. The population on the mainland, not including Taiwan Province, Hongkong and Aomen (Macao), is 1 008 175 288. Compared with the population of 694 581 759 in 1964 when the second census was taken, the population in 1982 increased by 313 593 529 during 18 years — an increase of 45. 1%. The average annual increase amounted to 17 421 863, the average annual growth rate being 2. 1%. Owing to the strict family planning practised in recent years the growth rate of population has in fact dropped from 1. 455% in 1981 to less than 1. 3% in 1983.

2. Language

The majority of the people (over 94%) speak Chinese. It is the national language. Among the minority nationalities, many have preserved their own languages, as for instance, Mongolians, Tibetans, Uigurs (Uygurs), etc. The Constitution stipulates that every nationality enjoys the freedom to use and develop its own language. The government encourages those minority nationalities living in compact communities to use their own languages.

3. Religion

The majority of the Chinese people have no religious belief though the Constitution stipulates that every citizen enjoys the freedom to believe in religion.

A small number of the Chinese people believe in Buddhism, Catholicism, Protestantism or other religions. The churches, abbeys and temples of the religions mentioned above still exist in China.

4. Culture

China is one of the countries of the world with an ancient civilization. It has a recorded history of more than 4 000 years. It had the splendid Yangshao culture 6 000 or 7 000 years ago. About 5 000 years ago, it had the Longshan culture (the Painted-Pottery Culture) . In the 21st century B. C., China set up its first state — Xia (or Hua Xia) . From then on, it has undergone many dynasties, centuries, several historical stages, and now has grown into the modern new China. China has a rich legacy of culture. Many inventions of China from the ancient time up to now have made great contributions to the culture of the mankind.

Ⅲ. The Economy

1. The Total Output Value of China and the Main Economic Conditions

In the past 30 years, China has achieved great success in its socialist construction. On the basis of the national economic recovery in 1952, the value of the total products of the whole society increased from RMB Yuan 100 000 million to RMB Yuan 850 000 million during the 28 years from 1953, when China started the planned construction, up to 1980; calculated in terms of a constant price, this represents an increase of 7.4 times. The total output value of industry and agriculture reached from RMB Yuan 81 000 million to RMB Yuan 715 900 million, having increased 8 times in accordance with the constant price index. The national income rose from RMB Yuan 58 900 million to RMB Yuan 366 700 million, an increase of 4.1 times, again on the basis of the constant price index. The output of the main products has sometimes increased more than tenfold. The consuming level of the people as a whole has doubled. Great developments have also been brought about in education, culture, science, sanitation and other fields.

In recent years, our national economy has been developing continuously and steadily. The industrial and agricultural production has attained the targets set in the plan. The status of the national finance and credit has got a continuous change for the better. The markets in cities and the countryside are flourishing and prosperous. The living conditions of the people are being further improved. The main economic ratios have been basically brought into line. The total agricultural output value grew 33.4% during the four years from 1979 to 1982, increasing 7.5% each year in average. It surpassed greatly the yearly average increase of 3.3%, which prevailed during the 26 years from 1953 to 1978. The ratio of the total agricultural output value in the total output value of industry and agriculture went up from 27.8% in 1978 to 33.6% in 1982.

In 1982 the total industrial output value reached RMB Yuan 550 600 million, having increased 7.7% over the previous year. The output of 91 main products out of 100 reached or surpassed the targets set in the annual plan. The relationship between light and heavy industries was apparently improved. The ratio of the total output value of light industry in the total industrial output value went up from 43.1% in 1978 to 50.2% in 1982.

2. Importation and Exportation

In 1982, there were new developments in the foreign trade of China. According to the statistics of the Ministry of Foreign Economic Relations and Trade, the combined value of the imports and exports of that year reached a total of U. S. $ 38 940 million, out of which the total of the imports accounted for U. S. $ 21 820 million and the total of the exports U. S. $ 17 120 million. The foreign trade surplus was evaluated at U. S. $ 4 700 million.

Among the export commodities, the total value of the heavy industry products (including petroleum, its products and mineral products) as a proportion of the total value of exports went up from 43. 3% in 1981 to 47. 5% in 1982, surpassing the respective proportions of the products of light industry, textile industry as well as agricultural and side-line products, thus remaining in the first rank of export commodities. The electromechanical products (classified according to the commodity standard of international trade) increased by 4. 2%. The proportion of these products in the grand total of exports rose from 8. 81% last year to 8. 97%. The proportion of light industry products and textile products in the total exports continued to decrease slightly as compared with the previous year. It went down from 39% in 1981 to 37. 6%. But the proportion of cotton textiles, clothing and silk increased in varying degrees. There was a continuous decline in the proportion of the exports of agricultural side-line products. It dropped from 17. 6% in 1981 to 14. 9% in 1982. The fall was attributed chiefly to edible oil and Chinese herbal medicine. As for the traditional exports and special local products, such as the fresh frozen beef and meat, vegetables and tea, there was still an increase.

The main import commodities in 1982 were chemical fertilizer (11 million ton), grain (over 16 million ton), wood (over 4. 8 million square cubic meters), copper (over 0. 14 million ton), aluminium (over 0. 9 million ton), new technology and complete sets of equipment (over U. S. $ 1 700 million), industrial chemicals (over U. S. $ 1 200 million), rubber (over 0. 19 million ton), cotton (0. 47 million ton) and sugar (over 0. 2 million ton) .

In 1982 there was a continuous decrease in the imports of machinery and equipment. On the other hand, imports of raw materials and consumer goods for daily life increased. Out of the total imports, the proportion of new technology, complete sets of equipment and electromachinery products decreased from 26. 2% in the previous year to 17. 7%; the proportion of the raw materials used in industry and agriculture increased from 46. 6% in 1981 to 52. 5%; the proportion of the consumer goods for daily life went up from 27. 2% in 1981 to 29. 8%.

In 1982 the grand total of China's import and export trade with the following countries and districts was:

U. S. $ 8 600 million with Japan;

U. S. $ 6 360 million with Hongkong and Macao Districts of China;

U. S. $ 5 330 million with U. S. A.

3. Foreign Aid

In the past 30 years China has helped Third World countries complete over 1 000 projects concerning agriculture, industry, transportation, telecommunication, culture and education, public health and welfare services. After completion of the projects, in order to make the most use of them, China continued to supply necessary technical and material aid to one third of the projects, at the request of the recipient countries. In 1982, China sent to 23 countries 808 specialists and skillful workers to offer technical guidance for 44 projects.

After the restoration of China's legal seat in the United Nations, China began to take part in multilateral technical cooperation activities in the United Nations. Since 1973 China has contributed money for the United Nations Development Program, United Nations Capital Development Fund and United Nations Industrial Development Organization. From 1979 China began to make contributions to the United Nations Fund for Population Activities and the United Nations Children's Fund. By the first half of the year 1981, the cumulative total of money contributed by China to these activities was RMB Yuan 22 122 000 and U. S. $ 3 220 000. Since 1974, China was authorized by the United Nations to use its Renminbi (RMB) to the United Nations contribution in the active undertaking of 71 different projects in developing countries, including small-sized construction projects with whole plants supply, specific equipment supply and the sending of engineering personnel for technical guidance. Good results were achieved in carrying out these projects. China and the United Nations Development Program have agreed to establish in China seven study and training centers for Asia and the Pacific, such as the study and training centers of freshwater fish-farming, marsh gas and comprehensive development of rural areas.

In 1982, in accordance with the principle of internationalism, China continued to provide all the help it could to the Third World countries. During that year China supplied whole plants for 18 new projects. Agreements were also reached on projects for the supply of complete sets of equipment. Within that year, altogether 126 projects for the supply of complete sets of equipment went under construction. Moreover, 50 projects were prepared for construction and 10 projects neared completion. The equipments and building materials transported abroad for these projects weighed 165 000 ton. China also sent abroad medical teams composed of 1 153 medical personnel to 34 nations and regions.

4. Employment

In recent years the Chinese industrial structure and system of ownership have been further adjusted. The economic system and system of employment of the state enterprises have been reformed. A combination of new approaches to employment is being implemented. Labour service companies were set up. Vocational training is improved. A series of measures have been taken and some policies made in order to stimulate economic development and extensively open up new avenues of employment for young people. All these have created favorable conditions for solving the problem of jobless youth. In 1981, with the joint efforts of all areas, departments and basic units, 6 300 000 jobless youth and urban young people of working age were provided with jobs throughout the country. If the number of the young people who were employed through national unified job assignment system is added, the total number of new employees in 1981 was 8 200 000. From 1979 to 1982, the total number of newly employed throughout the country was 26 000 000. In most of the provinces, municipalities and autonomous prefectures, the problem of accumulated unemployment which prevailed prior to 1980 was basically solved. A number of cities have now completely solved the problem of jobless youth, such as Suzhou, Yantai, Ancheng, Shashi and Siping.

Achievements in the field of employment in 1981 featured the following:

(1) The adjustment of the system of ownership extensively opened up new avenues of employment for young people. The proportion of employees in collective enterprises or units increased substantially. The number of individual business undertakings increased further.

Of the 6 300 000 new employees in 1981, 71% were workers employed in collective enterprises or units and individual business undertakings, while the percentage of such employees in 1980 was 63%.

(2) The adjustment of the industrial structure also provided better employment opportunities and the composition of the employment structure was further improved.

The number of the workers and staff members in commercial, catering and service enterprises throughout the country increased by 1 010 000 people in 1981. Its proportion in the number of the workers and staff members of the whole country increased from 13.25% in 1980 to 13.62% in 1981. The number of workers and staff members in commercial, catering and service enterprises throughout the country increased from 846 per 10 000 people engaged in non-agricultural activities in 1980 to 874 per 10 000 people engaged in non-agricultural activities in 1981.

(3) The labor service companies developed rapidly. According to the statistics of 28 provinces, autonomous regions and municipali-

ties, by 1981, 210 municipalities and 1 300 counties had set up labor service companies. Districts and state enterprises also had set up 7 300 labor service companies. All these labor service companies created jobs for 2 700 000 young people who had just joined the labor force and others who were waiting for employment.

(4) A number of agricultural and side-line production bases for educated-youth farms or factories and enterprises in suburbs, mining areas and forest areas were strengthened and developed.

According to the statistics of 17 provinces, autonomous regions and municipalities, over 7 400 educated-youth farms or factories had been set up by 1981, and about 850 000 young people were employed there, out of which 530 000 employees came from cities or towns.

(5) Vocational training for new workers was strengthened. By the end of 1981, over 3 000 technical schools had been set up, which employed 150 000 teachers and staff members, and enrolled 700 000 trainees.

New progress was made in employment for urban youth in 1982. During the year, 4 750 000 job-seeking youth were provided with jobs throughout the country. Including the young people employed through the national unified job assignment system, the total number of newly employed urban youth in the country in 1982 was over 6 200 000 people. By the end of 1982, 23 provinces, municipalities, autonomous regions had provided employment for almost all the unemployed whose numbers had accumulated prior to 1981. That is to say, most of the jobless youth who had been jobless since the "Cultural Revolution" had been employed.

At the present time, emphasis has shifted to the creation of employment for the new comers on labor force. By the end of 1982, 12 000 labor service companies had been set up throughout the country. The number of workers who found employment thanks to the labor service companies increased from over 3 200 000 people in 1981 to over 4 100 000 people in 1982.

Ⅳ. Political Background

The People's Republic of China is a socialist state under the people's democratic dictatorship, led by the working class and based on the alliance of workers and peasants.

All power in the People's Republic of China belongs to the people. The organs through which the people exercise state power are the National People's Congress and the local people's congress at different levels.

The National People's Congress of the People's Republic of China is the highest organ of state power. The deputies to the National People's Congress are elected by the people, responsible to the people and subject to the supervision of the people.

When the National People's Congress is not in session, the Standing Committee of the National People's Congress exercises its functions and powers. The State Council of the People's Republic of China is the highest organ of state administration. The State Council is responsible, and reports on its work, to the National People's Congress.

Local people's congresses at different levels are local organs of state power. Local people's governments at different levels are the local organs of state administration.

The people's courts, the people's procuratorates and public security organs are the judicial organs of the state. The public security organs are in charge of investigation and inquiry in cases. The people's procuratorates approve the cases investigated by the public security organs, approve arrests and institute prosecution. The people's courts are responsible for trying cases.

The Chairman of the People's Republic of China is elected by the National People's Congress. The Central Military Commission of the People's Republic of China directs the armed forces of the country. The Central Military Commission is responsible to the National People's Congress and its Standing Committee.

The premier of the State Council, governors, mayors, county heads, district heads and town heads are elected by, and are responsible to, the people's congresses at the corresponding levels.

Chapter Ⅱ ENVIRONMENTAL SITUATION

Ⅰ. Environmental Quality

1. Air Quality

On the whole, the air quality in the Chinese countryside is comparatively good. But the air in the cities is generally polluted by the coal particles, in which dust and sulphur dioxide are the main pollutants. Generally speaking, pollution is more serious in the northern cities than in the southern cities; it is worse in winter than during the other three seasons of the year; and it is more severe in mornings and evenings than at midday.

The annual and daily average value of the total suspended particles in the northern cities is 0. 93 mg/m^3 (scope 0. 37 – 2. 77) and 0. 41 mg/m^3 (scope 0. 16 – 0. 35) in the southern cities.

The annual average sulphur dioxide in the northern cities is 0. 12 mg/m^3 (0. 02 – 0. 38) and 0. 11 mg/m^3 (0. 02 – 0. 45) in the southern cities.

The average dustfall in the northern cities is 50. 67 t/km^2 per month (21. 42 – 103. 75) and 18. 76 t/km^2 per month (10. 79 – 46. 50) for the southern cities.

2. Water Environment

12. 7 percent of the main courses of the large rivers and 55 percent of the tributaries have been polluted.

The pollution of ground water is mainly concentrated in the urban districts of the big and middle-sized cities and places along the rivers for discharging pollutants.

The quality of China's coastal waters is getting worse and worse due to the large amount of pollutants discharged into bays. Since the 1970's, because of the increasing amount of organic materials being discharged into the sea waters, especially those containing such nutrients as nitrogen and phosphorous, in some areas the water has become eutrophic.

3. Noise Pollution

China's city noise is maintained between 50 and 70 decibels (A). The noise in the large cities is constantly at high-pitched level. The traffic and transportation noise pollution in middle-sized and small cities is not so serious as that in large cities. Industrial noise has become one of the major sources of noise affecting the cities.

4. Natural Ecological Environment

During the course of China's development, ecological laws were not fully observed so that, in order to reclaim land, forests were blindly felled, rice was grown at the expense of animal husbandry, agricultural land was obtained artificially by building dykes around lakes and mines were irrationally opened up. Natural resources and the ecological balance thus suffered a great deal of damage.

Ⅱ. Environmental Problems

There are two major types of environmental problems in our country: one is the environmental pollution caused by the poisonous and harmful substances discharged from industries, traffic and transportation, and people in their daily activities. This form of pollution spreads out from city and town areas to nature through the atmosphere and rivers, causing severe damage to the health of human beings, agriculture, forests, husbandry and fishery. Another problem is the damage to the ecological environment caused by the irrational exploitation of natural resources. And this is made particularly evident by damage to the vegetation, soil erosion, soil deterioration and desertification, and climate changes.

From the point of view of people's understanding, the fundamental cause for the pollution and damage to the environment is that, in the course of construction, quite often too much attention has been paid to the development of production, while the ecological balance was being neglected. Emphasis was put on the short-term plan, while the long-term plan was ignored. In one word, the relations between the development of production and environmental protection were not always properly handled.

Ⅲ. Strategic Objective and Basic Measures

The Chinese government attaches great importance to environmental protection and has clearly pointed out that intensive efforts should be made, so that by the end of this century, the country's environmental pollution problem will be fundamentally solved, that the natural ecology will regain its proper cycle, that the production and living environments in both the city and the countryside will be clean, beautiful and peaceful, and that the nation's environmental situation will on the whole be suited to the development of national economy and the improvement of the people's material and cultural life.

Basic measures to be taken for the solution of environmental problems are as follows:

1. Raise the people's consciousness about the environment, especially the high-ranking leading cadres at all levels.

2. Work out plans for environmental protection on the basis of improved impact assessment and intensify planned guidance for the protection of the environment. The key point here is that environmental protection should be included in the economic and social development plan and productive forces should be coordinated with environmental protection work through comprehensive balanced planning. A good job should be done in controlling the exploitation of resources, so that renewable resources are not exploited faster than they can renew themselves, and a policy of thrift and multipurpose use should be adopted for those resources that can not be renewed. The elaboration of a rational energy structure and the adjustment of energy distribution will be beneficial to environmental protection. Finally, industrial facilities projects for the adequate prevention and control of pollution, as well as for assisting the recovery of the ecology should be well prepared.

3. Combine the prevention of industrial pollution with technological reform of enterprises, carry out comprehensive utilization, eliminate pollution in

the course of production and set up facilities for preventing and controlling pollution and conducting purification work.

4. Put a great emphasis on the elaboration of a system of environmental law. In 1979, the Standing Committee of the National People's Congress issued "The Environmental Protection Law of the People's Republic of China (for Trial Implementation)" and in 1982 issued "The Marine Environmental Protection Law of the People's Republic of China". Several environmental quality standards with respect to the air, water and noise, and a series of standards for the discharge of pollutants were also issued.

Chapter Ⅲ BASIC POLICY ON ENVIRONMENT

Ⅰ. Background and History of Environmental Concern

China is a country with an ancient civilization. During the long years of their history, the Chinese people carried out numerous activities to protect the environment, produced many simple thoughts and theories of environmental protection and had the earliest environmental protection law in the world.

After the founding of the People's Republic of China in 1949, the Party and the government began to pay attention to environmental protection. During the early days of the new Republic, "the Common Program of the Consultative Conference of the Chinese People's Government" serving as the provisional constitution clearly stipulated: "Protect the forest and develop animal husbandry and prevent animal epidemic disease."

After the "Cultural Revolution" started owing to the influence and disturbance of the ultra-left line and theory and other factors, environmental pollution with the "three industrial wastes" as its core, quickly escalated and spread throughout the country. In 1973, the First National Environmental Protection Conference was held in Beijing. Two documents were produced at that conference; they were "Report on the National Environmental Protection Conference" and "Some Regulations for Protecting and Improving the Environment" . The state's policies and basic rules concerning environmental protection were also decided at that conference. Therefore, the conference signified that our environmental protection work entered a new stage with the prevention of industrial pollution as its main task.

After the downfall of the "gang of four" in 1976, especially after the Third Plenary Session of the Eleventh Party Congress and following the thorough implementation of the principles of the Third Plenary Session, our environmental protection moved into another new period of all-round development. We have surely made immense progress in the field of environmental protection. Yet environmental pollution and ecological damage are still very serious. Generally speaking, environmental pollution and ecological damage are still not under control and they are even getting worse and expanding in many places. Take industrial pollution for instance, it is spreading from polluting cities and rivers to villages and the countryside. If we fail to put a quick end to this situation, it will hamper the development of industry and agriculture, present an obstacle to the realization of the "four modernizations" and be harmful to the people's health. In 1982, a great and magnificent program for our socialist construction was adopted at the 12th Party Congress with the objective of redoubling the total output value of industry and agriculture by the end of the century. This state of affairs has put forward the question as to how to open up a new prospect in our work of environmental protection. That is the background of China's present environmental policy.

II. Environmental Policy

On December 31, 1983 was held the second National Environmental Protection Conference in Beijing. Li Peng, Vice-Premier of the State Council, pointed out at the conference that "in the modernization of our country, environmental protection is a strategic task as well as an important national policy."

The fact that environmental protection has become a national policy is mainly shown in the following areas:

1. Stipulations of the Constitution

Article 11 of "the Constitution of the People's Republic of China" (1978) stipulates that "the state protects the environment and natural resources and prevents and eliminates pollution and other hazards to the public".

There are more and even clearer stipulations on our environmental policy in the new Constitution of 1982, as in Articles 9, 10, 22 and 26. For instance, Article 26 stipulates: "The state protects and improves living environment and ecological environment and prevents and eliminates pollution and other hazards to the public."

2. National Economy and Social Development Program

"The Sixth Five-Year Plan of the Development Program for the National Economy and Society of the People's Republic of China (1981 – 1985)" fully confirms and embodies the environmental policy of our country.

In the first chapter of the "Plan", "to strengthen environmental protection, stop the further development of environmental pollution and make the environmental status of some important areas improved" has been taken as one of the ten fundamental tasks of the "Plan" and there is a special chapter, Chapter 35, devoted to environmental protection. Our country practises a socialist planned economy. And to bring into the plan for the social and economic development the state environmental protection is of great importance.

3. Policy Documents of the Chinese Communist Party, Resolution of the Standing Committee of the National People's Congress and Reports of the Party and Government Leaders

Three important documents which emphasized the importance of environmental protection were produced at the Third Plenary Session of the Eleventh Party Congress. They are "Resolution on Some Problems about Speeding Up the Industrial Development (Draft)", "Regulations Concerning the Work of the People's Communes in the Countryside (for Trial Implementation)" and "Resolution on Some Problems about Speeding Up the Agricultural Development". Besides, the Central Committee also worked out a series of documents which put forward the policy for environmental protection in the cities and the countryside, such as "Suggestions Concerning the Construction of Cities" (1978) and "Some Problems Concerning the Present Economic Policies in the Countryside" (1983).

The principles and basic policy of environmental protection are also reflected in the resolution passed by the National People's Congress. The "Resolution on Unfolding a National Voluntary Tree-Planting Campaign" adopted at the Fourth Session of the Fifth National People's Congress on December 31, 1981 states that the planting of trees and making the country green are a great undertaking in building socialism and benefiting future generations, and an important strategic measure in bringing mountains and rivers under control and maintaining the ecological environment.

Environmental protection is often stressed in the reports by the heads of the Party and government. Hu Yaobang, Secretary-General of the Party, in his report to the 12th National Congress of the Chinese Communist Party stressed the policy of "firmly protecting all kinds of agricultural resources and maintaining the ecological balance". Premier Zhao Ziyang, in his report to the Fourth Session of the Fifth National People's Congress, also proposed the policy for protecting soil, water and forest resources.

It should be pointed out that the Second National Environmental Protection Conference held at the end of 1983, while indicating that protecting the environment is an important national policy, demands that economic construction and environmental protection be carried out concurrently. The Conference summed up the experience and lessons since the First National Environmental Protection Conference and outlined the tasks for the future.

Ⅲ. Integration of Environmental Policy with the Other Objectives of the State

1. The environmental policy and objective have fully taken into consideration the present and future economic levels.

2. The various plans for the economic development also fully reflect the needs of protecting environment.

China's environmental protection policy is now deeply integrated into the various economic undertakings of the state and environmental protection has become one of the guiding principles for every economic activity. This can be easily seen in "the Sixth Five-Year Plan" (1981—1985) with respect to almost every economic item.

3. Environmental Quality Standards and Standards for Discharge of Pollutants

The Environmental Quality Standards of China are comprehensive stipulations prepared to enhance the proper use of resources, maintain the ecological balance, ensure the health of human beings and protect public property. They are the objectives of environmental quality and one of the important factors in the determination of standards for the discharge of pollutants. Both standards take account of the economic and technological conditions as well as the environmental characteristics and are the products of the combination of environmental protection objectives and other national goals. They specifically reflect our national conditions.

In addition to the standards issued before 1979, 86 different environmental standards were determined after 1979: 50 of them dealt with environmental quality, 4 with the environmental base, 20 with environmental methods and 57 with the discharge of pollutants.

4. China's Environmental Impact Assessment

"The Environmental Protection Law of the People's Republic of China (for Trial Implementation)" (1979) stipulates: "In undertaking any new construction or reconstruction project, a report on the environmental impact assessment must be submitted and it must be approved by the environmental protection departments and other relevant departments before starting design." By 1982, more than 40 environmental impact assessments were already finished which can be divided into three categories:

(1) Environmental impact assessment of industrial construction projects, covering the fields of metallurgy, petroleum, chemical industry, electrici-

ty, mining, irrigation works, port construction and nuclear stations.

(2) Assessment of the environmental quality of cities

In recent years, environmental quality assessment studies have been conducted with respect to some large and middle-sized cities, such as Beijing, Nanjing, Shenyang, Tianjing, Guangzhou, Shijiazhuang, Zhengzhou, etc. This has provided a scientific base for the environmental impact assessment.

(3) Regional environmental impact assessment

Such assessment has been conducted, for instance, in Shanxi — one of the coal bases in China.

Most of the environmental impact assessments which have been conducted so far on capital construction projects were conducted in circumstances where factory sites, scale, production technology and the facilities for environmental protection had already been decided and thus quite a few of the assessments did not achieve the goals they should have achieved. From now on, the environmental impact assessment will be conducted before a project is approved and in the course of selecting a site. In the work of environmental impact assessment, stress should be laid on the proposed projects for the "Sixth Five-Year Plan" period and the "Seventh Five-Year Plan" period. And this will certainly help the construction departments to strive for an over-all, coordinated development of production construction and environmental protection.

Chapter Ⅳ ENVIRONMENTAL LEGISLATION

Ⅰ. General System

1. Composition of Legislature

The National People's Congress exercises the power to amend the Constitution, to enact and amend basic statutes concerning criminal offences, civil affairs, the state organs and other matters. The Standing Committee of the National People's Congress exercises the power to interpret the Constitution, to enact and amend all the other laws except the statutes which should be enacted and amended by the National People's Congress. For example, "the Environmental Protection Law of the People's Republic of China (for Trial Implementation)" was adopted at the 11th Meeting of the Standing Committee of the Fifth National People's Congress on September 13, 1979. The Standing Committee of the National People's Congress also exercises the power to enact, when the National People's Congress is not in session, partial additions and amendments to statutes enacted by the National People's Congress provided that they do not contravene the basic principles of these statutes.

The State Council exercises the power to adopt administrative measures, formulate administrative rules and regulations and issue decisions and orders in accordance with the Constitution and the statutes. The ministries and commissions exercise the power to issue orders, directives and regulations within the jurisdiction of their respective departments and in accordance with the statutes and the administrative rules and regulations, decisions and orders issued by the State Council.

The people's congresses of provinces and municipalities directly under the Central Government as well as their standing committees may adopt local regulations, which must not contravene the Constitution, the statutes and the administrative rules and regulations, and they shall report such local regulations to the Standing Committee of the National People's Congress for the record.

People's congresses of national autonomous areas have the power to enact regulations relating to their autonomy and specific regulations in the light of the political, economic and cultural characteristics of the nationality or nationalities in the areas concerned. The regulations relating to the autonomy and specific regulations of autonomous regions must be submitted to the Standing Committee of the National People's Congress for approval before they go into effect. Those of autonomous prefectures and counties must be submitted to the standing committees of the people's congresses of provinces or autonomous regions for approval before they go into effect, and they must be reported to the Standing Committee of the National People's Congress for the record.

The deputies to the National People's Congress are indirectly elected by the provinces, autonomous regions and municipalities directly under the Central Government, and by the armed forces in accordance with the fixed number of deputies. Deputies to local people's congresses at different levels are elected by the people's congresses at the next lower level, except for those to the people's congress at the level of the county, municipality without districts, district under municipality, town, national minority town or village, who are elected directly by the voters.

2. Legislative Procedure

Amendments to the Constitution are to be proposed by the Standing Committee of the National People's Congress or by more than one-fifth of the deputies to the National People's Congress and adopted by a majority vote of more than two-thirds of all the deputies to the Congress.

Statutes are to be proposed by the Judicial Committee of the Standing Committee and adopted by the National People's Congress or by a majority vote of more than half of the members of the Standing Committee.

Ⅱ. Development of Environmental Legislation

The development of environmental legislation, beginning from the founding of the People's Republic of China, can be classified into three stages.

1. The first stage — from the founding of the People's Republic of China in 1949 to the issue of "Regulations Concerning the Protection and Improvement of the Environment" in 1973

During the stage, no specific environmental protection law was formulated except for some fragmentary regulations relating to environmental protection dispersed among various laws. These regulations generally dealt with the protection of forests, land, rivers, working environment, cultural relics and historical and archaeological sites.

2. The second stage — from the issue of "Regulations Concerning the Pro-

tection and Improvement of the Environment" in 1973 to the adoption of "the Environmental Protection Law of the People's Republic of China (for Trial Implementation)" in 1979

This was the beginning of a new period of environmental legislation in China, its central task being the prevention of pollution in the sense we understand today. In 1975, the Office of the Leading Group for Environmental Protection under the State Council was set up in charge of environmental protection for the whole country. There after, specific environmental laws and regulations were progressively issued.

3. The third stage — from the adoption of "the Environmental Protection Law of the People's Republic of China (for Trial Implementation)" in 1979 up to the present

"The Environmental Protection Law of the PRC (for Trial Implementation)" (1979) is the first environmental protection law in the modern sense adopted by the Standing Committee of the National People's Congress. It is a fundamental, comprehensive environmental protection law in which the general and specific policies and the organizational structure relating to environmental protection are all formulated. Its promulgation has laid the foundation for the successive enactment of specific laws and regulations on environmental protection and has marked the new beginning of environmental protection by "rule of law" in China. It contains provisions relating to both pollution prevention and ecological environmental protection. In the following years a series of specific regulations have also been issued which deal with not only pollution prevention but also ecological environmental protection. The implementation of the said law for four years and more has made a great contribution to the protection of China's environment. Nevertheless, with the development of the national economic construction and the progress of environmental studies, it appears that the said law cannot fully meet the demands of the new times. Plan has been made for its revision. The Ministry of Urban and Rural Construction and Environmental Protection has specially formed a working group and an office in charge of the revising work. Some researchers of our Institute of Environmental Law have participated in this work.

In addition to "the Forest Law of the PRC (for Trial Implementation)" promulgated in 1979, and "the Marine Environmental Protection Law of the PRC" which was made public in 1982 and came into effect on March 1, 1983, other laws and regulations are being drafted or waiting for approval, such as "the Law for the Prevention of Water Pollution", "the Law for the Prevention of Air Pollution", "the Law for City Noise Control", "Rugulations for the Conservation of Nature", "Regulations for the Protection of Wild Fauna and Flora", "the Land Law", "the Grassland Law", "the Law on Water Resources", "the Law on Mining Resources", "Regulations on City Planning" and "the Law of the Soil".

Each province, autonomous region, municipality under the central authority and the various departments of the State Council has also worked out or issued some environmental protection regulations in accordance with the actual needs and conditions of their own region and departments.

Although our country began to enact new environmental law rather late, developments in recent years have been swift. We are now intensifying our efforts in setting up an advisable legal framework for our country's environmental protection on the basis of the work so far accomplished.

SELECTED DOCUMENTS AND REGULATIONS PERTAINING TO THE ENVIRONMENT

Title	Date issued year/month
Interim Regulations for the Investigation and Excavation of Ancient Tombs and Sites of Cultural Remains	1950/5
Interim Regulations Prohibiting the Export of Precious Books and Cultural Relics	1950/5
Directive of the State Council Concerning the Mobilization of the Masses in the Campaign for Planting, Growing and Protecting Trees	1953/7

Title	Date issued year/month
Provisional Rules on the Felling of Trees in National Forests	1956/1
Notice of the State Council Concerning the Redressing and Prevention of the Waste Phenomenon in the Requisition of Land for National Construction	1956/1
Interim Regulations for Making the Public Roads Green	1956/3
Rules of Industrial Hygiene and Security	1956/5
Interim Regulations on the Preservation of Mining Resources	1956/10
National Program for Agricultural Development for the Years 1956 to 1967 (Partial Clauses)	1956
Interim Program for the Conservation of Water and Soil in the People's Republic of China	1957/7
Interim Regulations Concerning Technical Measures for Preventing the Harm Caused by Silicone Dust in Mining Areas	1958/3
Interim Regulations Concerning Technical Measures for Preventing the Harm Caused by Silicone Dust in Factories	1958/3
The Report of the Liaison Committee for Cultural Relations with Foreign Countries on "Request for Instructions Concerning the Export of Precious Chinese Animals" Approved and Transmitted by the State Council	1959/4
Request for Instructions Concerning the Export of Precious Chinese Animals	1959/4
Interim Regulations for the Administration of the Preservation of Cultural Relics	1960/11
Notice of the State Council Concerning the Publication of the First List Identifying the Important National Cultural Relics for Preservation	1961/3

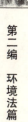

Title	Date issued year/month
Directive of the State Council Concerning the Active Preservation and Reasonable Use of the Resources of Fauna and Flora	1962/9
Decision of the State Council Concerning Water and Soil Conservation in the Lower and Middle Reaches of the Yellow River	1963/4
Regulations for the Preservation of Forests	1963/5
Regulations for the Administration of the Investigation and Excavation of Ancient Tombs and Sites of Cultural Remains	1964/9
Some Regulations for the Protection and Improvement of the Environment	1973/11
Regulations on Felling and Replanting Trees in National Forests	1973/10
Notice of the Ministry of Foreign Trade on the Cessation of the Purchase and Export of Precious Wild Animals	1973/12
Notice of the Ministry of Foreign Trade Relating to the Transmission of the State Planning Commission's Decision on the Cessation of Purchase and Export of Protected Precious Animals, their Skin and Fur	1974/2
Notice of the State Council Concerning the Preservation of Forests and Prohibiting the Excessive and Disorderly Felling of Trees	1979/1
Forest Law of the People's Republic of China (for Trial Implementation)	1979/2
Regulations for Preservation and Renewal of Aquatic Resources	1979/2
Regulations for the Administration of Health Protection in Work Involving Radioisotopes	1979/2
Decision of the Standing Committee of the National People's Congress Concerning the "Tree-Planting Day"	1979/2

Title	Date issued year/month
Regulations of the People's Republic of China for the Administration of the Hygiene in Foodstuff	1979/8
The Environmental Protection Law of the People's Republic of China (for Trial Implementation)	1979/9
Notice of the Ministry of Finance and the Leading Group for Environmental Protection of the State Council Concerning "Regulations for the Control of Pollution Caused by the 'Three-Wastes', the Promotion of Multipurpose Utilization and Keeping Profits Delivered therefrom by Industrial Enterprises"	1979/12
Directive of the Central Committee of the Chinese Communist Party and the State Council Concerning the Rigorous Unfolding of the Tree-Planting Campaign	1980/3
Summary of the Meeting of the Leading Group for Afforestation in the "Three Northern Regions"	1980/5
Summary of the Panel Discussion on the Question of Hainan Island	1980/7
Interim Provisions on City Planning, Quatos and Targets	1980/12
Decision of the State Council to Reinforce the Work for Environmental Protection during the Period of Readjustment of the National Economy	1981/2
Notice of the Bureau of City Construction for Vigorous Afforestation in Cities	1981/2
The Pledge to Cherish Trees, Flowers and Plants	1981/3
Regulations for the Administration of Environmental Protection in Capital Construction Projects	1981/5
Notice of the State Council Reaffirming the Exemption from Charges Where Use Is Made of Various Industrial Waste Residues	1981/9

Title	Date issued year/month
Resolution of the National People's Congress of the People's Republic of China Concerning the Unfolding of a National Campaign for the Voluntary Tree-Planting	1981/12
Regulations for the Implementation of the Unfolding of the National Campaign for the Voluntary Tree-Planting Issued by the State Council	1982/2
Interim Regulations for the Collection of the Fee for Pollutant Discharges	1982/2
Notice of the State Council Concerning the Publication of the Second List Identifying the Important National Cultural Relics for Preservation ——The Second List Identifying the Important National Cultural Relics	1982/2
Regulations on Water and Soil Conservation	1982/6
Notice of the State Council Approving and Transmitting "the Request for Instruction Concerning the Preservation of the Country's Famous Historical and Cultural Cities" by the State Capital Construction Commission and Other Departments ——The First List of the Country's Famous Historical and Cultural Cities	1982/8
Notice of the State Council Approving and Transmitting "Report Concerning the Reinforcement of Protection of Historical Sites and Scenic Spots" by the Bureau of Construction and Other Departments	1982/8
The Maritime Environmental Protection Law of the People's Republic of China	1982/8

Chapter V ENVIRONMENTAL PROTECTION ORGANS

I. Environmental Protection Administrative Organs

Environmental protection organs have been set up successively in the Central Government and local governments since 1973. Over 26 700 people work in the environmental protection organs at different levels throughout the country. 41% of them are technical personnel. A professional contingent with satisfactory political and vocational qualifications working for environmental protection has been formed.

1. The State Council has established the Ministry of Urban and Rural Construction and Environmental Protection whose main functions are as follows:

(1) To implement and supervise the carrying out of the national guidelines, policies, laws and regulations relating to environmental protection;

(2) To draft regulations, rules, standards, and prepare economic and technological policies relating to environmental protection, in conjunction with relevant departments;

(3) To make long-term programs and yearly plans for the protection of the environment, in conjunction with relevant departments, as well as urge and supervise their implementation;

(4) To make unified plans for organizing the monitoring of the environment, carry out investigations and remain aware of the environmental situation and national development trends, and propose improvement measures;

(5) To organize and coordinate, in conjunction with the relevant departments, research and educational programs in environmental science, and actively spread foreign and domestic advanced ex-

perience and techniques in the field of environmental protection;

(6) To direct the environmental protection work of all the departments under the State Council, and of the provinces, autonomous regions, and municipalities directly under the Central Government; and

(7) To organize and coordinate international cooperation and communication in the field of environmental protection.

2. The people's governments of the provinces, autonomous regions and municipalities directly under the Central Government, and the people's governments of municipalities, autonomous prefectures, counties and autonomous counties have established environmental protection bureaus, whose functions are as follows:

(1) To examine and supervise the implementation of the national guidelines, policies, laws and acts relating to the environmental protection in their own jurisdictional departments or units;

(2) To draft local standards and specifications concerning the environmental protection;

(3) To organize the monitoring of the environment, keep aware of the local environmental situation and trends of development;

(4) To work out local long-term programs and yearly plans for the protection of the environment in conjunction with the relevant departments, and supervise their implementation;

(5) To organize local scientific research and educational programs on the environment in conjunction with the relevant departments; and

(6) To spread actively foreign and domestic advanced experience and techniques in the field of environmental protection.

3. The relevant departments under the State Council and the local people's governments at all levels, the large and medium-sized enterprises, and the environmental protection organs established by the relevant units share the responsibility for environmental protection in the areas under their

own jurisdiction.

Ⅱ. Judicial Organs and Their Role in Environmental Protection

The Supreme People's Court and the local people's courts at different levels are usually divided into criminal courts, civil courts and economic courts. Environmental cases, if they are criminal in nature, are to be heard by criminal courts. Otherwise, they are to be heard by civil courts or economic courts.

In 1979, the people's court of Suzhou City tried a criminal case concerning the serious contamination of the environment by a worker in dereliction of his duty. This case has attracted great attention and exerted a profound influence throughout the country.

Ⅲ. Environmental Research, Monitoring and Education

Great importance is attached to environmental research in China. In recent years, a number of organs for environmental research have been set up. A "Chinese Research Institute of Environmental Sciences" has been established under the Ministry of Urban and Rural Construction and Environmental Protection. 85 research institutes have been set up in the provinces, autonomous regions and municipalities directly under the Central Government and municipalities. 78 institutes or divisions have been set up in the Chinese Academy of Sciences, the Academy of Social Sciences and some higher learning institutions. 79 institutes or divisions or sections have been set up in relevant departments under the State Council. There are 7 200 researchers of environmental sciences in China, who are capable of doing multidisciplinary environmental studies. In order to strengthen the study of environmental law and promote national and international academic exchanges concerning environmental law, the Research Institute of Environmental Law was set up in Wuhan University in 1981.

The development of environmental monitoring is rather fast. The environmental protection departments at various levels have set up over 650 environmental monitoring stations. Among them 399 environmental monitoring stations belong to the regions above the level of municipality. An atmospheric monitoring net with its center in large and medium-sized cities and a water monitoring net with its center in water systems and sea areas have basically been formed in China. In 1982, 15 automatic atmospheric monitoring stations were established, paving the way for automation of monitoring. On the basis of the monitoring experience of the past few years, "Reports on the State Environmental Quality" has been compiled.

With regard to environmental education in China, 23 universities and colleges have set up environmental engineering departments or environmental protection specialties, which are engaged in training professional personnel for environmental protection. A good number of university graduates and graduate students specialized in environmental protection have been sent out to work in the environmental protection departments at all levels. In some other specialties in universities or colleges, and in some middle schools and primary schools, the teaching of environmental protection has also been introduced to popularize the basic knowledge of environmental science.

Chapter Ⅵ INTERNATIONAL COOPERATION ON THE PROTECTION OF ENVIRONMENT

The government of the People's Republic of China has been playing an active role in protecting the international environment. Chinese delegates were sent to attend Stockholm Conference on Human Environment in 1972, and it was at this meeting that China's well-known "32-character policy" on environment was for the first time announced in public. In 1973, the First National Conference on the Protection of Environment was convened in Beijing and "Some Regulations Concerning the Protection and Improvement of the Environment" was promulgated and the suggestion was also made to establish environmental agencies at various levels within China's government. It is obvious that these things were done under the influence of the Stockholm Conference.

In 1980, China became a member of the International Union for Conservation of Nature and Natural Resources and an abstract of the Chinese version of the World Conservation Strategy was soon published in Beijing newspapers. Later on, the Chinese government identified 106 natural conservation areas in China as its key protection targets. In the same year the government of China has come to an agreement with international organizations such as UNESCO and Man and the Sphere on the cooperation for the protection of some unique ecosystems such as Tin-Fu-Shan (Guangdong Province) in China and conducting permanent researches relating to it. The Chinese government has also achieved an agreement with the United States on the protection and study of the habitat of Chinese panda in China's southwestern mountains. In 1980, China acceded to the Convention on International Trade in Endangered Species of Wild Fauna and Flora, and the Convention entered in force for China in April, 1981. In order to implement the Convention, an Office for Administrating the Import and Export of Endangered Species was established under the Ministry of Forests so as to regulate the trade of endangered species at home and abroad.

Following are international treaties and agreements in the field of environment that the People's Republic of China has signed:

Conventions	Date for accession	Date in force
International Convention on Civil Aviation, 1944.	China is its original party	Feb. 15, 1974
Annex Ⅱ of the Protocol of the Treaty for the Prohibition of Nuclear Weapons in Latin America, 1967.	1973	1974

Conventions	Date for accession	Date in force
International Convention on Civil Liability for Oil Pollution Damage, 1969.	March 1, 1980	April 29, 1980
International Convention for the Regulation of Whaling (as amended).	Aug. 28, 1980	Aug. 28, 1980
Convention on International Trade in Endangered Species of Wild Fauna and Flora, 1973	Dec. 25, 1980	April 8, 1981
The Antarctic Treaty, 1959.	June 8, 1983	
Treaty on Principles Governing the Activities of States in the Exploration and Use of Outer Space Including the Moon and Other Celestial Bodies, 1967.	Dec. 1983	
International Convention for the Prevention of Pollution from Ships, 1973.	May 13, 1983	Oct. 2, 1983
Protocol of 1978 Relating to the International Convention for the Prevention of Pollution from Ships, 1973.	May 31, 1983	Oct. 2, 1983
International Atomic Energy Agency	Nov. 15, 1983	Jan. 1, 1984

Bilateral agreements in the field of environment:

Agreement Between the World Wildlife Fund and the Association of Environmental Science of China on Cooperation for the Protection of Wild Living Resources (signed in Sept. 1979)

Protocal of the Office of the Leading Group for Environmental Protection Under the State Council of the People's Republic of China and the Environmental Protection

Agency of the United States of America on Cooperation in Environmental Protection for Science and Technology (signed in 1979)

Agreement Between the Government of Japan and the Government of the People's Republic of China on the Protection of Migratory Birds and Their Habitat (signed in March, 1981)

Case Study on Cooperation among National Organizations and between National and Local Governments for Environmental Management in China*

The setup and operational processes of environmental management bodies are a key question on which hinges the success or failure of environmental protection and to which the various nations of the world attach a great importance. The present paper will introduce and study from three different angles the setup and operational processes of environmental management in China so as to explore the best way to tackle this important problem.

A. COOPERATION AMONG THE VARIOUS DEPARTMENTS OF THE CENTRAL PEOPLE'S GOVERNMENT IN THE FIELD OF ENVIRONMENTAL MANAGEMENT

In conformity with Article 85 of the Constitution of the People's Repub-

---

* 本文为提交给 1984 年 6 月日本亚太地区环境与发展相结合专家会议的论文，并于 1985 年发表于联合国亚太地区经社理事会英文专刊。

lic of China (1982), the State Council, that is, the Central People's Government, is the executive organ of the highest body of state power; it is the highest organ of state administration.

Therefore, interdepartmental cooperation in environmental management in the Central People's Government takes place under the State Council.

1. The Special Environmental Protection Institution under the State Council: Its Tasks and Functions

The development of China's special environmental protection institution under the State Council can be roughly divided into two stages.

After the First National Conference on Environmental Protection held in August 1973, the State Planning Commission proposed in a "Report on the Situation of the National Conference on Environmental Protection" that a special institution be set up to overall plan, make all-round arrangements for environmental protection, and organize, encourage and supervise its implementation. Since this work involves several sectors such as industry, agriculture, aquatic products industries, communications, urban construction, sanitation, marine undertakings, geology, meteorology and scientific research, it was proposed that the State Council set up a leading group in charge of environmental protection with a subordinate office or bureau. This led to the formation of the first special national environmental protection institution in China.

The main functions of the State Council Leading Group for Environmental Protection were to formulate guidelines, policies and provisions concerning environmental protection, examine and approve national environmental protection programs, and organize, co-ordinate, encourage and supervise environmental protection work in the various districts and departments — all under the leadership of the Central People's Government.

The Office in charge of daily affairs was established under the Leading Group. Its tasks were (1) to organize the implementation of the guidelines and policies for environmental protection; (2) to study the problems arising in the course of their implementation; (3) to propose long-term goals and yearly requirements for environmental protection; (4) to organize the relevant departments for formulating and revising environmental protection standards; (5) to organize national exchange of experience in the field of environmental protection; (6) to carry on foreign affairs concerning environmental protection and (7) to take care of any other matter assigned to it by the Leading Group. The Office of the State Council Leading Group on Environmental Protection was under the provisional jurisdiction of the State Capital Construction Commission. These functions were specified in Article 26 of the Environmental Protection Law of the People's Republic of China (for Trial Implementation) promulgated in 1979.

In 1982, during the course of reorganization, the State Council set up a ministry to deal with environmental matters, namely, the Ministry of Urban and Rural Construction and Environmental Protection. The special environmental protection institution that had merely been a provisional body became a ministry under the State Council, and environmental management in China entered a new phase. At the Second National Conference on Environmental Protection, which opened toward the end of 1983 and closed on January 7, 1984, it was proposed that the Environmental Protection Commission of the People's Republic of China be set up. It can be predicted that the establishment of the Environmental Protection Commission will give a further impulse to the environmental management work in China.

Following the establishment of the Ministry of Urban and Rural Construction and Environmental Protection the operational range and main functions of environmental protection work were determined on the basis of the tasks and functions provided for in the Environmental Protection Law of 1979.

The four major areas under the Ministry's environmental management are:

(a) the control of environmental pollution caused by production and livelihood activities;

(b) the control of environmental damage resulting from construction and development activities;

(c) the control of marine pollution arising from economic activities;

(d) preservation of the elements of the natural environment with special value, such as rare and precious species and their habitat.

The Ministry's functions in environmental management include chiefly:

(a) organizing the drafting of environmental protection projects;

(b) conducting investigations and studies and drafting the guidelines and economic, technical policies relevant to environmental protection;

(c) organizing the drafting of laws and regulations relating to environmental protection, and handling matters concerning these laws and regulations;

(d) organizing the mapping out of environmental projects in regional areas and water basins, such as regional environmental plans, environmental plans for large and medium-sized cities.

(e) organizing the formulation, revision and administration of the environmental quality standards, standards for the discharge of pollutants, and the corresponding standards of fundamental methods;

(f) supervising and investigating the implementation by the various districts and departments of the state's environmental protection guidelines, policies, laws and regulations, and decisions;

(g) organizing research work on environmental sciences;

(h) organizing the monitoring investigation and evaluation of environmental quality;

(i) examining and approving the large or medium-sized construction and development projects listed in national programs, and reporting on the environmental impact of newly-built industrial areas, cities and towns;

(j) organizing education in environmental sciences;

(k) organizing the publicity of environmental protection and compiling and publishing materials concerning environmental protection;

(l) organizing the planning of national nature conservation areas, examining the conservation areas for protecting rare and precious species or those with special value, and controlling the export and domestic trade of rare and precious species of wild animals and plants and the products therefrom.

(m) examining and controlling the production, import and use of poisonous chemicals;

(n) organizing the exchange and spreading of advanced experience in environmental control and advanced techniques for the prevention and control of environmental pollution; and

(o) directing and coordinating local and departmental operations relating to environmental protection.

2. The State Council Departments Dealing with Environmental Protection and Their Respective Functions in Environmental Management

Most of the departments under the state council are involved in environmental protection work pertaining to their area. Some key departments engaged in environment work are as follows.

The aforementioned ministries, however, have not fully performed the functions assigned to them. One important reason is that, with the changes in our state organizations in recent years, some ministries were cancelled or amalgamated, some were divided, and some new ones were established. The capability of the environmental protection organs in the ministries concerned has not been brought into full play.

This problem aroused serious attention at the Second National Conference on Environmental Protection. Vice-Premier Li Peng stressed in his speech at the closing ceremony of the Conference that in each ministry under the State Council, as well as in each of the several national specialized companies, there must be a high level person to take charge of environmental protection work, and that all environmental protection institutions must be provided with adequate personnel to organize the prevention and control of pollution and the protection of natural eco-system. The State Planning Commission and the State Economic Commission shoulder an important responsibility in the environmental protection work; each of the two must therefore see to it that the overall balance of environmental protection in economic and social development plans and in production and construction is maintained.

3. Interdepartmental Cooperation in the Field of Environmental Management

The forms and operational processes of the interdepartmental cooperation in environmental management under the State Council is shown as follows:

(a) The Forms of Interdepartmental Coordination

The relevant departments under the State Council are coordinated chiefly in the following ways when there is a divergence of views, a jurisdictional question, or an inter-departmental problems:

(i) coordination among the relevant departments themselves;

(ii) coordination by organs made up jointly of the departments concerned;

(iii) coordination on some matters by such general departments as the State Council General Office, the State Planning Commission and the State Economic Commission;

(iv) coordination by the premier or vice-premier(s) personally, or through the routine meetings of the State Council;

(v) coordination by way of holding national conferences on environmental protection;

(vi) coordination by way of formulating national economic and social development programs; and

(vii) coordination by way of legislation.

(b) The Interdepartmental Institutions for Coordination

Before 1982, the special environmental protection institution of the state was under the provisional jurisdiction of the State Capital Construction Commission. In order to promote environmental protection work, a interdepartmental organization was founded in 1973, namely, the State Council Leading Group for Environmental Protection.

Other similar organizations include the Central Afforestation Commission and the National Coordination Group for Water and Soil Conservation.

(c) Relevant Cases

Case A

Soil erosion is a serious environmental problem in China.

The prevention of soil erosion is an important task in protecting the natural environment. Since water and soil conservation is a comprehensive pursuit involving many aspects, interdepartmental cooperation under the State Council appears all the more important. In order to properly coordinate the water and soil conservation work among the various State Council departments, the state held four national conferences on water and soil conservation from 1949 to 1982, each of which was attended by the relevant State Council departments, to engage in joint study. In July, 1957, the State Council issued "the Provisional Program for the Conservation of Water and Soil in the People's Republic of China", and decided to set up the National Water and Soil Conservation Commission in which the various departments concerned participated. In June, 1982, the State Council issued "Regulations on Water and Soil Conservation" and set up the National Coordination Group for Water and Soil Conservation.

According to "Regulations on Water and Soil Conservation" (1982), the state's water and soil conservation work is the responsibility of the Ministry of Water Conservancy and Power. A national coordination group for water and soil conservation is to be set up, chiefly under the care of the Ministry of Water Conservancy and Power, joined by the State Planning Commission, the State Economic Commission, the Ministry of Farming, Animal Husbandry and Fishery, and the Ministry of Forestry, in order to reinforce interdepartmental contact, regularly study, and provide solutions for the vital problems in water and soil conservation.

It is also stipulated that departments in such fields as water conservancy, agriculture, forestry, animal husbandry, wasteland reclamation, environmental protection, railways, communications, mining industry, power and scientific research must be closely coordinated with each other and responsibilities divided between them, so as to properly accomplish their respective water and soil conservation work.

In light of the above regulations. the National Coordination Group for Water and Soil Conservation considered the question of work division during its meetings, and, as a result, the division of the work between the departments concerned was made more explicit:

(i) The water and soil conservation department takes charge of the assignments provided for in "Regulations" as well as the general work in relation to the prevention and control of soil erosion.

(ii) The agricultural department (including the reclamation department) is responsible for taking measures to improve soil in the soil-erosive areas and measures for agricultural cultivation.

(iii) The animal husbandry department is responsible for making rational use of, protecting and developing natural pastures, preventing grasslands from turning into sandy land, preventing soil erosion of grassy hills and slopes, and providing grass seeds and technological direction in herbage growing for the soil-erosive areas.

(iv) The forestry department takes charge of seed collecting, seedling growing, afforestation, closing hills to facilitate afforestation, woods tending and fire prevention.

(v) The water conservancy department takes charge of the water and soil conservation in reservoir areas, construction and management of small-sized water conservancy projects and water and soil conservation projects in mountain areas, and the management of quarrying and soil-taking sites in water conservancy construction.

(vi) The communications department, the mining department and other capital construction departments are respectively responsible for the water and soil conservation work in areas adjacent to highways and railways, areas subordinate to mines, and areas within construction sites.

(vii) The scientific research department is responsible for comprehensive experimentation and research on water and soil conservation as well as technological direction of the control work.

Because the coordination work in water and soil conservation has been enhanced legislatively and institutionally and the various State Council departments have a clear idea of their respective tasks and functions in water and soil conservation, the water and soil conservation work in China has developed rather well. According to the statistics of the departments concerned, up to 1982, the country had initially brought under control a total soil erosion area of 400 000 square kilometers, about one fourth of the country's total soil erosive area. The 400 000 square kilometers are now composed of over 320 000 000 *mu* of afforested land, 98 000 000 *mu* of level terraced fields and over 13 000 000 *mu* of gullydammed fields. Also, of the 400 000 square kilometers, 75 000 square kilometers are located on the loess plateau in the Northwest, an area that accounts for 17. 5% of the total area that is to be brought under control in that region. Also in that region, over 47 000 000 *mu* of cultivated farmland and 53 000 000 *mu* of afforested and grassy land have been built. Moreover, there have emerged in the country a large number of model units highly effective in water and soil conservation, which have provided a great deal of knowledge.

Case B

The low forest cover rate is one of the notable environmental problems in China now, having a great impact on the ecological balance.

Afforesting the land is an important measure for the protection and improvement of the nation's environment. Since this work involves many departments, various coordination measures have been taken to do it well.

In February, 1982, the state set up the Central Afforestation Commission, with Vice-Premier as Chairman, and the leading cadres from the Ministry of Forestry, the General Logistics Department of the Military Commission of the Central Committee of the CPC, the State Planning Commission, and the State Economic Commission as its vice-chairmen and members. The Office of the Commission is in the Ministry of Forestry, and is subdivided into the Urban Group (working in the State General Bureau of Urban Construction), the Rural Group (working in the Ministry of Forestry) and the Army Group (working in the General Logistics Department).

As far as legislative work is concerned, on December 13th, 1981, the Fourth Session of the Fifth National People's Congress adopted "The Resolution Concerning the Unfolding of a National Campaign for Voluntary Tree-Planting".

In February, 1982, the State Council issued "Regulations for the Implementation of the Unfolding of the National Campaign for Voluntary Tree-Planting", which stipulates that "the people's governments above the county level should each set up a greening committee to exercise unified leadership on the local voluntary tree-planting campaign and afforestation work in general. The greening committee at all levels should be made up of the main leading comrades from the local government and the leading comrades from the departments concerned and mass organizations".

On March 1, 1984, the CPC Central Committee and the State Council issued "Instructions on Carrying on the Afforestation Campaign in a Thorough and Down-to-Earth Way", in which they reiterated that "the responsibility of planting trees, growing grass and greening the land should be placed on the shoulders of the leading cadres of the Party, the government and the various units at all levels". "The greening committee must unify its leadership of the local greening work, direct, co-ordinate, urge and check up on all industries and enterprises, constantly sum up experience, and carry on its work effectively. The chief leading comrades from the local Party organization, government and army units should take up the matter personally and support the work of the greening committee. The mass media department should strengthen the publicity and reporting of the greening of the land. The operational departments of forestry, agriculture and animal husbandry, urban construction, water conservancy and scientific research at all levels must exert themselves to play an active role in giving advice and make a good job of it."

Furthermore, laws, regulations and decrees such as "the Forest Law of the People's Republic of China (for Trial Implementation) (1979)" and "the CPC Central Committee and the State Council's Directive Concerning the Vigorous Unfolding of the Tree-Planting Campaign (1980)" contain detailed stipulations for the work of the various departments on tree-planting and land afforestation.

Because attention has been paid to the coordination of legislative work, institutions, etc., the tree-planting and land afforestation work of China is now well under way. According to the statistics, the country's area of land afforested in 1982 alone amounted to 67 430 000 *mu*.

B. COOPERATION BETWEEN THE CENTRAL AND LOCAL GOVERNMENTS IN THE FIELD OF ENVIRONMENTAL MANAGEMENT

According to the Constitution of the People's Republic of China, the term "local governments at various levels" refers to the governments established at the levels of provinces, municipalities directly under the central government, counties, municipalities, districts under the municipality, townships, minority nationality townships, and villages as well as to the organs of self-government at the levels of autonomous regions, autonomous prefectures and autonomous counties.

The local people's governments from the county level and above, in accordance with the jurisdiction accorded to them by the law, are responsible for the administrative work within their respective administrative divisions, and for the issuance of decisions and decrees.

The governments at the levels of townships, minority nationality townships and villages implement resolutions of the People's Congress at the corresponding levels and the decisions and decrees of the national administrative organs at higher levels, and take charge of the administrative work within their respective administrative divisions.

The organs of self-government of the autonomous regions, autonomous prefectures and autonomous counties exercise the functions of local governmental organs provided for by the Constitution. Meanwhile, they exercise the autonomous functions in conformity with the Constitution, the regional national autonomy law and other laws, and implement the state's policies according to the actual conditions in the locality.

Cooperation between national and local governments in environmental management means cooperation between the State Council (including the various ministries under it) and the governments of provinces, municipalities directly under the Central Government, counties, municipalities, districts under the municipality, townships, minority nationality townships and villages, and between the State Council and the organs of self-government of the autonomous regions, prefectures and counties. Such cooperation can be shown in three ways as follows:

1. The Functions of Local Governments and Their Relevant Departments for Environmental Management

According to Article 5 of the Environmental Protection Law of the People's Republic of China (for Trial Implementation) (1979), the local people's governments at all levels shall endeavour to carry out environmental protection work. They shall make overall plans for the protection and improvement of the environment in planning for national economic development and take practical measures for its implementation. Where pollution of the environment and other hazards to the public have already occurred, plans should be worked out to eliminate such problems in a systematic and orderly manner.

Article 27 of the Law stipulates that the people's governments of the provinces, autonomous regions, and municipalities directly under the Central Government shall establish environmental protection bureaus in their respective areas. The people's governments of the municipalities, autonomous prefectures, countries, and autonomous counties may establish environmental protection organizations as required.

Article 28 of the Law further stipulates that the relevant departments under the local people's governments at all levels shall establish, as required, environmental protection offices separately responsible for the protection of environment within their own system of affiliated departments and units.

In light of the Environmental Protection Law of the People's Republic of China (for Trial Implementation) (1979), the cooperation between the special environmental protection offices of the local governments at all levels and other relevant departments at the corresponding levels for environmental management (in terms of functions and forms of coordination), is similar to that between the different departments under the State Council.

2. Principles and Forms of Coordination of Environmental Management between the State Council and Local Governments at All Levels

To enhance the management of environment, the State Council and local governments at all levels coordinate their work in light of the following principles:

(a) The state organs of the People's Republic of China practise democratic centralism.

The State Council exercises unified leadership over the work of local organs of state administration at various levels throughout the country, and specifies the division of the functions and powers of the state administrative organs at the central level and at the levels of provinces, autonomous regions and municipalities directly under the central government.

(b) The State Council may coordinate local governments at all levels in carrying out environmental protection work by "formulating administrative measures, drafting and approving administrative statues, and issuing decisions and orders".

The ministries and commissions under the State Council may, "in light of the laws and administrative laws and regulations, decisions and orders of the Council, issue orders, instructions and regulations within their respective jurisdictions", to direct the environmental protection work carried on by the local governments at all levels.

(c) The State Council may coordinate local people's governments at various levels for carrying out environmental protection work by "drawing up and implementing the plans of national economic and social development and the state budget".

The State Council Environmental Protection Office may "draw up long-term programs and yearly plans for the protection of the environment in conjunction with relevant departments, and encourage and supervise their implementation"; and coordinate the environmental protection work of local governments at various levels.

(d) The State Council may "alter or cancel inappropriate decisions and orders of the local organs of state administration at various levels," to coordinate the environmental protection work of local governments at various levels.

3. Cases of Cooperation between the State Council and Local Governments at Various Levels for Environmental Management

The nature and features of our socialist system fundamentally ensure the coordination and cooperation between the Central People's Government and local governments at various levels in the field of environmental management, because they basically represent the same interests of the people.

Case A

The environmental protection standards are the basis means and goals of environmental management. The system of environmental protection standards is an example of the co-ordination between the Central People's Government and local governments at various levels.

According to the "Regulations for the Administration of Environmental Protection Standards" formulated in 1983, the national environmental protection standards are under the jurisdiction of the Ministry of Urban and Rural Construction and Environmental Protection, which may organize the drafting, examination and approval, promulgation and abolition of the standards. The local environmental protection standards are under the jurisdiction of the environmental protection departments of provinces, autonomous regions, and municipalities directly under the Central Government, which may organize the drafting of the standards and submit them to the local government for examination and approval, promulgation or abolition. The national environmental quality standards are applicable to the whole country. The people's governments of the provinces, autonomous regions or municipalities directly under the central government may draw up supplementary local environmental quality standards for items not provided for in the national environmental quality standards. The national standards for the discharge of pollutants are applicable throughout the country. The people's governments of provinces, autonomous regions and municipalities directly under the Central Government may draw up local standards for the discharge of pollutants when the national standards are not suitable to the local environmental features and requirements. Where conditions permit local standards for controlling the total discharge of pollutants, standards may be drawn up. The local environmental protection standards to be applied to the administrative areas of two or more than two provinces, autonomous regions or municipalities are decided through consultations between the corresponding local governments and examined and approved, promulated and abolished by them. Local environmental protection standards must be sent to the Ministry of Urban and Rural Construction and Environmental Protection for the record.

The above provisions coordinate fairly well the environmental management work between the State Council and the local governments at various levels in terms of the formulation and implementation of the environmental protection standards. They promote both the enhancement of centralized and unified management or environment and the strengthening of regional environmental management.

Case B

Marine environmental protection involves management of marine development and coastal economic development, and is related to many departments of the coastal provinces, municipalities and autonomous regions. Only when the marine management relations between the Central Government and local governments at various levels are well coordinated, can a good job be done of marine environmental protection and the protection of marine resources. For this purpose, definite provisions were made in the Marine Environmental Protection Law of the People's Republic of China (1982), and in "Views of the Ministry of Urban and Rural Construction and Environmental Protection on the Division of Work between the Relevant Departments and Coastal Regions for the Implementation of the Marine Environmental Protection Law".

Article 5 of the Marine Environmental Protection Law stipulates:

> "The environmental protection department under the State Council is in charge of marine environmental protection in the whole country.
>
> The state administrative department of marine affairs is responsible for organizing investigations, monitoring and surveillance of the marine environment and for conducting scientific research therein, and it is in charge of environmental protection against marine pollution damage caused by offshore oil exploitation and by the dumping of wastes into the sea.
>
> The Habour Superintendency Administration of the People's Republic of China is responsible for overseeing, investigating

and dealing with the discharge of pollutants from vessels and for keeping under surveillance the waters of the port areas, and it is in charge of environmental protection against pollution damage caused by vessels.

The state agency in charge of fishery administration and fishing harbour superintendence is responsible for supervising the discharge of wastes by vessels in the fishing harbours and for keeping under surveillance the waters thereof.

The environmental protection department of the armed forces is responsible for supervising the discharge of wastes by naval vessels and keeping under surveillance the waters of the naval ports.

The environmental protection departments of the coastal provinces, autonomous regions, and municipalities directly under the central government are responsible for organizing, coordinating, overseeing and checking marine environmental protection in their respective administrative areas, and are in charge. of environmental protection against pollution damage caused by coastal construction projects and land based pollutants. "

Since the marine environmental protection work is comprehensive, some departments and local governments have issued special documents on marine environmental management. For example, the Fujian provincial government issued in 1983 a document entitled "Allocation of Responsibilities and the Relevant Requirements for the Implementation of the Marine Environmental Protection Law of the People's Republic of China".

Because of the cooperation between national and local governments in the field of marine environmental management, the marine environmental protection work of China has made comparatively good progrees in recent years.

C. AN ANALYSIS OF THE CURRENT ENVIRONMENTAL MANAGEMENT SYSTEM IN CHINA

The current environmental management system in China has gradually emerged from the practical work of environmental protection. It has benefited from the helpful experience of various nations in the field of environmental protection and has summed up our own experience and lessons. It has many merits as well as some points that demand attention and improvement.

1. Merits of Our Environmental Management System

(a) The system evolves as required by the national conditions and will avail to illustrate a Chinese-type path in environmental protection.

First and foremost, our country is a socialist state practising the people's democratic dictatorship, led by the working class and based on the alliance of workers and peasants. The socialist system is the fundamental system of the People's Republic of China. Meanwhile, our country is also a developing country. This creates a situation whereby our environmental management system must avoid two extremes, i. e. , placing excessive importance on environmental management functions of the local governments and weakening the centralized and unified leadership of the Central Government; or giving excessive importance to the Central Government's function in environmental management and stiffling the initiative and enthusiasm of local governments. The only acceptable system is the current one, i. e. , practising democratic centralism and bringing into full play the local governments' initiative and enthusiasm in environmental management under the centralized and unified leadership of the Central Government.

Secondly, on the one hand, our country has a vast territory, with various ecological systems that are related to each other; on the other hand, there exists an imbalance in economic and social development and, as a result, there are considerable gaps between the natural environmental conditions of different regions and between the cities and the countryside. This situation demands that we enhance comprehensive management of the environment throughout the land by unified planning and also that we take measures in line with different local conditions and environments. Our current environmental management system fully reflects this, and will contribute to China blazing its own path in environmental protection.

(b) The system helps mobilize the enthusiasm of the various departments under the State Council and the local governments for carrying out environmental management.

The environmental protection work is marked by strong regional characteristics and therefore, it is not reasonable to place all the responsibility on the State Council departments. Rather, the work should be attended to by local governments at all levels.

Since the environmental protection work involves various economic and social departments, it will not do to rely solely on the special environmental protection institutions for its accomplishment; it is essential to call upon the various departments concerned for help. The environmental protection of water bodies is a good example. The State Ocean Bureau, the Ministry of Communications and the General Bureau of Aquatic Products constantly monitor the seas and have accumulated rich experience in this respect. As a result, they have become the mainstay of marine environmental protection. The hydrological brigades under the General Geological Bureau are indispensable to groundwater management. Also, the environmental management of rivers, lakes and reservoirs can not be done without the water conservancy department.

Our environmental management system attempts to give full rein to the initiative of the central and local governmental departments. It seeks to strengthen the special environmental protection agencies at various levels and, by the same token, to organize the personnel in various fields related to environmental protection, so that the initiative of all sides can be brought into full play. This kind of system helps to harmonize progress in development, construction activities and environmental protection. It will not lead to unbalanced or lopsided development. It is favourable to promoting the development and improvement of environmental institutions and will not lead to the growth of decentralized power. It is helpful to the exchange of views and settlement of environmental disputes through cooperation and coordination, and will not result in intensified environmental disputes and contradictions.

(c) The system will help increase efficiency in environmental management.

The key to the sound performance of our environmental protection work lies in its management and the increase of managerial efficiency. The current environmental management system lays emphasis on dividing the work and having every unit doing its share and cooperating. Every department, in the course of making general policies or in its practical work, should respect the natural ecological laws and make sincere efforts to co-ordinate economic and social activities on the one hand, and environmental protection on the other, so as to help prevent and resolve in earnest the problems of environmental pollution and ecological damage. For example, in Jiexiu County, Shanxi Province, there are 36 enterprises at county level and above, and 116 commune or brigade-run enterprises. By the end of 1983, 57% of their total industrial wastewater volume had been brought under control, and 43% of it had been in compliance with the standards for the discharge of wastewater set down by the State. One of the most important reasons for the considerable progress they made in pollution control is that they carried out cooperation and coordination between environmental protection departments and other departments concerned under the unified leadership of the County Party Committee and the County Government. This can be observed in the following example: the Planning Committee is responsible for overall balance and planning direction of environmental protection on the one hand and socio-economic development projects on the other. The

Capital Construction Committee makes sure that the "three simultaneities"① are being carried out when examining and approving capital construction projects. The Industrial and Commercial Administrative Bureau controls the "three simultaneities" by signing and issuing business permits and conducting annual check-up on pollutant discharge. When enterprises do not observe the regulations, their business permits are immediately revoked. The Economic Committee concentrates on supervising the completion of control projects within the specified time. Investigation is made seasonally, and for those enterprises which, without reason, do not complete their control projects, notices of criticism are circulated, or the leading personnel can even be dismissed and replaced. The department in charge of banks and financing is responsible for the supervision, implementation and inspection of such things as charging fees or imposing fines for the release of pollutants, and making use of the funds so collected. The mining department and the Agricultural Office is responsible for making checks on the ecological balance in the development of coal industry bases and commodity grain bases, and on environmental tolerance capacity. The Science Commission takes charge of the training of scientific and technical personnel in environmental protection and of the popularization of environmental scientific knowledge. The Trade Union takes charge of mobilizing the masses for conducting supervision and arouses public opinion. The courts investigate and determine the legal responsibility of the law-violating units, in line with the Environmental Protection Law (1979). The propaganda and mass media department takes charge of publicity and education concerning environmental protection.

2. Problems Existing in Our Environmental Management System

The problems are as follows:

---

① This means that "the installations for the prevention of pollution and other hazards to the public should be designed, built and put into operation at the same time as the main project".

(a) At present, China has not yet established a complete environmental management system in which each government organ, higher or lower, and each local government performs its own duties with orderly coordination. This can be seen in four aspects: first, the organizations are institutionally incomplete, and there are still many gaps in the whole network of environmental management institutions. Secondly, the operational procedures for coordination and cooperation between environmental management institutions are imperfect, the whole environmental management machinery operates rather slowly, and results are not effective enough. Thirdly, we have not satisfactorily set up the mainstays of the environmental management work such as environmental legislation, environmental standards, environmental monitoring and assessment. Lastly, in-depth theoretical studies on environmental management, especially with respect to environmental managerial systems, have yet to be carried out.

(b) The present environmental management system of China still lacks an effective method for dealing with the shortcomings of the integration of government and enterprise. The same institution attends to both resource development and resource protection; consequently, the latter often makes way for the former. The Ministry of Forestry, for example, is in charge both of felling forest trees to fulfil the timber production quotas set down by the State and of forest protection and increase of forest coverage rates. With the same organ responsible for both functions, it can hardly do a good job of both. How to change gradually, in our reform of state organs, the situation in which the indiscriminate integration of government and enterprise occurs and how to enhance the government's function of supervision and management is a big problem in the formation of our environmental management institutions.

环 境 法*

环境法（environmental law） 调整因保护和改善环境、合理利用自然资源、防治污染和其他公害而产生的社会关系的法律、法规的总称，又称环境保护法，在中国还称为环境与资源保护法。因为名称的不同，有些人认为环境法的概念有广义和狭义之分：环境法不仅调整因保护和改善环境而发生的社会关系，而且还调整因合理开发利用自然资源而发生的社会关系，是广义的；而环境保护法只强调调整因保护和改善环境而发生的社会关系，因此是狭义的。其实，环境法、环境保护法以及环境与资源保护法虽然名称上略有差异，但所调整的对象是一致的，不仅调整因保护和改善环境而发生的社会关系，而且调整因合理开发利用自然资源而发生的社会关系。这3个不同的名称在实质上并没有根本区别。

环境法的产生和发展 在18世纪产业革命以前的漫长岁月中，由于人口少、科学技术不发达，人类干预自然界的能力低，环境的破坏和污染是局部的、不太明显的，没有形成严重问题。产业革命以后，人类对环境的破坏和污染逐渐加剧，特别是到20世纪50年代以后，由于人口的急剧增长、科学技术的迅速发展、生产力的飞快提高、社会生产和其他活动的规模和深度不断扩展，人类对环境的破坏和对资源的滥用越来越严重，使环境污染、生态破坏、资源衰竭成为全球性的问题。环境质量的恶化，对人类的健康和生命的安全以及现代社会经济的持续发展，都构成十分严重的威胁。在一些工业发达国家，曾发生一系列震惊世界的公害事件，如比利时马斯阿谷工业区烟

---

* 该文系作者为《中国大百科全书（法学卷）》所撰写环境法词条。

雾事件、美国洛杉矶光化学烟雾事件、英国伦敦烟雾事件、日本的水俣汞中毒事件和富山镉污染事件等，造成众多人感染疾病甚至伤亡。严酷的现实生活把环境问题提到全人类面前，使环境保护成为世界各国必须解决的突出社会问题。环境法就是在这种危及人类生存和持续发展的严酷形势下迅速发展起来的。当然，环境保护是一项极其复杂的系统工程，需要国家、社会和公民运用政治、经济、法律、工程技术、教育宣传等手段，采取各种措施才能有效完成。但许多国家的经验都证明，在这些手段中，法律手段是保护环境必不可少的重要手段。正因为如此，从20世纪中叶起，为了解决日益严重的环境污染和生态破坏问题，各国都大大加强了环境法制建设，纷纷制定了许多保护环境的法律、法规，其内容最初只限于防治工业污染，后来发展为全面的环境保护立法，终于使环境法发展成为一个新兴的法律部门。

环境法的体系　从世界范围来看，环境法是20世纪60年代以来迅速发展起来的新兴法律部门。在一些经济比较发达的国家，环境法已成为一个独立的法律部门，并形成了比较完整的法律体系。

中华人民共和国成立以后，人民政府曾陆续制定了一系列保护环境和自然资源、防治污染和其他公害的法律、法规，已形成一个比较完整的法律体系。中国的环境法体系包括以下几个方面的法律、法规：

宪法关于环境保护的规定　现代各国在宪法中都规定有环境保护规范，明确保护环境和生态平衡是国家的根本政策，并把环境保护的指导原则和主要任务规定出来，作为各种环境法律、法规的立法依据。中国现行宪法第26条规定：“国家保护和改善生活环境和生态环境，防治污染和其他公害。”这一规定是国家的一项基本职责。还规定：“国家保障自然资源的合理利用，保护珍贵的动物和植物，禁止任何组织或者个人用任何手段侵占或者破坏自然资源”，“一切使用土地的组织和个人必须合理地利用土地”。这些规定强调了对自然资源的严格保护和合理利用，以防止因自然资源的不合理开发导致环境破坏。宪法中对名胜古迹、珍贵文物和其他重要历史文化遗产的保护也作了规定。这些规定为中国的环境保护活动和环境立法提供了指导原则和立法依据。

环境保护基本法 在环境法体系中，除宪法外占有核心的最高地位。它是一种综合性的实体法，即对环境保护方面的重大问题加以全面综合调整的立法，一般是对环境保护的任务、方针、政策、原则、制度、组织机构、法律责任等所作的原则性规定。这种立法是一个国家其他单行环境法规的立法依据。

1989 年 12 月颁布的《中华人民共和国环境保护法》就是中国的环境保护基本法。作为一部综合性的基本法，它对环境保护的一些重要问题作了全面的规定。例如，它规定环境保护的任务是保护和改善生活环境与生态环境、防治污染和其他公害、保护人类健康、促进社会主义现代化建设的发展。它规定环境保护的对象是那些直接或间接地影响人类生存和发展的各种环境要素，包括大气、水、海洋、土地、矿藏、森林、草原、野生生物、自然遗迹、人文遗迹、自然保护区、城市和乡村等。它规定了中国环境保护应采取的基本原则和制度。它规定了保护自然环境的基本要求和开发利用环境资源者的法律义务；规定了防治污染的基本要求和相应的义务；规定了中央和地方环境管理机构对环境监督管理的权限和任务。它还规定了一切单位和个人都有保护环境的义务，对污染和破坏环境的单位和个人有监督、检举和控告的权利。它还规定了违反环境保护法的法律责任，即行政责任、民事责任和刑事责任。这部环境保护基本法在中国的环境保护中起着十分重要的作用。

防治环境污染的单行法规 这一层次的环境法的特点是：以防治污染为主，同时含有一些保护自然资源的规范，体现了污染防治为主，污染防治与资源保护相结合的立法思想。例如，中国的《海洋环境保护法》、《大气污染防治法》、《水污染防治法》、《固体废物污染环境防治法》、《环境噪声污染防治法》、《放射性污染防治法》、《化学危险物品安全管理条例》、《农药安全使用规定》、《农药登记规定》、《国务院关于加强乡镇、街道企业环境管理的规定》，以及《淮河流域水污染防治暂行条例》、《海洋石油勘探开发环境保护管理条例》、《海洋倾废管理条例》、《征收排污费暂行办法》等。

保护自然资源的单行法规 这一层次的环境法的特点是：以保护某一环境要素为该法律文件的基本内容，同时又包含对自然资源管理的法律规范，甚至还包括防治污染的法律规范。这种法律文件既属于环境法中的自然资源保护法，也属于经济法中的资源管理法。例如，中国的《水法》、《土地管理法》、《渔业法》、《矿产资源法》、《森林法》、《草原法》、《水土保持法》、《野生动物保护法》、《野生植物保护法》、《自然保护区条例》、《风景名胜区管理暂行条例》、《水产资源繁殖保护条例》等。

解决环境纠纷的程序性法规 即有关追究破坏或污染环境者的行政责任、民事责任或刑事责任的程序性法规。中国和其他国家一样，都是适用一般程序法，如《行政诉讼法》、《行政处罚法》、《民事诉讼法》、《刑事诉讼法》、《行政复议法》等法律和环境法中的有关规定。在海洋污染损害民事纠纷方面，还可根据《中国海事仲裁委员会仲裁规则》的规定处理。近年来，中国国务院为了规范环境监督管理部门的行政处罚行为，还颁布了一些行政处罚规章，如《环境保护行政处罚办法》、《土地违法案件处理暂行办法》、《违反水法规行政处罚程序暂行规定》、《林业行政处罚程序规定》、《渔业行政处罚程序规定》、《风景名胜区管理处罚规定》、《交通管理处罚程序规定》等。

环境保护标准中的规定 环境保护标准是环境法体系的重要组成部分。中国已颁布了很多各类国家环境保护标准。就环境质量标准而言，有《大气环境质量标准》、《地面水环境质量标准》、《生活饮用水卫生标准》、《农田灌溉水质标准》、《渔业水质标准》、《海水水质标准》、《城市区域环境噪声标准》等。就污染物排放标准而言，有《工业“三废”排放试行标准》、《污水综合排放标准》、《锅炉烟尘排放标准》、《工业炉窑烟尘排放标准》、《燃煤电厂大气污染物排放标准》、《含多氯联苯废物污染控制标准》等。就环境基础标准而言，有《制定地方大气污染物排放标准的技术原则和方法》、《制定水污染排放标准的技术原则和方法》等。就环保方法标准而言，有《锅炉烟尘测试方法》、《溶解氧的测定碘量法》、《土壤中铀的分析测定》等。就样品标准而言，有《汞标准样品》、《水质阴离子洗涤剂样品》、《总氰化物标准样品》等。此外，各地还颁布了地方环境标准。

地方性环境保护法规 也是中国环境法体系的重要组成部分。环境问题的复杂性和地方性特点，使地方环境保护法规在幅员辽阔的国家领域内具有特别重要的地位和作用。20世纪80年代以来，中国各地依据《宪法》和国家有关环保的法律、法规，结合本地区的具体情况，先后共颁布了600多项地方性法规。其中，有省级、省政府所在地的市和经国务院批准的较大的市以及经济特区环境保护综合性地方法规，也有以某类环境要素为保护对象或以某污染源为防治对象的地方环境保护单行法规，还有跨地区的环境保护法规。这些地方性法规对保护和改善地方环境起着积极的作用，还为国家环境立法的完善提供了宝贵的经验。

其他部门法中有关环境保护的规定 如中国《民法通则》中关于使用自然资源者有保护、合理利用的义务的规定；关于相邻关系的规定；关于污染环境造成他人损害应承担民事责任的规定等。《刑法》中关于破坏环境资源罪的规定；关于惩治走私罪、捕杀国家重点保护野生动物犯罪的规定等。行政法中，如《治安管理处罚法》中关于故意损坏国家保护的文物、名胜古迹的，制造噪声干扰他人正常生活的应给予治安管理处罚的规定等。这些规定也是环境法体系的组成部分。

中国参加的国际条约中的环境保护规定 包括中国参加的一般性国际条约的环境保护规定和专门性的国际环境保护条约，前者如《联合国海洋法公约》中关于海洋环境保护的规定；后者如《控制危险废物越境转移及其处置的巴塞尔公约》、《保护臭氧层维也纳公约》及其《议定书》、《气候变化框架公约》和《生物多样性公约》等。它们都属于中国环境法体系的组成部分，除中国声明保留的条款外，其效力优于国内法，任何单位和公民都必须严格遵守。

Some Reflections on the Concept of "Common Concern of Mankind"*

1. The concept of commom concern of mankind is a new consensus which has been formulated gradually in international community as global environmental problems such as climate change have become more serious day after day. It is also a new concept in modern international law, particularly international environmental law, which has been put forward to suit the needs of environmental protection on a world scale. It was first referred to explicitly in UN General Assembly Resolution 43/53 on the Protection of Global Climate in December, 1988, which "recognizes that climate change is a common concern of mankind since climate is an essential condition which sustains life on earth". Since then it was also mentioned in several international documents, declarations, decisions and resolutions. But this concept, important as it is, is still in its formative stage. Its characteristics, ramifications and implications remain to be further explored, developed and elucidated. It is one of the fundamental ideas in formulating and developing international environmental law. Nevertheless, it has not yet become a positive rule of law, which it may be promoted to be during the time to come.

* 1991年8月12~14日，为实现“联合国国际法十年”预定的规划，在北京举行《发展中国家与国际环境法》国际学术讨论会，本文是作者参加该会时提交的论文。

2. The concept of common concern of mankind indicates that there are very important matters which affect humanity as a whole and which all mankind are concerned about and should take appropriate measures to deal with. So far it has been applied mainly to climate change. As a new concept, however, it has farreaching effects on the subject, object and human behavior in connection with global environmental protection.

2.1 Mankind is undoubtedly the subject of concern, that is, the subject who shows concern over the global environment. It should include states, inter-governmental organizations, nongovernmental organizations and all the individuals who live on earth. It should include not only the present generation, but the future generations as well. Therefore, so far as the subject is concerned, the concept of "common concern of mankind" has a wider range than that of "concern of all states".

2.2 Whatever is concerned about is obviously the object of concern. Generally speaking, those matters which mankind are concerned about must be the most important matters which involve or threaten the existence of mankind. Climate change, for instance, is one of them. "Common concern of mankind" of course refers to something which has much to do with "common interest" or "common good". Yet it may refer to something more than material or economic interest. It may refer to some situation or activity which transcends any tangible property. So "common concern" is not equivalent to "common interest" or "common good". It is not equivalent to "common heritage" either, because it cannot be occupied or possessed. Therefore, so far as the object is concerned, the concept of "commom concern of mankind", even though it is deeply rooted in, or closely related to "common interest of mankind", "common good of mankind" or "common heritage of mankind", is not their equivalent; or in other words, it is not identical with them. Up to now the concept of "common concern of mankind" is applicable mainly to climate change. Whether it may be applied to some other important global environmental issues remains to be further studied. I guess eventually it will be.

2.3 The concept of common concern of mankind also indicates certain relationship between the subject and the object. When mankind are concerned over certain global environmental problems, they will display anxiety, or worry, or objection to something, or support for something, etc.. They will also try to take measures for prevention, or for improvement, or for providing some remedy, etc.. What is to be emphasized here is to participate and not to occupy, to contribute and not to make profit. As to the ways and means of concern and its possible extent, they will depend on the economic, technological, cultural and living conditions of different peoples and states.

The concept of common concern of mankind represents an objective fact which can easily be recognized and accepted universally in the contemporary world. It is thus a fundamental consensus for tackling global environmental problems. It can be used as a common basis and point of departure for uniting all mankind to resolve important global environmental problems such as climate change or its like.

3. To accept the concept of common concern of mankind as a common basis and point of departure for resolving important global environmental problems is one thing, while to give full play to the concept is another thing. In order to give it full play the following issues must be taken into consideration:

3.1 All the sections of mankind, especially the developing countries, must have the right to participate in the activities to deal with global environmental problems. Special measures should be taken to ensure for them such a right.

3.2 Human rights should include the environmental right, that is, the right to live in a clean, safe and healthy environment. Such a right is not only the right of individual human being, but also the right of all human beings taken collectively. Moreover, it is also the intergenerational right.

3.3 All the persons living on earth and all the states and organizations in international community not only have the right to a clean, safe and healthy environment, but also have the obligations to protect actively and enthusiastically the environment and not to disrupt it or do any severe damage to it.

4. The concept of common concern of mankind should be brought into effect through different channels.

4.1 To issue international or regional declarations or to pass resolutions to set out certain guiding principles or strategies so as to create appropriate international public opinion in favor of putting the concept into effect.

4.2 To conclude relevant international conventions, or bilateral or multilateral treaties so as to bring the concept into the orbit of international law, particularly international environmental law. Then the concept of common concern of mankind will certainly play the role of one of the guiding principles in shaping and developing international environmental law.

4.3 To make full use of existing international organizations, especially UN Environment Programme, to initiate and coordinate the activities of different countries in dealing with global environmental problems in line with the new concept.

4.4 To set up international fund for any specific global environmental problem and to use it appropriately and effectively. Extra and sufficient financial and technological assistance should be given to developing countries.

4.5 To adhere to the principle of equitable sharing of burdens among states in order to ensure real equality — equality in fact, not only in name. The principle of "equitable sharing of burdens" is actually one of "common but differential responsibility". The so-called "differential responsibility" means:

First, to differentiate the qualification for responsibility from the capability for responsibility;

Second, to differentiate historical responsibility from current responsibility;

Third, to differentiate principal responsibility from secondary responsibility.

From these points of view the developed countries must bear much heavier burdens than developing countries.

4.6 To bring about the most extensive international cooperation in the global efforts for environmental protection and sustainable development, keeping in view always the concept of common concern of mankind as one of our guiding principles. It will not be allowed for any country to use environmental protection as an additional condition for giving assistance to any developing country. Nor will it be allowed to use environmental protection as an excuse for setting up new barrier in international trade infavorable to developing countries. "Environmental refugees" and "ecologically displaced persons" should be properly disposed of with common efforts.

环境保护与经济建设应当统筹兼顾、协调发展*

环境问题是当今全世界所面临的重大问题之一，也是我国所面临的重大问题之一。自然环境是人类赖以生存的基本条件。在过去相当长的年代里，地球上的人口不多，人类对自然资源开发的能力和规模都比较小，人类的活动对自然环境的影响还不大。可是到了现代，人口大量增加，生产力高度发展，对自然资源的开发规模日益扩大。在这种情况下，如果处理不当，就很容易造成对自然环境和生态平衡的破坏。这样，就产生了环境保护问题，并且这一问题越来越显得突出。这是就世界总体的情况而言的。

我国近十年来的改革开放，使我国的经济迅速发展，人民的生活水平有了显著的提高，国家经济实力也有了较大的增长。但由于人口的增加，工业生产的发展，资源消耗的加快，也使我国面临着环境污染和生态恶化的严重环境问题。固然，近若干年来，在党中央和国务院的高度重视下，把保护环境作为基本国策之一，我们在环境保护方面曾作出了巨大努力，取得了很大的成绩，这是应该充分肯定的。但是我们也不可对已取得的成绩估计过高，我们面临的环境形势仍然是十分严峻的。在 1989 年第三次全国环境保护会议上，国家环保局曲格平局长曾用三句话来概括我国的环境状况，就是“局部有所控制，总体还在恶化，前景令人担忧。”

那么，我国这样日益严重的环境状况，有没有可能改变呢？应该说，是有这种可能的，这就要看我们能不能正确处理环境保护与经济建设之间的关系。关于这个问题，过去在国际上出现过两种不同的观

---

* 本文原载《咨询与决策》1990 年第 10 期。

点。一种观点认为应该先发展经济，然后再治理污染，这就是走一条“先污染、后治理”的道路。这实际上是以牺牲环境来谋求经济的发展。过去有不少工业发达国家曾走过这条道路，结果是发生了多起震惊世界的公害事件，付出了惨重的代价。在20世纪60年代以后，特别是进入80年代以来，它们吸取了教训，制定了一系列比较严格的法律、法规和标准，并认真监督执行；同时，还大力开展无公害或低公害工艺技术的科学研究，促进了工艺技术的革新，这样才相当有效地控制了污染，改善了环境。所以，这条“先污染、后治理”的道路，显然是不可取的。

另一种观点认为，既然经济的发展带来了环境的污染和破坏，那么就只有停止经济的发展才是出路。这就是所谓“零度增长论”，就是把经济发展的速度降低到“零”。例如国际民间环境组织“罗马俱乐部”就是提倡这种观点的。这种停止的观点，当然也是不足取的。如果要第三世界国家实行“零度增长”，岂不是要第三世界人民永远忍受贫穷落后的苦难，永远处于任人掠夺、任人剥削的悲惨境地吗？从1972年斯德哥尔摩人类环境会议以来，在有关的国际会议上，我国代表一直都是批评这种错误观点的。事实上，不仅广大第三世界国家迫切要求发展经济，改变贫穷落后的状况，就是那些经济发达的国家，也不能停止其经济发展。所以停止的观点，不仅是错误的，也是行不通的。

我国的环境污染，也主要是由经济发展带来的。但环境污染的解决，也只有靠发展经济才有可能。只有经济发展了，才能为保护和改善环境创造必要的条件。但是如果不保护好环境，让各种自然资源遭到污染和破坏，那么经济的发展就要受到限制，经济就不可能持续稳定地向前发展。因此，经济发展和环境保护二者必须统筹兼顾，同步规划，同步进行，协调发展。我们既不能走“先污染、后治理”的道路，更不能走停止发展的道路。经济建设和环境保护的协调发展，应该成为我们从事社会主义建设的一个基本的指导思想。

要贯彻这一基本的指导思想，应该采取哪些对策呢？从我国的国情出发，我觉得以下三条对策是值得加以考虑的。

第一是要深入开展环境保护的宣传教育，提高全民族的环境意识，特别是各级干部尤其领导干部对环境保护的重要性的认识。有些同志，尤其是搞经济工作的同志，在经济建设过程中，往往只有生产观点，而缺乏生态观点，环境观点，因而在工程建设项目中，往往把环境保护设施挤掉了。因此，必须加强环境保护的宣传教育，使广大干部和人民群众明确认识保护环境是我国的一项基本国策，明确认识经济建设和环境保护必须协调发展，要正确处理二者之间的关系，要把眼前利益和长远利益、局部利益和整体利益结合起来。经济建设固然重要，但也决不能放松环境保护。就我国这样一个人口众多，经济还不富裕的发展中国家来说，要拿出大量的资金来治理污染是不可能的，因此我们不能期望我国的环境问题在短时期内得到完全的解决，必须树立长期作战的思想。但另一方面，解决我国的环境问题又是一项十分迫切的任务，因为严重的环境污染和生态破坏，不仅会制约着经济的发展，而且会直接威胁着广大群众的生活和健康，所以我们又要有紧迫感和危机感。在当前，我们要把控制污染、改善环境作为治理整顿经济环境的一项重要任务来抓，宁可放慢一点经济发展速度，也要在力所能及的范围内拿出一部分资金，来解决紧迫的环境问题。这是属于认识方面的问题。

第二是要把环境保护切实纳入国民经济和社会发展计划，使我国的经济建设和环境保护的协调发展，从国家计划上得到保证。去年12月全国人大常委会通过的《中华人民共和国环境保护法》第4条明确规定："国家制定的环境保护规划必须纳入国民经济和社会发展计划，国家采取有利于环境保护的经济、技术政策和措施，使环境保护工作同经济建设和社会发展相协调。"第22条还规定："制定城市规划，应当确定保护和改善环境的目标和任务。"这些都是对经济建设和环境保护的协调发展，从国家计划上提供的保证。环境保护工作涉及几乎所有的部门，各部门的工作对环境保护事业的发展，都有直接的重要的影响。因此，计划制定了以后，除环保部门责无旁贷，要做好它所应做的工作外，还要充分发挥其他各部门的作用，特别要发挥计划、城建、工交、农林、水利、海洋、地矿各部门的积极作用，要相互配合、分工负责，才能共同做好环境保护工作。

第三是要强化环境管理，特别要努力做到依法管理环境。环境管理，非常重要。李鹏同志在1983年第二次全国环境保护会议上曾指出："大量的环境问题都与我们对环境缺乏管理或管理不善有关。"

他说："在目前我国财力有限、技术条件比较落后的情况下，更要通过加强管理来解决许多环境问题。而且，有许多环境问题，不一定需要很多钱，通过加强管理就能够解决，比如合理地调整工业布局、规划城市；合理地开发各项资源；控制城市噪声；制止盲目围湖造田、毁林开荒对生态的破坏，就是通过加强管理，不需要花什么钱而能取得显著效果的。北京市为了减少交通噪声，对汽车鸣笛作了具体规定，并采取违者罚款的办法，立即收到效果。只要我们认真地去管，严格地管，许多问题就能很快解决。"为了加强环境管理，我想提一提"依法管理"的问题。李鹏同志在那次会议上还指出："光说环境保护重要还不行，还要靠法律去制约。国外环境保护的一条重要经验，就是运用法律手段来管理环境。"他的这些话，在今天仍然有着十分重要的指导意义。要依法管理环境，首先就要不断完善环境保护的法律、法规，把环境保护工作建立在法治的基础之上。从 1979 年以来，由于党和政府对环境保护的重视，我国已制定了一系列环境保护的法律、法规和规章，可以说我们已初步形成了一个中国的环境法体系。诚然我们的环境立法，还不够完备、不够全面。但总的说来，在环境保护的一些重要方面，可以说已经有法可依了。当今我国环境管理的一个突出问题，是有法不依，执法不严。我们应该采取各种形式，大力开展环境保护法的宣传教育，把环保法也作为普法的重要内容，增强全民的环境保护法制观念，促使人人知法，人人守法。环境部门的工作人员，自然应严格执法，依法办事。其他部门的工作人员，也应该是这样。特别是我们的各级领导，要以身作则，带头守法执法，坚决支持环保部门严格执法。此外，还要发动和鼓励人民群众和舆论机关，对污染环境和破坏生态的行为进行监督、检举和控告。要建立人民群众监督环境保护工作的制度；比方说，可以建立各级人民政府定期向同级人民代表大会或人大常委会报告环境状况及治理对策的制度。舆论监督也是加强环境监督的一个重要手段。有的部门或企业，不怕上级领导批评，也不怕执法部门罚款，却害怕新闻界将其污染或破坏环境的行为公之于众。因此，要广泛利用报纸、广播、电视等新闻媒介，一方面要表扬那些对环境保护做出成绩的单位和个人，另一方面要揭露和批评那些污染环境或破坏生态的行为和不依法办事的单位和个人。这样才能充分发挥舆论在环境管理中的监督作用，逐渐形成一种有法必依、执法必严、违法必究的社会风气，逐渐从“人治”走向“法治”。

环境保护既是我国的一项基本国策，也是当前四化建设中的一条重要战线。随着经济建设的发展，这条战线还会越来越显得重要。尽管我们目前还有不少困难，但是，只要我们在党中央和国务院的领导下，统一思想，提高认识，振奋精神，增强信心，扎扎实实地工作，我相信我国的环境状况一定会逐步有所改善，一定会为我国经济持续稳定发展创造良好的条件。这不仅是我国当代人民的根本利益所在，也是我们的子孙后代的根本利益所在。